国家哲学社会科学成果文库

NATIONAL ACHIEVEMENTS LIBRARY
OF PHILOSOPHY AND SOCIAL SCIENCES

法制"镂之金石"传统与明清碑禁体系

李雪梅　著

中华书局

李雪梅 俄罗斯族，1963年生于北京，中国政法大学法律古籍整理研究所教授。1987年获中国政法大学法学硕士学位，1997年获北京师范大学历史学博士学位。自1998年起从事法律古籍和碑刻法律文献整理研究，发表碑刻法律史料整理研究论文30余篇。代表专著有《中国近代藏书文化研究》、《收藏史话》、《碑刻法律史料考》，其中《碑刻法律史料考》获第四届钱端升法学研究成果奖一等奖。目前正主持国家社科基金后期资助项目"中国古代石刻法律文献叙录"（14FFX025）、北京市社会科学基金重大项目"古代石刻法律文献分类集释与研究"（15ZDA06）等课题。

《国家哲学社会科学成果文库》
出版说明

为充分发挥哲学社会科学研究优秀成果和优秀人才的示范带动作用，促进我国哲学社会科学繁荣发展，全国哲学社会科学规划领导小组决定自2010年始，设立《国家哲学社会科学成果文库》，每年评审一次。入选成果经过了同行专家严格评审，代表当前相关领域学术研究的前沿水平，体现我国哲学社会科学界的学术创造力，按照"统一标识、统一封面、统一版式、统一标准"的总体要求组织出版。

全国哲学社会科学规划办公室
2011年3月

目　　录

上篇　法制"镂之金石"之传承与发展

中篇　明清碑禁体系与非正式法

下篇 "金石纪法"与中国传统法制

contents

Part III   Inscribing Metal and Stone to Record Laws and the Chinese
Traditional Legal System

图版目录

导　论

第一节　主旨、结构及观点

一、研究主旨

将法律规范、公文、契约和讼案等铭刻于青铜器或石碑上，公布彰显，以备查考，以垂久远，是中国古代法制文明的一个重要传统。

在中国古代"物以载文"的法律文化传承模式中，金石即青铜器和碑石，以其耐久性远高于甲骨、简牍、纸张等载体，在数千年中一直为人所重。而传承久远、有案可稽的共性，又使看似无甚关联的金与石，常常被人们相提并论。从先秦《墨子·兼爱》的"镂于金石，琢于盘盂，传遗后世子孙者知之"[①]，到宋代欧阳修言"德被生民而功施社稷，勒之金石，播之声诗，以耀后世而垂无穷"[②]，再到清代戴名世称"扬厉无前之伟绩，可以勒之金石，垂于无穷"[③]，2000多年来，中国人将丰功伟绩和重要事项铭刻金石以永垂不朽的希冀，一脉相传。

中国古代法律纪事也形成了"镂之金石"即"金石纪法"的传统。这一传统，由"铭金纪法"和"刻石纪法"两条发展主线构成。

"铭金纪法"是中国秦汉以前法制传承的重要方式，主要体现为西周时的

[①]　吴毓江：《墨子校注》卷4《兼爱下第十六》，孙启治点校，中华书局1993年版，第178页。

[②]　《欧阳修全集·居士集》卷40《相州昼锦堂记》，中国书店1986年版，第281页。

[③]　《戴名世集》卷2《傅天集序》，王树民编校，中华书局1986年版，第41—42页。

"器以藏礼"、春秋时的"器以布法"、战国时的"物勒工名"、秦汉时的"刻诏行法"等。

"金石纪法"的另一条发展主线是"刻石纪法",经历了先秦金石并重、秦汉"铭功纪法"和"碑以明礼"、唐宋金元"碑以载政"、明清"碑以示禁"等重要发展阶段。

"铭金"和"刻石"法律纪事传承既有关联又有不同。关联表现在它们相互间的衔接、承继性发展和存世久远的共性;不同主要表现在,"铭金"是权贵的专利,"刻石"则由权贵向世俗普及,具有官与民、公与私并行发展的趋势。"铭金"的单向性和"刻石"的双向性发展当受制于器物材质本身。金文的载体青铜器主要是礼器,具有"礼不下庶人"的特性;同时青铜在古代属于重要战略资源,只能由国家掌控,成为国之"公器"。碑石作为文字载体,从秦汉初创时,使用者即无高低贵贱之分,官方和民间、公权和私权,或独立运行,或交互影响,不断累积递进。

为何古代中国具有将法律事宜"镂之金石"的悠久传统? 它传递的是一种什么样的法律意识和法律文化? 它所表现的是一种什么样的法律或权利格局? 这种精神和格局对传统中华法系有何影响? 这是笔者所力求探寻的问题。

二、研究路径、结构和观点

本书的主要基础是笔者2009年开始主持的国家社科基金研究课题"中国法制'镂之金石'传统与社会自治中的非正式法——以明清法律碑刻为中心"。课题的主要关注点,是碑刻中的非正式法与中国法制"镂之金石"传统的关系。

非正式法(Informal Law,即非制定法)相对于正式法(Formal Law,即制定法)而言,指在社会生活的一定范围内有约束力、国家在很大程度上予以默认的规约惯例等。与正式法不同的是,古代非正式法一般不是以朝廷官府为主导的公权力运作的结果,而是基层社会基于特定目的、以公议认同并经过特定仪式和程序而形成的自治性规范①。

从碑石内容看,民间公权和政府公权的法律纪事具有同样悠久的传统和丰富的实践,但前者的生成路径和实施方式与后者明显不同。

探讨民间公权"刻石纪法"的发展路径,当不能脱离"镂之金石"的传统,也不能脱离更具主导性的政府公权"刻石纪法"的影响。基于此,本书分为相对独立又互有关联的上、中、下三篇。

上篇设两章,分别为先秦至秦汉"铭金纪法"传统(第一章)和古代"刻石纪法"的演变与传承(第二章),着重于"金石纪法"递进式传承的研究,总结、提炼其重要时代特色,以探寻、阐释"镂之金石"传统与法律纪事发展演进的关系。

中篇由明清地方禁令与词讼禁碑(第三章)、江南地区"禁当行碑"与地方法律秩序构建(第四章)、明清碑禁体系及其特征(第五章)、清代工商会馆碑刻与非正式法(第六章)、信仰·仪式·权威:非正式法的生成路径(第七章)、非正式法中的"罪"与"罚"(第八章)等六章内容组成,着重探讨明清碑刻中的法禁、官禁、民禁、神禁(神授仪式与神罚)之内容、特色和功效,以及它们间的相互影响,进而分析传统中国"非正式法"的形成机制和社会治理功效等。

下篇设中国法制"镂之金石"传统及特质(第九章)、法律碑刻:一种独立的存在(第十章)、"刻石纪法":两种法制表达和实践系统(第十一章)三章,为全书的总结篇。

课题原设计由四部分组成:第一部分综述基础文献与非正式法的规范,第

---

① 本书所称的古代"非正式法",涵盖学者们惯常使用的古代民间法和习惯法等。在本书中,基于民间公权形成的民禁碑、乡禁碑、行规碑等,均属于非正式法的范畴;基于政府公权形成的敕禁碑(也可称皇禁碑)、公文碑和大部分官禁碑等,属于正式法的范畴;梁治平认为"民间法"和"国家法"相对应,是基于"它们首先出自'民间',乃是'民人'的创造物。在中国传统语汇里,与'官府'相对的正是'民间',而'官'与'民'这一对范畴,适足表明中国传统社会结构的特殊性"。详见:梁治平:《清代习惯法:国家与社会》,中国政法大学出版社1996年版,第35页。另关于正式法的法理分析以及非正式法与民间法或习惯法的关系的研究成果,还可参见:刘艺工、高志宏:《试论少数民族习惯法与国家制定法的冲突与互补》,《甘肃政法学院学报》2004年第2期(总第73期);刘海云:《浅析非正式法在社会生活中的作用》,《山西财经大学学报》2006年第4期;党雷、张颖:《非正式法的形成与发展研究——以埃利希"活法"理论为视角》,《山东社会科学》2009年第10期;王文:《法理学视野下非正式法的形成与发展研究》,《求索》2011年第3期;谢晖:《论民间法研究的学术范型》,《政法论坛》2011年第7期;等等。

二、三部分是就乡规民约、宗法族规、行业规则、寺观规范等"非正式法"对民间社会调控的分析,第四部分为综论,即透过"非正式法"看中华法律传统特征。

课题研究基本按设计思路推进,但对结构和内容作了一定调整。较大的改动,一是将原属综述部分的"中国古代法制金石纪事传统"改为独立篇章,原因是历代法律碑文不仅数量多、内容丰富,而且主要历史阶段的发展趋势与特征及其所蕴含的传统法律智慧,也颇值得认真总结分析。这种改动的必要性在于:只有建立较宏观的"刻石纪法"时代坐标体系,把握其递进式发展的特征和规律,才能有助于对每一类碑刻在这一发展体系中的地位和作用做出恰当的评述;有助于在研究中分清主次,抓住重点,透过表面现象看到问题的实质;有助于对课题的重点内容——明清法律碑刻与非正式法的关系做出合理的解释。

以古代常见的德政碑为例。明清德政碑数量多,值得分析研究,然而它并非明清"刻石纪法"的主流。从时代坐标体系的角度观察,东汉树碑立传有阐释孝道、推行教化的鲜明主题,具有"碑以明礼"的功能;唐宋德政碑被纳入国家法制,有较完备的审核运作机制,是"碑以载政"功能的重要组成;明清时期的德政碑,国家控制机制相对弱化,同时与明清"碑以申禁"的主导功能有一定疏离。故从发展的角度看,东汉和唐宋德政碑的法制意义更为明显,研究价值相对更高。

明清法律碑刻最具代表性的内容,是官禁碑和民禁碑的流行,以及碑禁体系的形成及其对社会的影响。为此,笔者将原课题设计的重点——明清乡规民约、宗法族规、行业规则、寺观规范等非正式法对民间社会的调控概括为明清碑禁体系与非正式法,更契合"刻石纪法"的发展规律,更能突显碑刻法律纪事的理论和实用价值。这是课题推进中的另一个较大调整。据此,也将书名从课题的名称"中国法制'镂之金石'传统与社会自治中的非正式法——以明清法律碑刻为中心"改为《法制"镂之金石"传统与明清碑禁体系》。

基于上述调整,我们拓展了碑文遴选的视角。例如寺庙中的碑刻多记载酬神献戏之事,表面看这些琐碎的仪式性内容与"刻石纪法"关系不大,但在探讨明清乡规、行规等民禁碑的效力来源时,我们会发现酬神献戏乃是非正式法借助神明力量而生成(神授仪式)的重要路径之一。

通过大量碑文并结合文献、档案的相互印证性研究可以发现：中国古代法制具有政府公权（国家权力）和民间公权（民间基于公议和认同形成的权威）两种运作系统，其大致与正式法和非正式法的生成相对应。

在政府公权的"刻石"法律纪事中，君言皇权刻石始终占主导地位，实施行政管理的公文刻石在唐宋金元颇为发达，具有创制性内涵的禁令刻石在明清时期较具系统性。

民间公权的"刻石"法律纪事内容，主要体现为村社、家族、行业、信众等公议的规范禁约，对田土、房屋等私产和公产买卖、捐施等处分的合同契约，明确权益界限的争讼纪事等。基于民间公权而形成的非正式法，其效力来源与执行力的保障，往往被着重强调。除必备的"公议"与"认同"前提外，非正式法主要采取两种保障其效力的方式：一是借助神明的力量，通过酬神议事、演戏立碑等敬神仪式确立规则，对背规违约者施以神前罚香、罚跪、罚戏和罚银修庙，兼之以"神诛鬼谴"等精神处罚，以确保行规村禁的实施；另一是争取官府的支持，以府县核准、"奉宪示禁"等名义以及"公同送官"等方式，强调非正式法与正式法的衔接和互补。

从大量碑文中可以看到，民间社会"罪"与"罚"的设定有自己的逻辑和规则，这也是它有别于正式法的重要特征。对这一现象的分析，有助于我们对古代地方和基层社会法制状况的客观认知。依据石刻文献，通过地方权威对"不孝"、"窃盗"、"亵渎神明"等罪名的世俗化解释，通过对非正式法中的独立性罚则及其寓惩于教等特征的分析，意在表明，罪与罚不仅仅是国家律典中的规范性条文，也是村规乡禁中的世俗约定。

源自民间公权的"非正式法"，在长期发展中也形成了公开透明、防范制衡、寓惩于教等富于民间智慧的制度内涵。民间规范的存在与运行，使众多家族、村社、行业等社会细胞得以自管自治；将各种行之有效的自治规范复制、推广，又形成了更大范围的社会自治，这正是"非正式法"存在的意义和价值。至此，作为"非正式法"的承载主体，各类碑石成为笔者研究视野中的有机整体。

第二节　相关研究回顾

一、有关金石法律文献研究

美国芝加哥大学夏含夷教授在《西方学者对中国出土文献研究一百年》的阶段性报告中,就近百年来西方学者对古文字学研究概略(包括中国文字起源、中国文字性质、中国出土文献概论和工具书等)、甲骨文研究、铜器铭文研究、简帛研究和各种石志研究成果总计1300件做了统计分析[①]。其中所占比例最高的是简牍研究成果,总计510件,占总数的39.2%,且以近13年的研究成果最为丰富,有279件,当是21世纪初出土文献研究中的显学。甲骨文研究成果总计373件,占总数的28.7%,是20世纪出土文献研究的显学。金文研究成果总计259件,占总数的20%,时代分布较均衡,一直处于温而不火的状态;石志研究成果总计69件,占总数的5.5%。就这一数据看,西方学者的研究呈明显的"金"盛"石"衰态势。

近百年来中国学者的研究情况如何? 金石文献尤其是金石法律文献整理研究,是否也表现为"金"盛"石"衰? 这是笔者关注的重点。

(一)金文研究概貌

传统金石学的重阵——金文考释和研究,借助近百年来诸多重大考古发现,以及当代考古学、古文字学等的发展,学术成果较为丰满。通论性著作如容庚著《殷周青铜器通论》(科学出版社1958年版)和《金文编》(科学出版社1959年版)、郭沫若著《金文丛考》(人民出版社1954年版)和《殷周青铜器铭文研究》(科学出版社1961年版)、陈梦家著《西周铜器断代》(中华书局2004年版)等,以及商周秦汉金文汇释成果,为我们总结古代中国铭金纪事的传统,

---

① 夏含夷所指"西方学者"的"西方"以语言(主要是英、法、德语)为确定依据,包括日本和中国学者的西文著作(包括西文翻译),但不包括西方人的中文著作。相关解释及统计数据参见杜勇主编:《叩问三代文明:中国出土文献与上古史国际学术研讨会论文集》,中国社会科学出版社2014年版,第488—507页。

构筑了坚实的基础①。

　　近百年来，对重点青铜器铭文的考释研究，也往往成为某一时段的学术焦点。20世纪二三十年代对散氏盘、毛公鼎的考释②，50年代对战国文字的关注③，70年代对窖藏出土西周青铜器的研究以及由此带动的对西周土地关系和刑罚的探讨④，80年代对春秋战国秦汉铭刻的考究⑤，等等，成果叠现。在考释基础上形成的有关西周井田制度和土地转让以及西周礼制、官制和等级制度等研究成果⑥，一定程度揭示了西周法制的面貌。

---

①　金文汇释成果可参见中国社会科学院考古研究所编：《殷周金文集成》（18册），中华书局1994年版；《殷周金文集成释文》（6册），香港中文大学出版社2000年版；《殷周金文集成》（修订增补本，8册），中华书局2007年版；孙慰祖等编著：《秦汉金文汇编》，上海书店出版社1997年版；徐蜀选编：《国家图书馆藏金文研究资料丛刊》（22册），北京图书馆出版社2004年版。金文研究成果可参见刘雨等编著：《商周金文总著录表》，中华书局2008年版；赵诚：《二十世纪金文研究述要》，书海出版社2003年版；等等。

②　20世纪二三十年代研究散氏盘的代表性文章有易培基《散氏盘释文》、李淑《吴氏散氏盘释文补正》、章炳麟《论散氏盘书二札》，均载《国学丛刊》第1期（1923年3月）；王国维：《散氏盘铭考释》，《国学月报》2卷第8—10期（1927年10月）；夏清贻：《散盘释汇》、方国瑜：《散盘句读》，分别载《东北丛镌》第1和5期（1930年1月和1930年5月）等；研究毛公鼎的代表性文章有郭沫若：《毛公鼎之年代》、《毛公鼎之研究追究》，《东方杂志》28卷第13期（1931年7月）、16期（1931年8月）；吴其昌：《驳郭鼎堂先生毛公鼎之年代》，《东方杂志》30卷第23期（1933年12月）；等等。

③　代表性文章有李学勤：《战国时代的秦国铜器》，《文物参考资料》1957年第8期；李学勤：《战国题铭概述》（上中下），《文物》1959年第7—9期；郭沫若：《关于鄂君启节的研究》，殷涤非、罗长铭：《寿县出土的鄂君启金节》，均载《文物参考资料》1958年第4期。

④　代表性文章有林甘泉：《对西周土地关系的几点新认识——读岐山董家村出土铜器铭文》，程武：《一篇重要的法律史文献——读㝬匜铭文札记》，唐兰：《陕西省岐山县董家村新出西周重要铜器铭辞的译文和注释》，均载《文物》1976年第5期；唐兰：《用青铜器铭文来研究西周史——综论宝鸡市近年发现的一批青铜器的重要历史价值》，盛张：《岐山新出㝬匜若干问题探索》，均载《文物》1976年第6期；黄盛璋：《卫盉、鼎中"贮"与"贮田"及其所牵涉的西周田制问题》，《文物》1981年第9期；等等。

⑤　马非百、胡顺利：《关于秦国杜虎符之铸造年代》，《文物》1982年第11期、1983年第9期；牟志安：《谈"信阳家"铜器》，丰州：《汉茂陵"信阳家"铜器所有者的问题》，秦进才：《"信阳家"铜器铭文考订》，分别载《文物》1982年第9期、1983年第6期、1984年第9期。

⑥　代表性成果有何健民：《井田论考》，《中国经济》3卷第3期（1935年3月）；徐中舒：《井田制度探源》，《中国文化研究汇刊》4卷上（1944年9月）；斯维至：《两周金文所见职官考》，《中国文化研究汇刊》第7期（1947年9月）；曾謇：《周金文中的宗法纪录》，《食货半月刊》2卷第3期（1935年7月）；赵光贤：《从裘卫诸器铭看西周的土地交易》，《北京师范大学学报》1979年第6期；李学勤：《论曶鼎及其反映的西周制度》，《中国史研究》1985年第1期；张亚初、刘雨：《西周金文官制研究》，中华书局1986年版；陈公柔：《西周金文所载〈约剂〉研究》、《西周金文中的法制文书》，收入氏著《先秦两汉考古学论丛》，文物出版社2005年版；等等。

在对出土与传世金文进行深入考释研究的基础上,金文法律文献逐渐成为研究专题。在20世纪40年代,陈小松发表了《周礼"以两剂禁民狱入钧金"新证》等系列考证文章,关注到西周时期的诉讼费用问题①。20世纪后半叶的一系列重大考古发现,引起法史学界对出土器物及铭文的积极关注,并涌现出一批成果。胡留元、冯卓慧所著《西周法制史》一书系统运用了金文史料,对觥匜与西周科刑制度、金文中的所有权和债权制度,曶鼎、琱生簋、鬲攸从鼎所反映的西周民事诉讼情况等做了分析探讨②。李力在《出土文物与先秦法制》一书中也充分利用西周铜器铭文中的法律文书,以卫盉、五祀卫鼎、九年卫鼎、格伯簋、散盘、鬲从盨为例,论证"治地之约"与西周土地转让法律程序;在述及"治民之约"与西周铭文中的"誓"时,则以师旂鼎、琱生簋、曶鼎、觥匜、鬲从鼎等为文献依据③。连邵名依据对西周青铜器铭文的研究,试图重构古代的刑罚制度④。南玉泉《论〈曶鼎〉中的诉讼主体》一文就西周时期诉讼代理人的性质、贵族犯法弱化处理、审判官身份作了探讨,《〈琱生簋〉与〈曶鼎〉中的诉讼资料》一文就器物中的人物关系、关键字义及诉讼费用和诉讼程序等问题进行了细致分析⑤。王沛对琱生诸器、裘卫诸器等金文法律资料进行深入考释,并对其中的法律问题加以分析⑥。

(二) 石刻文献研究热点

长期以来,金石学家在铭刻文字的训释、名物制度的考订等方面做了大量工作,石刻证史的价值得到充分认同。其中涉及法制的内容,也被清代金石学家

---

① 陈小松:《释扬毁"讯讼取徵五孚"》、《释趞毁"取徵五孚"》、《释牧毁"取徵五孚"》、《释哉毁"取徵五孚"》、《释毂甗"取徵十孚"》、《释番生毁"取徵廿孚"》、《释毛公鼎"取徵卅孚"》——《周礼"以两剂禁民狱入钧金"新证》之一至七,上海市博物馆研究室辑《文物周刊》第40—46期(《中央日报》第7版,1947年6—8月)。

② 胡留元、冯卓慧:《西周法制史》,陕西人民出版社1988年版,第104、134—170、284—286页。

③ 李力:《出土文物与先秦法制》,大象出版社1997年版,第65—80页。该书还论及"东周铜器铭文中的律令"、"东周盟书和春秋战国法制的变化"等内容,详见第90—141页。

④ 连邵名:《金文所见西周时代的刑典》,《华夏考古》2003年第1期。

⑤ 南玉泉:《论〈曶鼎〉中的诉讼主体》、《〈琱生簋〉与〈曶鼎〉中的诉讼资料》,分别载于《中国古代法律文献研究》第2辑,中国政法大学出版社2004年版,第1—16页;《中国古代法律文献研究》第3辑,中国政法大学出版社2007年版,第1—21页。

⑥ 王沛:《金文法律资料考释》,上海人民出版社2012年版。另可参见温慧辉:《近二十多年西周法制研究综述》,《中国史研究动态》2006年第7期。

所留意。

　　从法律史研究的角度看，清王昶撰《金石萃编》尤值得重视。该书总计160卷，上起殷周，下讫辽金（《未刻稿》增补至元），突破了以往金石著录止于五代的局限。全书所收历代石刻资料约1300余种（另有近200种青铜和瓦当铭刻），资料与考证结合，编纂态度谨严，具发凡起例之功。后世模仿追补成果众多①。该书所收历代碑文不乏与法律关系密切者，如汉代分家析产碑，唐宋的敕、诏、帖、牒、疏、札子等各类公文石刻，金代的寺牒、公据碑等，碑文后所附题跋考证也是很好的参考资料。纂辑者王昶（1724—1806）曾任刑部侍郎之职，其跋尾研究有助于我们了解清代金石学家的法律观。

　　清末民初的石刻学承乾嘉余绪，又有新的集成和考述之作。代表成果，一是以叶昌炽（1849—1917）《语石》为代表的通论性研究著述。该书写定于宣统元年（1909），对石刻形制与分类、碑文格式体例、书体演变、制作工艺等均有较详细的考述，强调"汉之孔庙诸碑，魏之《受禅》、《尊号》，宋之道君《五礼》，可补《礼志》。唐之《令长新诫》，宋之《慎刑箴》、《戒石铭》，可补《刑法志》"，并总结出立碑之例有四端，分别为述德、名功、纪事、纂言，再细分为石经、字书小学、封禅、诏敕、符牒、书札、格论、典章、谱系、界至等42类，其中不乏对官私文书发展源流和特征的评述，对传统金石学研究多有创新②。延续这一创新传统的尚有马衡著《凡将斋金石丛稿》（中华书局1977年版）、朱剑心著《金石学》（文物出版社1981年版）、施蛰存著《金石丛话》（中华书局1984年版）和《北山金石录》（华东师范大学出版社2012年版）等。

　　二是以罗振玉为代表的金石考古之学。罗振玉（1866—1940）毕生钻研金石考据，仅石刻方面的著述即有《金石萃编校字记》、《寰宇访碑录刊谬》、《补寰宇访碑录刊误》、《增订汉石存目》、《魏晋石存目校补》、《西陲石刻录》、《西陲石刻后录》、《石鼓文考释》、《冢墓遗文》、《墓志征存目录》、《雪堂金石文字跋尾》、《集古遗文》、《碑别字补》、《昭陵碑录》、《秦汉瓦当文字》等

―――――――――

　　①　清代模仿追补《金石萃编》的成果主要有陆耀遹通纂、陆增祥校订《金石续编》21卷增补429种，方履篯撰《金石萃编补正》4卷增补50种，王言撰《金石萃编补略》2卷补唐以前41种，毛凤枝撰《金石萃编补遗》2卷增关中续出汉至唐碑碣35种，罗振玉刊印王昶《金石萃编未刻稿》3卷收元碑80种。另清代黄本骥编《金石萃编补目》3卷，严可均撰《平津馆金石萃编》20卷，均可与王氏书相补证。

　　②　〔清〕叶昌炽撰、韩锐校注：《语石校注》卷6、3，今日中国出版社1995年版，第595、315—316页。

数十种。所关注内容,均为当时的学术热点。

近百年的石刻资料集成工作在传统金石学基础上也多有创新,大致形成三种模式:

一是地方性和专题性的资料整理。民国年间,各省组织学者编纂省志,也连带完成了一批石刻专著。其中单独刊行者有缪荃孙辑《江苏金石志》(1927)、武善树辑《陕西金石志》(1935)、徐乃昌辑《安徽通志金石古物考稿》等。近几十年,陕西、山西等省的石刻文献集成工作全面而细致,陆续出版了《陕西金石文献汇集》、《三晋石刻大全》等系列资料集。此外,断代和专题石刻文献整理与研究也取得明显成就[1]。

二是以拓本、图片存真形式为主的资料汇集。20世纪50年代,赵万里辑《汉魏南北朝墓志集释》(科学出版社1956年版),收汉至隋代墓志659方,均据善拓影印,附历代学者的考释文字,成为研究汉魏南北朝历史的重要参考书。90年代,北京图书馆组织编纂的《北京图书馆藏历代石刻拓本汇编》(101册,中州古籍出版社1997年版),收录了该馆20世纪50年代以前入藏的所有石刻拓本,较之传统石刻文献汇编,突显了石刻文献原貌的价值。

三是以调查研究范式为主的资料编纂。民国时期全国范围的古物碑刻调查[2],20世纪40年代日本学者仁井田陞等对北京工商会馆碑刻的调查[3],近20年社会史研究者对山陕水利碑刻、北京寺庙碑刻的调查和文献整理(见后

---

① 断代石刻文献整理与考证成果有:高文:《汉碑集释》,河南大学出版社1997年版;王新英辑校:《金代石刻辑校》,吉林人民出版社2009年版;冯承钧:《元代白话碑》,商务印书馆1931年版;蔡美彪编:《元代白话碑集录》,科学出版社1955年版;蔡美彪《八思巴字碑刻文物集释》,中国社会科学出版社2011年版,等等。专题性研究成果有:〔清〕赵钺、〔清〕劳格:《唐御史台精舍题名考》,张忱石点校,中华书局1997年版;冯俊杰编著:《山西戏曲碑刻辑考》,中华书局2002年版。另可参见拙作:《20世纪碑刻史料之整理与研究》,载《碑刻法律史料考》,社会科学文献出版社2009年版,第19—25页。

② 清光绪三十四年(1908),内阁民政部发布文告,咨行各省调查古迹,并制定统一表格,要求按表格填注,限期送部。1916年10月,内务部在颁布《保存古物暂行办法》的同时,也发出《通咨各省调查古迹列表报部》文告。古物调查项目分12类,调查表列名称、时代、地址、保管、备考等栏目。1918年民国《政府公报》详载《各县古物调查表》的内容。

③ 日本学者仁井田陞等于1942—1944年间对北京60家工商会馆进行实地调查,调查结果载[日]仁井田陞辑:《北京工商ギルド资料集》(6册),日本东京大学东洋文化研究所1975—1983年版。该资料集除收录208通碑刻外,还包括会馆地址图、会馆内殿阁及碑区配置平面图、写真照片与碑拓、章程、规则、契约,以及采访相关人员的问答记录等,成为我们了解北京工商会馆碑刻原始面貌的可靠依据。

文），均有重要成果集结出版。

就石刻文献研究而言，近百年来不断涌现新的热点，如民国时期对先秦石鼓文和诅楚文、秦汉刻石、汉魏石经、边陲石刻、墓志经幢的考释研究[①]，20世纪50至70年代对太平天国石刻和阶级斗争类碑刻的特别关注[②]，近几十年对新发现石刻的考释研究以及陆续出版的地区和断代石刻资料汇辑与著述等[③]，使石刻学涉及领域更广，研究内容和方法多有创新。

近20余年石刻文献研究的热点主要体现在以下三个方面：

一是墓志整理与研究成果丰硕。就近百年来石刻新发现而言，出土墓志数量最多，墓志收藏和研究的热潮也持续不断，在墓志编目释文以及考证、研究等方面，均有令人瞩目的成果，对传统金石学的发展贡献颇大。代表性成果有罗振玉《墓志征存目录》4卷（《贞松老人遗稿》，1942）、赵万里《汉魏南北朝墓志集释》（科学出版社1956年版）、王壮弘等《六朝墓志检要》（上海书画出版社1985年版）、毛汉光《历代墓志铭拓片目录》（台北中研院历史语言研究所1985年版）、徐自强等《北京图书馆藏墓志拓片目录》（中华书局1990年版）、荣丽华、王世民《1949—1989四十年出土墓志目录》（中华书局1993年版）、周绍良、赵超主编《唐代墓志汇编》（上海古籍出版社1992年版）和《唐代墓志汇编续集》（上海古籍出版社2001年版）、罗新、叶炜《新出魏晋南北朝墓志疏证》（中华书局2005年版）、故宫博物院编《故宫博物院藏历代墓志汇编》（3册，紫禁城出版社2010年版）以及《唐研究》第17卷《中古碑志与社会文化研究专号》（北京大学出版社2011年版）等。墓志研究中所涉及的政治制度、官制和女性身份地位等内容，也大大促进了古代法律制度研究。

二是有关民众信仰的研究。侯旭东所著《五、六世纪北方民众佛教信仰》以石刻造像记为素材，研究五六世纪北方民众对佛教的信仰和心态[④]。台湾学

---

① 民国时期对石鼓文的研究较充分，章太炎、马叙伦、沈兼士、张政烺、杨寿祺、唐兰、童书业等诸多学者参与其中，文章近30篇。关注汉魏石经的学者有章太炎、陈子怡、王献唐、马衡、罗振玉、屈万里、苏秉琦等，文章计有30余篇。参见北京大学考古系资料室编：《中国考古学文献目录（1900—1949）》，文物出版社1991年版，第184—185页。

② 可参见《文物》1956年第7期、1957年第9期、1972年第7期、1973年第12期等。

③ 综合性和地区性碑刻资料汇辑成果可参见本书附录。

④ 侯旭东：《五、六世纪北方民众佛教信仰》，中国社会科学出版社1998年版。

者刘淑芬《北齐标异乡义慈惠石柱——中古佛教救济的个案研究》一文,以北朝末年河北定县一个佛教救济组织的记事碑为依据,探讨了佛教福田思想的影响、民众的"义"行与施舍及对后世的影响①。刘淑芬所著《灭罪与度亡——佛顶尊胜陀罗尼经幢之研究》一书,从经幢和墓幢这一独特形制的刻石的出现和流行,以及经幢与佛教地狱思想的完善、经幢的破地狱功能等角度,阐释了刻石形制与内容发展和民众社会心态演变的关系②。另梅莉的《明清时期武当山朝山进香研究》、叶涛的《泰山香社研究》,以及赵世瑜对明清北京东岳庙的研究、刘小萌就清代北京旗人施舍地现象的研究等,均以碑文为基础材料③。此外尚有关于民众信仰的碑刻资料整理与辑录等成果④。

三是对水利碑刻的关注。学者分别从民俗学、社会学、法学等角度对古代水利碑刻进行探讨研究。赵世瑜的《分水之争:公共资源与乡土社会的权力和象征——以明清山西汾水流域的若干案例为中心》一文,利用传说、方志、碑文等多种资料,通过对汾河流域几个"分水"案例的深入分析,阐释分水故事和制度背后的权力与象征⑤。张小军《复合产权:一个实质论和资本体系的视角——山西介休洪山泉的历史水权个案研究》一文指出,水权不是单纯的经济资本现象,国家、认知、信仰、仪式、伦理观念以及相应的庙宇祭祀,都在真实地影响和决定着水权的系统和秩序;水利碑铭也是一种象征的文化产权形式⑥。田东奎的《水利碑刻与中国近代水权纠纷解决》指出,山陕水利碑尤其是水利官

---

① 刘淑芬:《北齐标异乡义慈惠石柱——中古佛教救济的个案研究》,台湾《新史学》5卷4期(1994年)。

② 刘淑芬:《灭罪与度亡——佛顶尊胜陀罗尼经幢之研究》,上海古籍出版社2008年版。

③ 详见梅莉:《明清时期武当山朝山进香研究》,华中师范大学出版社2007年版;叶涛:《泰山香社研究》,上海古籍出版社2009年版;赵世瑜:《国家正祀与民间信仰的互动——以明清京师的"顶"与东岳庙的关系为例》,《北京师范大学学报》1998年第6期;赵世瑜《一般的思想及其背后:庙会中的行善积功——以明清京师泰山信仰的碑刻资料为中心》,《北京师范大学学报》2003年第2期;刘小盟:《清代北京旗人舍地现象研究——根据碑刻进行的考察》,《清史研究》2003年第1期。

④ 东岳庙北京民俗博物馆编:《北京东岳庙与北京泰山信仰碑刻辑录》,中国书店出版社2004年版;董晓萍、[法]吕敏主编:《北京内城寺庙碑刻志》,国家图书馆出版社2011年版;等等。

⑤ 赵世瑜:《分水之争:公共资源与乡土社会的权力和象征——以明清山西汾水流域的若干案例为中心》,《中国社会科学》2005年第2期。

⑥ 张小军:《复合产权:一个实质论和资本体系的视角——山西介休洪山泉的历史水权个案研究》,《社会学研究》2007年第4期。

司碑的主要特点是公开、透明、显示权威①。李雪梅的《试析碑刻中的水利纠纷》，就水案碑在讼案碑中的比重、水案碑的区域分布、各地水利讼案产生的原因和特色、讼案碑在现实中的功用等作了初步分析②。张俊峰《"泉域社会"的纷争与秩序——基于洪洞广胜寺的个案考察》一文指出树碑立传是维护水权的一项常见举措，并将水神庙碑的类型分为掌例碑、水利断案碑和重修碑三种，其中掌例碑数量最多③。

　　特别值得强调的是法国远东学院和北京师范大学合作完成的四集《陕山地区水资源与民间社会调查资料集》④。该资料集对陕山地区的古代村社水利碑刻的深入田野调查和细致解读，凸显了碑刻文本价值之外的实用社会功能。其中第四集《不灌而治——山西四社五村水利文献与民俗》对古代水利碑刻的田野调查与解读尤为生动全面。作者力图站在村社民众的立场，从碑刻本身、立碑仪式和后世用碑风俗等不同角度，对村社碑刻的管理观念、碑刻空间权威的象征性、碑刻对水利簿的补充作用、碑刻被使用的个案意义等内容作了细致的分析考述。在此书中，我们不仅通过碑文，更通过作者持续深入的调查和采访，了解到古代碑刻如何在乡村成为"有生命力的历史成规"。

　　（三）金石法律文献研究之显微

　　就国内近当代金石文献整理和研究成果的数量看，当是"金"与"石"并进，并未呈显如西方学者统计的"金"盛"石"衰现象。

　　值得注意的问题，一是墓志归类。就近百年金石研究整理情况看，石刻文献研究有细化趋势，墓志、买地券、造像题记等均可单独成一研究门类。如果将墓志排除在石刻文献之外，石刻研究成果将锐减，呈现如西方学者所统计的

　　①　田东奎：《水利碑刻与中国近代水权纠纷解决》，《宝鸡文理学院学报（社会科学版）》第26卷第3期（2006年6月）。
　　②　李雪梅：《试析碑刻中的水利纠纷》，陈金全、汪世荣主编：《中国司法传统与传统司法国际学术讨论会论文集》（下册），陕西师范大学出版社2009年版，第554—564页。
　　③　张俊峰：《"泉域社会"的纷争与秩序——基于洪洞广胜寺的个案考察》，《中国古代法律文献研究》第4辑，法律出版社2010年版，第310—339页。
　　④　法国远东学院和北京师范大学合作完成的四集《陕山地区水资源与民间社会调查资料集》，依次为秦建明、［法］吕敏编著：《尧山圣母庙与神社》，白尔恒等编著：《沟洫佚闻杂录》，黄竹三等编著：《洪洞介休水利碑刻辑录》，董晓萍、［法］蓝克利：《不灌而治——山西四社五村水利文献与民俗》，中华书局2003年版。

"金"盛"石"衰现象。笔者倾向对石刻作广义的理解①，而将墓志归属于石刻文献，主要基于当代墓志研究与传统金石学的承继关系。二是石刻文献的属性。美国学者夏含夷对近百年西方学者有关甲骨文、铜器铭文、简帛和石志等研究成果的总结着眼于出土文献，但石刻文献不仅仅是出土文献，也兼具传世文献以及官方文献和民间文献等多重属性。即使仅局限于出土石刻文献的大宗——墓志，国内相关研究成果的数量也不亚于金文研究。

但就当代金石法律文献整理研究的深度和广度而言，当是金文领先于石刻。

胡留元、冯卓慧在20世纪80年代提出了"金文法"的概念，并对西周205件青铜器和东周28件青铜器的法律属性作了分类尝试。其中西周青铜器铭文中，涉及所有权的134件，契约的9件，婚姻、家庭和继承类有31件，刑法有25件，诉讼制度或司法机构有16件，法律思想为57件②。杨升南、刘海年等编著的《金文法律文献译注》对西周至秦汉与法律关系密切的46件青铜器铭文，按法令诏书（17件）、契约（6件）、司法官身份（10件）、诉讼案件（7件）、遗嘱文书（1件）、法律思想（5件）等进行分类整理译注，反映了西周至秦汉青铜器铭文中法制史料的基本面貌③。

另《金文今译类检（殷商西周卷）》汇集420余件殷商西周青铜器铭文，书后附有分类较细的主题词索引，有助于学者对商周金文的研究利用。其中涉及政治法律及德礼教化的铭文均属法律文献范畴，计有"赏赐"198件、"职官"122件、"册命"71件、"祭祀"47件、"宗庙"31件、"田土"18件、"婚姻"10件、"礼仪"9件、"纪功"7件、"追孝"7件、"颂德"7件、"训诰"6件、"交易"5件、"任命"4件、"文书"3件、"盟誓"3件、"契约"3件、"政事"3件、"宗族"2件、"狱讼"2件、"赋税"2件、"刑法"1件。不过上述主题词归类中多有重合

---

① 有关碑之广义与狭义以及石刻与刻石的解释，可参见拙作：《碑刻法律史料考》，第5—11页。

② 胡留元、冯卓慧认为："金文法"指刻（铸）在钟鼎盘盂之上被周王室认可的奴隶制法。这种法，藏之于官府和贵族之家，具有法律效力；始于商，盛行于西周，是春秋末期"铸刑鼎"的前身。其对"金文法"的按民法（分所有权，契约，婚姻、家庭和继承三小类）、刑法、诉讼制度或司法机构、法律思想分为四大类。详见胡留元、冯卓慧：《长安文物与古代法制》，法律出版社1989年版，前言第3页，正文第108—118页。

③ 杨升南等：《金文法律文献译注》，载刘海年等主编：《中国珍稀法律典籍集成》甲编第一册，科学出版社1994年版。

处, 如"交易"5件为融比盨、九年卫鼎、倗生簋、散氏盘、五祀卫鼎, "契约"3器为倗生簋、散氏盘、五祀卫鼎, "明誓"3器为融攸从鼎、散氏盘、五祀卫鼎, 而五祀卫鼎一器的内容主题词即有历法、人物、职官、田土、交易、地名、契约、河流、盟誓等9个①。

碑刻法律文献的整理和研究成果, 主要有胡留元和冯卓慧《唐〈御史台精舍碑〉初探》(《人文杂志》1983年第2期)、冯卓慧《中国古代关于慎刑的两篇稀有法律文献——〈劝慎刑文〉(并序)及〈慎刑箴〉碑铭注译》(《法律科学》2005年第3期)、李雪梅《碑刻法律史料考》(社会科学文献出版社2009年版)等。其中《碑刻法律史料考》一书着重阐述了碑刻法律史料的界定原则、形式特征、分类特色以及时代演进, 揭示了碑刻史料在法律史研究中的重要史料意义。在有关碑刻史料分类的研究中, 该书提出以碑刻形式为主而辅之以碑文内容的新的分类法, 将碑刻法律史料分为圣旨碑、示禁碑、公约碑、凭证碑、讼案与纪事碑等类别, 并对各类碑文的主要特色、分布规律和史料价值进行深入分析②。

从近百年学术发展整体情况看, 由于先秦文字之珍稀可贵, 也由于长期延续的厚古薄今传统, 甲骨、金文、简牍、战国文字等出土文献备受关注; 而中国石刻文字的大规模发展晚于古代两河流域、古埃及等文明古国, 加之中国古代石刻文献传世和出土数量极多, 其文献价值之珍稀度难与金文比肩。

观之近十余年的《文物》杂志, 涉及青铜器的文章明显较碑刻墓志为多, 且金文研究与法制研究的互动关系较为密切。如曹玮《散伯车父器与西周婚姻制度》、李学勤《䚄生诸器铭文联读研究》和辛怡华、刘栋《五年䚄生尊铭文考释》等最新研究成果③, 均能快速影响法史学界。而在石刻法律文献研究方面, 却少见这种学术成果的相互促进。从这个角度看, 确实存在"金"盛"石"衰的现象。

需要强调的是, 传统金石学多将金石视作整体。在当今的学术研究中, 金石学的研究对象却分属于不同学科, 以致考古学和古文字学多关注金文, 历

① 《金文今译类检》编写组编写:《金文今译类检(殷商西周卷)》, 广西教育出版社2003年版, 第451、755—770页。
② 详见拙作:《碑刻法律史料考》, 第26—71页。
③ 参见《文物》2000年第3期、2007年第8期。

史学研究侧重于墓志，社会史学者多取材于碑刻。这种割裂式研究使中国法制"镂之金石"的传承特色难以彰显。本书力求在法制"镂之金石"的传统中，探讨铭金与刻石法律纪事的特性和异同，也意在为传统金石学在当代的复兴发展，尽绵薄之力。

二、有关非正式法的研究

关于古代中国非正式法特别是古代民间法和习惯法的研究，近30年来成果丰硕。国外学者的研究成果主要有高道蕴等《美国学者论中国法律传统》（中国政法大学出版社1994年版）、滋贺秀三等《明清时期的民间审判与民间契约》（法律出版社1998年版）、黄宗智《清代的法律、社会与文化：民法的表达与实践》（上海书店出版社2001年版）和《法律、习俗与司法实践：清代与民国的比较》（上海书店出版社2003年版）、沟口雄三《中国的公与私·公私》（北京三联书店2011年版）、寺田浩明《权利与冤抑——寺田浩明中国法制史论集》（清华大学出版社2012年版）等；国内学者的研究成果主要有朱勇《清代宗族法研究》（湖南教育出版社1988年版）、高其才《中国习惯法论》（湖南人民出版社1995年版）、梁治平《清代习惯法：国家与社会》（中国政法大学出版社1996年版）、苏力《法治及其本土资源》（中国政法大学出版社1996年版）、王铭铭等《乡土社会的秩序、公正与权威》（中国政法大学出版社1997年版）、徐中起《少数民族习惯法研究》（云南大学出版社1998年版）、王学辉《从习惯禁忌到法的起源运动》（法律出版社1998年版）、俞荣根《羌族习惯法》（重庆出版社2000年版）、陈亚平《清代法律视野中的商人社会角色》（中国社会科学出版社2004年版）、梁聪《清代清水江下游村寨的契约规范与秩序》（人民出版社2008年版）、何小平《清代习惯法：墓地所有权研究》（人民出版社2012年版），以及台湾学者邱澎生的诸篇文论等[①]。另文献整理以杨一凡主编《古代乡约及乡治法律文献十

[①] 邱澎生的相关论文主要有：《由苏州经商冲突事件看清代前期的官商关系》，载梁庚尧、刘淑芬主编：《台湾学者中国史研究论丛：城市与乡村》，中国大百科出版社2005年版，第359—399页；《公产与法人——综论会馆、公所与商会的制度变迁》，载《商会与近代中国》，华中师范大学出版社2005年版，第54—82页；《由公产到法人——清代苏州、上海商人团体的制度变迁》，台湾《法制史研究》第10期（2006）；《18世纪苏松棉布业的管理架构与法律文化》，《江海学刊》2012年第2期；《法学专家、苏州商人团体与清代中国的"习惯法"问题》，《北大法律评论》第10卷第1辑（2009）；等等。专著有：《当法律遇上经济：明清中国的商业法律》，台湾五南图书出版公司2008年版；等等。

种》(黑龙江人民出版社2005年版)等为代表;民间习惯调查早在清末民国年间已开展,汇辑成书的有1923年施沛生等编纂《中国民事习惯大全》、1926年李炘编《各省区民商事习惯调查报告文件清册》、1930年南京国民政府司法行政部编《民事习惯调查报告录》(中国政法大学出版社2005年版)等,近年又有陈金全等主编《凉山彝族习惯法田野调查报告》(人民出版社2008年版)等成果。这些研究著作和资料,对于我们全面认识传统中国非正式法及其影响,厥功甚伟。

上述成果中,有些学者已关注到非正式法的生成路径。朱勇认为,"嘉庆以后,普遍出现州县衙门批准宗族法的现象。宗族组织将制定通过的成文宗族法送交州县衙门,正印官阅后即发文批示,以官府名义承认该宗族法的效力,并保证其执行"①。陈亚平也认为:"国家基层政权在法定权限内将商业行帮的条规和惯例备案,使之合法化,结果是大量的民间商业惯例上升为地方性和行业性的法规,民间商业行为的制度化过程得以迅速实现,并且这种制度得到了国家权力的认可和支持,制度化成果得到有力的保障。"②

在非正式法研究中,有不少学者关注到碑刻的作用。日本学者寺田浩明《清代土地法秩序"惯例"的结构》一文特别注意到奏折、方志中屡屡提及的"勒碑县门"、以立碑来确立规则的一些现象,并得出"清代的民事惯例,无论对于当时地方社会的官员还是民众来说,都不是一种包含着稳定结构的或客观存在的规范样式"的结论③。

清代工商行业规则是近年来学者关注的热点,其中不乏对碑石与非正式法生成关系的阐述。孙丽娟对清代商业社会的规则与秩序的研究,主要建立在碑刻资料基础上④。唐仕春利用北京、江苏和上海的会馆碑刻资料以及会馆志书

---

① 朱勇:《清代宗族法研究》,湖南教育出版社1987年版,第174页。

② 陈亚平:《清代法律视野中的商人社会角色》,中国社会科学出版社2004年版,第99页。

③ [日]寺田浩明:《清代土地法秩序"惯例"的结构》,原载《东洋史研究》第48卷第2号(1989年),后收入[日]寺田浩明:《权利与冤抑——寺田浩明中国法制史论集》,王亚新等译,清华大学出版社2012年版,第89—112页。以笔者所见到的碑刻材料,寺田浩明的这一结论并不完全准确,详见本书第十章第二节。

④ 孙丽娟:《清代商业社会的规则与秩序——从碑刻资料解读清代中国商事习惯法》,中国社会科学出版社2005年版。

等材料对清朝基层社会法秩序的构建进行了深入探讨①。刘蓬春以成都洛带刘氏宗族示谕碑为基础,探讨了族规碑与非正式法生成的关系②。

由于本书将神道设教中的神禁威慑视为介于正式法和非正式法之间的一种约束方式,因此在考察非正式法生成途径时,对酬神献戏、演戏立碑等仪式性活动较为留意,也关注到了有关信仰与法律关系的研究成果。

从法律史角度研究民众信仰者,既有侧重于文献史料者,也有基于石刻素材者,但以前者的研究较具系统性。代表成果如郝铁川所著《中华法系研究》将中华法系的特点概括为法典的法家化、法官的儒家化和民众法律意识的鬼神化三个方面。其中对民众法律意识鬼神化的分析,是该书中颇具特色的一个部分。作者认为民众是在日常的鬼神信仰和仪式中间接地熟悉、无意识地接受法律规范的,并从鬼神信仰是中华法系中习惯法的重要内容、鬼神观念是预防犯罪的一道屏障,以及灶王爷、土地爷和城隍爷的职权与预防犯罪等方面展开论述,虽然其中有些观点还值得商榷,如将《唐律》中有关僧道的法律规定视同国家对鬼神信仰的认可等,但作者对民众信仰所体现的法律观进行总结,并将其视为中华法系的重要特点之一,仍具有理论建树意义③。

台湾学者陈登武所著《从人间世到幽冥界——唐代的法制、社会与国家》对古代的冥律、冥判也作了深入细致的研究。作者认为,中国地狱观念的精致化和体系化源自唐朝,"冥律"最大的特点是它的"平民化",它们可以发挥"王法所不及"的作用,进而达到维持社会和国家法秩序的作用。陈登武的另一部著作《地狱·法律·人间秩序——中古中国宗教、社会与国家》对此前的研究又有所推进,认为"地狱"不仅仅指一个空间或场域,同时也是一个神判或者冥判的概念,即凡是来自超越世俗的制裁力量,且具有约束或者法律上的审判意义者均属之④。

---

① 唐仕春:《清朝基层社会法秩序的构建:会馆禀请与衙门给示》,《中国社会科学院近代史研究所青年学术论坛》2007年卷,社会科学文献出版社2009年版,第1—23页。

② 刘蓬春:《东山客家宗族组织与清朝地方政府的关系——以成都洛带刘氏宗族示谕碑为例》,《西南民族大学学报》2008年第12期。

③ 郝铁川:《中华法系研究》,复旦大学出版社1997年版,第87—163页。

④ 陈登武:《从人间世到幽冥界——唐代的法制、社会与国家》,北京大学出版社2007年版;《地狱·法律·人间秩序——中古中国宗教、社会与国家》,台湾五南图书出版公司2009年版。

以石刻文献为基础的法律史研究,如对唐代《齐士员造像铭》、《御史台精舍碑》等的个案研究[1],对墓志和买地券等的专题研究均有明显进展[2],但对石刻法律文献作系统整理和综合研究的成果尚显单薄。

上述就清代非正式法生成路径、清代工商行业规则、清朝基层社会法秩序的构建、民众信仰中的法律观等方面的研究,均与本书的主旨较为贴近。在吸取既有研究成果的基础上,我们将研究视野放在相对更长、更广的时空范围内,对非正式法及民间惯例产生的过程、非正式法与正式法的辩证关系和互动作用等进行梳理,期以揭示碑石在中国古代法制传承和非正式法运作中的重要作用。

第三节　方法与视角

一、基础史料与研究方法

本书以历代碑文为基础史料,这是本书的主要特色。在当下的石刻文献研究中,尚存在以下需要关注的问题。这些问题同时也是笔者在对本课题研究以及后续研究中所力求解决和修正之所在。

---

[1]　有关《齐士员造像铭》的研究成果可参见张总:《初唐阎罗图像及经刻——以齐士员献陵造像碑拓本为中心》,载《唐研究》第6卷,北京大学出版社2000年版,第1—17页;陈登武:《从人间世到幽冥界——唐代的法制、社会与国家》,第278—288页;杨玉明:《由"阎罗王审断图"及其所附冥律看唐初的佛教政策》,《青海社会科学》2013年第4期。有关《御史台精舍碑》的研究成果主要有〔清〕赵钺、〔清〕劳格:《唐御史台精舍题名考》,张忱石点校,中华书局1997年版;胡留元、冯卓慧:《唐〈御史台精舍碑〉初探》,《人文杂志》1983年第2期。

[2]　近百年来新出土墓志数量较多,在墓志编目释文以及考证、研究等方面,均取得了令人瞩目的成绩。仅近十余年来的厚重成果即有周绍良、赵超主编:《唐代墓志汇编》,上海古籍出版社1992年版;周绍良、赵超主编:《唐代墓志汇编续集》,上海古籍出版社2001年版;罗新、叶炜:《新出魏晋南北朝墓志疏证》,中华书局2005年版;故宫博物院编:《故宫博物院藏历代墓志汇编》,紫禁城出版社2010年版;以及《唐研究》第17卷《中古碑志与社会文化研究专号》,北京大学出版社2011年版;等等。墓志研究中所涉及的官制和政治制度研究,对科举制度、婚姻制度等方面的研究,均有助于古代法律制度研究的细化和深入。有关买地券的研究也可纳入广义的石刻文献范畴,代表性成果有张传玺:《契约史买地券研究》,中华书局2008年版;〔美〕韩森:《传统中国日常生活中的协商——中古契约研究》,鲁西奇译,江苏人民出版社2009年版;鲁西奇:《中国古代买地券研究》,厦门大学出版社2014年版;等等。

一是石刻文献的主体史料和辅助史料问题。在石刻文献的专题研究如墓志与断代研究如蒙元史方面，石刻文献的主体性史料特征较明显；在秦汉和唐宋行政文书研究方面，石刻文献的重要性相对突出。但在整个史学研究领域（也包括法制史研究），石刻文献的独立性尚未得到广泛认同，其史料价值未得到充分体现。当然，这也受制于石刻文献自身研究水准，尤其是石刻文献的分类整理和研究水平。

二是石刻文献研究中的个案与专题关系问题。目前对个别碑志的研究和考释成果较多，专题性和系统性研究相对薄弱。与此相关的是，学界普遍重视对新发现碑志的考释，却长期忽视对传世石刻文献的整理，以致传统金石志、地方志、寺观志中相关资料的整理、复核工作颇为迟滞，清代金石学的集大成之作《金石萃编》至今尚无整理点校本。这一状况不仅使传统石刻学和当代碑志研究之间存在明显的"代沟"，也导致目前石刻文献研究中的"碎片化"现象较为突出。另石刻文献研究中也存在重视隋唐以前碑志、轻视明清和民国碑刻的现象，致使石刻文献自身的发展规律和特性难以显现。

三是石刻的文献属性和制度属性问题。石刻史料是文本与实物的结合，既有文献价值，又有制度功用。在前人的研究中，碑志的史料属性已得到充分展现。但作为一种独特的文字载体和刻石过程，其所蕴含的制度功能尚缺乏系统研究。

法律碑刻与一般碑刻的不同之处即在于它有明显的制度属性。碑石文字是一种静态的史料记载，但立碑纪事却是一种动态的制度创设过程，"演戏立碑"、"立碑为例"、"奉官示禁"等仪式和程序，均赋予碑文特别的效力。基于这样的原因，碑石的原始面貌，如格式体例、尺寸大小乃至刻立地点，加刻、续刻文字，碑阳、碑阴文字的关系，都蕴含着一些重要信息。因此搜集、探访古代碑石，了解其存世状况，也是碑石研究的一部分。

近10余年来，笔者行迹所至，必寻碑访石，已拍摄、积累了大量碑石照片。在近5年的研究过程中，又先后对北京、辽宁、天津、河北、河南、山东、山西、陕西、江苏、浙江、福建、广东、湖北、湖南、四川、云南、甘肃、青海等地区的古代碑刻相对集中的碑林、寺观、博物馆等进行了重点调查和资料搜集[1]。考察不仅

---

① 参见本书附录二"近五年访碑博物之旅时地记"。

获取了丰富的第一手材料,对碑石的尺寸、形制,碑文格式的发展演变等有了较全面的了解,还掌握了大量文献漏载的碑石信息。

如苏州警察博物馆现藏与法律关系密切的碑刻11通,其中清代7通分别为乾隆六十年(1795)《元和县奉各宪禁止弋猎网捕示碑》、嘉庆五年(1800)《苏州府吴县正堂禁滋扰飞金公所示碑》、道光二十五年(1845)《苏州府禁止不安分之徒勾串匪类借端向水炉公所索扰碑》、同治七年(1868)《苏州府长洲县正堂禁示碑》、光绪九年(1883)《长元吴三县示禁保护重设面业公所碑》、光绪二十年(1894)《苏州府元和吴县正堂禁强赊硬买示禁碑》、光绪三十二年(1906)《纠察使庙致祭禁示碑》。除了乾隆六十年(1795)《元和县奉各宪禁止弋猎网捕示碑》和光绪九年(1883)《长元吴三县示禁保护重设面业公所碑》曾收录于碑刻资料集外①,其他碑文均未见收载。

此外,全国各大博物馆所藏青铜器和石刻,也有助于我们直观认知中国古代铭金纪事传统。有些藏品说明会注明专家的观点,如北京故宫博物院展示的佣生簋(格伯簋)、师旂鼎、鲁侯爵、谏簋等青铜器铭文,均标明为"唐兰释文",但大多数藏品说明并未注明专家的姓名。天津博物馆展示的两件西汉量器平都犁斛和上林共府铜升,其铭文对研究西汉时的"物勒工名"制度较为重要。此两器铭文过去均有学者进行考释研究,但目前博物馆展品说明的学术更新也相当迅速,会及时更正以往研究中的一些疏错②。

当然,除了坚持实地调查,对有着悠久传统和深厚根基的"镂之金石"法律纪事现象的研究,更需要综合运用历史学、文献学、法学、社会学等学科的研究方法,以从整体和动态的角度,考察、分析碑石法律纪事的表象及本质,进而总结非正式法形成与运作的规律及其作用与影响等。

---

① 乾隆六十年《元和县奉各宪禁止弋猎网捕示碑》,载江苏省博物馆编:《江苏省明清以来碑刻资料选集》,三联书店1959年版,第668页;光绪九年《长元吴三县示禁保护重设面业公所碑》在苏州文庙也立有相同一块,碑文载王国平等主编:《明清以来苏州社会史碑刻集》,苏州大学出版社1998年版,第537页。

② 对平都犁斛铭文的考证可参见云希正:《西汉平都犁斛》,《文物》1977年第3期。上林共府铜升在《秦汉金文汇编》中称为"上林量",铭文中的"工师骍造"写为"工师骏造",从刻文看,当为"骍",2010年天津博物馆的展品说明更准确。参见孙慰祖等编著:《秦汉金文汇编》,上海书店出版社1997年版,第206页。

二、数据与主题

依据史料数据寻找突破点、深究典型、探寻规律，是笔者经常采用的方法。当然这一方法需要建立在占有大量史料的基础之上。

以元明清圣旨碑为例。元代圣旨碑存量丰富，仅蔡美彪先生所撰《元代白话碑集录》一书即收录圣旨碑达87份[①]，近几十年又陆续有新的发现。明代圣旨敕谕碑基数可观，细加分类统计，立于寺观中的专敕禁碑约占37.5%，立于学宫中的通敕禁碑约占32.5%，仅这两类即占敕禁碑的三分之二。另三分之一内容相对杂乱，包括吏治、赈济免赋、祭祀及禁榷等内容，每一类所占比例均不到8%，是故通敕和专敕禁碑成为笔者的重点研究对象（详见本书第五章第二节）。

史料数据的变化颇有助于揭示法律碑刻的发展规律，以及碑刻所蕴含的社会矛盾等的演替。以圣旨碑为例，笔者依据所掌握的史料进行统计，发现圣旨碑在元、明、清法律碑刻中所占的比例逐步降低，即从元代约占80%，到明代约占30%，至清代仅占15%。其实圣旨碑在各朝代的总体数量并未减少，但比例大幅下降确是客观存在。数据的变化，蕴含着一连串问题，最主要的问题是，哪一类碑刻取代圣旨碑，成为明清法律纪事的主导？史料数据很自然把我们引向清代的各类禁碑。接下来的问题是，禁碑如何从涓涓细流，汇为一片汪洋？

数据使我们聚焦于明末清初的江南地区。据笔者初步统计，明万历至崇祯的70余年约有禁碑25通，到清初顺治至康熙70余年，禁碑数量已翻了5倍，增长迅速，而且主要是工商禁碑。

数据引导我们进行深入探究。在逐渐增多的工商禁碑中，所禁之内容，哪一类更为突出？我们再聚焦到江南最发达的苏州府所辖地区。该地区有明万历到清乾隆年间的工商禁碑计88通，其中"禁当行碑"36通，禁工匠"齐行罢工"碑12通，其他各类均在8通以下。在苏州府下辖的诸县中，常熟具有典型意义。该县计有工商禁碑31通，其中"禁当行碑"为21通，涉及的行业有典当、竹木、绸布、染坊、面铺、轿行及油麻、钉铁等杂货行。

就江南地区而言，"禁当行碑"数量最多，涉及的行业广，持续的时间长。更为重要的现象是，苏州府常熟县康熙年间的14通禁碑，除1通立于寺院外，其

[①] 　参见蔡美彪编：《元代白话碑集录》，科学出版社1955年版。

余均立于县署。而立碑地点对法律碑刻属性之强化，具有重要意义。这也促成了本书第四章《江南地区"禁当行碑"与地方法律秩序的构建》。

清代法律碑刻的数量有数千份之多。伴随着圣旨碑比重的下降，官禁碑和民禁碑显著增长，其数量约占清代法律碑刻总数的一半。这也是笔者提出清代形成"碑禁体系"的重要数据支撑。

"大数据"下的"小数据"同样值得解读。以清季最后11年（1901—1911）为例。在200余通碑文中，官禁碑约占30%，碑文涉及维护社会治安和工商业秩序，以及禁抗租罢业、禁赌、禁械斗、禁乱葬等内容，反映了此时城市乡村所面临的主要社会问题；乡禁乡规碑次之，约占16%，其内容，在保障村镇治安和维护地方风俗方面，与官禁碑的内容有一定重合，另传统的教化类宗规族约碑也保持一定比例；行规碑所占比例近12%，说明工商业者已成为一股不可小觑的社会力量；较为实用的有助于维护权益的讼案碑、减免差赋碑、纪产征信碑等仍占有一定的份额（各占近7%），而在明代和清初较为常见的圣旨诏敕碑，则难以寻觅。另涉及"新政"中教育改革和实业兴国内容的碑文已占有近7%的比例，赋予"刻石纪法"传统以新鲜的时代感；同时，一定数量的教案和涉外内容的碑刻，成为传统"刻石纪法"日趋近代化的一个重要象征。

再看民国初年的情况。此时官禁碑及政府布告碑约占四分之一，较清季有所减少；乡禁乡规碑较以往增幅明显，升至23%；讼案判决碑的增速也非常显著，是清季的3倍，比例近20%，其中以水利、山场纠纷较为突出；公产征信、契约、执照类碑也增幅明显，近14%；降幅较大的是工商业及行规类碑刻，但内容却较以往更复杂。

这些不断变化的数据，既有助于我们把握时代脉动，也有利于对热点法律问题进行探讨。这也是本书以较大篇幅对"刻石纪法"发展历程进行系统梳理的关键所在。

三、场景与语景、表象与本质

古代碑石的刻立者和撰写者往往身份不同。他们是怎样的关系？碑文究竟代表谁的诉求和心声？立碑地点与碑文性质有何联系，相似碑刻在一地或多地的集中出现，其间有何关联？这些都是我们在面对众多碑刻文本时，时常思考的问题。

美国学者康豹在对山西永乐宫进行全面研究后认为，保存于永乐宫的文本带有各种倾向性。《道藏》中的著作明显地反映着创作这些著作的道教徒的动机，他们把吕洞宾描绘成能度贤者为徒并指导其修炼内丹秘法的大师。由士大夫和其他文人创作的文本(包括方志和碑文)则把吕洞宾描述成一个饱学之士。小说以及地方上的民间故事着重描绘吕洞宾非凡的潜力，偶尔也会讲一些比较幽默甚至有点下流的关于这个位居八仙之列的神仙的故事①。

这一现象使我们对据以研究的主体材料——碑文，力求保持客观和谨慎的态度。从碑刻文本情况看，就同一问题，官方正统性、民间世俗性和士绅独立性的表述，往往存在差异。故而在研究碑文时，有时需要特别关注碑石刻立的场景。

以祭祀信仰类碑文为例。官方话语体系以体现王朝祭祀制度的圣旨碑和各级官员在履职时撰刻的碑文为代表，多表达对国家祭祀政策的执行和维护。同样是出自官员之手的碑文，是以执行公务的身份，还是以信仰活动的参与者或旁观者的身份；是主动有感而发，还是受邀应付之作，均会影响其表达。我们看到有的碑文撰写者虽列有官职，但是受同乡私谊邀请而作，其表达颇为微妙，甚或有碑文内容与碑石刻立者需求有所偏差的情况②。

未担任官职的士绅阶层，其所撰写的碑文虽带有很强的正统性，但不能一概认为属于官方话语体系。尤其是受民众之邀、以村社或香会代言人身份撰写的碑文，更多体现出对民众行为的理解和支持③。从信众的角度看，他们请求官宦士绅撰写碑文，往往看重他们的名望，并不过分拘泥于碑文内容。但大体来看，撰写者基本能代表刻立者表达其诉求。至于由百姓自己撰写的碑文，内容多简洁明了，直言关键。

① ［美］康豹:《多面相的神仙——永乐宫的吕洞宾信仰》，吴光正等校，齐鲁书社2010年版，第10—11页。

② 可参见:乾隆十一年(1746)都察院左副都御史孙嘉淦为山西铜、铁、锡、炭业商人在北京创立的潞安会馆所撰《重修炉神庵老君殿碑记》，载李华编:《明清以来北京工商会馆碑刻选编》，文物出版社1980年版，第40—41页;光绪壬寅年(1901)附生叶琼撰文、铺前墟绅商同立《重新伏波庙碑记》，载周伟民、唐玲玲:《海南金石概说》，海南出版社2008年版，第94页。

③ 参见山东泰山万历三十八年(1610)《施茶碑记》，载叶涛:《泰山香社研究》，上海古籍出版社2009年版，第400页;北京房山云居寺咸丰元年(1851)《永远流芳碑》，载云居寺文物管理处编:《云居寺贞石录》，北京燕山出版社2008年版，第152页。

另值得注意的是，同样是表达信仰的碑刻，是立于城市还是乡村，是置于敕建官庙还是民间私庙中，碑文的主旨与内涵也会有较大差异。

笔者曾特意到北京东岳庙寻访咸丰三年（1853）《东岳庙地界碑》。在《北京东岳庙与北京泰山信仰碑刻辑录》所汇辑的东岳庙142通碑文中，该碑的法律属性颇为鲜明[①]。这类带有官府禁令的碑刻，如果立于乡村寺观中，通常位置显赫，然而在天子脚下的敕建东岳庙，在百余通高大的香会碑阵中，此碑显得微不足道，与笔者设想的尺寸形制，落差极大。

就碑文内容看，北京东岳庙的碑文多阐述"神道设教"震慑愚顽以有助朝廷政治。在地方村镇庙宇中，同样是阐释"神道设教"，官绅多从有助礼仪教化、摆脱淫祀的角度去论证。而立碑的真实目的，实是为规避法律中有关淫祀、迎神赛会等的禁止性规定，旨在表述香会及迎神赛会等信仰活动有助于礼教和社会秩序的稳定。是故解读碑文，更重要的是看到碑文表象背后隐藏的真实涵义。从这个角度看，碑石刻立过程与碑文本身，同样值得研究。

第四节　观点和概念阐释

在课题设计时，我们期待的学术价值是：采用有别于国家法律或制定法的视角，透过非正式法或民间法体系，进一步明确中华民族法律传承中的有益成分，为基层社会法制型自治的建设进而为本土化的法律秩序建设提供借鉴。

作为实现这一目标的具体路径，就是探讨并总结古代碑刻中的正式法和非正式法的发展规律，这是一项充满挑战性的研究工作。

古代中国法制"镂之金石"传承是客观存在，但以往的梳理和总结工作较薄弱。本书对始自西周的"铭金纪法"和萌生于春秋战国的"刻石纪法"进行梳理，努力把握其发展进程中普遍性与个别性、规律性与时代性的特征。在此基础上，笔者力图凸显古代中国法制"镂之金石"传承的框架及其发展沿革的时代坐标，以此表明这样一个认识，即法制"镂之金石"传承是一种有别于纸本文献传承的相对独立的法律纪事传统，而这种纪事传统更具有庄严、永恒、公开、警示等特性。

[①]　《北京东岳庙与北京泰山信仰碑刻辑录》，第226页。

　　由"铭金纪法"和"刻石纪法"构成的"镂之金石"法律纪事传统既相对独立,又相辅相成。相对独立指青铜铭刻和碑石铭刻分别处于大致以秦汉为界的不同时段,两者所处的社会背景不同,所用材质贵重程度及取材成本不一,发展路径也不尽相同。相对而言,"刻石纪法"历时更久,社会普及性更高。

　　然而"刻石纪法"并非凭空产生,它建立在"铭金纪法"数百上千年发展传承的坚实基础之上,且铭金与刻石在战国秦汉时重叠并存,纪事内容有一定相仿;关键是两者展现了法律纪事中的人神共鉴、永垂不朽、有案可稽等的共同目标和追求。

　　刻石纪法的发展有秦汉、唐宋和明清几个关键时期。秦汉开创了中国大一统的帝国时代,"刻石纪法"在帝国政治与法制的创立过程中发挥了积极作用。秦代刻石融"铭功"与"纪法"为一体;东汉时,在独尊儒术、举孝廉等政治举措的带动和重丧葬等社会风气的影响下,社会中坚通过"树碑立传"彰显儒家礼仪孝道,这种独特的"碑以明礼"的社会教化功能,赋予碑石以持久的政治生命力。

　　同样在汉代,世俗性法律纪事在刻石中也得到初步发展。务实性的刻石定界记产和申约明禁,满足了社会各个层面的现实需求,展示了非正式法生存的广阔空间。

　　唐宋金元,君言刻石和公文刻石得到充分发展,"碑以载政"是此阶段刻石法律纪事的主要特色。自秦汉至唐宋明清,君言刻石在碑石群体中一直占有举足轻重的地位。从唐代的官箴碑、诏敕碑,到宋明清的御制学规碑、元明的白话圣旨碑,皇权独尊在刻石纪事中的至高无上和事无巨细展露无遗。而公文刻石的流行,则使碑石在国家行政运转、法律实施和社会治理中的作用日益显现。

　　明清是"刻石纪法"的完备期,也是本书的研究重点。各地大量涌现的"勒石永禁"等官禁碑、基层社会以"奉官示禁"等名义刻立的乡禁碑,展示了官民互动、官主民辅、现实救济等地方法律秩序的建构模式。"刻石纪法"的权威、制度创设和有案可稽等特性得到充分体现。

　　明清由敕禁碑、官禁碑、民禁碑所构成的"碑禁体系",显现出禁碑在地方法律创制与实施方面具有重要的实用功能,同时也使法律碑刻成为有别于墓志、功德碑、题名碑等的一种独立存在。由此联想,应对相关法律碑刻有一总体表述,诸如法律碑刻的概念、形制、种类、行文格式等。

　　作为对一种相对独立的法律纪事传统的研究,相关术语蕴含着笔者对研究对象的认识与判断,且有些概念术语目前学界尚无约定俗成的定义,因此阐述这些概念用语的含义亦有一定的必要。

　　有些概念是为表达方便而基于形式特征的提炼,如"金石纪法"是对法制"镂之金石"传统表述的提炼,"铭金纪法"和"刻石纪法"是分别对商周至秦汉青铜铭刻法律纪事传统和秦汉至民国碑刻法律纪事传统的概括。

　　在总结中国法制"镂之金石"的特质时,笔者使用了一个与"礼制"相对应的新概念"公政"。"公政"具有时段性和组合性。在"铭金纪法"阶段,"公政"是公器和政令的组合;在"刻石纪法"阶段,"公政"是公权和政事的组合。"公器"指具有规范社会作用的公用器,如度量衡器,它本身即具有一定的法制属性。由于碑石本身不具有公器的特性,只是基于公权和政治的施加,碑石载体才具有法律意义。

　　有些概念有广义与狭义之分。以禁碑为例,广义的禁碑指刻载于碑石上的官府禁令。基于明清禁碑的庞大数量及其在本课题研究中的重要性,我们对明清禁碑及与禁碑相关的概念作了较严谨的界定,因此狭义的禁碑应具备明确的禁止性规定和较明确的违禁罚则两个要件。明清禁碑依效力级别大致分为敕谕禁碑(皇禁碑)、官禁碑和民禁碑(民间自治禁碑)三个层次。

　　在明清碑禁体系中,三类禁碑均具有明确的特指。敕禁碑是指圣旨碑、敕谕碑中带有禁止性规定的碑刻;官禁碑指各级官员颁布的带有禁令内容及罚则的碑刻;民禁碑指公同议定的族规、乡约和行规等民间规范中带有禁止性规定及罚则的碑刻。三者之间的关联是:敕禁碑以对碑石功用的推崇和强化,起到对官禁碑和民禁碑的示范效用;官禁碑通过对皇禁国法的贯彻、落实,通过"勒石永禁"由范例到惯例及重惩严责的法律实践,通过对乡规行约等民禁的审核与认可,使皇禁国法与民禁乡规和谐相处;民禁碑则以明确具体的赏罚奖惩及公开、公平、监督、制衡等民间智慧,通过"神授"仪式和对官权威的模仿,表现出对规则、秩序、公权的追逐。

　　我们之所以将由敕禁碑、官禁碑和民禁碑所构成的系统称作"碑禁体系"而非"禁碑体系",意在强调"碑禁"与"禁碑"的不同。"禁碑"偏重于独立的禁令刻石,是一种静态的表述;"碑禁"偏重于刻立禁碑的过程及其功效,是一种动态的考量。是故 "禁碑体系" 可以体现静态的禁碑文本文献的整体感,而 "碑禁体系" 除强调碑文的文献价值外,也关注对立碑行为的解释,并以此探寻 "非正式法" 的生成途径,全面解释碑禁与法禁、官禁与民禁、正式法与非正式法的互动。

由于时间、精力及研究水平的制约,现有的研究成果尚有诸多不足和欠缺。主要表现在:

第一,大量的第一手资料未能全面消化吸收。虽然我们在研究中利用了不少第一手资料,但还有相当多的待整理内容。尤其是我们所搜集的第一手资料不局限于碑石,在近5年的博物访碑之旅中,对所见各种材质的古代、近代法律史料均进行系统搜集和拍照存档,其中纸质告示、文契等为数甚多,借此可以结合文献所载,对碑石和纸本等实物史料进行对比研究,拓展更多的研究主题。本书在现有研究中已注意到碑文与史籍、碑石与现存档案的对比互证,但实物史料和档案的利用仍显单薄。

第二,本书对古代公文碑有所涉及,并对古代 "碑以载政" 的特色作了初步梳理,但研究的力度还远远不够。秦汉至明清的公文刻石存量丰富,时代特色鲜明。公文碑的形制、体例、格式及转呈批复程序,本身即是实实在在的公文发展史。就公文碑进行系统研究,对解读 "刻石纪法" 的行政执法功能及对社会的影响具有重要价值。这一主题,将是笔者未来几年的研究重点①。

第三,传统金石学与法律史研究的关系等课题尚待拓展。本书对古代金石学家如宋代欧阳修、赵明诚、洪适,清代王昶、龚自珍、叶昌炽等的著述题跋多有引证,也注意到他们对民间碑刻所持有的态度。但金石学家对所处时代的法律持何态度,其相应的法律观对其金石学有无影响,尚缺乏深入研究。这也是本课

---

① 2014年初,笔者主持的 "中国古代石刻法律文献分类集释与研究" 项目(中国政法大学首批优秀中青年教师培养支持计划)已进入实施阶段,计划以三年时间对公文碑、契证碑、讼案碑、禁约碑进行系统考证校释,同时成立 "石刻法律文献研读班",凝聚学术力量,有计划地推进相关研究,预计于2015年底前完成《古代公文碑整理研究释例》、《中国古代石刻法律文献叙录》两部书稿。

题研究中留下的缺憾, 同时也将成为笔者近期关注的焦点①。

　　此外还有一些内容是法制 "镂之金石" 传统的重要组成部分, 如石刻文献中的财产观、契约观, 讼案碑的多重功能, 中国 "刻石纪法" 对东亚诸国的影响等, 均有待于在今后的研究中进一步拓展。

---

　　①　中国传统金石学具有碑史互证、跋尾范式、义例总括等研究特色。其中前两个特色在宋代金石学创立时已经显现, 而义例总括研究在元明时初兴, 至清代达到繁盛。较之清代金石学的考据、鉴藏、书艺、综合等派别, 金石义例学派与法律制度的关系尤为密切。笔者2014年撰写的《元潘昂霄〈金石例〉对碑志义例学之影响》、《金石义例学中的公文碑例和私约碑例》等文章, 对传统金石学与法律史研究的关系进行了初步探讨。

上　篇

法制"镂之金石"之传承与发展

第一章

先秦至秦汉 "铭金纪法" 传统

　　本章着重从青铜器铭刻纪事的角度,通过对各阶段 "铭金纪法" 中具有创制性和影响力的内容,即着重通过对西周以鼎簋盘盂等宗庙祭器为代表的 "铭金纪法" 传承方式的礼制性与经典性,战国秦以符节、度量衡等实用器为代表的法制铭刻纪事的务实性与普及性,秦汉诏书铭刻的法令权威性和一统性等阶段性主题内容的分析,来阐明 "铭金纪法" 传统的建立和发展过程,及其社会文化意义。

第一节　西周 "器以藏礼" 与宗邑权益

　　中国古代青铜器铭文最早出现于商代。商代前中期铭文简短,尚不具备 "纪法" 的条件。商代末期(帝乙、帝辛时期)开始出现二三十字长的青铜铭文[①],这在青铜器发展史上,具有重要意义。

　　日本学者白川静认为,殷商青铜器铭文由简到繁,可能有特殊的含义。"祖灵与祭祖者之间,是一种绝对而自然的关系,原本不须假借什么事由。所以,最古的彝器都不纪录作器之缘由与目的。而到了殷末,这些铭文的出现,实意味着已在祖灵与祭祀其祖灵的氏族之间,开始加强媒介的作用来促进王室与氏族间的政治关系。祭祖,变成是依王室与氏族之关系而在其政治秩序之下进行了。彝器铭文所以纪录这种事情,乃直接显示政治的关系已强力地支配了氏族

---

　　① 　陈絜:《商周金文》,文物出版社2006年版,第158页。

的生活。"[①]

继商而起的周王朝创立了青铜铭刻的黄金时代,表现为铸铭之器多、铭文内容丰富及铭文字数的快速增多等方面,而铭刻长文也是西周青铜器和西周礼制的一个重要特色。西周青铜器铭文,按其发展时段可略分为早、中、晚三期[②]。

西周早期指武王、成王、康王和昭王时期,铭文内容涉及西周初期的战争、政治等重要史实及当时的官制、军制及封赐礼仪等。大盂鼎和宜侯夨簋是此时期具有代表性的器物。

大盂鼎(图1)铭文共291字,记载了康王对贵族盂进行赏赐时所作的训示。康王命令盂辅佐军事事务,要求处理诉讼时既要迅速又要谨慎。基于盂的功绩,康王特赏赐他香酒、服饰、车马等。另赏赐盂的祖父南公一面旗子,用来插在狩猎的车上。此外,又赏赐盂本族的奴隶头目13个,一般奴隶1005个。盂感激

图1 西周大盂鼎及铭文
2012年1月24日摄于中国国家博物馆。

---

① [日]白川静:《金文的世界:殷周社会史》,温天河、蔡哲茂合译,台湾联经出版事业公司1989年版,第11页。

② 王世民、陈公柔、张长寿将西周青铜器分为早、中、晚三期。西周早期相当于武、成、康、昭四个王世,西周中期相当于穆、恭、懿、孝、夷五个王世,西周晚期相当于厉王(包括共和)宣王和幽王时期,本书采用此说。详见王世民等:《西周青铜器分期断代研究》,文物出版社1999年版,第252—254页。

康王的赏赐,为颂扬王的盛德,特铸造了祭祀先祖南公的鼎[①]。

宜侯夨簋(图2)为康王时宜侯夨所作的祭器。器腹内底有铭文12行约130字,其中16字残失不清。铭文记述康王改封夨于宜地为宜侯,同时赏赐祭祀用的香酒、代表征伐权力的弓矢及宅邑、土地、奴隶之事,可与《左传》记载的周初分封过程中赐民赐疆土的礼制相对应[②]。

西周中期指穆王、恭王、懿王、孝王和夷王时期,铭文内容以廷礼册命和追

图2 西周宜侯夨簋及铭文
2012年1月24日摄于中国国家博物馆。

孝祖考为主,"子子孙孙万年永宝用"之类的文辞开始流行,同时也出现了一些反映新的社会现象如土地交换、法律诉讼等铭文,使"铭金纪法"的内容渐显丰满。此时期代表性的青铜器有五祀卫鼎、九年卫鼎、三祀卫盉、二十七年卫簋、曶鼎、格伯簋(倗生簋)、永盂、扬簋、㣙匜和师旂鼎等。

上述青铜重器,有数件(即"裘卫诸器")均出自陕西岐山董家村窖藏。1975年董家村窖藏共出礼器37件,其中有铭文者30件,铸造时代从西周中期一

① 白冰:《中国金文学史》,学林出版社2009年版,第273页。

② 相关考释与研究文章可参见:陈梦家:《宜侯夨簋和它的意义》,陈邦福:《夨簋考释》,均载《文物参考资料》1955年第5期;郭沫若:《夨簋铭考释》,《考古学报》1956年第1期;谭戒甫:《周初夨器铭文综合研究》,《武汉大学学报》1956年第1期;唐兰:《宜侯夨簋考释》,《考古学报》1956年第2期;李学勤:《宜侯夨簋与吴国》,《文物》1985年第7期。

直延续到晚期,应该是经过几代人积聚的祭祀礼器①。其中五祀卫鼎(图3)腹内铭文207字,记恭王五年(前918)正月,官史裘卫用自己的五田土地,换取贵族邦伯厉的四田;九年卫鼎(图4)铭文195字,记述在恭王九年(前914)正月底,裘卫用一辆车子及车马器具等,换取矩的一片林地等;三祀卫盉(图5)铭文132字,记录裘卫与矩伯的土地交易。铭文记载:"矩伯庶人取堇璋于裘卫,才八十朋,厥贮,其舍田十田。矩伯又取赤琥两、麂韨和一件贲鞃。"即裘卫用价值贝一百朋的一件瑾璋、两件赤琥、两件麂韨和一件贲鞃,换取矩伯的土地十三田。另清宫旧藏的格伯簋(图6),铭文也是记载土地交换之事②。

西周晚期指厉王、宣王、幽王时期,铭文多长篇巨作,如毛公鼎、散氏盘等,铭文达数百字。铭文除延续西周早、中期格式化的廷礼册命内容外,有关交换土

图3　西周五祀卫鼎及铭文
2012年6月23日摄于陕西历史博物馆。

---

① 有关裘卫诸器窖藏出土情况、器物铭文考释及与西周法制关系研究的论文可参见:庞怀清等:《陕西省岐山县董家村西周铜器窖穴发掘简报》,《文物》1976年第5期;唐兰:《用青铜器铭文来研究西周史——综论宝鸡市近年发现的一批青铜器的重要历史价值》,《文物》1976年第6期;胡留元、冯卓慧:《从陕西金文看西周民法规范及民事诉讼制度》,《考古与文物》1983年第6期;王沛:《裘卫三器集释》,载杨一凡主编:《中国法制史考证续编》第13册《法律史料考释》,社会科学文献出版社2009年版,第84—141页。

② 据白冰介绍:据目前断代分期的研究成果,二十七年卫簋属于穆王时期、三年卫盉、五祀卫鼎、九年卫鼎、元年曶鼎、十二年永盂等均属于懿王时期。格伯簋的作者实际是佣生,按通例应定名为"佣生簋"。故宫收藏的这件格伯簋中间缺17个字,系用同铭的其他器之铭文补足。参见白冰:《中国金文学史》,第14、149页。

九年『衛』鼎銘文釋文：
隹九年正月既死霸庚辰，
王在周駒宮，各廟。眉敖者
膚为吏，見于王。王大黹。矩取
眚車、較、賁𩏃、虎冟、□韋、畫
轉、鞭、席、帛轡乘、金鑣鋞。
舍矩姜帛三兩，迺舍裘衛林
孤里，𠭯厥隹顏林。我舍顏
陳大马兩，舍顏姒虡谷，舍
顏有司壽商貉裘、盠冟。矩
迺眔𣥜令壽商眔啻曰：
覯□付裘衛林孤里，則迺
成夆四夆。顏小子具叀夆，壽
商𨛫舍盠冒梯羝皮二從
皮二，舄俑皮二，朏帛金一
反，厥吳喜皮二。舍虎冟
㸋賁𩏃東臣羔裘，顏下
皮二，眔受衛小子□逆者其
媵衛臣朏。衛用作朕文
考寶鼎。衛其萬年永寶用。

图4　西周九年卫鼎及鼎腹铭文局部和释文

上两图2000年3月摄于广州南越王墓博物馆举办的展览。下两图2013年3月22日摄于中国国家博物馆“守望家园”展览。

盂宝殷(盘),衛其萬年永寶用。

者(諸)其(御)缳。衛用乍(作)朕文考惠

受(授)田。燹趨、衛小子稀逆

馬單旟、嗣工(空)邑人服,眾

曰(伯)廼令參有嗣:嗣土(徒)散(微)邑、嗣

曰(伯)邑父、定曰(伯)、瓊曰(伯)、單

舍田三田。裘衛廼矞告于

兩、麋圶薮一兩、圶靽一,才(裁)廿朋,其

其舍田十田。矩或(又)取赤虎(琥)

堇章(瑾璋)于裘衛,才(裁)八十朋,氒(厥)貯,

王爯旂于豐。矩白(伯)庶人取

隹三年三月既生霸壬寅,

图5　西周三祀卫盉及铭文和释文

三祀卫盉2000年3月摄于广州南越王墓博物馆举办的展览。铭文和释文2010年10月
12日摄于上海博物馆。

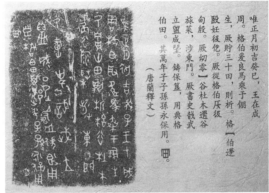

唯正月初吉癸巳，王在成
周。格伯爰良马乘于倗
生，厥贮三十田，则析。格伯遣
殷妊彶仡。厥从格伯厌彶
匍殷，涉东门。厥书史戜武
旬殷，谷杜木遹谷
旅菜。用典格
伯田。其万年子孙孙永保用。

（唐兰释文）

图6　西周格伯簋（倗生簋）及铭文和释文
2010年3月15日摄于北京故宫博物院。

地、争夺田邑等内容成为新的时代主题。代表性的器物有散氏盘、鬲攸从鼎、鬲攸从盨、攸比簋盖、五年琱生簋、五年琱生尊、六年琱生簋、兮甲盘、蔡簋等。

现藏台北故宫博物院的散氏盘内底铸有铭文19行、357字。铭文记述因矢国侵犯散国边邑而给付散国土地进行赔偿之事。铭文记载了赔偿田地的范围和界址、参与勘定田界的双方官员，以及履约誓言。时当周王九月乙卯日，矢人让鲜且、□旅立誓："我既已交付给散氏田契，如果不依照约定行事，则是我对散氏心怀祸念，违约千次罚千次，并处以放逐之刑。鲜且、□旅仅此立誓。"又让西宫□和武父立誓："我既已交付给散氏新田旧田，如果不依照约定行事，违约千次罚千次。西宫□和武父仅此立誓。"矢国之君在豆新宫的东廷将交付散人的土地疆界绘成地图。执左券的是史官中农[①]。

鬲攸从鼎和鬲攸从盨铭刻内容也与田土转移有关。前者叙述鬲攸从分田地给攸卫牧，因攸卫牧没给报酬，遂成讼事；后者叙述章氏用八邑向鬲攸从换田，又有良氏用五邑换田，结果都顺利成交。在这些记述田土交换尤其是因此而产生的诉讼活动的铭文中，可以看到盟誓在平息争讼中有重要意义。鬲攸从鼎铭文大致内容是：三十一年三月初吉壬辰日，王在周康宫，来到大室。鬲从在王面前控告攸卫牧的罪行。王对攸卫牧说："你已经接受了我的田地和牧场，但是却不能遵守和鬲从的约定。"王命令调查这件事情，史南特此到达虢旅，让攸卫牧

---

① 《金文今译类检（殷商西周卷）》，第694—695页。

发誓："如敢不交付觩从租赋钱财，交出田邑，就流放。"攸卫牧遵命发誓。觩从特此为自己的伟大的祖父丁公、伟大的先父更公铸造祭祀用鼎，万年子子孙孙永远珍藏使用①。

六年琱生簋（图7）器内底铸铭文11行104字，记载了琱生与其他贵族之间因土地引起的诉讼。目前存世的琱生器，除此器外尚有美国耶鲁大学博物馆所藏五年琱生簋，及2006年11月陕西扶风县城关镇五郡村窖藏出土的五年琱生尊，铭文也记载了召氏宗族内部田土变更的经过②。

图7　西周六年琱生簋及铭文
2012年1月24日摄于中国国家博物馆。

从上述铭文内容看，西周晚期的田土交易是一件关系交易双方权益的重大事项，它不是私相授受成交，而是要经国家官员批准，甚至要有史官等参加见证、勘界活动。交易完毕后，器主将买卖交易经过、违约方的誓言等内容铭铸于青铜器上，以强调财产权益的正当合法，并传之久远。

其实，上述涉及田土交易的青铜器铭文乃是西周"约剂书于宗彝"制度的

---

① 《金文今译类检（殷商西周卷）》，第437—438页。文中的觩从，即觩攸从，西周孝、夷时期人，名从，觩国族。

② 相关铭文考释与研究可参见：林沄：《琱生簋新释》，载《古文字研究》第3辑，中华书局1980年版，第120—135页；朱凤瀚：《琱生簋铭新探》，载《中华文史论丛》1989年第1期，上海古籍出版社1989年版，第79—96页；李学勤：《琱生诸器铭文联读研究》，辛怡华、刘栋：《五年琱生尊铭文考释》，均载《文物》2007年第8期；王沛：《琱生三器集释》，载俞荣一凡主编：《中国法制史考证续编》第13册《法律史料考释》，社会科学文献出版社2009年版，第1—82页。

见证。《周礼·秋官·司约》载："凡大约剂，书于宗彝。小约剂，书于丹图。若有讼者，则珥而辟藏，其不信者服墨刑。"郑玄注称："大约剂，邦国约也。书于宗庙之六彝，欲神监焉。"[①]

田土交易契约属于"大约剂"。"宗彝"在商和周初时多指宗庙祭祀所用的酒器。《尚书·洪范》载："武王既胜殷，邦诸侯，班宗彝。"孔传："赋宗庙彝器酒尊赐诸侯。"孔颖达疏："盛鬯者为彝，盛酒者为尊，皆祭宗庙之酒器也。"[②]但从出土青铜器看，西周铭文铸于鼎簋等食器的远多于酒器，原因是周人基于商人酗酒亡国的教训，曾厉行禁酒，致使西周的礼器组合发生了显著变化，使酒器减少，食器的重要性凸显。是故到西周中期以后，"宗彝"就多指鼎簋等食器和盘匜等水器所组成的礼器，而它们也自然成为"铭金纪法"的主要载体，如前文提到的五祀卫鼎、九年卫鼎、宜侯夨簋、六年琱生簋等等。

西周贵族将田土交易经过及诉讼结果铭于宗彝，既是确认法律权益的需要，如白川静认为散氏盘铭"可谓是一通契约文书，具有权利证书的性格。故于定界之事终了，即由关系者诅盟立誓"[③]，同时也是西周礼制的要求和"器以藏礼"的具体体现。

西周初年周公制礼作乐，实也寓有巩固统治地位和加强礼制建设的政治目的。西周时逐步形成的等级严密的典章制度和礼仪规范，往往体现在贵族祭神享祖、礼仪交往、宴飨宾客等活动中所使用的礼器数量与规格上。在青铜器铭文中，常见受祭祖先的名字和作器人的名字。制作者纪彰功烈、宣扬孝道、赞颂美德，所祈求的是祖先的荫佑与子孙的繁衍。在宗法制度鲜明的西周时代，王臣职官多是世袭，而祖先的荫庇是世官地位和特权得以维持与延续的保障。铭文追述祖先的功烈，颂扬祖德，记述周王赐命，是为了彰显自己在宗法传承体系中的正统地位和权益。贵族们为了长久拥有这种能显示其地位和职务的优势，于是就把自己的功劳或祖父辈对王室的贡献以及周王的赐命，铭铸在青铜礼器上，并期望这种荣誉能在子孙万代间传承不息。其作用，正如《礼记·祭统》所说："夫鼎有铭，铭者自名也，自铭以称扬其先祖之美，而明著之后世者也。"[④]

---

① 《十三经注疏·周礼注疏》卷36，北京大学出版社1999年版，第949页。

② 《十三经注疏·尚书正义》卷12，第325页。

③ ［日］白川静：《金文的世界：殷周社会史》，第135页。

④ 《十三经注疏·礼记正义》卷49，第1362页。

《左传·成公二年》载孔子言:"唯器与名,不可以假人。……器以藏礼,礼以行义,义以生利,利以平民,政之大节也。"①虽然此处的"器"指车马、服饰,然而在礼制系统中,车服可以藏礼,宗庙祭器更为藏礼之重器。故在汉以后,"器以藏礼"中的"器",便被不少经学家和儒者视为礼乐之器。如魏王肃对"唯器与名,不可以假人"的注解是:"器,礼乐之器;名,尊卑之名。"对"器以藏礼"的注解是:"有器然后得行其礼,故曰器以藏礼。"②晋杜预对"器以藏礼,礼以行义"的注释是:"车服所以表尊卑。尊卑有礼,各得其宜。"③

在西周,关乎家族荣誉和地位、值得在礼器上郑重铭刻的,除了祖辈的征战功绩及周王的分封、册命之外,在西周中晚期也体现在田土、奴隶、礼器的买卖,家、邑或国的争讼,以及重大产权转移,这也是"铭金纪法"在西周滥觞的原因。这些铭文,一般由利益方或胜诉方在田土交易或讼事了结后,铸于宗庙礼器上。其目的,一是告慰祖先,请求祖先的认可,另一目的就像铭文中经常出现的"子子孙孙其永宝用"一样,在宣扬周王善德天命、文治武功以及祖先所受恩宠与封赏的同时,列举自己的爵位、官职,铭记田土、城邑、奴隶、牛马等交易转让的结果,并传之久远,作为其在世官世禄秩序中的权力地位的存照或护身符。

第二节　春秋"器以布法"与国邑秩序

春秋时期,周室衰微,诸侯国各自为政,西周青铜器铭文中常见的有关廷礼、册命的内容已难得一见,说明"礼乐征伐"已经不"自天子出"了。铭文以自作用器为多,内容以彰显器主本人的家世及自诩品德之美为主,另记载邦国联姻情况的铭文也不在少数。是故随着社会的巨大变革,春秋时期的"铭金纪法",开始从西周时期彰显宗邑权益和荣誉,转向更为广泛的用意,而尤在邦交秩序和内政方面表现较为突出。

邦交秩序包括名义上的"中央"之邦与各大小诸侯之间,以及各诸侯邦相互之间进行交往的秩序和利益重新分配。光绪十六年(1890)出土于江西瑞州

---

① 《十三经注疏·春秋左传注疏》卷25,第691页。
② 〔魏〕王肃注:《孔子家语》卷9《正论解第四十一》,文渊阁《四库全书》电子版。
③ 《十三经注疏·春秋左传注疏》卷25,第691页。

（高安县）的能原镈（图8）铸于春秋后期（前652—前476）。镈两面正中和左右下角共铸铭文20行28字。铭文大意是：由于莒国扩张疆土，侵及了郳国，越国为之调停，主持了这次疆土划分，并趁机扩土筑城，将郳、莒两国连在自己脚下。铭文记录了越、郳、莒三方的盟辞内容[①]。

　　春秋时，各诸侯国之间的争霸与兼并战争频繁。为了加强自己的地位与力量，各国需要结成政治上和军事上的联盟。结盟形式，常要举行盟誓，并借助联姻。"戮力同心，申之以盟誓，重之以婚姻"[②]，即是指此。是故反映邦交秩序的内容也体现在媵器铭文上。

　　古代诸侯嫁女，以侄娣从嫁称媵。《左传·成公八年》载："卫人来媵共姬，

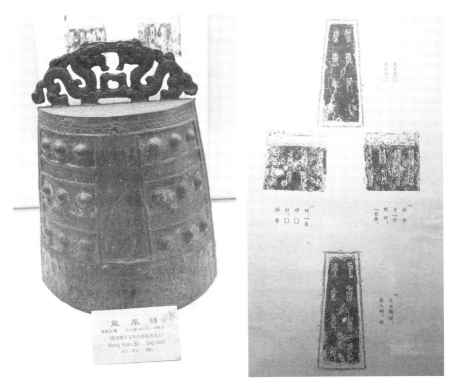

图8　春秋能原镈及铭文
2010年3月15日摄于北京故宫博物院。

---

①　参见曹锦炎：《再论"能原镈"》，《故宫博物院院刊》1999年第3期。

②　《十三经注疏·春秋左传注疏》卷27，第756页。

礼也。凡诸侯嫁女,同姓媵之,异姓则否。"①《公羊传·庄公十九年》言:"媵者何? 诸侯娶一国,则二国往媵之,以侄娣从。"意为一国嫁女,其他二国公室也送女陪嫁。如鲁嫁女伯姬于宋,"晋人来媵","齐人来媵"②。这一政治联姻的需要,促使当时为陪嫁女儿而制作的邦交礼器——媵器大量增加,其中以盘、匜、鉴等为数较多。媵器铭文一般由时间、某人为某人作媵器及祝愿辞等部分组成,有些还有加强两国政治友好关系的文句。如许子妆簠铭作"隹正月初吉丁亥,许子妆择其吉金,用铸其簠,用媵孟姜、秦嬴,其子子孙孙永宝用之"③。

　　在内政方面,"铭金纪法"主要表现为铸刑书、刑鼎公布刑法规范或彰显刑罚,以威慑百姓,维持"礼崩乐坏"形势下的社会秩序。

　　春秋时期,为人们所熟知的"铸刑书(鼎)"事件有两次。第一次是公元前536年郑国铸刑书。《左传·昭公六年》载:"三月,郑人铸刑书。"晋杜预注:"铸刑书于鼎,以为国之常法。"这一举措,受到了晋国大夫叔向的反对。叔向认为,只要像过去一样重视礼乐和教化,国家就不会乱。反之,铸刑书将国家成文刑律公布于铜鼎,让老百姓随时知道法律,则后患无穷:"民知有辟,则不忌于上,并有争心";"民知争端矣,将弃礼而征于书;锥刀之末,将尽争之"④。第二次是公元前513年晋国铸刑鼎。《左传·昭公二十九年》载:"冬,晋赵鞅、荀寅帅师城汝滨,遂赋晋国一鼓铁,以铸刑鼎,著范宣子所为刑书焉。"这一行动,受到了致力于维护礼制的孔子的反对:"晋其亡乎? 失其度矣! ……今弃是度也,而为刑鼎。民在鼎矣,何以尊贵? 贵何业之守? 贵贱无序,何以为国? 且夫宣子之刑,夷之蒐也,晋国之乱制也! 若之何以为法?"⑤

　　除这两次之外,还有更早的一次"刑书"公布事件,即鲁襄公九年(前564)宋国执政乐喜命司寇乐遄"庀刑器"之事。《左传·襄公九年》载:"宋灾,乐喜为司城,以为政。……使乐遄庀刑器。"晋杜预注:"庀,具也。""乐遄,司寇。刑器,刑书。"唐孔颖达疏:"此人掌具刑器,知其为司寇也。恐其为火所焚,当是

---

①　《十三经注疏·春秋左传注疏》卷26,第735页。
②　《十三经注疏·春秋公羊传注疏》卷8,第158—159页。
③　邹芙都:《楚系铭文综合研究》,巴蜀书社2007年版,第52—53页。
④　《十三经注疏·春秋左传注疏》卷43,第1225—1227页。
⑤　《十三经注疏·春秋左传注疏》卷53,第1512—1513页。

国之所重，必非刑人之器，故以为刑书也。"①郑国子产铸刑书，晋国的士文伯将其称为"铸刑器"；晋国赵鞅铸刑鼎，蔡国史官说是"擅作刑器"。可见，当时人们习惯于把国家刑书的载体称为"刑器"。这个"刑器"，应该也是铭铸了刑法内容的青铜器。

铸刑鼎、刑器之事在春秋时频繁出现，是一种适应时代和社会变化的不得已之举。《汉书·刑法志》载："春秋之时，王道寖坏，教化不行，子产相郑而铸刑书。"②《晋书·郭璞传》称："子产之铸刑书，非政事之善，然不得不作者，须以救弊故也。"③既然发生了"礼崩乐坏"、"人心不古"的变化，在青铜器上铭铸刑律公之于众，并以鼎这种庄严的礼器彰显法律的威严神圣，正是当时为政者稳定统治秩序的紧迫需求。

春秋时期的铸鼎铭法，不仅是古代法律制度的一大变局，同时也是青铜礼器的一大变局。原本敬奉于宗邑庙堂的祭器，变身为国家之"公器"，其作用也从"器以藏礼"确认政治地位、维护宗法权益转换为"器以布刑"即公布法律威慑百姓，此时"铭金"的法制意义，较之西周时更为明显。

"公器"指具有规范社会作用的标准性公用器，如度量衡器、货币、契约等。《慎子·威德》言："蓍龟，所以立公识也，权衡所以立公正也，书契所以立公信也，度量所以立公审也，法制礼籍所以立公义也。凡立公，所以弃私也。"④值得注意的是，春秋时将刑律这一"公器"铸于鼎而非其他青铜器上，恐怕是由多种原因促成的。

在中国青铜时代，鼎被赋予了多重涵义和功能：它是权力的象征，是西周宗庙祭祀中礼器之至尊，是礼治和宗法等级秩序的象征。在西周中晚期列鼎制度形成后，有所谓"天子九鼎，诸侯七，大夫五，元士三也"⑤的说法，九鼎是至高权力的象征，七鼎是诸侯国权力的象征，五鼎是卿大夫家邑权力的象征。鼎失，表示灭国。《左传·宣公三年》载："桀有昏德，鼎迁于商"；"商纣暴虐，鼎迁于周"。当"楚子问（周）鼎之大小、轻重"时，实即是对东周"天下共主"地位的挑

---

①　《十三经注疏·春秋左传注疏》卷30，第863—1513页。

②　《汉书》卷23《刑法志》，中华书局1962年版，第1093页。

③　《晋书》卷72《郭璞传》，中华书局1974年版，第1904页。

④　高流水译注：《慎子全译》，贵州人民出版社1996年版，第26页。

⑤　《十三经注疏·春秋公羊传注疏》卷4，第74页。

战①。鼎的这种权力等级标志属性，"九鼎"迁移即"天命"转移所意寓的权力正统性、合法性的标志意义，是人们选择它铭刻法律规范的重要理由。另外，鼎的体积一般较大，壁腹面适于刻"刑书"等长篇铭文。施蛰存先生在解释"钟鼎文"的来历时即认为：钟和鼎是古代青铜器中体积较大者，可以铸刻较长篇的铭文，因此就用"钟鼎"来代表一切青铜器②。此外，鼎庄严的器型和沉稳的身躯，也适于表现法律的庄严稳定。是故在"铭金纪法"的传统中，鼎的"出镜率"极高，呈现出"鼎盛"的态势。

第三节　战国 "物勒工名" 以防伪杜奸

自春秋开始，由于铁制工具的逐渐使用与推广，青铜的黄金时代已接近尾声，"礼坏乐崩"的局面开始了。战国时，社会政治、经济形态和思想意识都发生了更大的变化，"铭金纪法"的模式和内容也随之变易：一是铭文内容从彰显礼制和刑法过渡到"物勒工名"以防伪杜奸；二是铭刻方式、载体、材质，经历了从铸铭到刻铭、从礼器到实用器、从金属器到石材等的转变。

战国初期的青铜器铭文，以往那些颂扬先祖之类的套语日渐衰落，一般只刻简单的铸器事由与器主名号。战国中期以后，随着集权政治的进一步发展，秦国等变法强国加强了对与兵器、度量衡器相关联的手工业生产制作的质量监控，建立起明确的质量考核和责任追溯制度，"物勒工名"便是推行这一监管制度的基础。

《礼记·月令》载：孟冬之月，"命工师效功，陈祭器，按度程，毋或作为淫巧，以荡上心，必功致为上。物勒工名，以考其诚。功有不当，必行其罪，以穷其情。"孔颖达对"物勒工名"的解释是："每物之上，刻勒所造工匠之名于后，以考其诚信与不。若其用材精美，而器不坚固，则功有不当，必行其罚，以穷其诈伪之情。"③

在出土和传世的战国青铜兵器上，多刻载监造者、主造者的职官名号及制

---

① 《十三经注疏·春秋左传注疏》卷21，第602—604页。

② 施蛰存：《金石丛话》，中华书局1984年版，第1页。

③ 《十三经注疏·礼记正义》卷17，第548—549页。

造者的名号。河南出土的十五年郑令戈和十六年郑令戈（图9）铭文分别为："十五年，郑令赵距、司寇彭璋，右库工师陈平，冶赣。""十六年，郑令赵距、司寇彭璋，□库工师皇隹，冶□。"[①]铭文中，"赵距"、"彭璋"是主持考绩之人，即监造者；"陈平"、"皇隹"为主造者，"赣"、"□"为具体制造的工匠。加刻制造者、主造者的名号，是便于监造者对产品的考绩以防伪杜奸，即"物勒工名，以考其诚"。有的器物上刻有工匠甚至"隶臣"刑徒的名字，也是为了达到"功有不当，必行其罪，以穷其情"的目的[②]。

　　"物勒工名"的质量监管体系，有相应的法律制度作为配套支撑。湖北云梦睡虎地出土秦简中的《工律》规定："公甲兵各以其官名刻久之，其不可刻久者，以丹若髹书之。"《效律》规定："公器不久刻者，官啬夫赀一盾。"《秦律杂抄》载："省殿，赀工师一甲，丞及曹长一盾，徒络组廿给。省三岁比殿，赀工师二甲，丞、曹长一甲，徒络组五十给。"[③]条文对工匠、工长制作兵器、公器等未按规定"勒名"所面临的惩罚作出了明确规定。由此可见，此时的铭刻是追求务实的效果，亦即便于产品质量

图9　战国十六年郑令戈
出土于河南新郑市白庙范村。2010年4月21日摄于河南安阳中国文字博物馆。

---

　　① 郝本性：《新郑"郑韩故城"发现一批战国铜兵器》，《文物》1972年第10期。
　　② 李力认为：秦青铜兵器铭文中的"隶臣"，其身份为刑徒。秦汉时期以"隶臣"及"城旦"、"鬼薪"为架构的徒刑制度，最早当出现于战国时期的秦国，至迟不晚于秦昭王时期。这种徒刑当是商鞅变法后推行"法治"的产物。详见李力：《秦铜器铭文所见"隶臣"及"鬼薪"、"城旦"身份考》，载《中国古代法律文献研究》第3辑，中国政法大学出版社2007年版，第22—82页。
　　③ 睡虎地秦墓竹简整理小组：《睡虎地秦墓竹简》，文物出版社1978年版，第71、101、136页。

的监管和责任的追查。这与西周礼器铭文所表达的传之子孙万代的浪漫政治期许，已是南辕北辙。

与西周"铭金纪法"偏重于礼器不同的是，战国时期铭刻文字的载体已突破庙堂祭器的局限，向符、节与度量衡器等实用器物扩展。

符为判合之器，是古代用于传达命令、调动军队的一种特殊凭证，起征信证明作用。符分左右两半，右半在京师或国君手中，左半由屯驻在外的军队将领保存。需调兵时，由国君使者持右半符前往，军队将帅将左右两半合验"符合"后，方按使者传达的命令行动。20世纪70年代发现于陕西西安市郊的杜虎符（图10）上有错金铭文9行40字："兵甲之符，右在君，左在杜，凡兴士被甲，用兵五十人以上，必会君符，乃敢行之。燔燧之事，虽毋会符，行也。"其大意是，兵甲之符，右半归国君掌握，左半由驻守杜地的将领掌握。凡用兵50人以上，必须验合国君的右半符。如果发生外敌入侵、边塞有烽火紧急军情，也可相机行事。其内容可视为是对军事管理法制的记载。此外还有阳陵虎符、新郪虎符等，铭

图10　战国秦杜虎符
2012年6月23日摄于陕西历史博物馆。

文内容大体相同①。

图11　战国楚鄂君启节

在中国国家博物馆、湖北省博物馆、安徽省博物馆均有展示。图为2013年2月14日摄于安徽省博物馆的车节(左)和舟节(右)。

节为古代使臣所持的凭证。《左传·文公八年》载:"司马握节以死,故书以官。"杜预注:"节,国之符信也。握之以死,示不废命。"②战国时期节的使用功能有所扩展,如1957年安徽寿县出土的鄂君启节(图11)是楚怀王六年(前323)发给鄂君启的经商通行证,共5枚,其中舟节2枚,车节3枚,上有百余字的错金铭文(车节147字,舟节164字),记载了鄂君启的车节和舟节的颁发时间、使用方法,并详细规定了其商队车船数量、行商路线、货物种类及课税情况等。舟节铭文中有"见其金节毋征,毋舍桴饲;不见其金节则征。如载马、牛、羊以出内关,则征于大府,毋征于关"等字样,是规定货船经过关邑时,持有舟节者可免征船税。可见它是政府颁发的特许凭证,也

---

① 黑光:《西安市郊发现秦国杜虎符》,《文物》1979年第9期,第93页。孙慰祖等编:《秦汉金文汇编》,上海书店出版社1997年版,第1—2页。马衡认为:凡周、秦,如鹰符、齐虎符、秦新郪符,文字为质剂之式,左右完具,无作半别者。汉初虎符犹沿秦制,为质剂之式;但汉郡守虎符,多见傅别之式。详见马衡:《凡将斋金石丛稿》,中华书局1977年版,第37页。

② 《十三经注疏·春秋左传注疏》卷19,第524页。

是对当时楚国商业贸易管理法制的记录①。

战国时期，商品经济的活跃，促使度量衡器向普及化的方向发展。度量衡器上的铭文，反映出战国、秦 "铭金纪法" 的内容，在以往的确立内政和邦交的政治秩序基础上，转为偏重于建立、规范新的社会经济秩序。

1857年出土于山东胶县灵山卫的子禾子釜（图12）为战国时齐国量器，与陈纯釜、左关𬭚同出。子禾子釜腹壁刻铭文9行108字，刻载了该釜容量大小的参照标准，并警告：如关人舞弊，加大或减少其量，均当制止。如关人不从命，则论其事之轻重，施以相当刑罚。子禾子即田和子，是他当大夫时的称呼，此釜是他当齐侯之前铸造的 "家量"，与诸侯王制作的 "公量" 有别。

但这3件量器原置于关卡，当与征收关税有关，并对 "关人" 的行为做出明确规范。其铭文的意义，正如邱光明所言："度量衡一旦从殿堂走向民间，也就必须具备一定的法制性。"②

战国时具有代表性的度量衡器当推秦国器。《史记》载商鞅变法时 "平斗桶权衡丈尺"③，流传至今的孝公十八年（前344）的商鞅铜方升（图13），系当年商鞅变法时所督造的标准量器，其器壁三面及底部均刻有铭文，其中左壁铭文为："十八年，齐遣卿大夫众来聘。冬十二月乙酉，大良造鞅爰积十六尊

图12 战国齐子禾子釜
2011年5月16日摄于中国国家博物馆。

---

① 相关考证文章可参见：郭沫若：《关于鄂君启节的研究》，《文物参考资料》1958年第4期；于省吾：《"鄂君启节"考释》，《考古》1963年第8期；黄盛璋：《关于鄂君启节交通路线的复原问题》，载《中华文史论丛》第5辑，上海古籍出版社1964年版，第134—168页；朱德熙、李家浩：《鄂君启节考释（八篇）》，载《纪念陈寅恪先生诞辰百年学术论文集》，北京大学出版社1989年版，第61—70页；等等。

② 邱光明：《中国古代计量史》，安徽科学技术出版社2012年版，第27页。

③ 《史记》卷68《商君列传》，中华书局1959年版，第2232页。

五分尊壹为升。"①其大意是,秦孝公十八年(前344),齐国派遣卿大夫多人前来通问修好。冬十二月乙酉日,大良造商鞅以十六又五分之一立方寸的容积定为一升。

此外,遗存下来的战国秦制造的度量衡器还有铜权,其铭文一般包括监造、铸造者官职、姓名、铸造年月、用途、使用地及自重等,可见秦国的度量衡管理已做到监管有序、制度严明②。其他各国,也有相应的度量衡检校制度,一般是每年于固定时间派专门官员对度量衡器具进行统一检校,并把检校结果刻在器物上面③。

第四节　秦汉"刻诏行法"与法制一统

秦在统一的过程中及统一之后,为配合其集权政治的需要,采取了一些有效的措施。为统一全国的度量衡标准,秦制作了许多刻有统一度量衡诏书的标准器,同时也对秦在战国时旧铸的度量衡器重新检测,加刻诏书。在秦孝公十八年(前344)商鞅督造的标准量器商鞅铜方升(图13)的底部,加刻了秦始皇

图13　战国秦商鞅铜方升及铭文
除公元前344年的铭文外,还有后来加刻的秦始皇二十六年(前221)诏书。2011年5月16日摄于中国国家博物馆。

---

① 中国社会科学院考古研究所编:《殷周金文集成释文》第6卷,第204页。

② 邱光明:《中国古代计量史》,第43—44页。

③ 参见赵晓军:《从考古材料看战国时期度量衡的检校制度》,《四川文物》2006年第6期。

二十六年(前221)的诏书。诏书曰:"廿六年,皇帝尽并兼天下诸侯,黔首大安。立号为皇帝,乃诏丞相状、绾:法度量则不壹歉疑者,皆明壹之。"①秦二世继位后,又在刻有秦始皇诏书的量器、衡器上加刻了60字诏书。

在国家博物馆所藏的两诏铜版(图14)及河南安阳中国文字博物馆展示的秦二世元年铜诏版(图15)上,均铭刻有秦二世的诏书,文曰:"元年(前209)制诏丞相斯、去疾,法度量尽始皇帝为之,皆有刻辞焉。今袭号,而刻辞不称始皇帝。其于久远也,如后嗣为之者,不称成功盛德。刻此诏,故刻左,使毋疑。"②诏文强调统一度量衡是秦始皇的功绩,并明示将统一度量衡的法令继续推行下去。

从秦度量器的累次铭刻,即战国始铸时的首刻,至秦始皇、秦二世时的再刻、三刻,国家标准器的法定与永恒特性得到加强。同时,把具有至高法律效力的诏书铭刻于经官方认定的标准器上,也是一种新的"铭金纪法"模式。此种"纪法"虽不是公布法律规范条文本身,而是公布适用法律的国家标准,但在客观上加强了"附纪"法律的度量衡器的权威性和法制性。

汉承秦制。1953年甘肃省古浪县出土的大司农平斛腹壁刻铭文:"大司农平斛,建武十一年(35)正月造。"大司农"掌诸钱谷金帛币",是全国财政经济的主管官,也主管量器的制造、检定与发放等工作。"平"指公平、均等,"大司农平斛"意为大司农监制、校量的"斛",为国家的标准器③。

东汉大司农铜权刻文是:"大司农以戊寅诏书,秋分之日,同度量、均衡石、核斗桶、正权概,特更为诸州作铜称,依黄钟律历、九章算术,以均长短、轻重、大小,用齐七政,令海内都同。光和二年(179)闰月廿三日,大司农曹棱、丞淳于宫、右库曹橡朱音、史韩鸿造,青州乐安郡寿光金曹橡胡吉作。"④据铭文可知,

---

① 邱光明:《中国古代计量史》,第50页。另高奴铜权、二十六年诏权、二十六年诏小权、二十六年诏八斤权、二十六年诏十六斤权等均载有秦始皇二十六年的诏书,详见孙慰祖等编著:《秦汉金文汇编》,第4—14页。

② 铭文内容见于中国国家博物馆、陕西省博物馆及河南安阳中国文字博物馆藏品说明。另美阳铜权、旬邑权、大騩权、两诏大权等均载刻秦始皇和秦二世的诏书,详见孙慰祖等编著:《秦汉金文汇编》,第15—20页。

③ 邱光明:《中国古代计量史》,第78页。

④ 吴小平:《汉代青铜容器的考古学研究》,岳麓书社2005年版,第290页。另马衡言"汉量惟阳安铜斛一器,上刻戊寅诏书",或与此诏书内容同。参见马衡:《凡将斋金石丛稿》,第26页。

图14　秦两诏铜版

正面刻秦始皇二十六年诏书和秦二世元年诏书,背面有大字"始皇诏书"残文4字。2011年5月16日摄于中国国家博物馆。

汉灵帝于光和二年(179)发布了统一度量衡诏书,说明确定度量衡的依据,明确中央向地方发放标准器以备地方监制。此器是由青州乐安郡官吏依国家标准复制的地方级标准器。

在标准度量衡器上铭刻诏书,是秦汉"铭金纪法"的一个重要特色。现所知颁刻统一度量衡诏书的,有秦始皇、秦二世、王莽、汉灵帝等。其内容,集明法度、称盛德、传久远为一体。刻载于度量衡器上的王莽诏书为:"黄帝初祖,德匝于虞,虞帝始祖,德匝于新,岁在大梁,龙集戊辰,戊辰直定,天命有民,据土德受,正号即真,改正建

图15　秦二世元年铜诏版

2010年4月21日摄于安阳中国文字博物馆。

丑,长寿隆崇。同律度量衡,稽当前人,龙在己巳,岁次实沉,初班天下,万国永

遵,子子孙孙,亨传亿年。”①大意是,初祖黄帝开创文明,治理天下,德行传于虞舜。虞舜为始祖,德行再传至新,新代汉是天命所定,德望所归。此年为戊辰年,作为黄帝、虞舜的后裔王莽理当号令臣民,据土秉国,“受正号”为皇帝。改原来正月为寅的纪年法为正月建丑,并统一度量衡,诏颁天下遵守,传子孙永享。

　　从诏书内容看,统一度量衡被视为是政权更新、法令一统的标志,是一项伟大功业,故要“万国永遵”,传子孙“亿年”。正像王莽的一系列改革为“托古改制”,其铭刻诏书也颇具有复古性,西周礼器上常见的“子子孙孙永宝用”等期冀,似又重新复活。

　　秦在战国时初具规制并在秦朝时完备的“物勒工名”与工官监造制度在汉代被继续推广②。虽然青铜时代已渐行渐远,但青铜器与汉代人的生活依旧息息相关,传世及出土的汉代青铜器数量也相当惊人。容庚先生在《秦汉金文录》自序中说:“欲求两京文字转变之迹,未有胜于器物铭者,即欲考铸铜之官、产铜之地、制器之数、度量权衡之制以及当时通行之吉语,皆可求之于此。”③借此,我们也可以了解汉代“铭金纪法”的大致面貌。

　　在汉代度量衡器上所刻监造者、时间、用途、量值等铭文中,我们可以看到“物勒工名”与工官监造制度的紧密联系。天津博物馆展示有两件西汉量器。一为上林共府铜升(图16),外壁刻铭文4行22字:“上林共(供)府,初元三年受琅琊。容一升,重斤二两,工师骈造。”文中“上林”是汉代的宫苑,在长安附近。“供府”是供应谷物的府仓。“受琅琊”意为接受琅琊郡贡献。初元三年(46)是汉元帝时年号。“工师”是造器者,“骈”为其私名。另一为平都犁斛(图17),外腹部有小篆铭文,一侧刻:“元年十月甲午,平都戌、丞纠、仓亥、佐葵,犁斛。容三升少半升,重二斤十五两。”另一侧刻“平都”两字。其中“平都”为县名,故城在陕西子长县境内。平都县令名“戌”,县丞名“纠”,仓吏名“亥”,仓佐名“葵”,是管理督造量器的各级官吏。“三升少半升”粮正好与戍卒的每

①　邱光明:《中国古代计量史》,第74页。
②　汉代“物勒工名”与度量衡制度,以及汉代铜器的制造、转送与买卖等问题的分析研究,可参见徐正考:《汉代铜器铭文综合研究》,作家出版社2007年版。
③　容庚:《秦汉金文录》“自序”,《中央研究院历史语言研究所专刊》之五,1931年版,1992年影印。

图16　西汉上林共府铜升
2010年2月15日摄于天津博物馆。

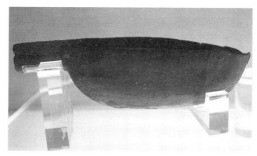

图17　西汉平都犁斛
2010年2月15日摄于天津博物馆。

顿口粮相吻合，据此可知，此犁斛是当时称量戍卒口粮的专用量器①。

值得注意的是，秦汉青铜器铭文除了"物勒工名"以推行工官监造制度外，还出现了一个新的特点，即多注明器物的容积、重量和编号。如出土于山西洪洞县李堡村的安邑宫鼎，器身阴刻铭文3行39字。铭文为："安邑宫铜鼎一，容三斗，重十七斤八两。四年三月甲子，铜官守丞调、令史德、佐奉常、工乐造。第卅一。""四年"指西汉文帝后元四年（前160），由中央铜官监制。河东鼎铭文为："汤官，元康元年，河东所造铜三斗鼎，重廿六斤六两。第廿五。"表示此鼎是河东郡工官制作②。安邑宫鼎与河东鼎非属度量衡器，但铭文中也记其容积和重量，当与秦汉统一度量衡制的强行推广有关。而原本为庙堂重器的鼎在汉代成为"物勒工名"的载体，也说明此时的鼎已失去了西周时的尊崇与荣光。

总体来看，秦汉的"铭金纪法"是在统一版图内推行与实施法律时"整齐划一"的制度保障。中央和地方青铜器的铸造、使用有工官监造等繁复的程序和严

---

①　参见天津博物馆藏品说明。2010年2月15日录于天津博物馆。上林共府铜升在《秦汉金文汇编》中称为上林量，铭文"工师骈造"写为"工师骏造"，从刻文看，当为"骈"，博物馆的说明更准确。参见孙慰祖等著：《秦汉金文汇编》，第206、217页。云希正认为犁斛是当时小于标准平斛的一种计量单位，"少半升"之例早见于战国时期量器铭刻，意为三分之一升，"大半升"指三分之二升。此犁斛铭中的"容三升少半升"即容量为三又三分之一升，相当于一斗的三分之一。参见云希正：《西汉平都犁斛》，载《文物》1977年第3期。

②　吴小平：《汉代青铜容器的考古学研究》，第284—286页。

格的管控措施,使此时"铭金纪法"的内容流于重复琐碎和形式雷同。但因制度的推广而渐成习惯,"铭金"记事的形式也获得了世俗的青睐。

汉代民间铸造的青铜器,铭文内容时或显现突破工官监管藩篱的自由意境。西汉信阳家甗铭载:"信阳家□釜,容一斗,并重三斤六两。五年,奉主买邯郸。"中山内府铜鋗铭称:"中山内府铜鋗一,容三斗,重七斤十三两。第□五。卅四年四月,郎中定市河东,贾八百□。"铭文表示,它们分别购于邯郸和河东。在东汉某些时段民间铸造的铜器上,铭文除年号、地名、重量外,还出现了价格和吉语。元和四年壶铭文为:"元和四年(87),江陵黄阳君作。宜子孙及酒食。吏人得之,致二千石;□人得之,致二千万;田家得之,千厨万仓。"永初四年钟铭文为:"永初四年(110)三月五日作钟,重廿四斤,直钱二千,宜子孙。"扶侯钟铭文为:"阳嘉三年(134)九月十八日,雷师作。直二千五百。扶侯钟。宜用。"①铭文中表达的商品属性和广告意味颇为明显。至于汉代的铜镜铭文,诸如"寿敝(比)金石"、"长宜子孙"、"位至三公"、"宜古(贾)市"等企盼多子长寿、高官厚禄之类的祝愿语比比皆是,反映了汉代社会中流行的世俗风貌②。尽管这些世俗性铭刻内容与"铭金"法律纪事关系不大,但其所反映的铭文内容多元化的趋势仍值得关注,尤其是在青铜铭刻与碑石契刻上同时流行的"计值"现象,可以看到汉代铭金与刻石的影响和互动。

---

①　吴小平:《汉代青铜容器的考古学研究》,第198、281、196、290—291页。对于汉代世俗性铭刻内容出现的规律和原因,吴小平认为与汉王朝对铜器的经济政策有关。西汉早期,西汉政府采取休养生息政策,放任铜矿开采和铜器制作,故制作方既有中央、地方工官,也有地方诸侯和富商,时间既有中央帝王年号,也有诸侯年号。西汉中晚期,随着政治的统一,经济也必须统一,加上西汉采取了抑商政策,铜矿开采和铜器制作及销售均由中央控制,其产品主要供应政府或王室,故铭文中诸侯和产品买卖记载消失。东汉,因政府再次对铜器的放任和市场的开放,铜器的制作以市场为主,其产品必须迎合百姓,为使得产品畅销,产品铭文多吉语便不足为奇。详见该书第259—260页。

②　参见安徽省博物馆"镜里乾坤——铜镜背后的故事"陈列中展示的汉代铜镜铭文,2013年2月14日录于该展。

第五节　"铭金纪法"的后世余音

秦汉以后，先是"严禁以铜铸器，继而毁器以铸钱"[①]，"铭金纪法"的传统渐成"余音"。正如朱剑心所言："吉金诸器盛于三代，秦汉以后，除钱币、玺印、兵符、镜鉴等小品而外，便无足甚重。"[②]其实，"铭金"衰弱的迹象，在汉代已显端倪。

文献中不乏汉代铸鼎刻铭的记载，但鼎上的铭文字数简短。武帝太始四年（前93）泰山鼎有铭文16字[③]，铭文稍多的建元三年（前138）祀太室牛鼎铭文不过40有余字[④]，较之西周鼎盛时数百字的铭文，相距甚远，鼎铭纪事纪法的传统功能已然淡化。

在汉鼎纪事功能弱化，且被纳入"物勒工名"、计重计值的以备工官监管的制度体系的同时，三代古鼎或被视为祥瑞宝物，或成为画像石上传说的主题[⑤]，"器以藏礼"的时代，渐行渐远。

汉代以后，除铭刻性金银货币如陕西历史博物馆藏古代课税银铤等等之外，仍以度量衡器为大宗。《元典章》规定："凡斛斗秤尺，须行使印烙。官降法物。"元代还规定凡改年号即需铸造器具颁至全国。这一点在元代铭刻铜权上得到验证。据邱光明先生统计，迄今收藏在各地博物馆的元代秤锤甚多，公开展览的就有300余件，其中有年号的共247件[⑥]。仅笔者所见，即有北京首都博物馆展示的"至正四年"、"皇庆元年"铜权，国家博物馆展示的"大德八年"秤锤，宁波博物馆展示的"庆元路总管府"、"泰定二年造"、"大德四年造"铜权等数十件。

① 马衡：《凡将斋金石丛稿》，第4页。

② 朱剑心：《金石学》"序文"，文物出版社1981年版。

③ 〔南朝陈〕虞荔撰《鼎录》记其铭文为"登于泰山，万寿无疆。四海宁谧，神鼎传芳"，载《考古图（外六种）》，《四库艺术全书》，上海古籍出版社1991年版，第9页。

④ 〔明〕田汝成撰《西湖游览志》卷12载："有汉建元三年（前138年）八月，作牛鼎，祀太室。铭曰：惟甲午丙寅，帝若稽古，肇作宗器，审厥象，作牛鼎，格于位，室从用牷，亿宁神休。惟帝时保，万世其永赖。"另《祀太室牛鼎铭》及前注《泰山鼎文》也均载于〔明〕梅鼎祚编：《西汉文纪》卷2《武帝》，文渊阁《四库全书》电子版。

⑤ 汉武帝元鼎年号即是"得宝鼎故，因是改元"，见《汉书》卷6《武帝纪》，第181页。另汉画像石中有"泗水起鼎"等神话故事图像，参见李发林：《汉画考释和研究》，中国文联出版社2000年版，第204—205页。

⑥ 邱光明：《中国古代计量史》，第144页。

这些元代铭刻, 会勾起我们对战国秦汉 "物勒工名" 及秦汉以度量衡器 "刻诏行法" 等 "铭金纪法" 盛况的回想。

唐宋以后与法律有关的金属铭刻器物尚有作为护身符而享有司法特权的免死铁券, 如唐高祖李渊封给开国功臣刘文静的《武德元年丹书铁券》、乾宁四年 (897) 唐昭宗所赐《钱镠铁券》(图18)、明太祖赐徐达的《免死铁券》, 起警示作用的清顺治帝铸 "太监不得摄政" 铁牌, 以及明清时的鎏金铜封册和各类牌饰等。当然, 更多更为常见的是各类庙宇宫观中铭铸有信众祈福及捐施文字的铜钟、铜香炉等, 而这些铭刻文字对古代法律纪事的传承影响, 几可忽略不计。

综观中国古代的 "铭金纪法" 的传承演变, 它因西周 "器以藏礼" 而隆重登台, 因春秋 "以器布法" 而达到阶段性演出的高潮, 以战国 "物勒工名" 而成为

图18   唐《钱镠铁券》

覆瓦状, 铁质, 铭文贴金, 故名 "金书铁券"。2011年6月16日摄于中国国家博物馆。铭文后部缺损较多,《全唐文》载有全文, 结尾处为: "卿恕九死, 子孙三死, 或犯常刑, 有司不得加责。承我信誓, 往惟钦哉! 宜付史馆, 颁示天下。" 两图为同一器物从不同角度拍摄。

流行乐章，以秦汉"刻诏行法"的创制影响深远。而秦汉及之后不断发展的"刻石纪法"，乃是将秦时兴起的刻石纪功，和以往递相传承的"器以藏礼"、"器以布法"、"物勒工名"、"刻诏行法"等功用的因势组合，使中国法律"镂之金石"的传统，根深蒂固，牢不可破。

第二章

"刻石纪法"的演变与传承

　　本章着重梳理2000余年来,"刻石纪法"传统从先秦萌芽、秦汉初创,到唐宋金元发展、明清完备,以及清末民初转型的各发展阶段中,其主导性内容,也即对"刻石纪法"适应时代发展和社会需求并具有规模化的创新内容与运作体制进行总结和提炼。对这一漫长过程的梳理,意在展现碑石法律纪事中"正式法"与"非正式法"的并行发展和相互影响,阐发相对独立的碑石法律纪事传统和明清碑禁体系,实有着深厚的根基。

第一节　金石并重:"刻石纪法"萌芽期(先秦)

一、盟诅与神鉴

　　在有据可考的先秦刻石文字中,初具"纪法"功能的当属盟誓和诅咒辞刻。
　　清代龚自珍认为"古者刻石之事有九",其中第五事为"大约剂大诅",刻石的目的"主于言信"[①]。此处的"大约剂大诅",即指盟誓、诅咒之类。《周礼·春官·大史》郑玄注:"约剂,要盟之载辞及券书也。"[②]将盟誓、之词书刻于石,意表信守合约。《春秋·隐公元年》载:"三月,公及邾仪父盟于蔑。"孔颖达疏:"天子不信诸侯,诸侯自不相信,则盟以要之。凡盟礼,杀牲歃血,告誓神

---

① 《龚自珍全集》第4辑《说刻石》,上海人民出版社1975年版,第264页。
② 《十三经注疏·周礼注疏》卷26,第693页。

明,若有背违,欲令神加殃咎,使如此牲也。"①

在春秋"礼崩"及诸侯争霸的状态下,诸侯国之间举行盟誓的目的主要为释疑取信。诸侯或卿大夫之间的盟誓,简洁者可借助青铜器如媵器铭刻,复杂者多书于圭形石片上。玉石上的盟辞一般书写于两份石圭上,一份由主盟人藏于盟府,另一份埋入地下以取信于鬼神。

盟誓的约束作用与盟书所载的神明鉴裁的力量,是通过隆重而繁琐的仪式所赋予的。《周礼·春官》载:"诅祝掌盟、诅、类、造、攻、说、禬、禜之祝号。作盟诅之载辞,以叙国之信用,以质邦国之剂信。"郑玄注:"盟诅主于要誓,大事曰盟,小事曰诅。"一般大事指邦国之交往,小事如诉讼。《周礼·秋官》载:"司盟掌盟载之法。凡邦国有疑会同,则掌其盟约之载及其礼仪,北面诏明神。既盟,则贰之。盟万民之犯命者,诅其不信者亦如之。凡民之有约剂者,其贰在司盟。有狱讼者,则使之盟诅。凡盟诅,各以其地域之众庶共其牲而致焉。"文中"司盟掌盟载之法"的"载",即盟辞。"盟者书其辞于策,杀牲取血,坎其牲,加书于上而埋之,谓之载书。"②这些经过杀牲等仪式埋在地下的载书,即我们今天能在博物馆看到的春秋晚期的《侯马盟书》(图19)和《温县盟书》(图20)。

《侯马盟书》系晋国正卿赵鞅同卿大夫间举行盟誓的约信文书,计有主盟人誓辞盟书、宗盟类盟书、委质类盟书、纳室类盟书、诅咒类盟书等类。其中主盟人誓辞内容相当于举行某次宗盟类盟书的序篇;宗盟类是盟书中最多的一种,要求同姓宗族的参盟者团结起来,奉事本族宗主,反对政敌;委质类盟书是敌对阵营中投诚者的自我宣誓,发誓与旧阵营决裂,"自誓于君所"即献身于新的主君;纳室指对土地和奴隶的兼并与侵占,参盟人发誓不"纳室",并反对和声讨宗族内的"纳室"行为,如违反誓言,甘愿接受诛灭制裁;诅咒类盟书是对被诅咒者既犯罪行的诅咒与谴责,要使其受到神明的惩处③。主盟者及参盟者通过频繁的盟誓及系列盟书,旨在申明建立新秩序的共同愿望和合作决心,以及通过神明鉴裁和诅咒敌人的方式以获得精神制胜的心理优势。

---

① 《十三经注疏·春秋左传注疏》卷2,第40—41页。

② 《十三经注疏·周礼注疏》卷26、36,第686—687、950—952页。

③ 参见山西省博物院盟书藏品介绍文字,2011年11月15日录于该院"文明摇篮"展厅。另有关盟誓的研究,可参见:李力:《东周盟书与春秋战国法制的变化》,《法学研究》1995年第4期;郝本性:《从温县盟书谈中国古代盟誓制度》,《华夏考古》2002年第2期。

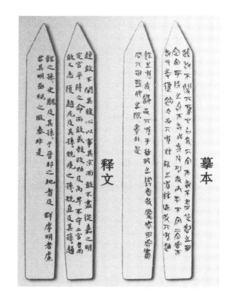

图19　春秋《侯马盟书》及释文

左图盟书实物2010年4月21日摄于河南安阳中国文字博物馆；右图盟书释文2011年11月15日摄于山西省博物院。

图20　春秋《温县盟书》

2010年4月21日摄于河南安阳中国文字博物馆。

　　古代盟誓仪式的场面，可借助古滇国的杀祭诅盟贮贝器（图21）而得以复原。贮贝器器盖上铸有立体人物127人（残缺者未计入），以干栏式建筑上的人物活动为中心，表现了古滇国杀祭诅盟的典礼场面。《华阳国志》载滇人"俗征巫鬼，好

图21 古滇诅盟场面青铜贮贝器及线图
　　云南晋宁石寨山12号墓出土，注意线图中捆绑人牲的石柱为"碑"形。器物为2011年6月16日摄
　　于中国国家博物馆。线图为2011年10月14日摄于云南省博物馆。

诅盟，投石结草，官常以盟诅要之"①。值得留意的是贮贝器上捆绑人牲的石柱呈圭形，先秦中原地区的盟书的形制也是圭形。在东汉碑刻流行时，圭首碑也是重要的一类。它们相互之间，可能有一定的关联。

　　由于盟诅具有神圣性，盟辞的载体特选用玉石和青石，并制成圭形片状，在上面朱书或墨书盟辞。从严格意义讲，它们并非"刻石"，但盟誓祈求神明鉴裁的方式，对后来的刻石纪事的影响颇为深远。

　　除了上述书于玉石上的盟书载辞外，先秦具有"刻石纪法"内涵的石刻还有战国秦的《诅楚文》，其内容为秦王祈求天神惩罚楚师、制克楚兵、复其边城的祀神文。祀文共有三篇，即《告巫咸文》、《告亚驼文》、《告厥湫文》。三篇文字除神名不同外，内容一致，且均以"敢数楚王熊相之倍盟犯诅，箸者石章，以盟大

---

① 〔晋〕常璩：《华阳国志校补图注》卷4《南中志》，任乃强校注，上海古籍出版社1987年版，第247页。

神之威神"①结尾。另见于文献记载的有 "秦昭盟夷,设黄龙之祖"②,即秦与巴夷曾 "刻石盟要","盟曰:'秦犯夷,输黄龙一双。夷犯秦,输清酒一钟。'"③

二、从"铭金"到"刻石":战国秦汉纪法方式的转变

战国时期是青铜器从"器以藏礼"、"器以布法"转向"物勒工名"的阶段,由于铭金内容更倾向于对国家事务管理的实际操作,原本的铭功纪事主体功能渐弱,而刻石于此时初兴。

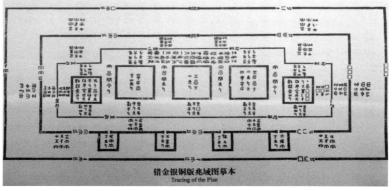

图22　错金银铜版《兆域图》及摹本
铜版《兆域图》长94厘米,宽48厘米,厚约1厘米,为中山王𫲐和王后陵区建设规划图。图中标示出各个建筑的长度和间距,王堂上部铸有中山王营陵之令。2014年6月18日摄于河北省博物馆。

---

① 王美盛:《诅楚文考略》,齐鲁书社2011年版,第1—15页。
② 〔南朝梁〕刘勰:《增订文心雕龙校注》卷2,黄叔琳注、李详补注、杨明照校注拾遗,中华书局2012年版,第127页。
③ 《华阳国志校补图注》卷1《巴志》,第14页;《后汉书》卷86《南蛮传·板楯蛮夷传》,第2842页。

战国时,将功德"镂于金石",以夸示于世人及子孙,成为新的时尚。《墨子》的《尚贤》、《兼爱》、《明鬼》诸篇中,屡见"镂于金石"之说。墨子在《明鬼》篇中解释"镂于金石"的目的说:古代的圣王欲将其创建的功业传之久远,常常先借助神明的力量;但"又恐后世子孙不能知也,故书之竹帛,传遗后世子孙;咸恐其腐蠹绝灭,后世子孙不得而记,故琢之盘盂,镂之金石,以重之"①。

值得注意的是中山国丧葬金石刻辞。1974年河北省平山县出土的战国中山王陵错金银铜版《兆域图》(约公元前315,图22)刻有中山王命42字。铭文为:"王命赒为逃乏阔狭小大之则。有事者官图之。进退逃乏者死无赦。不行王命者,殃联子孙。其一从,其一藏府。"其大意为:中山王命令赒修建陵园时要按照规定的大小标准。有司诸官已将这些标准绘制成图。若不遵从而有所出入,则处以死罪不得赦免。不执行本王命者,罪及子孙。该铜版一件从葬,一件藏于王府②。

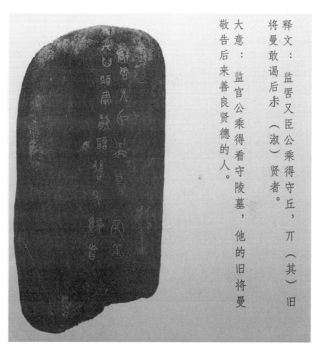

释文:监罟又臣公乘得守丘,丌(其)旧将曼敢谒后尗(淑)贤者。

大意:监官公乘得看守陵墓,他的旧将曼敬告后来善良贤德的人。

图23 中山国《守丘刻石》及释文
约刻于中山王死后至中山国灭亡之前(前310—前296)。河北省博物馆、河北平山中山国王陵文物陈列馆展出者均为复制品。此图2010年4月21日摄于河南安阳中国文字博物馆。

---

① 《墨子校注》卷8《明鬼下第三十一》,第340页。

② 相关成果可参见:河北省文物管理处:《河北省平山县战国时期中山国墓葬发掘简报》,《文物》1979年第1期;朱德熙、裘锡圭:《平山中山王墓铜器铭文的初步研究》,《文物》1979年第1期;杨鸿勋:《战国中山王陵与兆域图研究》,《考古学报》1980年第1期;孙仲明:《战国中山王墓〈兆域图〉的初步探讨》,《地理研究》1982年第1期;刘来成:《战国时期中山王譽兆域图铜版释析》,《文物春秋》1992年(增刊),第25—34页。

中山国的《守丘刻石》(图23)系为中山国国王监管捕鱼的池囿者公乘得、看守陵墓的旧将曼,为敬告后来的贤者而刻。相近的内容见之于金与石,当是"金石并重"期的典型特色。

秦汉铭功纪事载体由"铭金"向"刻石"的过渡、转折,似是一种历史的必然。论材质,青铜尊贵不如金银;论便捷,青铜实惠不及碑石。而自秦开始,铜铁的使用已被国家严格控制。秦度量衡器和兵器上常见的屡次刻铭现象,也喻示着材料的稀缺和多次利用。南北朝刘勰(约465—520)论碑兴起之原因道:"宗庙有碑,树之两楹,事止丽牲,未勒勋绩,而庸器渐缺,故后代用碑,以石代金,同乎不朽,自庙徂坟,犹封墓也。"[1]庸器即青铜器,郑玄注《周礼》引郑司农语云:"庸器,有功者铸器铭其功。"[2]庸器渐缺而颂碑盛行,实也意味着"铭金"传统大势的终结。

当然,社会经济的发展和技术进步,也有助于刻石的推广与碑石形制的定型。与春秋及以前的青铜铭文多为铸铭不同,战国秦汉时期开始流行刻铭。这与此时铸刻工具性能的改善有关。随着铸刻工具性能的提高,铭刻的材料由青铜等贵重金属向更为便宜的石材等扩展。故从战国时起,既铭金,也刻石,金石并重之风初现。至秦汉时期,由于铁制工具的普及,刻石比铭金更为便利,遂舍金而用石,这也是秦汉刻石盛行的一个重要原因。当然,铭刻主体的扩大,留名之风的盛行,以及厚葬风气的影响等,对石刻载文的流行也均有助益。

第二节　碑以明礼:"刻石纪法"初创期(秦汉至隋)

一、秦刻石"铭功纪法"

秦国具有刻石的传统,诅楚文、石鼓文,均是重要的明证。秦始皇统一天下后,为炫耀自己的功德伟业,多次出游,先后在全国各地刻石7处[3]。《史记·秦始

---

① 《增订文心雕龙校注》卷3,第160页。

② 《十三经注疏·周礼注疏》卷17,第444页。

③ 秦始皇刻石分别为《碣石刻石》、《泰山刻石》、《芝罘刻石》、《东观刻石》、《琅琊台刻石》、《峄山刻石》和《会稽刻石》。现《泰山刻石》残石立于山东泰安岱庙东御座院内,《琅琊台刻石》藏中国国家博物馆,其余均不存。

皇本纪》载："列侯……与议于海上。曰：'古之帝者，地不过千里，诸侯各守其封域，或朝或否，相侵暴乱，残伐不止，犹刻金石，以自为纪……今皇帝并一海内，以为郡县，天下和平。昭明宗庙，体道行德，尊号大成。群臣相与诵皇帝功德，刻于金石，以为表经。'"①

秦代刻石文字较之度量衡器上的诏书铭文，篇幅更长，纪事内容更丰富。《泰山刻石》立于秦始皇二十八年（前219）。刻石宣扬秦始皇统一天下的功绩道："治道运行，诸产得宜，皆有法式。"秦二世胡亥于公元前209年东巡时，在始皇刻石之阴加刻诏书以颂扬始皇帝的盛德：

"皇帝曰：'金石刻尽始皇帝所为也。今袭号而金石刻辞不称始皇帝，其于久远也。如后嗣为之者，不称成功盛德。'丞相臣斯、臣去疾、御史大夫臣德昧死言：'臣请具刻诏书刻石，因明

图24　秦《琅琊台刻石》

刻于秦始皇二十八年（前219）。琅琊台在今山东省胶南市琅琊镇东南5公里处。刻石为竖长方体，形制与后来的碑较接近。2011年5月16日摄于中国国家博物馆。

白矣。臣昧死请。'制曰：'可'。"《琅琊台刻石》（图24）载："端平法度，万物之纪。……匡饬异俗，陵水经地。忧恤黔首，朝夕不懈。除疑定法，咸知所辟。……欢欣奉教，尽知法式。"②《会稽刻石》称："秦圣临国，始定刑名，显陈旧章。

---

① 《史记》卷6《秦始皇本纪》，第246页。
② 《史记》卷6《秦始皇本纪》，第243—246页。

初平法式,审别职任,以立恒常。……饰省宣义,有子而嫁,倍死不贞。防隔内外,禁止淫佚,男女絜诚。夫为寄豭,杀之无罪,男秉义程。妻为逃嫁,子不得母,咸化廉清。"①这些内容在歌颂秦始皇功绩的同时,也在传播秦始皇创制的法制内容及其效果,故而统一法令和推行法制被视为秦始皇丰功伟绩的一部分被铭刻下来,旨在颂扬帝业并彰显法制的稳定性。

由秦始皇开创的刻石"铭功纪法"风气应该是由多重原因促成的。春秋战国时期的"礼坏乐崩"固然是一个重要原因,法家的视法为天下之"公器"的传统、秦"物勒工名"质量监管体系的建立实施等,也是不可忽视的因素。另,秦始皇统一中国后,"收天下兵,聚之咸阳"②,对铜的使用控制较严。秦兵器、度量衡器上常见二次和累次铭刻现象,也隐含着青铜材料的稀缺。况且秦始皇四处巡游,按传统的铸鼎方式纪功颇为不便,而刻石于名山之巅,更能彰显其丰功伟绩。

秦始皇开创的以刻石"铭功纪法"在中国古代法律纪事传承中具有里程碑的意义。它不仅首创帝王"刻石纪法"的先例,同时也是古代"金石纪法"由"铭金"向"刻石"转折的重要标志。后世总结秦二世而亡的教训时,对秦暴政的谴责几乎异口同声,但对秦刻石的启迪意义,多给予客观评价。南朝刘勰(约465—520)称:"始皇勒岳,政暴而文泽,亦有疏通之美焉。"③宋人郑樵言:"三代而上,惟勒鼎彝;秦人始大其制而用石鼓,始皇欲详其文而用丰碑。"④今人朱剑心也言:"三代以上,有金而无石;秦汉以下,石盛而金衰。其有纪功述事,垂示来兹者,咸在于石。"⑤

在刻石初兴的秦汉,刻石类别较杂,尚未形成固定形制,且石质粗粝,刻石不精。清末叶昌炽对秦始皇刻石评述道:"上邹峄、泰山,皆云所刻所立石,不言立碑,则秦时碑字尚用于宫庙系牲之石及窆木。凡刻石之文皆谓之碑,当是汉以后始。"⑥亦即在秦代时,碑尚指系牲口或下棺用的实用器。在长方形的立碑上刻

---

① 〔明〕都穆:《金薤琳琅》卷2,载国家图书馆善本金石组编:《先秦秦汉魏晋南北朝石刻文献全编》,北京图书馆出版社2003年版,第301页。

② 《史记》卷6《秦始皇本纪》,第239页。

③ 《增订文心雕龙校注》卷3,第143页。

④ 〔宋〕郑樵:《通志二十略·金石略》"金石序",王树民点校,中华书局1995年版,第1843页。

⑤ 朱剑心:《金石学》"序文",文物出版社1981年版。

⑥ 〔清〕叶昌炽撰、柯昌泗评:《语石·语石异同评》,陈公柔等点校,中华书局1994年版,第388页。

文字,严格说当是从东汉开始的。

　　具有讽刺意味的是,始皇帝借刻石"铭功纪法"传扬后世,而欲推翻始皇帝统治的造反者也善于利用石刻做文章。《汉书》记:始皇帝三十六年,"石陨于东郡,民或刻其石曰:'始皇死而地分。'"①

　　在秦的重石轻金和石刻"铭功纪法"的示范效应下,东汉时,"铭金"向"刻石"的转化成为大势所趋。东汉蔡邕(133—192)在当时是撰碑铭之高手,虽兼作鼎铭与碑记,但碑铭是其撰文之主导。刘勰评蔡邕称:"蔡邕铭思,独冠古今;桥公之钺,吐纳典谟;朱穆之鼎,全成碑文,溺所长也。"②意为蔡邕的铭文,独自成古今第一。像赞美桥玄的《黄钺铭》,吐辞采纳《尚书》,赞美朱穆的《鼎铭》,完全写成碑文,是他擅长写碑文而陷进去了③。蔡邕在《太尉乔公庙碑》中写道:"故臣门人相与述公言行,咨度礼制,文德铭于三鼎,武功勒于征钺,官簿第次、事之实录书于碑阴,俾尔昆裔永有仰于碑阴。"④文中虽述及铭金与刻碑内容各有偏重,但对于铭金向刻石转变的事实,蔡邕曾有感而发道:"钟鼎礼乐之器,昭德纪功,以示子孙。物不朽者,莫不朽于金石……故近世以来,咸铭之于碑。"⑤

二、汉立碑释孝明礼

　　现在所见的汉代碑刻,西汉少,东汉多。西汉与"刻石纪法"关系密切的不过《杨量买山地记》、《禳盗刻石》、《莱子侯刻石》(图25)等数种,且字数简短,与秦"铭功纪法"多数百字的长篇巨制形成强烈反差。今人施蛰存对此现象颇为关注,他说:"西汉214年间,非但不见有秦始皇那样的刻石文,就是几十字的石刻,也不多见。清代翁方纲作《两汉金石记》,收西汉石刻仅3种,东汉石刻95种,共计98种。"截止到1980年,施蛰存所统计的西汉刻石计有22种,东汉却有388种。且西汉刻石"也没有秦刻石那样的长篇文字。这一现象,极可惊异,似乎秦代兴起的刻石纪事的风气,在西汉时却冷落了。直到东汉时,才又复兴"⑥。

　　① 《汉书》卷27《五行志中之上》,第1399页。

　　② 《增订文心雕龙校注》卷3,第144页。

　　③ 周振甫:《文心雕龙今译文体论·铭箴第十一》,中华书局1986年版,第102页。

　　④ 《蔡中郎集》卷5,文渊阁《四库全书》电子版;《太尉乔玄碑阴》,载〔清〕严可均校辑:《蔡中郎集》卷13,日本京都大学人文科学研究所藏抄本。

　　⑤ 〔汉〕蔡邕《铭论》,载〔明〕梅鼎祚编:《东汉文纪》卷20,〔清〕严可均校辑:《蔡中郎集》卷6。

　　⑥ 施蛰存:《金石丛话》,第33页。

图25　西汉《莱子侯刻石》拓本

刻文为："始建国天凤三年（16）二月十三日，莱子侯为支人为封，使诸子良等用百余人，后子孙毋坏败。"摘自《北京图书馆藏中国历代石刻拓本汇编》1册第19页。

对于西汉刻石存世稀少的原因，自宋代始即有人关注。南宋陈槱在《负暄野录》中写道："《集古录目》并《金石录》所载，自秦碑之后凡称汉碑者，悉是后汉，其前汉二百年中，并无名碑，但有金石刻铭识数处耳。"就其中的原因，他引时人尤袤之言道："西汉碑，自昔好古者固尝旁采博访，片简只字，搜括无遗，竟不之见……闻是新莽恶称汉德，凡所在有石刻，皆令仆而磨之，仍严其禁，不容略留。至于秦碑，乃更加营护，遂得不毁，故至今尚有存者。"[①]这一解释，多被后世学者所采信。

东汉是中国古代碑刻的大发展时期，表现为碑石规制完备、文字内容丰复、存世碑石数目可观等方面。东汉碑石勃兴的原因，主要有三：

一是"独尊儒术"、举孝廉等政治文化举措的结果。汉代统治者崇扬儒学，不仅将儒家经典刊石立于太学作为学士校勘抄本的标准（图26），而且大力提倡名节孝道。"汉制使天下诵《孝经》，选吏举孝廉。"[②]选拔官吏时的举孝廉

---

① 〔宋〕陈槱：《负暄野录》卷上"前汉无碑"，载《洞天清录（外五种）》，《四库笔记小说丛书》，上海古籍出版社1993年版，第33页。

② 《后汉书》卷62《荀淑传》，第2051页。

制度自西汉武帝元光元年（前134）开始推行后，持续了相当长的时间。顺帝在阳嘉元年（132）"令郡国举孝廉，限年四十以上，诸生通章句，文吏能笺奏，乃得应选"①。检之《后汉书》人物列传，以"举孝廉"为官者有上百处之多，可见这一制度推行之广。从存世汉碑可以看出，儒家经典对碑文写作也产生了直接影响。清人匡源评述称："碑碣之兴莫盛于汉，其时崇尚经术，上下同风，操觚之士类皆有典有则，文质相宣。"②是故汉代尊崇儒术的一系列举措，成为东汉碑石迅猛发展的助推剂。

图26 东汉《熹平石经》残石

熹平四年到光和六年（175—183），蔡邕等人以隶书写定《诗》、《书》、《易》、《仪礼》、《春秋》、《公羊传》、《论语》等7经，刻成46碑，立于洛阳太学，是中国最早的石刻儒家经本。现中国国家博物馆、河南省博物院、辽宁省博物馆、陕西西安碑林等众多博物馆均收藏有石经残石。此为西安碑林所藏《周易》残石，2000年3月23日摄于西安碑林。

二是厚葬之风所及。汉代生者为死者厚葬，关乎社会对生者的评价，是故生者多竭尽所能厚葬死者，以博取孝名。东汉光武帝于建武七年（31）下诏称："世以厚葬为德，薄终为鄙，至于富者奢僭，贫者单财，法令不能禁，礼义不能止"，特"布告天下，令知忠臣、孝子、慈兄、悌弟薄葬送终之义"③。然而厚葬之风，终汉之世未能减缓。章帝在建初二年（77）诏书中也提到"今贵戚近亲，奢纵无度，嫁娶送终，尤为僭侈"④。帝王诏书曾三令五申禁"殚财厚葬"⑤，然改易极难。东汉晚期的

---

① 《后汉书》卷6《孝顺帝纪》，第261页。
② 〔清〕刘宝楠：《汉石例》"汉石例序"，载林荣华校编：《石刻史料新编》第三辑40册，台湾新文丰出版公司1986年版，第109页。
③ 《后汉书》卷1下《光武帝纪下》，第51页。
④ 《后汉书》卷3《肃宗孝章帝纪》，第134页。
⑤ 《后汉书》卷5《孝安帝纪》，第207页。

崔寔,被郡举为"至孝独行之士",曾任五原太守。"母刘氏病卒,上疏求归葬行丧。""父卒,剽卖田宅,起冢茔,立碑颂。葬讫,资产竭尽,因困穷,以酤酿贩鬻为业。"崔寔在建宁(168—171)病卒时,"家徒四壁立,无以殡敛,光禄勋杨赐、太仆袁逢、少府段颎为备棺椁葬具,大鸿胪袁隗树碑颂德"①。孝子崔寔为厚葬父亲而耗尽家财,为父举丧包括置冢地、修坟茔、立碑颂德等一系列活动,而树碑立传乃葬礼活动中一个重要环节。崔寔病故时,则由故旧为其树碑颂德。

另为故主树碑颂德,是东汉门生故吏义不容辞的责任。汉代《山阳太守祝睦后碑》中有"下有述上之功,臣有叙君之德"之言②,《泰山都尉孔宙碑》碑阴记有"为门生四十二人,门童一人,弟子十人,故吏八人"等③。山东济宁《鲁峻碑》述司隶校尉鲁君生平及为官升迁经历后,"门生于商等二百三十人谥曰'忠惠父'"④,并刻石为记。在现存的东汉碑石中,频繁出现的"以颂功德,刻石纪文""勒石颂德,以明厥勋""刊石以旌遗芳""采嘉石,勒铭示后"等文字,也印证着"树碑立传"之风的广泛蔓延⑤。

门生旧吏在记述故主生平功德的同时,也往往题名于碑阴,并列明官职、籍贯、出钱数额等。《礼器碑》(图27)明确记载了此碑由韩敕等104人出钱建立。就题名格式,施蛰存以《礼器碑》碑阴"尚书侍郎鲁孔彪元上三千"为例解释道:前四字为孔彪的官职,第五字表明他是鲁国人,孔彪为名,字元上,出钱三千,助立此碑⑥。

对于颂碑上的门生故旧之题名,宋代欧阳修释其为托物留名,即"托有形之物,欲垂无穷之名"⑦。宋代金石学家赵明诚也持同样的观点。他说:"自东汉以

---

　①　《后汉书》卷52《崔寔传》,第1730—1731页。

　②　〔宋〕洪适:《隶释》卷7,中华书局1986年版,第83页。

　③　洪适在《泰山都尉孔宙碑》文后对汉代门生、门童等称谓的差别解释道:"《汉传》开门授徒著录有盈万者。亲受业则曰弟子,以久次相传授则曰门生,未冠则曰门童,总而称之亦曰门生。旧所治官府其掾属则曰故吏,占籍者则曰故民,非吏非民则曰处士,素非所涖则曰义士义民,亦有称议民贱民者。"参见《隶释》卷7,第83页。

　④　〔宋〕欧阳修:《集古录跋尾》卷3,邓宝剑等笺注,人民美术出版社2010年版,第66页。

　⑤　分别为《嵩山泰室神道石阙铭》、《石门颂》、《郑固碑》、《孔宙碑》中的刻辞,载高文:《汉碑集释》,河南大学出版社1997年版,第39、89、220、250页。

　⑥　施蛰存:《金石丛话》,第18—19页。

　⑦　《集古录跋尾》卷3《后汉郎中王君碑》跋,第69页。

后，一时名卿贤士大夫，死而立碑，则门生故吏往往寓名其阴，盖欲附后托以传不朽尔。"①

图27　东汉《礼器碑》和拓本

《礼器碑》也称《韩敕造礼器碑》、《汉相韩敕造孔庙礼器碑》等，东汉永寿二年（156）九月五日立，现存山东曲阜。碑高、宽、厚尺寸分别为170、76、20厘米。此碑首载于北魏时郦道元《水经注》，宋代后著录较多。左碑2012年5月10日摄于山东曲阜汉魏碑刻博物馆，右拓摘自《北京图书馆藏中国历代石刻拓本汇编》1册第110页。

　　三是社会经济发展及技术进步等因素的影响。今人杨宽从东汉礼俗和技术发展的角度揭示东汉碑刻兴盛的原因道："东汉时，由于豪强大族的重视上冢礼俗、讲究建筑坟墓，再加上由于炼钢技术的进步，锋利的钢铁工具便于开凿和雕刻石材，于是在建筑石祠、石阙、石柱的同时，更流行雕刻石碑了。"②

　　在东汉"树碑立传"风行的同时，刻碑也反作用于社会，成为迎合朝

---

①　〔宋〕赵明诚撰、金文明校证：《金石录校证》，广西师范大学出版社2005年版，第253页。

②　杨宽：《中国古代陵寝制度史研究》，上海古籍出版社1985年版，第156页。

廷释孝明礼、推行社会教化的重要手段。东汉延熹七年（164）《都乡孝子严举碑》载：严举有孝行，为父服丧，哀毁过礼，因此地方长官"思褒大其义，造□□□□□□□善慕类君子之伦，共立碑表，勒石述叹，以章其芬"①。《武都太守耿勋碑》称："夫美政不纪，人无述焉。国人命叹，刊勒斯石，表示无穷。"②《山阳太守祝睦后碑》云："盖彰功表勋，所以焕往辉来。"③

所谓"章其芬"、纪"美政"，均是为"焕往辉来"。追述死者的功德，目的是为生者树立可资效仿的典范。对东汉立碑引导风尚、推行教化的作用，清人钱大昕评述道："汉世重吏治，而仁在闻喜，刑政得中，碑额称循吏，贤之也。……仁既殁，司隶校尉愍其短命，下河南尹遣吏祠以少牢，竖石以旌其美，于此见善政之效，而校尉风劝良吏之意，亦可尚矣。"④可见东汉立碑不单纯是为纪念逝者，也不单纯关乎个人声名，而是社会教化的需要，所谓"褒功述德，政之大经"⑤。在《后汉书》中，诸如"诏史官树碑颂德"、"吏民刻石颂之"、"吏人共刻石"等类的记载屡见不鲜⑥，刻石树碑多承载着推行儒家教化的使命。

三、记产记值刻石

为土地房屋等不动产划定疆界、申明地域权属，以为权利凭据，是古代中国"金石纪法"传统中的一种常见现象。在刻石流行的汉代，界域之分，无论对官府还是对百姓，都是需要慎重铭刻的大事。近年在江苏连云港发现的新莽始建国四年（12）《苏马湾界域刻石》（图28），系由徐州牧为东海郡朐县和琅邪郡柜县划分行政界域而颁刻的告示⑦。

另自汉代以来，造作记值渐成风尚。前文述及汉代民间铸造的青铜器上，尤其是东汉章帝后期至和帝时期时期民间铸造的铜器上，铭文除年号、地名、重量外，还多记有价格和吉语。如永初四年钟铭有"直钱二千，宜子孙"，扶侯钟

---

① 〔宋〕洪适：《隶续》卷11，中华书局1986年版，第394页。

② 《隶续》卷11，第393页。

③ 《隶释》卷7，第81页。

④ 〔清〕钱大昕：《潜研堂金石文跋尾》卷1《闻喜长韩仁铭跋》，载《历代碑志丛书》第3册，江苏古籍出版社1998年版，第139页。

⑤ 《蔡中郎集》卷5《陈太丘庙碑铭》。

⑥ 参见《后汉书》卷23、24、43传记中的内容。

⑦ 孙亮：《连云港东连岛东海郡琅邪郡界域刻石调查报告》，《文物》2001年第8期。

图28 汉《苏马湾界域刻石》和拓片

刻于新莽始建国四年（12），位于江苏连云港市连云区连岛镇苏马湾沙滩南缘。刻石面北，存60字为："东海郡朐与琅琊郡柜为界，因诸山以南属朐，水以北属柜。西直况其，朐与柜分高柜为界。东各承无极。始建国四年四月朔乙卯，以使者徐州牧治所书造。"此为王莽时期东海郡与琅琊郡的界域刻石。刻石和拓片分别于2015年2月25日摄于连云港连岛苏马湾和连云港市博物馆。

图29　东汉《大吉买山地记》拓本

也称《昆弟六人买地记》,建初元年(76)
摩崖刻,道光三年(1823)在浙江会稽(今
属绍兴市)乌石村发现。摘自《北京图书馆
藏中国历代石刻拓本汇编》1册第27页。

铭有"直二千五百"等文字①。同样,买卖和记值的文字也见之于石刻。汉代记值刻石有两个特点:

一是记值刻石多与丧葬活动有关。在盛行厚葬的汉代,为营建墓葬而购买冢地,是系列丧葬活动的基础。浙江绍兴东汉建初元年(76)《大吉买山地记》(图29)刻载:"大吉。昆弟六人,共买山地,建初元年,造此冢地,直三万钱。"②内容旨在表明墓地的价值和归属。山东汉安三年(144)《宋伯望分界刻石》③四面刻字,记平莒男子宋伯望等买田的原因、用途,从内容看,所买田也是作为冢地,并记载了土地的界址和租赋情况。

画像石、石阙、墓碑是汉代墓地中的标志性建筑,上面的题记中也多有记值的内容。山东嘉祥建和元年(137)《武氏石阙铭》载:"孝子武始公弟绥宗、景兴、开明使石公孟季、季弟卯造此阙,直钱十五万;孙宗作师子,直四万。"④

为丧葬石刻建筑花费数万乃至十五万,在当时是极大的开销。据吕思勉先生推算,汉文帝以百金为中人十家之产,汉世黄金一斤值钱万,则中人一家之产,为钱十万。两汉之世,粟石三十,农民五口之家,计终岁所费为百八十石⑤。至于《王子雅碑》载蜀郡太守"有三女无男,家累千金,父没当葬……各出钱

---

①　吴小平:《汉代青铜容器的考古学研究》,第196、291页。

②　[日]永田英正编:《汉代石刻集成·图版·释文篇》,日本同朋舍1994年版,第22页。

③　[日]永田英正编:《汉代石刻集成·图版·释文篇》,第92页。

④　《隶释》卷24,第198页。

⑤　吕思勉:《秦汉史》,上海古籍出版社2005年版,第476页。

五百万,一女筑墓,二女建楼,以表孝思"①,更属奢侈铺张。

另与丧葬活动有关的刻石,尚有为祈祷神灵护佑墓穴、诅咒盗墓者的内容。1975年扬州出土的熹平五年(176)《刘元台买地券》载文:"熹平五年七月庚寅朔十四日癸卯。广□乡乐成里刘元台,从同县刘文平妻□□[买得]代夷里冢地一处,贾家二万。即日钱毕。[南]至官道,西尽□[坟]渎,东与房亲,北与刘景□为冢。时临知者刘元泥、枕安居共为券书,平□[折]不当卖而卖,辛为左右所禁。固平□为是正。如律令。"②此幽契券文当是仿效日常生活中的民事契约,记录了买卖双方的地价、地界四至及中人等内容,表现了完整的法律程序,并喻示土地所有权转让的契约"如律令"般具有法律效力。与后来流行的添写虚拟土地价格和四至的买地券不尽相同。

二是汉代记值刻石与分家析产和家产争讼有关,代表性碑刻有东汉时期的《郑子真宅舍残碑》和《金广延母徐氏纪产碑》。

郑子真为汉代隐士,南宋洪适考证《郑子真宅舍残碑》立于熹平四年(175)。洪适称:

> 首云所居宅舍一区直百万,继云故郑子真地中起舍一区七万,凡宅舍十有二区。其次有辞语,有岁月,云"平四年"上存四点,必熹平也。官吏有郎中及贼曹与掾史,又有左都字彦和,及胡恩、胡阳、陈景等姓名,似是官为检校之文。其中有宅舍、奴婢、财物之句,其云"妻无适嗣",又云"未知财事",其前有"为后"二字,则知旋立婴孺为嗣也。其云"精魂未臧而有怨",上有一字从"女",当是其母,则知其亲物故未久也。末云"春秋之义,五逊为首",所以戒其宗姓或女兄弟之类,息争窒讼也。碑今在蜀中。③

此通碑刻所反映的法律信息较为丰富。一是郑子真的房产较多,凡"宅舍十有二区",碑中所记有"地中起舍"、"舍中起舍"、"潘盖楼舍"、"吕子近楼"、"故像楼舍"、"扶母舍"、"凤楼"、"车舍"、"奉楼"、"子信舍"等,楼舍兼具,价值

---

① 《隶释》卷20,第209页。

② 蒋华:《扬州甘泉山出土东汉刘元台买地砖券》,《文物》1980年第6期。

③ 《隶释》卷15,第161—162页。洪适考释称"末云'春秋之义,五逊为首'",碑文为"春秋之义,五让为首"。

从万二千到七万不等,总值达百万。另还有奴婢和财物。二是财产争执发生在郑子真亡故后"无适嗣",即子嗣年幼的情况下,家族中的成员对财物分割引起争执。三是家产争讼因官府介入而得以解决。据碑文中所提及的官吏,南宋洪适提出"似是官为检校之文",即碑文中所标明宅舍及其价值,是出自官方的评估。四是刻石立碑目的明确,为"戒其宗姓"对房产的争夺,以"息争窒讼"。清朝黄生对此碑评述道:"此碑残缺殊甚,推求字句,似某甲死无嗣,而立一继嗣。其祖之传婢有子(盖嗣子之庶叔),求分其祖所遗财物。讼之于官,官为估直其财产,为分析以平其讼,因立此碑,以杜后日之争尔。"[1]清人冯登府认为"此是分析宅产、奴婢立嗣后,刊此以防争讼,后世分产单所祖"[2]。

同样为后世分家析产所祖的还有光和元年(178)所刻《金广延母徐氏纪产碑》,其"刻石纪法"的意义同样鲜明。洪适对此碑考释道:

> 其石半灭,所存者其下段尔。徐氏归于季本,有男曰恭,字子肃,早终,故立从孙即广延为后。广延弱冠而仕,又复不禄。……徐氏自言少入金氏门,夫妇勤苦,积入成家。又云"季本平生以奴婢、田地分与季子雍直,各有丘域",继云"蓄积消灭,债负奔亡,依附宗家得以苏",则雍直似是季本庶孽不肖子,分以訾产,居之于外者。徐氏老而广延死,故又析其财,有"雍直径管"及"悉以归雍直"之文,虑雍直为嫂侄之害也。故刊刻此石。其云"大妇、小妇",则子肃、广延之妻也。碑称"小妇慈仁,供养奉顺,不离左右",则广延夫妇俱孝。其云"五内摧碎",则可见子孝而母慈也。广延虽非嫡长而事亲久,即世新故,徐氏舍子肃而称广延母也。[3]

从碑文及洪氏考释内容看,立碑人徐氏是金季本之妻,有两子:一名金恭字子肃,早逝,有子广延;一名雍直。季本在世时雍直已别立门户,分得奴婢、田地。但不久雍直负债,靠族人接济。徐氏与金恭之子即其孙广延一起生活。广延也早死,徐氏将大部分田宅、奴婢归雍直,同时也分一部分给金恭和金广延的

---

①　〔清〕黄生撰、〔清〕黄承吉合按:《字诂义府合按·义府卷下》,包殿淑点校,中华书局1984年版,第242页。

②　〔清〕冯登府:《金石综例》卷3,载《石刻史料新编》第三辑39册,第658页。

③　《隶释》卷15,第162—163页。

图30 东汉《簿书碑》和拓本
该碑出土时是作为墓门使用,且原碑上有后刻人像。2012年1月26日摄于四川省博物院。

妻子,即碑文中的"大妇"和"小妇"。"大妇"名下有"四十八万"的数目,"小妇"名下文字残缺。

《金广延母徐氏纪产碑》表明了家长对家庭财产的完全处分权。在男性家长金季本去世后,女性家长徐氏享有同样的权力,这是与《郑子真宅舍残碑》因家财争讼经官府定值分割不同的地方。其中需要留意的细节是,金广延为徐氏之孙,然徐氏认孙为子,"子孝而母慈",与儒家礼制教化有所冲突。后人对此碑的评价,颇值得回味。"广延为季本嗣孙、子肃嗣子,徐氏乃广延祖母","祖母曰母,非礼也"①。然民间社会生活更重实际孝养。次子雍直败家,非寡母徐氏所能依靠;长孙"广延夫妇俱孝",徐氏认其为子"称广延母",有实际的考虑和目的。此举遭儒士贬斥,是基于礼而不在人情。清人黄生的评语也颇具代表性:"此亦家庭分析琐屑之语,与前碑所纪同极鄙细,而勒之碑版与诸碑并寿,真

---

① 《隶释》卷15,第162—163页

可笑之甚也。"①

从上述刻石内容看,汉代家庭财产以田亩和房舍为主体,奴婢和牛畜等是附属物。1966年出土于四川郫县犀浦镇二门桥的《簿书残碑》(图30)记录了一批家庭财产,包括田地、奴婢、牛等,并注明其价值,属于"资簿"文书记录②。

上述家庭财产记值刻石,有家长主持的分家析产,也有官府代劳的评定价值,其目的在防争讼。而记值不仅出现在石刻上,也出现在汉代青铜器铭刻及简牍上③。记值的流行,应与汉代的财产登记及相应的资产检核制度有关。

值得注意的是,汉代青铜器多为实用礼仪器,使用者主要为官府或权贵之家,铭刻记重记值是"物勒工名"和工官监制体系的派生。而刻石记值适用对象更广泛,社会性更强,且具有一定独立性。但就刻石标明资产价值、权属,希望子孙永守这一点上,刻石与青铜铭刻上的"子子孙孙永保"的目的是一致的。且刻石记产记值是为戒争杜患,也是"铭金纪法"传统的延续,只不过汉代的刻石记产记值更具世俗性,而非如青铜铭刻有礼仪和权贵的局限。

---

① 〔清〕黄生撰、〔清〕黄承吉合按:《字诂义府合按·义府卷下》,第243页。

② 谢雁翔认为此碑是官府征赋的依据,碑中记录了20来户的资产,当是一个乡的资产簿书。在20来户的田产中,田地最少的一户只有八亩,最多的一户是二顷六十亩,次多的两户是顷九十亩和顷五十亩。亩值差异也较大,下等田亩值五百,上等田亩值两千。参见谢雁翔:《四川郫县犀浦出土的东汉残碑》,《文物》1974年第4期。蒙默认为"资簿"不仅仅是"以赀征赋"的依据,也是汉王朝若干政治措施的基础。此碑所纪资产以户为单位,"是在每一户主名下将资产逐项记值记录",是"赀算"的基础。同时"资产"也是做官的重要条件,"赀算十(万)以上乃得宦","赀算四(万)得宦",即要具备中产之家以上的资产方可为官。因此官府必须掌握臣民的资产情况,需要设置记载臣民资产情况的簿书,即资簿。参见蒙默:《犀浦出土东汉残碑是渳石"资簿"说》,《文物》1980年第4期,第68—71页。张勋燎和刘磐石认为:石碑的采用出于垂诸久远的需要。簿书既然是记录田产作为征收赋税的依据,但各人的田产在不断变动之中,每次登记只能在不长的一段时间内有效,写在竹简、木简或帛上就可以了。刻之于石即需耗费大量财力,又不便保存,完全无此必要。故认为这一碑石不是查田后所立簿书,而是地主家庭中分家析产的"分书"(或称"分析单")。参见张勋燎、刘磐石:《四川郫县东汉残碑的性质和年代》,《文物》1980年第4期,第72—71页。

③ 居延汉简24·1B简:"三燋隧长居延西道里公乘徐宗年五十……宅一区直三千,田五十亩直五千,用牛二直五千……"载中国社会科学院考古研究所编:《居延汉简甲乙编》下册,中华书局1980年版,第14页。居延汉简37·35简:"侯长觚得广昌里公乘礼忠年卅,小奴二人直三万,大婢一人二万,轺车二乘直万,用马五匹直二万,牛车二辆直四千,服牛二六千,宅一区万,田五顷五万,凡赀直十五万。"载《居延汉简甲乙编》下册,第25页。

四、约束和公文刻石

中国古代的申约明禁刻石，随时代的发展和社会的需求，呈明显的递增态势。汉代是刻石申约明禁的初创期。汉初刘邦"约法三章曰：杀人者死，伤人及盗抵罪"[①]。此处的"约"作动词，指订立共同遵守的法规。"约"作名词用时有限制、规范的含义，在史籍和石刻中都有所见。

史载西汉元帝时（前48—前33），南阳太守召信臣"为民作均水约束，刻石立于田畔，以防分争"[②]。东汉建初八年（83），庐江太守王景"驱率吏民，修起芜废，教用犁耕，由是垦辟倍多，境内丰给。遂铭石刻誓，令民知常禁。又训令蚕织，为作法制，皆著于乡亭"[③]。立碑以定纷止争、令民知常禁，是进行社会管理的一种手段。而文中的"约束"、"常禁"，法律规范的含义极为明显。

民间刻石有家族约束和乡里约束之分。家族约束多为警告。山东邹县出土的《莱子侯刻石》刻于新莽年间，文字为："始建国天凤三年（16）二月十三日，莱子侯为支人为封，使诸子良等用百余人，后子孙毋坏败"。意为莱子侯为封田或封墓一事，举行祭祀活动，以赡养宗支家族，立石告诫子孙，永守勿替，流传后世[④]。东汉《真道冢地碑》载："汉延熹七年（164），真道以钱八千从真敖兄弟市此地，广二十二丈，共文戒约，后世取土方隅，但得宿山居留，不得争讼。舍地布之以天帝，诛疾劝之，以勉崇孝道，戒之以不得违反先人之约。"[⑤]

乡里的约束性石刻以建初二年（77）《侍廷里父老僤买田约束石券》[⑥]（图

---

① 《汉书》卷23《刑法志》，第1096页。

② 《汉书》卷89《召信臣传》，第3642页。施存蛰考证此碑至郦道元作《水经注》时已不存，参见施蛰存：《水经注碑录》卷8《晋六门碑》，天津古籍出版社1987年版，第332—333页。

③ 《后汉书》卷76《王景传》，第2466页。

④ ［日］永田英正编：《汉代石刻集成：图版·释文篇》，第12页。

⑤ 〔清〕冯登府：《金石综例》卷3，第659页。

⑥ 关于此碑的考证，可参见：俞伟超：《中国古代公社制度的考察——论先秦两汉的单、弹、僤》，文物出版社1988年版；黄士斌：《河南偃师县发现汉代买田约束石券》，《文物》1982年第12期，第17—20页；宁可：《关于〈汉侍廷里父老僤买田约束石券〉》，《文物》1982年第12期，第21—27页；邢义田：《汉代的父老、僤与聚族里居——汉侍廷里父老买田约束石券读记》、《汉侍廷里父老买田约束石券再议》，收入邢义田：《天下一家：皇帝、官僚与社会》，中华书局2011年版；林甘泉：《"侍廷里父老僤"与古代公社组织残余问题》，《文物》1991年第7期；张金光：《有关东汉侍廷里父老僤的几个问题》，《史学月刊》2003年第10期；林兴龙：《东汉〈汉侍廷里父老僤买田约束石券〉相关问题研究》，《云南师范大学学报》2007年第4期；等等。

图31　东汉《侍廷里父老僤买田约束石券》

建初二年(77)刻,1973年河南偃师县缑氏乡浏涧河南岸出土。高、宽、厚尺寸分别为154、80、12厘米。券文记述了东汉缑氏县侍廷里左巨等25户人家集资61500钱,买田82亩,组织起一个叫"僤"的民间团体,轮流担任里中的"父老",并对所买土地的使用、管理作出规定。2006年10月13日摄于河南偃师博物馆。

31)较具代表性。僤(亦作弹、单)是汉代乡里一种组织的名称。里有父老,其级别低于乡、县三老,是汉代基层社会中负责沟通官方与民间事务的人物。担任父老者,有年龄、德性和中赀等方面的要求。"中赀"指需要一定的财产基础。里中父老接受官府差遣,但没有俸禄。因此出任父老一职在获得当地居民尊重的同时,也要承受一定的经济负担。"父老僤"正是为解决这一问题而由民间自发设立的。碑文载"侍廷里父老僤祭尊于季、主疏左巨等廿五人,共为约束石券",即侍廷里有父老资格的25人集体购买田82亩,以供僤内成员担任父老的费用,并对成员的土地使用权、继承权,以及退还、转借、假贷等可能出现的情况作了相应的规定。这一乡里社会的自助组织与《刘熊碑》中所载官办和官助民办以平均更役及敛钱雇役为任务的"正弹"性质有所不同①，其约束内容，反映了民间社会一定程度存在的自治与管理功能。

　　奏章等行政文书刻石也始自汉代，现所见汉代公牍刻石计有元初六年（119）汉安帝《赐豫州刺史冯焕诏》、元嘉三年（153）《孔庙百石卒史碑》、建宁二年（169）《史晨碑》（亦称《史晨祠孔庙奏铭》）、熹平四年（175）《闻喜长韩仁铭》、光和二年（179）《樊毅复华下民租田口算碑》、光和四年（181）《无极山碑》等。其"所载文书，或为天子下郡国，或为三公上天子，或为郡国上三公，或为郡国下属官，种种形式，犹可考见汉制之一班"②。

　　山东曲阜永兴元年（153）《孔庙百石卒史碑》亦称《乙瑛碑》、《汉鲁相乙瑛请置孔庙百石卒史碑》（图32），所载内容是鲁相乙瑛上书朝廷请求设置孔庙掌管礼器和祭祀的专职官员——百石卒史的公文。乙瑛将此事奏于朝廷，由司徒吴雄和司空赵戒奏于皇帝，汉桓帝批示由鲁相乙瑛择40岁以上通一艺者任之。当时乙瑛已经满秩而去，继任者挑选孔和为百石卒史，并将此事回奏了朝廷。碑石全文为：

　　　　司徒臣雄、司空臣戒稽首言：
　　　　鲁前相瑛书言："诏书崇圣道，勉□〔六〕艺。孔子作《春秋》，制《孝经》，删述《五经》，演《易·系辞》，经纬天地，幽赞神明，故特立庙。褒成侯四时来祠，事已即去。庙有礼器，无常人掌领，请置百石卒史一人，典主守庙，春秋飨礼，财出王家钱，给犬酒直。"须报。谨问大常祠曹掾冯牟、史郭玄。辞对："故事，辟雍礼未行，祠先圣师。侍者，孔子子孙，大宰、大祝令各一人，皆备爵。大常丞监祠，河南尹给牛羊豕鸡□□〔犬马〕各一，大司农给米，祠。"臣愚以为，如瑛言，孔子大圣，则象乾坤。为汉制作，先世所尊。祠用众牲，长吏备爵。今□〔欲〕加宠子孙，敬恭明祀，传于罔极。可许臣请鲁相为孔子庙置百石卒史一人，掌领礼器，出王家钱。给犬酒直，他如故事。臣□〔雄〕、臣戒愚戆，诚惶诚恐，顿首

---

①　高文：《汉碑集释》，第11页。
②　马衡：《凡将斋金石丛稿》，第88页。

顿首,死罪死罪。臣稽首以闻。

制曰:可。

元嘉三年三月廿七日壬寅奏雒阳宫。

司徒公河南原武吴雄字季高

司空公蜀郡成都赵戒字意伯

元嘉三年三月丙子朔,廿七日壬寅,司徒雄、司空戒下鲁相,承书从事,下当用者。选其年卅以上,经通一艺,杂试通利,能奉先圣之礼,为宗所归者,如诏书。书到,言:"永兴元年六月甲辰朔,十八日辛酉,鲁相平行长史事、卞守长擅,叩头死罪,敢言之。司徒、司空府,壬寅诏书,为孔子庙置百石卒史一人,掌主礼器,选年卅以上,经通一艺,杂试,能奉弘先圣之礼,为宗所归者,平叩头叩头,死罪死罪。谨案文书,守文学掾鲁孔和、师孔宪、户曹史孔览等杂试。和修《春秋严氏》,经通高第,事亲至孝,能奉先圣之礼,为宗所归,除和补名状如牒,平惶恐叩头,死罪死罪,上司空府。"

赞曰:巍巍大圣,赫赫弥章。相乙瑛,字少卿,平原高唐人。令鲍叠,字文公,上党屯留人。政教稽古,若重规矩。乙君察举守宅,除吏孔子十九世孙麟,廉请置百石卒史一人,鲍君造作百石吏舍,功垂无穷,于是始□[成]。

对于孔庙而言,置"百石卒史"无疑是一件大事,特将公文立碑以资纪念。对这方保存完好的公文碑,历代探研者不乏其人。据杨殿珣所撰《石刻题跋索引》,对此碑进行研究的传统金石著述计有34种[1]。《乙瑛碑》在古代公文发展史上的重要性,通过宋代洪适的评论可见一斑:"此一碑之中凡有三式,三公奏于天子一也,朝廷下郡国二也,郡国上朝廷三也。"[2]由于碑文中有"制曰'可'"之文,清代金石学家叶昌炽认为"王言勒石,莫先于此"。柯昌泗认为,此碑"以奏章为主,所录王言,仅为批答。尚不如魏黄初修孔子庙碑所载制诏三公之文,为符所言之例也"[3]。

---

① 杨殿珣:《石刻题跋索引》,载《石刻史料新编》第一辑30册,第489页。

② 《隶释》卷1,第18页。

③ 《语石·语石异同评》,第197、203页。

图32 东汉《乙瑛碑》和拓本

也称《汉鲁相乙瑛请置孔庙百石卒史碑》或《孔庙百石卒史碑》，永兴元年（153）六月十八日立，为汉代奏事公文碑。左碑2012年5月10日摄于山东曲阜汉魏碑刻博物馆，右拓摘自《北京图书馆藏中国历代石刻拓本汇编》1册第103页。

汉以后，公文碑刻因禁碑政策的推行而受到压抑。东汉末年，曹操看到多年战争使天下凋敝，民生尚不能保，为死人立碑过于奢侈，便以"不惜倾无量之资财，以博建立碑碣之虚荣"为由，于建安十年（206）下令禁碑。"建安十年，魏武帝以天下凋敝，下令不得厚葬，又禁立碑。"①曹操的这一禁令收到较好效果，而且成为魏晋南朝时通行的政令。《晋令》规定："诸葬者，皆不得立祠堂、石碑、石表、石兽。"②晋武帝咸宁四年（278）下诏曰："此石兽碑表，即私褒美，兴长虚伪，伤财害人，莫大于此，一禁断之。其犯者，虽会赦令，皆当毁坏。"③晋安帝义熙元年（405），立碑之禁渐颓，尚书祠部郎中裴松之鉴于"世立私碑，

---

① 《宋书》卷15《礼志二》，中华书局1974年版，第407页。

② 程树德：《九朝律考》卷3《晋律考》，中华书局1963年版，第35页。

③ 《宋书》卷15《礼志二》，第407页。

有乖事实",建议"裁禁"①。最终朝廷"又议禁断,于是至今"②。

在这种社会环境下,歌功颂德的巨形墓碑骤然大减。南北朝时期,社会处于分裂状态。南朝初期,碑禁稍有放松,厚葬之风便起。永明七年(489)十月,齐武帝颁布《己丑诏》,严禁厚葬,同时再次严饬碑禁。梁朝初年又重申前朝禁立墓碑的政令,并对葬制作了明确规定:"(天监)六年(507),申明葬制,凡墓不得造石人兽碑,惟听作石柱,记名位而已。"③由于碑禁尚严,地面石刻文字走向低潮,而规避禁令埋于地下的墓志,却异军突起。在作为冥器的瓷器雕塑(图33)上,也可以看到汉代曾经流行的圭首碑的式样。

图33　西晋和六朝青瓷魂瓶上的圭首碑

魂瓶又称堆塑罐,流行于江南贵族墓葬中。作为沟通生与死、人间与天上的载体,它被寄予了祈祷子孙繁衍、六畜蕃息,以及安死者之魂、寄生者之望的意义。罐上部饰各种堆塑,题材丰富,是现实世界的微缩景观。曾经流行的圭首碑的形制也被保存下来。左图为西晋魂瓶,2011年6月16日摄于中国国家博物馆。右图为六朝魂瓶,2011年9月11日摄于南京市博物馆。

---

① 《宋书》卷64《裴松之传》,第1699页。

② 《宋书》卷15《礼志二》,第407页。

③ 《隋书》卷8《礼仪志三》,中华书局1973年版,第153页。

与南朝形成鲜明对比的是，现存北朝石刻无论数量还是种类，均极丰富。就形制而论，除载有题记的造像碑外，柱状刻石也较为常见。《标异乡义慈惠石柱》（图34）为北齐武成帝（高湛）太宁二年（562）四月十七日由皇帝降旨由官府所建，并易木为石。柱身刻有"标异乡义慈惠石柱"9个大字的题额，题额左边下方有"大齐太宁二年四月十七日省符下标"题记。柱身四面刻"颂文"3400余言，可谓刻石载文的长篇巨制[①]。

从整体上看，初创期的"刻石纪法"无论形式还是内容，都尚显粗简，但对后世的影响却无所不在：其纪事类别偏重于盟誓、申约及界域和凭证，所涉法

图34 北齐义慈惠石柱

北魏孝昌年间（525—527）杜洛周、葛荣起义失败后，当地民众将义军尸体合葬，并立木柱为标志。北齐时官府易木为石，记起义、葬骨和立柱经过，为朝廷歌功颂德。石柱高7米，分基座、柱身和石屋三部分，造型奇特。柱上刻"标异乡义慈惠石柱"9字题额和长达3400余字的颂文。2012年4月29日摄于河北省保定市定兴县石柱村。左图为局部。

① 对石柱文的考证研究可参见刘淑芬：《北齐标异乡义慈惠石柱——中古佛教救济的个案研究》，台湾《新史学》5卷4期（1994）。

律内容大至国家之交往、地界之划分,细至财产登记和对财产的处分,表明"刻石纪法"传统在创立之初即与社会现实生活关联紧密,彰显了其现实性和实用性的特征;刻石之事由官民共同参与,且官刻与私刻内容既可区分又相互关联,为后来的官禁与私禁刻石并行发展和相互兼容奠定了基础;刻石中有关申约明禁和张扬私权的内容,表现出"镂之金石"传统在秦汉所开启的新的社会发展环境中,以新的石刻形式,所作出的适应性创新和发展。而这些内容,对于古代中国地方法律秩序的构建和法律文化传承,均具有积极意义,并对下一阶段即完善期的"刻石纪法",有直接的影响。

第三节 碑以载政:"刻石纪法"发展期(唐宋金元)

唐以后刻石之事种类多样,除承继秦汉以来的盟誓、颂德、明产、申禁、奏章等并加以发扬光大外,又多有创新。如唐代开元年间,治声显赫的卢奂对"有无良恶迹之人,必行严断,仍以所犯之罪,刻石立本人门首,再犯处以极刑。民间畏惧,绝无犯法者","民间呼其石为记恶碑"[①]。《元史》载:"襄城与叶县接壤,其南为湛河,襄城民食沧盐,叶县民食解盐,刻石河南岸以为界。叶县令有贪污者,妄徙石于北二里,诬其民食私盐,系治百余家。两县斗(办)[辩],叶县倚陕漕势以凌襄城。中书遣官察其实,天孚为考其元界,移石故处,而叶县令被罪去。"[②]上述"记恶碑"及县令"徙石"获罪固然与"刻石纪法"有重要关联,也体现出"刻石纪法"运用的灵活多样,但并非此阶段"刻石纪法"的主流。具有时代性和主流性的"刻石纪法"内容,主要表现在制度化建设和法制化彰显等方面。

一、君言刻石垂范

在封建专制日益强化的古代中国,君言即是法律。以石刻载君言乃至君主颁布的制、诏,其源头可追溯至秦始皇的纪功刻石和秦二世的诏书刻石。三国时期的诏书刻石有《黄初二年诏》,为魏文帝曹丕于黄初二年(221)命孔子二十一

---

① 〔五代〕王仁裕等:《开元天宝遗事十种》,丁如明辑校,上海古籍出版社1985年版,第68—69页。

② 《元史》卷193《刘天孚传》,中华书局1976年版,第4387页。

代孙"奉议郎孔羡为'宗圣侯',邑百户,奉孔子之祀。令鲁郡修起旧庙,置百石吏卒以守卫之"①。明帝继位后,诏三公曰:"先帝昔著《典论》,不朽之格言,其刊石于庙门之外及太学,与石经并,以永示来世。"②

唐宋时期,君言刻石多样,诏、敕、榜等频见于石。《武德二年诏》为唐高祖李渊于619年"命有司立周公、孔子庙各一所,四时致祭"③,之后又有《武德九年诏》、《贞观诏》、《乾封元年诏》以及册封诏书刻石等。宋代有徽宗的《辟雍诏》及高宗的《藉田诏》等。另自唐宋开始,皇帝训诫官箴类刻石渐多。开元年间(713—741)的《令长新诫》也称《敕处分县令》,其文为:"我求令长,保乂下人。人之不安,必有所因。侵渔浸广,赋役不均。使夫离散,莫保其身。征诸善理,寄尔良臣。与之革故,政在惟新。调风变俗,背伪归真。教先为富,惠恤于贫。无大无小,以躬以亲。青旌劝农,其惟在勤。墨绶行令,孰不攸遵。曷云被之,我泽如春。"④宋欧阳修对《令长新戒》跋称:"唐开元之治盛矣,玄宗尝自择县令一百六十三人,赐以丁宁之戒。其后天下为县者,皆以《新戒》刻石,今犹有存者。余之所得者六,世人皆忽,不以为贵也。"⑤

北宋真宗时,"诏诸州以《御制七条》刻石"⑥。"大中祥符元年(1008),真宗以祥符降锡,述大中清净为治之道,申诫百官,又作《诫谕辞》二道,易旧辞,赐出使京朝官及幕职、州县官。其后,又作《文》、《武七条》。……仍许所在刊石或书厅壁,奉以为法。"⑦南宋官箴刻石遗存较多,见于载录者有绍兴二年(1132)宋高宗敕命诸州刻《戒石铭》(宋太宗撰文,黄庭坚正书)⑧,以及孝宗于淳熙年(1174—1189)所撰《戒谕军帅五事》、《手诏戒谕漕臣》,理宗(1225—

① 孔伟:《曲阜历代著名碑文校注》,中国图书出版社2009年版,第1页。

② 《三国志》卷4《魏书四》注文,中华书局1971年版,第117页。

③ 孔伟:《曲阜历代著名碑文校注》,第3页。

④ 〔清〕陆耀遹纂、〔清〕陆增祥校订:《金石续编》卷7,《隋唐五代石刻文献全编》第四册,第375页。

⑤ 《集古录跋尾》卷6,第137页。

⑥ 《宋史》卷8《真宗三》,中华书局1977年版,第158页。

⑦ 《宋史》卷168《职官志八·合班之制》,第4008页。

⑧ 广西梧州的《戒石铭》中间为高宗赵构行书诏谕,下为诸人跋。参见北京图书馆金石组编:《北京图书馆藏中国历代石刻拓本汇编》43册,中州古籍出版社1997年版,第12—13页。

1264)所书《戒饬士习诏》、《戒贪吏手诏》等刻石①。

　　较训诫官箴法制性更强的是御制学规。山东泰安岱庙《大观圣作碑》（图35）立于大观二年（1108）八月，上刻李时雍摹写的宋徽宗御书《八行诏》。碑额行书"大观圣作之碑"系蔡京奉敕题书，碑文前列诏旨，次列"八行"取士科条，为学馆必须遵行的法则，及免户免身丁法的规定。当时此碑曾广为刊刻，遗留的原石在陕西西安碑林、河北赵州文庙遗址、河南偃师博物馆、山西运城市博物馆、山东岱庙等地均可看到。

　　元代君言刻石以圣旨碑最具影响力。清人叶昌炽言："元不称'敕'，通谓之'圣旨碑'。"②马衡认为："元之诏敕，凡史臣代言者曰诏，以国语训敕者曰圣旨，诸王太子谓之令旨，……其文多为语体，或蒙古文与汉文并列。其称制诏

图35　北宋《大观圣作碑》和拓本
碑文为李时雍摹勒的宋徽宗御制《八行诏》，由权相蔡京题额。碑高4.5米，宽1.55米，厚0.41米，2011年2月7日摄于山东泰安岱庙。右图《大观圣作之碑》拓本局部，2011年11月20日摄于河南省博物院。

---

　　① 绍兴二年（1132）七月吕颐浩将《太宗皇帝御制戒石铭》立于府治，马光祖将理宗御制《训廉铭》、《谨刑铭》、《戒饬士习手诏》、《戒贪吏手诏》、《御笔戒贪吏》等碑文立石于府治，参见〔宋〕周应和：《景定建康志》卷4《留都录四·皇帝御制御书》，载《中国方志丛书·华中地方·第416号》，台湾成文出版有限公司1983年版，第727—733页。

　　② 〔清〕叶昌炽撰、韩锐校注：《语石校注》，第341页。

图36 元《圣旨碑》

刻于至元三十一年（1294），内容为强调崇奉孔子、恢复儒学、录用儒生、宣明教化等。2011年12月9日摄于江苏无锡碑刻陈列馆。

图37 元《诏书加封大成碑》

刻于至大三年（1310）七月，为平江路（今苏州）官员奉旨立于文庙。自汉武帝追封孔子为"襃成宣尼公"后，历代王朝对孔子多有改封或加封。元大德十一年（1307）七月，元武宗诏命加封孔子为"大成至圣文宣王"（宋代封孔子为"至圣文宣王"），并诏令天下将圣旨刻石立于孔庙内，规定各地主要官员到任视学前，先行到庙学拜谒，并对官学士子讲课。2011年12月11日摄于苏州文庙。

者，如《加封孔子》（图36、图37）等制诏皆为通敕，天下郡邑多有之。"①立于山东曲阜颜庙《保护颜庙圣旨禁约碑》载文：

> 皇帝圣旨里，中节省会验，先钦奉诏书，节该谕中外有司官吏人等。孔子之道，垂宪万世，有国家者所当崇奉。曲阜林庙，上都、大都、诸路府、州、县、邑庙学、书院，照依世祖皇帝圣旨，禁约诸官员、使臣、军马，毋得于内安下，或聚集理问词讼，亵渎饮宴，工役造作，收贮官物。其赡学地土产业及贡士庄田，诸

---

① 马衡：《凡将斋金石丛稿》，第88页。

人毋得侵夺。本路总管府、提举学校、肃政廉访司，宣明教化，勉励学校。凡庙学公事，诸人毋得沮坏。据合行儒人事理，照依已降圣旨施行。钦此。除钦遵外，照得亚圣兖国公庙宇，亦合一体禁约。除另行外，都省合行出榜晓谕。如有违犯之人，严行治罪。须至榜者，右榜晓谕。

　　大德十一年十月日，各令通知。[①]

　　此碑立于元成祖大德十一年（1307）。文称"照依世祖皇帝圣旨"，当指元世祖忽必烈在位时（1260—1294）所颁圣旨。《元章典》载元世祖于至元三十一年（1294）所发圣旨，题为《崇奉儒教事理》。碑文主体内容与至元三十一年（1294）圣旨相同，仅个别地方有增删之处[②]。

二、"长吏立碑"程式

　　自隋唐开始，立碑之事逐渐被纳入国家法律制度层面，并以法令形式确定官员丧葬礼仪及用碑形制与尺寸。隋开皇《丧葬令》规定："诸三品以上立碑，螭首龟趺，趺上高不得过九尺。七品以上立碣，高四尺，圭首方趺。若隐沦道素、孝义著闻者，虽无爵，奏听立碣。"唐代将立碑者的身份由三品降至五品。开元《丧葬令》规定："诸碑碣，其文须实录，不得滥有褒饰。五品以上立碑，螭首龟趺，趺上高不得过九尺。七品以上立碣，圭首方趺，趺上高四尺。若隐沦道素，孝义著闻，虽不仕亦立碣。"此有关官品与碑形制内容的《丧葬令》，在唐白居易辑《白氏六帖事类集》中被称为"立碑令"，反映了社会对此令内容更直白的理解[③]。

　　北宋天圣（1023—1032）《丧葬令》内容与唐《丧葬令》内容相同，至南宋时，立碑者的官品级别有所降低。《庆元条法事类》规定："诸葬，陆品以上立碑，八品以上立碣。其隐沦道素，孝义著闻，虽无官品，亦听立碣。"但碑的尺

---

　　① 骆承烈汇编：《石头上的儒家文献——曲阜碑文录》，齐鲁书社2001年版，第252页。笔者据录文而重新标点。

　　② 《元典章》卷31《礼部卷之四》"儒学"，陈高华等点校，中华书局2011年版，第1088—1089页。

　　③ 文中有关隋、唐、宋的葬令规定，均引自［日］仁井田陞：《唐令拾遗》，栗劲等译，长春出版社1989年版，第766—769页。

寸,无太大变化,仍是"螭首龟趺,上高九尺;圭首方趺,上高四尺"①。

由于立碑之事涉及官品与丧仪,在国家法律中,开始出现了"护碑"的条文。《唐律疏议·杂律》"毁人碑碣石兽"条规定:"诸毁人碑碣及石兽者,徒一年。"②

唐宋法令除对死者墓碑形制尺寸加以规定外,还特别针对"郡邑吏民,为其府主伐石颂德"所立德政碑(也称"生碑")③做出严格规范。

唐宋法律对德政碑的调控,主要是从政绩考课的角度出发。《唐律疏议》规定:"诸在官长吏,实无政迹,辄立碑者,徒一年。若遣人妄称己善,申请于上者,杖一百;有赃重者,坐赃论。受遣者,各减一等。虽有政迹,而自遣者,亦同。"此条是针对在任官吏而言,故列入《职制律》中。辅之以疏义文字,得知立碑的形式要件有两条,一是具备"导德齐礼,移风易俗"等显著政迹,二是不得有"遣人立碑"等暗箱操作行为。凡无政迹自立碑,或遣人立碑者,官吏及其下属乃至民众,将分别情节轻重,受到从杖八十至徒二年不等的处罚,如赃重者处罚加重,且所立碑均要除毁④。

宋代将唐代的"长吏辄立碑"条目名称简化为"长吏立碑",但条文内容基本未变⑤。

除了法律规定的限制性条件外,在任官吏立颂碑的审批程序也颇为繁复严密。顾炎武在《日知录》"生碑"条中所载述的资料,对我们了解唐代德政碑的刻立制度和环节,提供了有益的线索。文称:"唐武后圣历二年(699)制:州县长吏,非奉有敕旨,毋得擅立碑。"之后顾氏引唐刘禹锡(772—842)所撰《高陵令刘君遗爱碑》,记述了当时长吏立碑的几个关键环节⑥。碑文称:

大和四年(830),高陵人李仕清等六十三人思前令刘君之德,诣县请金石

---

① 〔宋〕谢深甫等纂修:《庆元条法事类》卷77《服制门·丧葬》,上海古籍出版社2002年版,第623、629页。

② 《唐律疏议》卷27《杂律》"毁人碑碣石兽"条,刘俊文点校,中华书局1983年版,第517页。

③ 清代叶昌炽列举了德政碑的诸种称谓,计有颂德碑、清德碑、遗受颂、美政颂、善政颂、政事记、惠政碑、功德碑等。详见《语石校注》,第315—316页。

④ 《唐律疏议》卷11《职制律》"长吏辄立碑"条,刘俊文点校,中华书局1983年版,第217页。

⑤ 〔宋〕窦仪等:《宋刑统》卷11《职制律》,吴翊如点校,中华书局1984年版,第173—174页。

⑥ 〔清〕顾炎武著、陈垣校注:《日知录校注》,安徽大学出版社2007年版,第1239—1241页。

图38   唐《狄仁杰祠堂碑》和拓本

元和七年（812）十月五日刻，冯宿撰，胡证正书并篆额。2010年5月19日摄于河北
大名县双台村田边。右碑拓为陆和九旧藏，额失拓，摘自《北京图书馆藏中国历
代石刻拓本汇编》29册第74页。

刻。县令以状申府，府以状考于明法吏，吏上言：谨按宝应诏书，凡以政绩将立
碑者，其具所纪之文上尚书考功，有司考其词宜有纪者乃奏。明年八月庚午，诏
曰：可。令书其章明有以结人心者，揭于道周云。[①]

文中记述了长吏立碑必备的几道程序：一是申请。高陵县63人“思前令刘
君之德”，到县堂“诣请”为前县令刻碑，此符合法定的有德政和非遣人立碑
两个要件。二是报批。德政碑文要逐级上报，“县令以状申于府，府以状考于
明法吏”，明法吏按法律规定进行相应处置。三是核准。明法吏所依据的法律
是宝应年间（762—763）的诏书，诏书规定的核准程序是“具所纪之文上尚书考
功，有司考其词宜有纪者乃奏”，即由尚书省对碑文中所称的德政状况进行核实，
名实相符者奏请皇上。四是“奉有敕旨”，即得到皇帝的许可后方可立碑。《高陵

令刘君遗爱碑》是在第二年八月获得"诏曰：可"，审核批准的时间颇长。

立"生碑"的复杂程序，《唐六典》也有相同的记载："凡德政碑及生祠，皆取政绩可称，州为申省，省司勘覆定，奏闻，乃立焉。"[1]顾炎武得出的结论是："唐时颂官长德政之碑，必上考功，奉旨乃得立。"[2]顾氏指明长吏立碑程序中"考功"与"奉旨"的重要性，因为这关系到唐代官员的政绩考核与皇帝对官员的任免。

在唐代敕文中，也保留有皇帝对奏请立碑之事的回应。敬宗李湛《赐义成军节度使高承简立德政碑敕》和《赐高承简敕》，即载有此事。敬宗在位仅两年，其年号为宝历（825—826）。前敕文碑载："得守义奏：当道将吏等为卿立德政碑。卿位崇庶僚，寄殷东夏，扼洪河之险束，当白马之要津，制机于事先，销萌于虑表。而能文武参用，农战兼修，人俗载安，军政斯理，缁黄随性，耆老乐生。沥悃陈诚，飞章上请，延揽休绩，欣然注心。今令翰林侍讲学士崔郾与卿撰碑文……"后敕文相对简化："顷得守义奏云：官吏将校，耆老缁黄，同请立碑，纪卿德政……昨遣翰林侍讲学士崔郾撰述，翰林待招徐幼文书。德以庇人，政能利物，观其辞理，亦颇周详。将垂不朽之名，用播一时之美，无惭岗首，何愧色丝。其碑本故今赐往……"[3]

上述法定"长吏立碑"程序的实施与推行，对社会的影响显而易见。唐人所撰《封氏见闻记》载："在官有异政，考秩已终，吏人立碑颂德者，皆须审详事实，州司以状闻奏，恩敕听许，然后得建之，故谓之'颂德碑'，亦曰'遗爱碑'。《书》称'树之风声'者，正此之谓。亦有身未去官，讽动群吏，外矫辞让，密相督责。前代以来，累有其事，斯有识者之所羞也。"封演为唐中晚期人，武后圣历二年（699）所制"州县长吏，非奉有敕旨，毋得擅立碑"的诏令已推行了相当一段时间。他记述的颂德碑"审详事实，州司以状闻奏。恩敕听许，然后得建之"，当是法制实施后的一般社会状况。他在文中记述了开元、天宝年间（713—755）右相李林甫和左相杨国忠对"身未去官"而立颂德碑的不同态度和结局，也反映了社会上对"长吏立碑"法令的通行评介。李林甫有自知之明坚辞立碑，

---

① 〔唐〕李林甫等：《唐六典》卷4，陈仲夫点校，中华书局1992年版，第120页。

② 〔清〕顾炎武著、陈垣校注：《日知录校注》，第1240页。

③ 《全唐文》卷68，第537—538页。

"诸生大惧得罪,通夜琢灭";杨国忠碑是求媚者"请立碑于尚书省门,以颂圣主得贤臣之意。敕京兆尹鲜于仲通撰文,玄宗亲改定数字",被有识者认为是有违法令和常理,"岂有人君人臣自立碑之体,乱将作矣"。果然数年之后有马嵬之难。"肃宗登极,始除去其碑。"①

宋代对"长吏立碑"的制度规范,在政权初建时以诏书为主。太祖于建隆元年(960)十月下诏称:"诸道长贰有异政,众举留请立碑者,委参军验实以闻。"②乾德四年(966)六月又下诏云:"自今应诸道节度、观察、防御、团练、刺史、知州、通判、幕职、州县官等,有政治居最,为众所推,愿纪丰碑,或乞留本任,并不得直诣阙上言,只仰具理状于不干系官吏处陈状。仍委即时以闻,当与详酌处分。"③待到政治秩序稳定后,"长吏立碑"的内容被纳入到国法之中。《庆元条法事类》规定:"诸在任官虽有政迹,诸军辄举留,及余人非遇察访监司所至而举留者,各杖一百,建祠立碑者,罪亦如之。并坐为首之人,碑祠仍毁。本官知情与同罪。若自遣人建祠,论如辄立碑律。"④此处"论如辄立碑律"的规定,仍可感受到唐律"长吏辄立碑"条目的影响。

在辽金元等少数民族建立的政权中,有关官员立墓碑及刻石颂德之事,多秉承旧制。元成宗于大德五年(1301)七月发布有关"官员茔坟立碑"的圣旨道:"官人每、有气力富豪,与自己父、祖修理坟茔立碑石,动军夫、官吏气力起盖修理有。今后官人每不拣是谁,与自己父、祖建坟茔碑石,休动摇官司、军夫者。这宣谕了,动摇军夫的每,有罪过。"⑤即规定官员为自己父、祖立碑,不得动用公项、使用公力。《元史》载回鹘人撒吉思因"山东岁屡歉,为请于朝,发粟赈恤。又奏蠲其田租,山东人刻石颂德"⑥。但史籍所载情形与元代法律规定有所相悖。元代对现任官员德政碑的限制较唐宋为严,明确规定:"诸职官居见任,虽有善政,不许立碑,已立而犯赃污者毁之,无治状以虚誉立碑者毁之。"⑦山东

① 〔唐〕封演:《封氏见闻记》卷5《颂德》,张耕注评,学苑出版社2001年版,第96—97页。

② 《宋史》卷1《太祖一》,第7页。

③ 《禁纪碑留任不得诣阙诏》,司义祖整理:《宋大诏令集》卷198《政事五十一》,中华书局1962年版,第730页。

④ 〔宋〕谢深甫等纂修:《庆元条法事类》卷80《杂门·职制敕》,第680页。

⑤ 《元典章》附录一《文书补遗》,第2271页。

⑥ 《元史》卷134《撒吉思传》,第3244页。

⑦ 《元史》卷105《刑法志四·禁令条》,第2682页。

人对撒吉思的刻石颂德,或许是该法规推行之前的事情。

及至明清时期,对长吏立碑的限制相对宽松。其效果如顾炎武所述:"今世立碑,不必请旨,而华衮之权,操之自下,不但溢美之文,无以风劝,而植于道旁,亦无过而视之者,不旋踵而与他人作镇石矣。"①

三、公文刻石施政

唐宋以来的公文石刻,除前述天子诏敕、圣旨文外,尚有符牒、公据、省札、使帖、札子等类官文书。"其自中书以下下行之文书,曰牒,曰札子,曰帖,曰公据。……盖牒与札子皆给自中书门下,或尚书省,或礼部,帖给自常平茶盐诸司,公据则给自所在官司也。"②各类公文有严格的使用规范和格式。"唐代应制碑文,书撰皆称臣、称奉敕。……高丽碑皆称奉教,南诏碑皆称奉命,所以别于中国,示不敢僭。"③而碑石刻载与行政公务相关的内容越复杂,愈能反映"刻石纪法"的常态化和规范化。

唐宋公文碑刻中,敕牒碑数目较多。唐代有开元十年(722)龙门《奉先寺牒》、大历二年(767)《会善寺敕戒坛牒》(图39)等。其中后碑上层的敕牒文格式如下(将原碑文繁体竖排改为简体横排并加标点,其他提行、敬空等格式依旧)④:

> 河南府登封县嵩岳[会善寺]戒坛牒
> 请抽东都白马寺僧崇光、敬爱寺僧□□、
> 同德寺僧重进、　　奉国寺僧法□□、
> 香谷寺僧从恕、惠深,安州龙兴寺僧□□。
> 　　右河南副元师、黄门侍郎平章事
> 　　王缙奏得:安国寺僧乘如状前件,

---

① 〔清〕顾炎武著、陈垣校注:《日知录校注》(中),第1240页。
② 马衡:《凡将斋金石丛稿》,第88页。
③ 《语石·语石异同评》,第401页。
④ 碑文依据拓本及清王昶《金石萃编》卷94《会善寺戒坛牒》、卷95《会善寺戒坛碑》录入。《会善寺戒坛牒》俱录碑文三层内容,《会善寺戒坛碑》仅录一、二层内容,无代宗手敕。详见:《隋唐五代石刻文献全编》第3册,第578—579、587页。

　　　　寺戒□□供奉大德一行禅师□

　　　　故□坛□□元同律师□□创造

　　　　殿宇，幽闲□□严净受戒之所，洛

　　　　城推最。□□沦残，墙院荒凉，

　　　　更属艰难。坛□摧□，不有修葺，窃

　　　　愧先贤，望抽前件奉律僧七人住

　　　　持洒扫，□有关□填□□建方等道

　　　　场，常讲戒律，庶□□圣□国土安

　　　　宁。

中书门下　　　牒［会善寺］

牒奉　敕，宜依牒至准

敕，故牒。

　　　　大历二年十月十三日牒

　　　　　中书侍郎平章事元载

　　　　　黄门侍郎平章事杜鸿渐

　　　　　黄门侍郎平章事王缙

　　　　　兵部尚书平章事李使

　　　　　检　校　侍　中李使

　　　　　检校右仆射平章事使

　　　　　中　书　令　使

　　从拓本上可以清晰看出，碑文中两处"会善寺"均难识别，概因"碑刻会善寺后，僧苦于求搨，凡石上'会善寺'三字皆椎去，弃之寺西荒草中。傅太常物色得之，仍立戒坛之左"①。

　　清代王昶特别关注唐代敕牒的签署格式，指出在日期后"列使相衔名，前三人皆具姓氏，曰元载、杜鸿渐、王缙；后二人皆曰'李使'，但有姓而无名；又二人但有'使'字，不著姓。所谓'使'者，大抵居相位而出使在外者也"。王昶依据《唐书·宰相表》，推测"兵部尚书平章事李使"是泽潞节度使李抱玉，"检校侍

_____

① 〔明〕叶井叔：《嵩阳石刻记》，载《隋唐五代石刻文献全编》第3册，第579页。

图39 唐《会善寺敕戒坛碑》和拓本

碑刻于大历二年(767)十一月,现存河南登封嵩山会善院内。圆首,高153厘米,宽70
厘米,厚19厘米,额题"敕戒坛碑",批文24字颇大。碑文分三层:上层为中书门下发给
会善寺的敕牒公文,计26行;中层为安国寺沙门乘如的谢表文,24行;下层为代宗手敕
(即批答文),6行。碑阴为贞元十一年(795)《敕戒坛记》。碑石和拓本均为2014年11月
9日摄于河南登封嵩山会善寺。

中李使"是河东节度使李光弼,"检校右仆射平章事使"是朔方行营节度使仆固
怀恩,"中书令使"是朔方节度使郭子仪。而王缙在牒中奏状列职"河南副元帅、
黄门侍郎平章事",在牒尾列衔仅属"黄门侍郎平章事",是因王缙在广德二年
(764)正月任黄门侍郎,同年八月"持节都统河南、淮南淮西山东道行营节度使,
永泰元年(765)为河南副元帅,此后不云入朝,而牒则仍列其名,不在使内"①。

宋代敕牒碑的数量较唐代为多。清叶昌炽说:"符牒,隋以前未有
也。""宋牒视唐倍蓰,金牒又多于两宋。"②敕牒碑的内容多与佛教和儒学
有关,存世者有至道元年(995)《栖岩寺禁牒》、熙宁三年(1070)《灵岩寺敕

① 〔清〕王昶:《金石萃编》卷94,载《隋唐五代石刻文献全编》第3册,第580页。

② 《语石·语石异同评》,第204页。

牒碑》、元丰八年（1085）《敕赐陕州夏县余庆禅院牒》、崇宁二年（1103）《福昌院牒》、崇宁三年（1104）《敕赐静应庙牒》等等。

西安碑林有景祐元年（1034）《永兴军牒》（图40）和景祐二年（1035）《永兴军中书札子》（图41）。前者刻于唐《分国公功德铭》之阴，当时范雍以户部侍郎知永兴军，请以府城隙地立学舍，并乞国子监九经书籍，拨庄田，朝廷依奏而给此牒。牒在景祐元年正月五日下，至二年二月八日立石①。

图40　北宋《永兴军牒》和拓本
原碑为2012年6月23日摄于西安碑林。拓本摘自《北京图书馆藏中国历代石刻拓本汇编》38册第87页。

《永兴军中书札子》内容与《永兴军牒》有关，反映了《永兴军牒》的执行情况。碑文为（将原碑文繁体竖排改为简体横排并加标点，其他提行、敬空等格式依旧）：

---

① 〔清〕王昶：《金石萃编》卷132，载《宋代石刻文献全编》第3册，第196—198页。

中书札子

户部侍郎、知河阳军范雍奏：臣昨知永兴军，体量得前资寄住官员颇多，子弟辈不务肯构，唯恣嘲谑轻薄，斗诼词讼。自来累有条约，与诸处不同，有过犯情理重者，并奏听　　敕裁，然终难悛革。盖由别无学校励业之所，是致轻悍成风。臣到任后，奏乞建置府学，兼赐得九经书，差官主掌，每日讲授。据本府分析，即今见有本府及诸州修业进士一百三十七人在学，关中风俗稍变，颇益文理。见是，权节度掌书记陈谕管勾，欲乞特降敕命指挥，下本府管勾官员，令常切遵守所立规绳，不得堕废。候敕旨。右奉

圣旨。依奏，札付永兴军，准此者。

　　　　景祐二年十一月一日，宣德郎、试秘书省校书郎、节度掌书记、管勾府学陈谕立。　　安亮刻。[1]

　　清人叶昌炽对《永兴军中书札子》评述道："前列'户部侍郎知河阳军范雍奏'，末云'右奉圣旨，依奏，札府永兴军，准此者'，详绎文义，如今廷寄之制。由中书门下奉旨宣付军州。"[2]

　　正如叶昌炽所述，宋代许多公文碑都记述了公文上申下达的程序。元丰四年（1081）《富乐山兴教禅院使帖并开堂记》完整反映了住持的资格证书——"传法主持"申准文书上行下行的全过程。据碑文可知，"传法主持"资格的取得，除有学识品性的要求外，还需履行一套法定程序，即由寺院申报州僧司，州僧官再报礼部，经礼部奉敕准予给牒，乃下发州长官"使州"，再转给受牒僧人。但兴教禅院的智海没有收到州政府发出的证书，故再次提出申请，在收到敕帖后刻石为记[3]。

　　除记述公文形成的程序以示其合法性之外，公文的另一个特色，即处理政务并给予明确指示，此乃公文的关键性内容。崇宁二年（1103）《福昌院牒》（图42）是一份宗教管理文书。其碑文为（将原碑文繁体竖排改为简体横排并加标

①　〔清〕王昶：《金石萃编》卷132，载《宋代石刻文献全编》第3册，第198—199页。

②　《语石·语石异同评》，第205页。

③　龙显昭主编：《巴蜀佛教碑文集成》，巴蜀书社2004年版，第131页。

图41　北宋《永兴军中书札子》和拓本

原碑为2012年6月23日摄于西安碑林。拓本摘自《北京图书馆藏中国历代石刻拓本汇编》38册第91页。

点,其他格式依旧):

　　尚书省牒阆中县福昌院

　　礼部状:据阆州状,阆中县倚郭永安院与陵名

　　相犯,合行回避。本部勘会上件,院额系与陵名相

　　犯。元系本朝敕额,今来依朝旨,合系朝廷别降

　　敕额,伏候

　　指挥。

　　牒奉

　　敕:宜改赐

　　福昌院为额。

牒至准

敕，　故牒。

　　崇宁二年六月十八日牒。

大中大夫、守右丞吴　（押）

中 大 夫、守左 丞 张（押）

右光禄大夫、守左仆射（押）

　　据碑文可知，四川阆中城郭福昌院原名"永安院"，因宋帝诸陵带"永"字，又北宋哲宗以前诸帝俱葬河南永安镇（景德四年升为永安县），为避讳故申报礼部改名。礼部奉尚书省敕于徽宗崇宁二年（1103）准予改名[1]。

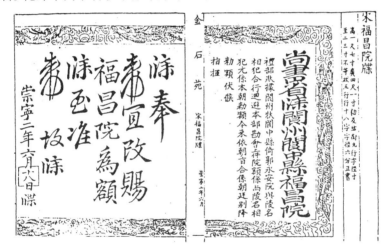

图42　宋《福昌院牒》摹绘图

崇宁二年（1103）六月十八日牒。状5行，满行18字；敕及结衔9行。图摘自清刘喜海编《金石苑》卷3。

　　金代的公文碑以大定年间寺牒碑为最多，其原因，一些金石学家曾有考证，并注意到宋代元丰改制对牒文发放的影响。清钱大昕跋《广福牒》云："凡寺院赐额，宋初由中书门下给牒。元丰改官制以后，由尚书省给牒。皆宰执亲

---

　　① 清刘喜海在此碑后跋云："右碑在阆中福昌院。按《宋史·宰辅表》，崇宁二年吴居厚拜右丞，张商英转左丞。牒中'右光禄大夫、守左仆射'不书姓者，当是蔡京也。京以元年拜右仆射，二年转左，亦见《宰辅》。"见〔清〕刘喜海编：《金石苑》卷3，载《宋代石刻文献全编》第2册，第888页。另可参见：《巴蜀佛教碑文集成》，第144页。

押。金则委之礼部,而尚书侍郎并不书押,惟郎官一人行押而已。但宋时寺院,皆由守臣陈请,方得赐额。金则纳钱百贯,便可得之。盖朝廷视之益轻,而礼数亦替矣。此大定一朝敕牒,所由独多欤。"①

据清王昶考证:"大定初年寺观纳钱请赐名额之事,《金史》无考。今所得于陕西者凡十四碑,文称尚书礼部牒,是牒由礼部发也;又称尚书户部差委某州发卖所,是户部设官差委外州发卖牒文也。……据同官县《灵泉观记》云:'大定初,王师南征,军须匮乏,许进纳以赐宫观名额。'若然,则是大定初权宜设置之事,非常制也。"②马衡认为:"金之牒敕较宋为多。凡寺院纳钱,即可给牒赐额。其制始于大定初,故大定一朝,此类之牒独多。"③

叶昌炽曾对宋金敕牒之异同作过一番比较:"金广福院称尚书礼部牒。又有省尚书二字,但称礼部牒者。(小注:大定二年圆教院,三年福严禅院。)其实凡牒皆出自礼部,不仅此三寺也。诸牒或刻于碑阴,惟咸宁香城寺牒(淳化二年)刻在地土碑之下方。皇祐五年南海庙牒,上层并刻奏状,下层刻至和元年元绛记。此例亦多有之。凡牒必奉敕宣付,故其文辄云,准敕故牒。金石著录,亦敕牒互称。余所见石本敕牒,多各为年月,或迟之数十年而后刻,或百余年而后刻,又皆有刻石之年月。著录家彼列在前,此录在后,往往一石重出。"④

公文碑中较常见者尚有公据碑。公据又或称执照,为官府发出的凭据。"宋制,敕牒之外又有公据,以绍圣四年戒香寺一通为最古。南宋著录,指不胜屈。其制不上请,即由所在官司给付。此外有省札,有部符,有使帖。省札给于尚书省,部符给于礼部,使帖当给于常平、茶盐诸司。此类刻石,亦至南宋始有之。"⑤元代公据碑以给付寺观者为多。《元典章》载至大三年(1310)礼部准滁州知州李介呈文道:"有自愿出舍之家,须赴有司具四至条段陈告,以凭村保邻舍亲戚等保勘,别无违碍,出给公据,明白推收税石,方许舍施。如违,其田籍没,犯人断罪。"⑥从现存诸多元代碑文,寺观公据使用的时间较长,其法

①　《语石·语石异同评》,第204页。
②　〔清〕王昶:《金石萃编》卷155《庄严禅寺牒》,载《辽金元石刻文献全编》第2册,第520页。
③　马衡:《凡将斋金石丛稿》,第88页。
④　《语石·语石异同评》,第204—205页。
⑤　《语石·语石异同评》,第205页。
⑥　《元典章》卷19《户部五·舍施寺观田土有司给据》,第675—676页。

律效力在社会上得到普遍认可。1238年《凤翔长春观公据碑》载："凤翔总管府公据。据全真道人张志洞等连状告称：'前去磻溪谷复建掌教丘真人古迹长春观院宇，田地在手，别无凭验，恐有磨障，乞给公据事。'奉总管钧旨，照得：本人所告是实。"①

　　另学校也有请求给付公据者，至元十三年（1276）西安《府学公据》（图43）系据京兆路府学教授孟文昌之呈请而下发。碑文载：

图43　元《府学公据》碑石局部
至元十三年（1276）十二月十三日立石，2000年3月23日摄于陕西西安碑林。

　　　　皇帝圣旨里
　　　　皇子安西王令旨里
　　　　王相府据京兆路府学教授孟文昌呈，照得先钦奉圣旨节文道与陕西等路宣抚司并达鲁花赤管民官、管匠人、打捕诸头目及诸军马使臣人等：
　　宣圣庙，国家岁时致祭，诸儒月朔释奠，宜恒令洒扫修洁。今后禁约官员、使臣、军马，无得于庙宇内安下或聚集，理问词讼，及亵渎饮宴；管工匠官不得于其中营造，违者治罪。管内凡有书院，亦不得令诸人骚扰，使臣安下。钦此。
　　卑职切见府学成德堂书院地土四至：东至庙；西至泮濠，南至城巷，北至王通判宅。四至内地土及房舍，诚恐日久官司占作廨宇，或邻右人等侵占，乞给付公据事。相府准呈，今给公据付府学收执，仍□□仰诸官府并使臣军匠人等，钦依圣旨事意，无得骚扰、安下，及邻右人等，亦不得将府学房舍四至地基侵占。须议出给公据者：
　　　　……
　　右给付京兆路府学收执，准此。

① 蔡美彪编：《元代白话碑集录》，第5页。

至元十三年十二月十三日。[①]

值得注意的是，上述公据碑的颁刻程序，一般是由寺庙主持或儒学教授提出申请，在呈请以及官府的核准程序中，圣旨往往是强有力的法律依据。《府学公据》也同样引述了圣旨的规定，并将府学的房舍地界一一开明，使法律保护的对象具体明确。

四、"公堂石刻"的创制性

宋代学田多属于由政府掌控的官田。宋代官田和民田的重要区别在于是否向国家交纳赋税。官田是免赋税的。学田中的没官田和典买民田，在由私产向官产转化的过程中，原本所需交纳的赋税何时停交免交，法律并未有明确规定，而地方公堂刻石成例在这一制度的完善过程中，发挥了重要作用。

开禧元年（1205）《吴学续置田记》载述平江府学累年节余8000贯钱，考虑到现钱"易致耗散"，遂决定选买附郭良田。在"节次典买到田产等共拾契"后，"备申使府，力恳永免上项田产二税，并免税契钱"。军府下发的牒文称："府学养士公田，自来皆是使府□□，不曾输纳诸县税赋，即与在官之田一同"，意即所有学田当和其他形式的官田一样无需输纳税赋。开禧二年（1206）《吴学续置田记》将上述内容进一步"制度化"：平江府学"于去年节次买到蓝四通仕、姚主簿、徐千三秀才长洲县叁契田地……今来为卖主催促过割，并长洲县节次催理二税，本职曾申禀欲乞准前来，已行判命，复赐豁除二税，仍免纳印契钱……乞牒长洲县，自开禧元年始，照销二税版籍及帖牙契库，免收税契钱，奉台判照例免印契钱，照例行下免纳苗税。府司除已帖牙契库，长洲县照例免印契钱及苗税，自元年为始"[②]。上述两碑均提出将新购学田免除"田产二税"和"印契钱"这两项原民田所必须承担的义务。其中"纳印契钱"是宋代私有土地交易过户的法定程序，而将私田转为官田，应由买方支付的印契钱可以免纳。从两碑上下文可以看出，开禧元年碑记载了地方官府以牒文形式宣布民田转为学田后

---

① 〔清〕王昶：《金石萃编未刻稿》，载《辽金元石刻文献全编》第2册，第633页。

② 缪荃孙等纂：《江苏省通志稿·艺文志三·金石十四》，载《宋代石刻文献全编》第2册，第300—301页。

享有的免契税待遇;开禧二年碑又记载,"照例"即依据开禧元年的先例,将三契买自民田的学田免收税契钱,并确定所购私田免契税的时间,应从购买之年起算。

虽然上述问题就现代法理看颇为简单,但在学田制度初创的宋代,关于学田免税的"公堂石刻"仍具有一定的制度创设意义。当时面临同样问题的还有没官田。嘉定十三年(1220)《平江府添助学田记》有这样一段记述:"本学照得,自来应干拨下养士田亩并无官物,及昨于嘉泰四年(1204)置到民产,亦蒙前政判府李尚书特赐蠲免官赋,见有公堂石刻存照。所有今来拨下田亩数内,除陈谦昆山县园田捌拾亩系属安边所每年送纳官钱肆拾捌贯文,本学已绍纳外,其余田上官物,申乞蠲免施行。"上级对此申请颇为谨慎,特索到府学碑刻,"检对元来前政判府张参政、李尚书任内,皆于所拨之田蠲免二税,判语甚详,勒之坚珉可考"[1],故同意取消税赋,并下文示昆山、常熟两县。文中提到的"公堂石刻",既是地方长官就学田免除赋税义务之事而作出的判决或裁定,也是官府颁发给府州县学的权利凭据。

由于宋代中央和地方对学校教育投入的重视,各地学田增长的数额较快。以公堂石刻昭示学田的正当来源(包括恩赐、官拨、购买、捐献等)并详载学田的位置、面积、四至、佃额,还可起到明确权属,防止侵没,以确保学校教育养士制度的长久持续。如庆元二年(1196)《吴学粮田籍记》将昆山、常熟、吴江、长洲和吴县等五县各乡的学田坐落地址、范围、亩数、性质、管纳数目等详刻于石,其中仅昆山县全吴乡即有各种学田含"泛涨滩涂"等积水田数千余亩。碑载"全吴乡第五保荄荡五千八百六十五亩五十六步,此荡淳熙五年(1178)内使府拨充牧马,内有积水田八百余亩"。从碑文记载看,五县学田的货币和实物收入相当可观,总计收白米1150余硕,钱縻492余贯,糙米1176余硕,田荡租钱1761余贯,山柴3370束,麦5硕2斗余[2]。

宋代学田数量不断扩大,为学校教育、养士等提供了较充足的物质保证,但同时也伴随出现了因管理不善而使学田流失严重的新问题。如真德秀(1178—1235)所言:"访闻诸县间有不以教养为意者,赡学之田或为豪民占据,

---

① 《江苏省通志稿·艺文志三·金石十五》,载《宋代石刻文献全编》第2册,第324—327页。

② 《江苏省通志稿·艺文志三·金石十三》,载《宋代石刻文献全编》第2册,第286—292页。

或为公吏侵渔,甚至移作他用,未尝养士。"①而"品官形势之家"等权贵的侵占,更是宋代学田所面临的较为突出的问题。

宋代碑石和文献资料中提到的"品官形势之家"包括九品官户、州县胥吏和乡村中的显要豪族。庆元二年(1196)《吴学粮田籍记》记载韩蕲王府干人(即差役)郁明占佃2400余亩,岁纳白米420硕,并糜费钱187余贯。"后因朱仁嫉其花利入己数多,节次陈论韩府品官形势之家不合承佃,互争论诉,久年不决。"从碑文看,不论是承佃学田的韩府干人,还是觊觎争佃的朱仁,均属于地方社会的强势人物。"韩府既不当佃,其朱仁系浮浪不根之人。"强者相争,也暗示租佃学田可图之利颇大。而韩府一家即占佃2400余亩,既反映出吴学学田规模之可观,也可推测出韩府势必将占佃的学田再转佃以收取利差。碑文载官府的处理结果是:除依原额交纳米、钱以充养士外,再"增纳糙米叁佰硕足斗,创置义廪,永充义用,其详具载义廪规约碑石";"郁明、朱仁不得再有论诉众议"②。

学田为有力者所把持租佃,加之地方监管无力,学田流失变故在所难免。如白鹿洞书院的学田,"此产创置年深,田邻豪户,日胺月削,包占入己,不复克究诘。向来吕府教山长下庄契勘之时,已觉为人侵占,则其流弊盖非一日矣"③。绍定二年(1229)《吴学复田业记》载"故在常熟县为田千六百九十亩,而租之入者,仅千亩"④。淳祐五年(1247)《无锡县学淳祐癸卯续增养士田记》(图44)对学田制度实行百年来的情形做了一番扫描:"庆历四禩,乃诏诸县立学田,教养之责布满天下。……比年以来,学舍颓圮,田租亏失……何学粮之在旧籍者,十仅三四,皆由□此职钱粮者,与吏并缘为奸,多借逃亡户绝之名,肆隐占诡挟之弊数,并去其籍,而业沦于私家,故一岁所入不足以赡一岁之需,弊痼而不可改摄。"⑤

而在追讨流失学田时,公堂石刻是重要的依凭。绍定三年(1230)《给复学

---

① 〔宋〕真德秀:《劝谕事件于后》,载《名公书判清明集》卷1,中国社会科学院历史研究所宋辽金元史研究室点校,中华书局1987年版,第10页。

② 《江苏省通志稿·艺文志三·金石十三》,载《宋代石刻文献全编》第2册,第285—292页。

③ 〔宋〕蔡久轩:《白鹿书院田·又判》,载《名公书判清明集》卷3,第95—96页。

④ 《江苏省通志稿·艺文志三·金石十五》,载《宋代石刻文献全编》第2册,第344—345页。

⑤ 《江苏省通志稿·艺文志三·金石十七》,载《宋代石刻文献全编》第2册,第387—396页。

图44 南宋《无锡县学淳祐癸卯续增养士田记》

薛师鲁撰文,金焕刻石,南宋淳祐五年(1247)立石。碑文叙述经常州府和两浙西路提举学事司批准,没收无锡县贪吏尤梓田产拨充县学的经过,并刊刻有淳祐三年(1247)八月给付无锡县学管业公据等文卷,且逐段开列没收土地的地点、四至、面积、租额和佃户姓名,无异于一部宋代的鱼鳞图册。2011年12月9日摄于无锡县学旧址。右图为局部。

田省札》碑文记载了平江府学追讨被豪强冒占1000余亩学田的经历道:"本学养士田产,系范文正公选请……庆元二年(1196)重立石刻,并载常熟县双凤乡四十二都器字荡田壹千六百九十亩三角壹十九步。"这1690余亩中,除濮光辅、施祥等承佃1070亩外,有620余亩不见踪影。"自嘉定二年(1209)以来,节次据王彬、叶延年告首,系是豪户陈焕冒占。虽屡具申使府,缘陈焕富强,不伏出官。"后经过调查取证,确证620余亩为陈焕冒占,此外还查出陈焕冒占宽剩田479亩。然陈焕反诉,但终因"陈焕既无祖来干照可证,拘没入官",冒占田土断归府学,所盗占十余年花利也被判补交。在此案明析学田权属过程中,公堂石刻和砧基簿均成为重要的田产权属依据:"因叶延年等告首,方于砧基、石刻考证,始知源流,陈焕欺弊,迹已难掩。"① 在绍定元年(1228)《给复学田公牒》等碑文中

---

① 《江苏省通志稿·艺文志三·金石十五》,载《宋代石刻文献全编》第2册,第338—342页。

也可看到,"载之砧基,刊之石刻"似已成为江南地方学田管理和制度建设的一种常态①。

如上文所述,宋代学田管理的另一项创制是"载之砧基,刊之石刻"的双重保险制度。

"砧基"制度始于南宋绍兴十二年(1142)李椿年(1096—1164)推行的经界法改革,"令各户各乡造砧基簿"②,意图通过清丈土地,将户籍、地籍、税籍合为一体,使"民有定产,产有定税,税有定籍"③。在经界法实施后,按说"载之砧基"完全可以作为学田的凭证,似没有必要再将学田"刊之石刻"。然而现实情况并非如此。经界法在各地推行时,阻力颇大,至绍兴二十六年(1156),诸路经界多半中辍,高宗曾对"辅臣曰:经界事,李椿年主之,若推行就绪,不为不善。今诸路往往中辍,愿得一通晓经界者,款曲议之"。加之年深岁久,不少地方的砧基簿等图册或有散佚,"若夫绍兴之经界,其时则远矣,其籍之存者寡矣"④,致使胥吏缘以为奸。绍定三年(1230)《给复学田省札》碑载养士田产在"绍兴四年(1134)立石公堂,淳熙五年(1178)置砧基簿,庆元二年(1196)重立石刻",也是考虑公堂石刻更易为众所公知且可避免簿籍佚失的缺陷,从而也使学田权属得到更为妥善的保障。

从前述内容不难发现,宋代的学田存在着来源多样且流失迅速的易聚易散的现象,而这一现象与宋代学田流行但管理制度尚不完善有关。在《名公书判清明集》所载的与学田有关的如方秋崖《学官不当私受民献》、李文溪《诸户绝而立继者官司不应没入其业入学》、翁浩堂《已卖之田不应舍入县学》等宋代案牍中,也同样反映出学田制度在实践中的摸索和创立⑤。

在宋代土地权属转换频繁、学田管理漏洞较多的情况下,以"公堂石刻"方式确认学田的来源、权属及免税权利等自然成为地方官所认可的一种制度范式,这也是自南宋以后学田碑日渐增多的原因之所在。在绍定六年(1233)所刻《平江府增置常熟县学新田记》碑中,平江府明示常熟知县,"立便督促主学众

① 《江苏省通志稿·艺文志三·金石十五》,载《宋代石刻文献全编》第2册,第345—348页。
② 〔元〕马端临:《文献通考》卷5《田赋考五》,文渊阁《四库全书》电子版。
③ 《宋史》卷173《食货志上一·序》,第4181页。
④ 《宋史》卷173《食货志上一·农田条》,第4181页。
⑤ 《名公书判清明集》,第93—94、258、133—134页。

职事,将已交管本府官会三十贯文添置养士田亩,遵从台判刻石,限七日取已刻记碑石纳本府了办状申,不得有违"①。从这里我们还可以看到,宋代学田公堂石刻不仅是公示田产权属以保存世久远,同时也能起到传扬政绩之功效,因为地方官员在政务实践中早已注意到:"籍有时而泯,将何以寿其永远乎?遂命镌诸石,以传不朽。"②刻石可谓是一举多得。

五、碑刻法律纪事中的佛教渗透

唐朝佛事兴盛。唐初帝王大兴建寺之举,其原因在贞观初年的两通碑中有所交待。据颜师古所撰《等慈寺碑》(也称《大唐皇帝等慈寺之碑》)载:"其寺在郑州汜水,唐太宗破王世充、窦建德,乃于其战处建寺,云为阵亡士荐福。唐初用兵,破贼处多,大抵皆建寺。"《昭仁寺碑》立于"在豳州唐太宗与薛举战处也。唐自起义,与群雄战处,后皆建佛寺,云为阵亡士荐福。……唐之建寺,外虽托为战亡之士,其实自赎杀人之咎尔。其拨乱开基,有足壮者,及区区于此,不亦陋哉"③。

唐代社会受佛教的影响是多方面的,不仅表现在造像碑、经幢等独特的刻石形制上,也体现在碑石内容上。贞观十三年(639)《齐士员造像铭》(亦称《齐士员献陵造像碑》),碑阴刻"阎罗王审断图"和冥律数条。另长安二年(702)《司刑寺大脚迹敕》、长安三年(703)七月《司刑寺佛迹碑》以及开元十二年(723)《御史台精舍碑》(图45),也反映了佛教向国家政权机构渗透的趋势。

司刑寺④和御史台分别为国家重要的司法审判和监察机构。虽然未见司刑寺两通碑文的原貌,但宋代欧阳修的题跋却提供了重要线索。

> 右《司刑寺大脚迹》并碑铭二,阎朝隐撰。附诗曰"匪手携之,言示之事",盖谕昏愚者不可以理晓,而决疑惑者难用空言,虽示之已验之事,犹惧其不信也。此自古圣贤以为难。《语》曰"中人以下,不可以语上"者,圣人非弃之也,以其语之难也。佛为中国大患,非止中人以下,聪明之智一有惑焉,有不能解

---

① 《江苏省通志稿·艺文志三·金石十六》,载《宋代石刻文献全编》第2册,第351页。
② 《江苏省通志稿·艺文志三·金石十七》,载《宋代石刻文献全编》第2册,第396页。
③ 《集古录跋尾》卷5,第115页。
④ 司刑寺即大理寺,武后光宅元年(684)改称司刑寺。

者矣。方武氏之时,毒被天下,而刑狱惨烈,不可胜言,而彼佛者遂见光迹于其间,果何为哉?自古君臣事佛,未有如武氏之时盛也,视朝隐等碑铭可见矣。然祸及生民,毒流王室,亦未有若斯之甚也。碑铭文辞不足录,录之者所以有警也。俾览者知无佛之世,诗书雅颂之声,斯民蒙福者如彼;有佛之盛,其金石文章与其人之被祸者如此,可以少思焉。嘉祐八年重阳后一日书。①

唐开元十一年(723)《御史台精舍碑》②更全面反映了佛教盛行对中央司法制度的影响。碑文题为"中书令崔湜任殿中侍御史日篆文",结尾书"开元十一年,殿中侍御史梁升卿追书",表明撰文与立碑年月不同。

图45 唐《御史台精舍碑》局部
开元十一年(723)立。碑阴及两侧刻满先后做过御史的700多人的姓名,其中重复的,大概是多次担任御史。2000年3月23日摄于陕西西安碑林。

---

① 《集古录跋尾》卷6,第132页。文中"有佛之盛",宋欧阳修《文忠集》卷139《集古录跋尾六》、宋陈亮编《欧阳文粹》卷16等均如此,宋欧阳修《集古录》卷6作"有佛之世"。均参见文渊阁《四库全书》电子版。

② 碑文见〔清〕王昶:《金石萃编》卷74,载《历代碑志丛书》第5册,第489—499页。考证研究之作可参见〔清〕赵钺、〔清〕劳格:《唐御史台精舍题名考》,张忱石点校;胡留元、冯卓慧:《唐〈御史台精舍碑〉初探》,《人文杂志》1983年第2期。

碑文言"长安(701—704)初,湜始自左补阙拜殿中侍御史,至止之日,其构适就",御史台精舍当建于武周末期。崔湜为中书令时,史载在景云(710—711)初和先天年间(712)①,此时御史台精舍已修造完毕,"群公以予忝文儒之林,固以碑表相托,辞不获已",乃撰写此文。

对于撰文者崔湜,新、旧《唐书》所记之事颇多。欧阳修评其为人"倾邪险恶,不可胜纪"。故对崔湜所撰文字,以为不甚可信。"世言佛之徒能以祸福怖小人,使不为恶,又为虚语矣。以斯记之言,验湜所为可知也,故录之于此。"②

既然崔湜人品极差,但所撰文字在几年后还是被著名书法家、殿中侍御史梁升卿"追书其文,何也?岂唐世重佞佛,湜之立精舍于御史台,适投时好也"③。故书碑、立碑当是世风影响所及。联想长安初年的《司刑寺大脚迹敕》、《佛迹碑》等,《御史台精舍碑》的出现,并不是偶然事件。

"左台精舍者,诸御史导群愚之所作也。"文中"左台"指中央监察机构。《新唐书》载:"龙朔二年,改御史台曰宪台,大夫曰大司宪,中丞曰司宪大夫。武后文明元年,改御史台曰肃政台。光宅元年,分左右台:左台知百司,监军旅。右台察州县、省风俗。寻命左台兼察州县。……景云三年,以两台望齐,纠举苛察,百僚厌其烦,乃废右台。延和元年,复置,岁中以尚书省隶左台,月余而右台复废。"④

"精舍"在汉代指讲授诸生之所,《后汉书》记刘淑"少学明《五经》,遂隐居,立精舍讲授,诸生常数百人";《后汉书》载檀敷"举孝廉,连辟公府,皆不就。立精舍教授,远方至者常数百人"⑤。到两晋时,精舍也兼指讲佛修习之所。东晋孝武帝太元"六年(381)春正月,帝初奉佛法,立精舍于殿内,引诸沙门以居之"⑥。南朝宋、齐时,精舍指佛所已颇为普遍,齐武帝在永明十一年(493)曾颁诏曰:"自今公私皆不得出家为道,及起立塔寺,以宅为精舍,并严断之。"⑦对唐《御史台精舍碑》,宋董逌撰《广川书跋》云:"古人于其居以名,自

---

① 《新唐书》卷8《韦凑传》,中华书局1975年版,第4263页;《新唐书》卷83《高宗三女传》,第3648页。

② 《集古录跋尾》卷6,第136页。

③ 〔清〕王昶:《金石萃编》卷74,载《历代碑志丛书》第5册,第497页。

④ 《新唐书》卷48《百官志》,第1232页。

⑤ 《后汉书》卷67《党锢传》,第2190、2215页。

⑥ 《晋书》卷9《孝武帝纪》,第231页。

⑦ 《南齐书》卷3《武帝纪》,中华书局1972年版,第61页。

警思致其精也。后世便以为精舍皆寺,湜之嗜利蔑学,其可责以此哉。"[1]

碑文载御史台精舍为"诸御史导群愚之所作",即诸御史为导引罪犯弃恶从善而创立。"群愚"所犯罪行及其处境是:"冒于侧贿,贪于饮食,菲蜂不歌,猵犬自噬。芬芬泯泯而陷于兹者,几以千计。"碑文表明在中央监察机构御史台中设有监狱,所关押的罪犯多是因贪污受贿而枉法、触法的大小官吏。其数目惊人,"几以千计"。御史诸官之所以要在监狱旁设立精舍,目的非常明确:"群公等目而感之,乃言曰:天孽可逃,自咎难逭。夫能度一切苦厄者,其惟世尊乎?所以金舍众赀,议立斯宇,欲令见者勇发道惠,勤探妙根,悟有漏之缘,证波罗之果。"也即为了解救罪犯,使其"度一切苦厄",特捐资在狱旁修造精舍,以利用佛法感化囚徒以辅助刑罚,使其痛自忏悔。

碑文主体虽强调佛教对罪犯的感化作用,但仍以中国传统经典解释罪责自招的道理。碑文以"《易》曰:吉凶悔吝,生乎动也;《传》曰:祸福无门,惟人所取"而开宗明义,认为 "天孽可逃,自咎难逭"。在铺述精舍建造之华美后又强调:"信可涤虑洗心,逃殃萁福,为利甚博,获报无量。"即依据福祸因果的报应观,将希望寄托于佛祖世尊,求佛度难。

唐代晚期,佛教对中国社会的影响更深。据刘馨珺的研究,在唐代长吏立碑活动中,历来提出呈请者以"耆老"最为常见,但至晚唐时期,僧道"缁黄"多与"耆老"并列。如司空图为河中节度使王重盈所撰《太尉琅琊王公河中生祠碑》中,有"景福元年(892)正月,上自将佐,下逮缁黄,五郡联属,四封耆艾,共忻宏庇,请建生祠"之文[2]。可见在某些地方,佛教徒已成为不可忽视的社会势力。

陕西西安碑林的一方宋碑,也是佛教影响法律的标本性文献。《劝慎刑文》和《慎刑箴》(图46)刻于天圣六年(1028),为北宋初年礼部尚书晁迥撰文,庞房篆额[3]。

撰文者晁迥官职显赫。碑文首题"正奉大夫、守礼部尚书、充集贤院学士、

---

① 〔清〕王昶:《金石萃编》卷74,载《历代碑志丛书》第5册,第497页。

② 详见刘馨珺:《唐代"生祠立碑"——论地方信息法制化》,载邓小南等主编:《文书·政令·信息沟通:以唐宋时期为主》,北京大学出版社2012年版,第463—516页,重点见第491、507页。

③ 碑文见〔清〕王昶:《金石萃编》131卷,载《历代碑志丛书》第7册,第95—99页。另可参见冯卓慧:《中国古代关于慎刑的两篇稀有法律文献——〈劝慎刑文〉(并序)及〈慎刑箴〉碑铭注译》,《法律科学》2005年第3期。

图46 北宋《劝慎刑文》全石和《慎刑箴》局部

《劝慎刑文》（左图）和《慎刑箴》（右图）同刻一碑，分刻于碑阳和碑阴，均刻于天圣六年（1028）。分别于2008年4月15日和2012年6月23日摄于陕西西安碑林。

判西京留司御史台、柱国、南安郡开国公、食邑四千三百户、食实封陆佰户、赐紫金鱼袋晁迥述"。《宋史·晁迥传》对此事有记载："天圣中，迥年八十一，召宴太清楼……既而献《斧扆》、《慎刑箴》、《大顺》、《审刑》、《无尽灯颂》，凡五篇。"① 晁迥撰《慎刑箴》时，已是81岁高龄。

　　有宋一代帝王，曾屡颁慎刑、恤刑诏书。宋太宗于淳化三年（992）五月颁《诫约州郡刑狱诏》②。晁迥撰《劝慎刑文》和《慎刑箴》为仁宗在位的天圣六年（1028）。仁宗之前的真宗，"性宽慈，尤慎刑辟"，"令法官慎刑名，有情轻法重者以闻"③。"理宗起自民间，具知刑狱之弊。初即位，即诏天下恤刑，又亲制《审刑铭》以警有位。"④

　　《劝慎刑文》内容与《御史台精舍碑》一样，融传统经典与佛教思想于一体。碑文为：

---

① 《宋史》卷305《晁迥传》，第10086页。

② 《宋大诏令集》卷200《政事五十三》，第743页。

③ 《宋史》卷199《刑法志一》，第4972页；《宋史》卷8《真宗三》，第148页。

④ 《宋史》卷200《刑法志二》，第4996页。

序曰：尝览朝士所述《戒杀生文》，服其善，利居□□，续之以赞，而资助之。大旨惜乎生物之性焉。唯人万物之灵，厥理尤重，因而别撰《劝慎刑文》，明引善恶报应，亦冀流播，警悟当官之吏，疚心于刑，广树无疆□□也。

文曰：《易》称，君子明慎用刑而不留狱，至矣哉……

序言中，佛教戒律及中国传统善恶报应占据首要位置。晁迥在文中列举了自西汉至后唐14例酷吏遭恶报的事例，如汉景帝时的宁成号"乳虎"，至武帝时"抵罪髡钳"；汉武帝时以暴酷闻名的周阳由，遭弃市之报；义纵以"刻格沮事弃市"；等等。同时也例举了西汉丙吉、于公，东汉何敞、虞诩、袁安，后魏高允，唐徐有功、陆元方等8例因救济人命、积有阴德而本人或子孙获福报善报之事。之后晁迥论道：

迥尝接深识钜贤先生之论曰："为食禄之士，固当恻隐济众，自求多福。殖福之法，必须善利及人；善利之要，莫若慎刑最为急务，余皆不足为此□。"先生又云："慎刑之至者，既如其幽圄可恤，当视所治之人，皆如己子，□在乎始末，疚心而轸念焉。无怠忽，无苟留，□报应之的，其福称是。理贯神明，灼然无疑。"

对晁迥所撰《劝慎刑文》和《慎刑箴》的主旨，清王昶曾评价道："《慎刑文》述用刑善恶之报应，此碑则劝人广树阴德，而用韵语系于末。箴云'愿布斯文，置之座右'，则非对君上言矣。"[1]也可见，佛教在唐代传播时为立稳脚跟而采取走上层路线的讨巧方式，同时融合中国传统福报观念。至两宋时期，佛教已全面融入中国社会的政治和经济层面。

另自唐晚期始，记述寺院产业的碑刻数量显著增多。寺院财产有相当一部分来自信众施舍。四川乐至县光化三年（900）所刻《招提净院施田记》，记供养人"舍世财珍宝"，"复作招提净院"，继"复割"粮田，以充"扫院衣粮"。值得注意的是，碑文中有"后有无智弟、儿侄、外人侵夺者，须此生来世常受百牛之

---

① 〔清〕王昶：《金石萃编》131卷，载《历代碑志丛书》第7册，第99页。

图47 大理《高兴蓝若碑》

立于大理国段智兴安定四年（即宋庆元四年，1198）。兰若指未经官府认可的小佛寺。碑文先阐发佛教哲理及建寺因由，次记信徒施舍田地物资。碑原立于云南大理洱海东岸挖色区高兴村大寺内。2000年7月摄于云南大理碑林。

大疾"，"如有兄弟、伯叔、儿侄及外人心生贪认者，须当生来生常受百牛之大病"。碑文中咒语，反映此时信众深受佛教因果报应思想的影响。碑文后有清人的跋语称："右碑因造弥陀龛作招提净院，并舍财施田以充供养，而作后列四至，并有云百牛大疾、百牛大病者，想是当时里俗誓词，亦异闻也。"①

　　佛教讲究众生平等。我们现在所能看到的众多施舍财物给佛寺的碑记，不论施舍的财物价值多少，也不论施主身份的高低，寺院多会如实将施主的姓名和所捐施的钱财镌刻下来。大理国段智兴安定四年（即宋庆元四年）（1198）《高兴蓝若碑》（图47）详述施舍者姓名、身份及所舍土地之四至，还提到一位施主施舍"牛二头，奴二人——佛奴瑞、佛奴生"，反映寺庙中有佛奴的存在。政和七年（1117）《正法院常住田记》所记寺产规模庞大，变更频繁。碑文先述

---

① 〔清〕陆增祥：《八琼室金石补正》卷77，载《隋唐五代石刻文献全编》，第592—593页。

北宋初创立时,蜀地政权变动,"伪节度使田钦全与其夫人郭氏,谋所以饰喜而效报者,尽捐所有土田,施诸正法寺……度可为田万亩以上"。到北宋中期,"又得美田四千七百七十三亩,而旁近计伍,侵蚀如故,调加巧焉。寺僧稍欲检察,则其徒辄手棘待诸涂,往往相捃击濒死。府县病之,上下合谋,以为此弊之滋,岁久不可疁正,姑归县官,可弭喧讼,因两置枉直不竟,第籍入之"。最后寺僧据理力争,得"新旧田合八千五百四十六田有畸",并刻石为记①。

宋代寺庙碑文中屡见的长生库,是宋代寺院经济繁荣的一个证明。长生库系宋代寺院开设的典当库,寺院也会以此进行放贷业务。从碑文看,寺院以现钱贷放给民间,收取一定的利息,这笔利息须按照施舍者的意愿或事先约定使用。据绍兴丁丑(1157)的《昭觉僧堂无尽灯记》载,位于成都城北的昭觉寺当时"膏苏不继,例遣堂僧分化远外,缘有易难,事生疲厌","左绵沂公,年德兼艾,累践纲维之职,历见有事,恻然悯之。弹指说誓,愿罄囊膏立长生库,举其赢息,永为膏火之资"②。嘉熙元年(1237)《檀越施田地名衔》碑文中有张公孺人卜氏"今又承添施净财官会贰伯贯文,入本寺长生库营运,依寺门体例,贰分五厘抽息,岁计息钱陆拾贯文,其息钱作伍次关归常住,贴助修建功德,贵得绵远,不致误事"的记载。南宋魏了翁(1178—1237)撰《大理少卿直宝谟阁杨公墓志铭》载有"凡四方礼馈率不以入私帑,与民约剂而为之息,名长生库以赡恂独民,至今德之"的文字③。

辽金元时期,佛教与世俗社会和法律的关联更为紧密。除大量证明寺院存在合法化及保护寺观产业的圣旨碑、敕牒碑、公据碑外,也出现了讼案纪事碑。金崇庆元年(1212)的《奉先县禁山榜示碑》(图48)系北京房山天开寺十方禅院住持善惠刻立。在此前的20年,即金章宗明昌二年(1191),因周围的村民在寺院所属的山林内大肆砍伐树木,善惠遂向寺院所在的中都(今北京)万宁县告状。因寺庙所在的六聘山是"自古名山",而朝廷有"名山大川,禁其樵采"的法令规定;而且六聘山与金皇陵所在的大房山相邻,早在金世宗大定二十一年(1181)就册封大房山神为保陵公,严禁在山内樵采打猎。为此,万宁县令发布

①　《巴蜀佛教碑文集成》,第148—149页。

②　《巴蜀佛教碑文集成》,第181页。

③　〔宋〕魏了翁:《鹤山集》卷81,文渊阁《四库全书》电子版。

公告，严禁村民在寺院所属山林内乱砍乱采。但因为当时万宁县已经更名为奉先县，而一些不法村民辱骂、恐吓僧人，扬言要断绝香道，使"僧徒甚怯惧"。不得已，善惠大师再次到奉先县告状，奉先县为此又重申明昌二年的禁令，并发给文据作为凭证。善惠大师因而立下此碑以明示众人①。

史籍记载，元世祖忽必烈在总结契丹、女真政权败亡的教训时曾说"辽以释废，金以儒亡"②。与契丹过于推崇佛教不同的是，元朝对各种宗教兼容并蓄，并将宋、金时以刻立敕牒碑的形式宣示寺院资格合法的做法，升格为法律效力更高、保护方式更具体、处罚措施更明确的圣旨碑，其中内容多涉及寺院经济与法律实施情况。

由于元代寺院受到政府的特殊保护，寺院经济快速发展，寺院戒律松懈，与世俗社会的冲突也明显增多。元代曾任监察御史、礼部尚书的张养浩（1270—1329）曾说："臣见今释、道二氏之徒，畜妻育子，饮醇啖腴。"③但在碑文中，尚未看到类似的记载。

图48 金《奉先县禁山榜示碑》刻于崇庆元年（1212）四月二十二日，碑原在北京房山上方山兜率寺。摘自《北京图书馆藏中国历代石刻拓本汇编》47册第128页。

第四节 碑以示禁："刻石纪法"完备期（明清）

明清时期的"刻石纪法"既有承袭汉唐宋以来传统的一面，也有适应新形势而发展创新的一面。

① 《北京图书馆藏中国历代石刻拓本汇编》47册，第128页。

② 《元史》卷136《张德辉传》，第3823页。

③ 〔元〕张养浩：《归田类稿》卷2《时政书》，文渊阁《四库全书》电子版。

明清时期君言刻石承继传统的特征较为明显，在官箴、学规和寺观等碑刻中尤有集中表现。以明洪武年间圣旨碑为例，北京国子监和府学胡同有洪武二年（1369）《国子监学制碑》、洪武六年（1373）《礼部榜谕郡邑学校生员卧碑》、洪武八年（1375）《国子监学制碑》、《洪武十五年二月敕谕碑》（图49）、《洪武十五年学规碑》（也称《礼部钦依晓示生员卧碑》，图50）等，河北曲阳北岳庙有洪武四年（1371）《大明诏旨碑》（图51），陕西西安碑林有洪武元年（1368）《太祖白话圣谕碑》，山东曲阜孔府有洪武二年（1369）《钦赐属员碑》，山东邹县孟庙有洪武八年（1375）《邹县帖·孔孟子孙皆免差发税粮圣旨》。至于各地孔庙、文庙，如北京密云县孔庙、北京昌平县文庙、山西临晋县文庙、陕西户县文庙以及江苏苏州府学、无锡县学等，也多有洪武年间的卧碑、学制碑。在明代寺庙中，题为《颁赐藏经碑》的圣旨碑刻也为数不少，仅北京就有正统十年（1445）《大觉寺颁大藏经碑》、《海法寺颁大藏经碑》、《崇福寺颁大藏经敕谕碑》及正统十三年（1448）《白云观颁藏经碑》等。当然君言刻石中，也不乏禁令性内容。明崇祯皇帝为保护孝陵林木风水，曾敕令刻立《禁约碑》，碑文为：

> 国初刊有榜文，大彰明禁。无奈年久迹湮，法弛人玩。或过陵不敬，或剪伐树株，或开窑烧造，或采取土石，因而凿伤龙脉，妨碍风水。巡辑官军，足迹不到，晨昏洒扫，视为虚文……合行再申禁谕，勒之碑石，以垂永久。今后大小官员军民人等，敢有仍前不法，故违明禁者，即据实指参，按律处以极刑，决不轻贷。昭告中外，咸使闻知。[①]

清代敕谕碑仍以御制学规碑为主，顺治九年（1652）《礼部晓谕生员卧碑》现仍可见之于当年的苏州府学、无锡县学（图52）、陕西汉中府文庙及户县文庙；康熙四十一年（1702）《御制训饬士子文》见之于北京国子监，陕西西安府学、户县文庙、米脂县文庙，山西运城文庙，甘肃榆中县文庙等地。

上述君言刻石固然重要，但内容多承继宋元以来御制碑传统，且数量在明

---

① 金其祯：《中国碑文化》，重庆出版集团2002年版，第1204—1205页。

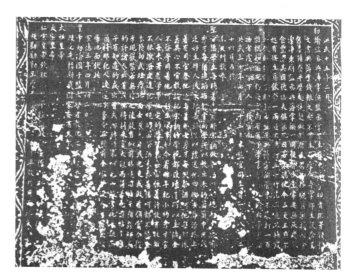

图49 明《五朝上谕碑》

成化三年（1459）刻立。"五朝上谕"指明洪武、宣德、正统、景泰、成化五位皇帝对国子监师生的训诫，为口语形式的"白话圣旨碑"。2011年11月9日摄于北京国子监。右图为局部。

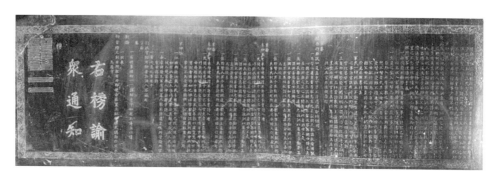

图50 明《洪武十五年学规碑》

也称《礼部钦依晓示生员卧碑》，系礼部奉旨颁刻于全国学校的学规教条。碑文结尾处载文："钦奉敕旨。榜文到日，所在有司即便命匠置立卧碑，依式镌勒于石，永为遵守。右榜谕众通知。"2011年12月9日摄于江苏无锡碑刻陈列馆。

图51 明《大明诏旨碑》

洪武三年(1370),太祖朱元璋颁发圣旨,确立国家祀典,诏定天下岳、镇、海、渎、城隍等神号。左图为2012年4月30日摄于河北曲阳北岳庙的洪武三年《大明诏旨碑》。右图为曲阜孔庙洪武碑楼内的《大明诏旨碑》局部。该碑始立于洪武四年(1371)正月,弘治十二年(1499)毁于火灾,弘治十六年(1503)九月重立。2012年5月10日摄于曲阜孔庙。

图52 清《礼部晓谕生员卧碑》

顺治九年(1652)仿明朝制定的御制学规,当时礼部通令全国各儒学和书院将学规刊碑立石。碑文为:"礼部题:奉钦依刊立卧碑,晓示生员:朝廷建立学校,选取生员,免其丁粮,厚以廪膳,设学院、学道、学官以教之,各衙门官以礼相待,全要养成贤才,以供朝廷之用。诸生皆当上报国恩,下立人品。所有教条,开列于后。"后列8条学规。2011年12月9日摄于江苏无锡碑刻陈列馆。

清时期的法律刻石中呈明显的衰减趋势①。明清时期"刻石纪法"更具创制性和主流性的内容,主要体现在官民互动、现实救济等方面。只有"刻石纪法"由以皇权和中央行政为主导演进至地方行政和官民互动的层面,其普及性才有可能全面提升。而这也是"刻石纪法"走向完备的重要标志。

一、刻石布政与"勒石永禁"

明清时期,在刻石布政中,地方官员成为主导力量。以他们名义颁刻的法规碑和官禁碑等如雨后春笋般快速增长,一改元朝时圣旨碑风行天下的面貌。刻载于碑石上的地方法规或条令,多以谕、示、禁令等为表现形式,如明万历年间山西《介休县水利条规碑》和《太原水利禁令公文碑》,清康熙四十年(1701)安徽《治河条例碑》、乾隆五十二年(1787)《苏州府示谕整顿苏郡男普济堂碑》和咸丰五年(1855)《苏州府示谕敬惜字纸碑》等等。其内容或针对专门问题因时制宜而制定若干规则,或为某些事项设定相应的权利义务,一般具有针对性明显、约束性强、内容与社会生活密切相关等特色。

明代后期开始流行的有关丈地均粮及税赋格式的公示碑,是中央和地方政府推行"一条鞭法"税赋改革的重要措施,同时也确立了以刻石公示国家政务、明确百姓义务并防止官吏贪弊的范式。万历十六年(1588)《抚院明文碑》(也称《税粮会计由票长单式样碑》,图53)系常熟县署遵照抚院指示,将该县田地应纳税粮银米数目及税粮本折法则等"立石刻碑遵守施行"。这种政务公示碑具有明显的强制性和约束性,如规定税民必须履行的义务是:"责令该区粮长大户照依后开期限,如数完纳,仍将花户完过粮银填注明白。……如有人户恃顽不完,及粮长大户不遵限完者,定行拘究不恕。"对于政务公示而言,公平合理及有必要的救济措施,是其得以推行的关键。碑文也着重强调:"奉院道明文将本县各项本(析)[折]钱粮,俱已查明,验法均派,并无偏累不平等弊。该管粮里及吏书人等,敢有受贿那移情弊,许花户人等执票赴告,定以飞诡税,依律例问军,决不轻恕。"②

---

① 笔者据所掌握的法律类碑石进行统计,元代圣旨碑约占元代法律刻石80%以上,明代君言圣旨刻石约占明代法律碑石的30%,清代约占15%。

② 江苏省博物馆编:《江苏省明清以来碑刻资料选集》,三联书店1959年版,第543—546页。

图53 明《抚院明文碑》
也称《税粮会计由票长单式样碑》，刻于万历十六年（1588），2011
年12月11日摄于江苏常熟碑刻博物馆。

类似这些内容的碑刻，在清代也比较流行，如康熙三十年（1691）"令直省
州县卫所照赋役全书科则输纳数目，勒石署门外"①，以及道光年间，湖南华容
知县徐台英"清田册，注花户粮数、姓名、住址，立碑垅上，使册不能改"②等，
均是中央和地方政府以碑石布政为常态的实证。

明代布政性公文、条例等碑石内容涉及较广。除上述万历十六年（1588）
《税粮会计由票长单式样碑》外，较具代表性的还有山东邹县洪武四年（1371）
《御史台牒》、江苏扬州洪武十九年（1386）《税缆碑文》、陕西户县嘉靖元年
（1522）《吏部札付碑》、山西运城嘉靖四十二年（1563）《盐法条奏》、北京万历
三十年（1602）《宛平县定役裁费刻石记》、南京万历三十四年（1606）《经版刊
刻条例》、杭州万历三十六年（1608）《两浙都转运盐使司文告》、安徽崇祯十一
年（1638）《察院示拓阉定解碑记》等，总体来看，明代晚期数量更多。其中《经
版刊刻条例》于万历三十四年（1606）由南京礼部祠祭清吏司刊石定规。其原
因是"经铺冒滥揹勒"。"报恩寺藏经板一副，原系圣祖颁赐，令广印行。先年，

① 《清史稿》卷121《食货志二》"赋役条"，中华书局1977年版，第3531页。
② 《清史稿》卷479《循吏传四·徐台英传》，第13068页。

该本司主事郭□□,责令经铺酌议各项物料,裁定规则,来时给与书册对查,去时给与札批防护,多款甚详。迩来本寺将书册废阁,各经铺俱不照行。查本宗经一藏,多索价到四十余两,纸绢仍滥恶不堪。乐闻经一藏,违限至两月。古宗经一藏,将纸充绢用。种种奸玩,弊无纪极。该寺见有板头银两,亦竟坐视,不为禀理。"除将经铺徐自强等人"重责,追价给僧",管经僧责治外,"复拘集经铺,吊取纸绢,逐项估算,编定上中下三等,等各三号,备细开明物价,仍限造经

图54 明《巡漕察院禁约碑》

立于万历四十七年(1619)三月初七日,规定"交兑粮米历年例规之外,不许旗军加索升合分文"等7款禁约,并规定"以上七款,俱切关漕条,掌印官于交兑之时,严加体访。如有所犯,拿究尽法"。2011年12月11日摄于苏州文庙。

日期",并详定检验规则,将"酌定九号经价并条约,行该寺刻簿立碑,永为定规,遵守施行"[1]。

严禁官吏苛索扰民等革除弊政的内容,是明代布政性石刻中经常涉及的主题(图54)。从明末开始,中央或地方官府在行使行政权力进行社会治理时,如果发现某一个案具有典型性,就经常以立碑的方式将处置结果或解决措施颁之于众以昭公信,以儆效尤,并旨在为此后同类问题的处理确立长久规范,此即"勒石永禁"。明初,刘崧任北平按察司副使时,曾"勒石学门,示府县勿以徭役累诸生"[2],旨在禁止地方官以徭役义务扰累享有免役特权的生员士子。万历四十二年(1614)南直隶宁国府太平县刻载巡按直隶监察御史批示的《察院禁约碑》,规定禁止官吏骚扰当铺取借绒衣布帐等物。崇祯五年(1632)《抚院司道府为胖袄药材不许签报铺商禁约碑》强调"永不许佥

① 〔明〕葛寅亮:《金陵梵刹志》卷49附,何孝荣点校,天津人民出版社2007年版,第729页。

② 《明史》卷137《刘崧列传》,中华书局1974年版,第3958页。

报铺商","勒石遵守,以作永规"①。崇祯九年(1636)《嘉定县为严禁牙行兑低拢派指税除折告示碑》载官府批示"牙行指输□□□□□银数,害民殊甚,仰县立碑严禁,以垂永久。如有犯者,解院重究"②。值得注意的是,大部分官禁碑都较明确地指明了立碑地点。如万历四十四年(1616)《禁止木铺供给碑》要求"立石县门"③;崇祯九年(1636)《长洲县奉宪禁占佃湖荡碑》明示"谕令原呈里排地方渔户俞乔等自立石碑,示禁于朝天、独墅等湖口,永为遵守,违者协拿解院重究,仍将石碑刷印二张申报"④。综观这类禁碑的竖立之地,以人员往来频繁的交通要津、府县衙署、寺庙祠堂、孔庙学校等为主,以便于禁令传播周知;而竖于违禁行为发生地的禁碑,则凸显其针对性和警示性。

清代"勒石永禁"、"勒石严禁"多针对特定弊端或现象而为。在工商业较为发达的苏州、上海等地,以严禁敲诈、苛索商贩等内容为主;在人口流动性较大的地方,常见严禁刁民借命案(或借尸骸)讹诈他人的示禁碑(图55)。现所见的此类碑刻多达数十方,时间从乾隆、嘉庆、道光,直到同治和光绪,地点涉及台湾、福建、广东、广西、江苏和上海等地,反映出借命案诈索钱财之事在清代持续时间之长,为害范围之大。

明清时期"勒石永禁"的官禁碑基本范式的确立,是刻石布政举措的创新,也是"刻石纪法"传统在新的社会形势中的进一步发展。从清代的人物传记和地方志记载中可见,地方官为革除弊政而"勒石永禁",渐成一种风气。《清史稿》载:同治三年(1864),浙江巡抚马新贻因"浙江新定,民困未苏","奏蠲逋赋。四年,复奏减杭、嘉、湖、金、衢、严、处七府浮收钱漕,又请罢漕运诸无名之费,上从之,命勒石永禁"⑤。《河南通志》载新乡人畅泰兆"初任祁门令,祁俗刁悍,土豪胥蠹纠结为民害,泰兆悉绳以法,无敢犯者,邑中陋规悉行禁革。再任稷山。稷邑旧多杂,甫至即请革除,勒石永禁";河南汝阳人傅鸾祥在宝庆为官时,"旧有马馆供应,上下一切公费,民率典营债以供役。至期则鬻产以偿倍息,鸾下车革除之,勒石永禁"。山东高唐州人朱弘祚"抚两粤,抵南雄,首革

---

① 章国庆编:《天一阁明州碑林集录》,上海古籍出版社2008年版,第158页。

② 上海博物馆图书资料室编:《上海碑刻资料选辑》,上海人民出版社1980年版,第82—83页。

③ 《江苏省明清以来碑刻资料选集》,第556—558页。

④ 苏州历史博物馆等合编:《明清苏州工商业碑刻集》,江苏人民出版社1981年版,第583页。

⑤ 《清史稿》卷426《马新贻传》,第12242页。

图55　清《严禁地保差仵藉尸诈扰碑》

左碑为嘉庆十七年（1812）三月刻，立于江苏苏州虎丘山门，碑文规定："嗣后遇有路毙浮尸，责令坊保先将该尸异放义冢等空隙处所，即赴地方官衙门举报，星速诣验殓埋，毋许地保书役差仵人等，藉尸生发讹诈小民，混行滋扰。"摘自《北京图书馆藏中国历代石刻拓本汇编》78册第94页。右碑刻于嘉庆十七年（1812）三月，下部残缺，内容与左图碑文相同，2011年12月11日摄于苏州文庙。

庾岭役夫，勒石永禁"①。

　　在"勒石永禁"成为地方官的常态之举后，官禁碑的模式已基本稳定。在许多碑文中，我们都可以看到大同小异的立碑程序描述和套语。如康熙五十九年（1720）《长吴二县饬禁着犯之弊碑》中有这样的文字："如详通饬，并移上江臬司三俸，通行饬令各该州县，勒石署前，以昭永禁，取碑摹送查。"康熙六十一年（1722）《长洲县谕禁捕盗诈民大害碑》记述："除开明府属各州县一体遵照立碑署前外，合行勒石永禁。……须至碑者。"②类似的"官样"文章及其所传达的立碑过程中申详转批等较为繁复程序，表明官禁碑颁刻的谨慎和规范，这也是官禁碑具有较强法律效力的必要保证。

① 《河南通志》卷58、卷60，《山东通志》卷28，文渊阁《四库全书》电子版。
② 《明清以来苏州社会史碑刻集》，第565—567页。

图56　清《两广部堂示禁碑》
道光六年（1826）立，2002年1月
24日摄于澳门莲峰庙前。

二、碑禁体系与社会治理

（一）碑禁体系中的官主民辅格局

明清碑石上常见的"勒石永禁"、"奉宪示禁"等题额，是官民互动建构地方法律秩序的一种颇具代表性的模式。以清代为例。虽然许多禁碑是以官府名义颁刻的，但前序一般特别声明是绅民向官府呈请呼吁的结果。

澳门莲峰庙前道光六年（1826）《两广部堂示禁碑》（图56）是知县遵奉两广总督的禁令刻示。从碑文看，兵弁勒索船户之事在广东沿海较为普遍，"由新安海面，历东莞、香山、番禺、顺德、陈村而止，共有二十八处。每次计被抽鱼五百余斤。此外仍有年节礼、炮竹金名目。倘遇盐务巡船，仍要每抽挂号银各一两，以作陋规，否则指为走私，意用铁嘴探筒将鱼插烂，稍拂凶威，立施鞭挞，商民受害，莫悸于此。"当然禁碑的颁示也是基于县民的呈请，碑文载："现据东莞县民莫英汉，新安县民郑献锦、娄陞赴辕呈称：切蚁等居住沿海，素日以船为业……蚁等伏查嘉庆五年，曾经前宪革除陋规，严禁抽索，赏示沿海地方，勒石永禁。斯时文武弁兵，颇知敛戢。缘日久弊生，滋扰复炽。叩乞饬行文武一体严禁，并恳赏示沿海港□勒石永禁，则薄海商渔，咸颂甘棠不朽。"两广总督对县民反映的情况进行了一番调查后作出批示：

> 查弁兵人等勒索渔船陋规，久经前部堂严行示禁在案。兹录呈该船户等腌鱼运卖，守□营汛弁兵及缉私船只，复敢需索滋扰，殊属目无法纪，若不亟为查禁，何以徵积蠹而安生业。除批揭示，并行各营县严密稽查究办外，合就出示严禁。为此示谕营汛弁兵及缉私巡船人等知悉，当思沿海渔户，涉历风涛，藉图微利，岂堪沿途弁兵巡船倚势作威，层层需索。嗣后尔等务须痛改前非，恪遵法纪。遇有腌制成鱼船只，经由出入，毋得混行拦阻，再向索取鱼更、年节规

礼以及挂号银两。倘敢阳奉阴违，一经访问，并被首告，定行严拿，从重究拟治罪，决不宽贷。其渔户人等，亦不得藉有示禁，违法带私，致干查出重究。各宜凛遵，无违。特示。

由于澳门隶属香山县管辖，署香山县事高明县正堂特将两广部堂示禁内容抄录，并要求"澳门新庙酒米杂货行、鱼栏行、猪肉行勒石晓谕"①。

同治八年（1869）陕西紫阳县芭蕉乡众绅粮同立的《地方告示碑》是一通官府批准的示禁碑，碑文内容也涉及立碑的缘起：

> 钦加同知衔署紫阳县正堂孔，为出示刊碑永垂远久、以靖地方事。照得里党不可无规条，尤朝廷不可无法律。无法律莫由振四海之颓风，无条规何一洗一乡之敝俗。居功琚朝桢、监生张瑞友、职员姜道富、职员胡洪珍等有鉴于兹，议规十条，禀恳示禁，真言言金玉，堪为斯乡程式。为此示仰该地诸色人等，将所禀十条刊石立碑，永远遵行，倘敢故违，禀案拘究，决不宽恕。特此示知。②

这一记载表明，以监生、职员为代表的民间精英力量在参与地方法律秩序构建中起着重要的作用。

在立碑示禁、防弊方面，城镇的工商业经营者们也表现出异乎寻常的积极性。明末清初的江南地区，随着商品经济的发达，工商业者被推到了社会发展的风口浪尖。而他们对那些妨碍商品经济发展、损害工商业者正当权利、危害社会治安和秩序的各种弊害，因感同身受而格外痛切，遂成为推动与官府合作建构地方法律秩序，并推动中国工商法制发展的先锋。崇祯十五年（1642）江苏《院道移会浒墅关禁革盐商银钱船钞与铺役生情指索碑示》是依据商民"恳乞督关恪遵大明会典免钞，镌石禁绝奸胥地棍吓诈"的呈请而刻立的③。顺治十六年（1659）《苏松两府为禁布牙假冒布号告示碑》是在松江府布商朱嘉义等人"禀为恳赐移文松府，以便并示勒石永禁事"的要求下，最终由官府批示"勒石

① 谭棣华等编：《广东碑刻集》，广东高等教育出版社2001年版，第1009页

② 李启良等编：《安康碑版钩沉》，陕西人民出版社1998年版，第224页。

③ 《江苏省明清以来碑刻资料选集》，第233页。

通衢，志为定例"①。顺治十七年（1660）《松江府为严禁巡船抢掠竹木告示碑》是在"宪天巡临松郡"时，在本府商民"伏乞敦府速行勒石，永禁巡船扰害"的呼吁中由官府批示颁刻②。同治九年（1870）海南《奉官示禁碑》也是民官互动后的结果："……该生等为士民表率，凡官司所不能遍喻者，赖生等劝喻之，督责之，庶几民无梗化，□□挽所呈乡禁数条，系因禁革陋习起见，甚属可嘉，应准给勒碑垂戒。"③在官本位的中国古代社会，商民甚至把除弊恤商的希望全部寄托在官禁刻石上。康熙十一年（1672）《官用布匹委官办解禁扰布行告示碑》便表达出上海华亭等地布商对官禁刻石诚惶诚恐的期盼："然非奉钧批，未敢立石，切恐奸蠹血味□牙，日后又复更张，有虚恩泽。号恳宪天严敕廉府，勒石永遵，使奸蠹无从下手，商贾欢歌载道。"④

而官府在布政颁令申禁时也特别偏爱刻碑的形式，其原因有多重：一碑之立，官可立决，程序简单；立于通衢、市井、官衙之禁碑，有典有据，便于周知，威慑作用立竿见影；甚至，不管禁令公布后实施结果如何，只要"例行公事"立碑示禁了，一旦遇到上级检查追责，官员们也可以此应付。

在明清"刻石纪法"的表现中，还常见民间纪事碑主动引用国家法律条文的现象。明万历年间《绿云阁塔院记》碑文引述洪武年间发布的禁止买卖寺田的圣旨道："天下僧道的田地，法不须卖。僧穷寺穷，常住田土，法不须买。如有此等之人，籍没家产。钦此。"⑤乾隆三十三年（1768）《岫云寺募置香火田碑记》中，记述该寺"自雍正八年至乾隆三十年置民田及民自舍田、旗人自舍田共一百五十顷"的事实以确认权益，并引用朝廷关于"旗田不得与民授受……有私相售者罪之"⑥即禁止旗田买卖的法律规定，作为保障寺产的依据。这也是"刻石纪法"活动中官民互动的一种表现，即在无须向官府备案的私刻中，主动声明以国法官规为依据，以此作为保护权益的利器。这种做法，在涉及寺产、学田、义田等"公共财产"的纪事碑中尤为常见。

---

① 《上海碑刻资料选辑》，第84—85页。

② 《上海碑刻资料选辑》，第108页。

③ 《广东碑刻集》，第1002页。

④ 《上海碑刻资料选辑》，第90页。

⑤ 《巴蜀佛教碑文集成》，第418页。

⑥ 《北京图书馆藏中国历代石刻拓本汇编》72册，第182页。

（二）乡禁申约模式与地方自治

在明清"刻石纪法"活动中颇值得称道的是，基层村镇的民众创立了一套相对独立的"刻石纪法"模式，即与官府布政申禁并行发展的民禁乡禁申约模式。

从立碑的过程看，它体现了乡村社会的权威力量和结构特征。一般立碑的提议者是村社中的耆老士绅，他们是乡村秩序的建立者和维护者。耆老乡绅在基层社会的威望本身也成为这些乡禁得以执行的保证。所以，很多碑文特别标明"合族绅耆全立"、"集绅粮公议"的字样，强调这种民间权威对于建立和维护秩序的作用。清乾隆广东和平县《五乡合禁碑》载明：

> 迩年来，近有无耻之徒，日愚昧潜迹各乡，夜则成群偷窃，将见地方不靖，乡间未宁。予等目睹心伤，是以集五乡袗耆，设立禁条。自合禁之后，如有仍蹈前辙，不遵禁条，小则通众公罚，大则鸣官究治。务使地方之必靖，罔今风化之有坏。①

碑文充分展示了"袗耆"、"绅众"在基层民间法律秩序构建中的特别地位和作用。"立碑申禁"由他们主导，对违禁者"通众公罚"、"鸣官究治"还是由他们主导。由这种依赖乡间社会自然形成的权威来建构乡村秩序、控制乡村社会、解决乡间纠纷，当是最合乎乡情民意的选择。

从乡禁碑的内容，我们可以看到乡村社会对违法犯罪或定罪量刑，有自己的理解或思维模式。比如对"盗"的解释，云南大理长新乡《乡规民约碑记》规定："大粮未熟乱采，拿获者，定以盗论。"②陕西平利县《牛王沟公议禁盗碑》也写明："盖闻物非己有而窃取者，谓之盗。盗也者，不必穿窬之谓也。……拿贼之人不得栽赃贿利、挟隙报仇。如有等弊，以反坐论罪。"③

与官禁碑中常见模式化过程或固定套语不同的是，乡禁碑具有文字质朴、语言通俗、便于传诵等特点。清道光十六年（1836）《合村乡约公直同议禁条碑》规定："自今以往，各戒偷窃，共趋醇穆。倘有犯者，决不容情，宝钟一响，捉者

---

① 《广东碑刻集》，第821页。

② 段金录主编：《大理历代名碑》，云南民族出版社2000年版，第537页。

③ 张沛编著：《安康碑石》，三秦出版社1991年版，第314页。

不管。"①乡禁碑的刻立程序,也常采取易于为人们接受的形式,如演戏立碑的方式等。

乡禁碑中所体现的一套与国法有别的惩罚方式,更是其特立独行的标志。

乡禁碑较为注意按照地方风俗习惯认同的方式设立一些处罚制裁措施,以保证其有效性、权威性和执行力。同治十二年(1873)《金洋堰禁止砍树捕鱼碑》规定对贫富不同的违禁者采取有所区别的处罚措施:"嗣后富者捕鱼,罚钱拾串文;贫者捕鱼,送案究治。"②光绪二十年(1894)《义宁县上北团禁约碑》规定对初犯和惯犯的处罚要轻重有别:"偷牛拿获,初犯经里处罚,重则送官究治;偷鸡鸭鹅犬,拿获者,本村里处罚,惯盗送官;偷山内芋头豆麦,拿获者,初犯本处处罚,如不遵者送官。"③光绪四年(1878)《禁革陋规碑》载明对违禁者的处罚要根据危害程度而予以区别:"男妇偷窃田园物产,夜更拿获,每名罚钱一千文,日间每名罚钱五百文,不遵者送官究治。"④

在乡禁族规碑的罚则中,常见罚钱、罚物、罚戏、送官纠治、诅咒、驱逐以及一些带有侮辱性的惩罚措施,如枷号示众、戴铁圈示众、挂牌示众等。其中罚钱罚物所占比例较大。山西隰县咸丰元年(1851)《禁山碑记》规定:"纵火焚烧林木者罚钱十千文、猪一只。"⑤四川通江光绪五年(1879)《护林木碑》称:"违榜示言者,先宰一猪,然后再议罚项。"⑥罚戏即罚违禁者出钱请戏班子唱戏也较为常见。福建长泰县乾隆八年(1743)《护林碑》规定:"不许放火焚山,不许盗砍杂木,不许寨山挑土并割茅草,不许盗买杂木。如违者,罚戏一台。"⑦

在乡村社会,侮辱性惩罚的力度相对是比较强的。咸丰四年(1854)陕西陇县一众村合立禁碑规定:"一禁偷人五谷,二禁拔人麻禾,三禁割人苜蓿,四禁伐人树株,五禁牲口践食田禾。每年各庄议一巡查之人,轮流看顾,但见犯此五禁者,无论男妇,罚戴铁项圈一个,上挂铁牌一面,以羞辱之,令其悔过自新。徇

① 王西平等编:《澄城碑石》,三秦出版社2001年版,第167页。
② 陈显远编:《汉中碑石》,三秦出版社1996年版,第78页。
③ 广西民族研究所编:《广西少数民族地区石刻碑文集》,广西人民出版社1982年版,第158页。
④ 《广东碑刻集》,第510页。
⑤ 山西省史志研究院编:《山西通志》第9卷《林业志》,中华书局1992年版,第128页。
⑥ 张浩良编:《绿色史料札记——巴山林木碑碣文集》,云南大学出版社1990年版,第34页。
⑦ 金其桢:《中国碑文化》,第903页。

私纵放者,亦应以铁圈罚戴。"①在封闭的乡村,在熟人社会,以羞辱方式造成信誉减等(丢面子),要比罚钱罚物更为严厉,也更为有效。

最能彰显"刻石纪法"立意同时也符合乡禁民情的处罚,便是罚碑立誓。咸丰三年(1853),四川通江一赵姓村民在雷姓山林中盗木被乡民抓获后,被公议处罚刻立认错警示碑。赵姓村民刻碑以示悔改,如再犯愿受更重惩罚:

> 自古边界,各有塌塌。有等贱人,乘机斫伐。雷姓拿获,警牌严查。合同公议,免打议罚。出钱一千,永不再伐。如蹈前辙,愿动宰杀。固立碑记,永定成化。②

四川通江同治十年(1871)又有村民盗木后被罚立碑。碑文称:

> 我等愚昧无知,于日前在巨公印明地界内砍伐数次,不以为戒,后被伊拿获投牌众等,公议罚立禁碑,以为后戒。我等自知理亏,故请石工垂情由于石上。但望邻境四周,以我为戒,勿若我等之。③

清末陕西岚皋县《洋溪护漆戒碑》也载有类似的事例:"今春姚光化烧地,烧死漆树无数。地主投鸣乡保,经公处断,令姚姓刊碑示众。"④这种"刊碑示众"的处罚,既让违禁者承受了一定的经济制裁(立碑费用对个人而言不算小数),也让其公开认错并保证永不再犯,使其个人和家族铭刻于警示碑,同时对其他可能犯禁者起"以儆效尤"的作用,可谓一举多得。或许,这是古代中国民间法律秩序建设中最富创意的内容。

这些较为随意的、基层社会所"喜闻乐见"的违禁处罚,其实比法定刑罚更有群众基础,甚至更有威慑力。而这些内容,也保证了建立在现实生活基础上的乡禁民禁碑,在与国法和官禁保持一定距离的乡村社会,兀自成长壮大。

(三)民禁碑与基层社会综治

无论是从形式、内容看,还是从功能、效果看,民禁乡禁碑与官禁碑都有

---

① 张思让:《关山林区两座石碑的联想》,《陕西林业》1987年第3期。
② 《绿色史料札记——巴山林木碑碣文集》,第28页。
③ 《绿色史料札记——巴山林木碑碣文集》,第32—33页。
④ 《安康碑石》,第356页。

明显不同。对于中国广大的乡村而言,乡禁碑无疑更有存在的价值,也具有更广阔的发展空间。这里需要解答的是,古代基层社会为何特别重视乡规民禁并大举刻立乡禁碑,也即乡禁碑为何受到基层社会的重视。其原因大致有以下几点。

首先,在古人心目中,乡村社会有乡规乡禁,工商行业有行规行禁,被视为是天经地义的事情。这些民间禁约对于基层社会的重要性,常被类比为律令对于国家的重要性。乾隆时,广东和平县由五乡绅耆共同商议订立《五乡合禁碑》载明:"窃闻国有例禁,民风得以□朴;乡有条约,地方庶便宁靖,故道不拾遗。"[①]碑文中将乡党禁约与朝廷法律并列,也意在强调乡禁的正当性、合法性和严肃性。山西运城咸丰九年(1859)的《村规碑》更点明刻立乡禁碑的意义:

> 从来朝廷之上有法制,即有禁令,而乡党之间有劝勉,岂无箴规。但恐箴规之无以悚人听闻也。于是合村公议首人数名,严立禁条数项,以整一乡风化。而又恐岁月永远,纸契难存,因勒诸贞珉,以垂不朽云。[②]

这里特别凸显的乡禁碑 "镂之金石" 垂范久远之追求,正是 "刻石纪法" 传统在民间的延伸。

其次,对人心不古、风俗败坏、治安恶化的担忧,促使一些地方以刻立禁碑的形式来维护社会秩序。有的民间禁碑特别强调,之所以刻碑示禁,是因为痛感 "人心不古",旨在救弊。广东徐闻县光绪四年(1878)《禁革陋规碑》载:"我迈陈村自晚近以来,人心不古,村中子弟每相率为非,或成群聚赌,或私行盗窃所有田园物产,以及家内财物被其盗窃,往往有之。……缘此父老忧之,欲挽颓风,以成善俗,乃合众相与约议勒碑。"[③]有些民间禁碑还体现了乡民们对 "失礼之禁著在刑书" 及 "先礼后刑"、"礼为大防"、"出礼入刑" 等儒家秩序理念的高度体悟。陕西澄城道光十六年(1836)《合村乡约公直同议禁条碑》言:"尝思世之盛也,上重睦渊任恤之教,下有礼义廉耻之风。迨其后人心不古,风俗日偷,而弭盗之方,遂不得不严矣。吾郡旧有赏善罚恶条,特以罚轻易犯,人多玩

---

① 《广东碑刻集》,第821页。

② 王大高主编:《河东百通名碑赏析》,山西人民出版社2002年版,第417页。

③ 《广东碑刻集》,第510页。

之,用是同议更新焉。"①陕西汉阴县道光三十年(1850)《会修清野大纲碑》的表述更为直白明确:"闻之礼禁于未然,法惩于已然。与其惩于已然后,曷若禁于未然前也。粤稽道光初年,我境父老乡绅恒虑贱越礼犯法,特思合境立禁以免惩。"②碑文将设立乡规民禁的现实意图,表达得再清楚不过了。

再次,从民间禁碑的内容还可以看出,那些禁条多属于基层社会"各自为政"的民间自治性规范。其内容多根据各地不同的社会需求,篇幅少则数十字,多则数百上千。虽然各地乡规民禁偏重不同,但有些内容却又有明显的共性。这些共性,是我们把握明清时期乡规民禁碑地位和作用的基础。

禁伐林木以保护地方资源和环境,是乡规民禁碑中常见的内容。乾隆年间广东乳源县《封山育林禁约山界碑》系经乡民20余人会同公议,议定十条禁例,刊刻于石碑,以督共守。乾隆年间四川通江浴溪薛姓家族共立《禁碑》,明文规定:"禁止砍伐蚕林(麻栎林)和松柏成材树木,禁止树木萌芽之季放牧牛羊。倘有不遵,打罚重究,议祭山林。"③道光三十年(1850),陕西利平县吴氏公立的《铁厂沟禁山碑》规定:"禁止此地不许砍伐盗窃、放火烧山。倘不遵依,故违犯者,罚戏一台、酒三席,其树木柴草,依然赔价。特此刊石勒碑告白。"④光绪末年福建建瓯穆墩村《里外两墩禁约碑记》载明:

> 现有无耻之徒损人利己,不顾吾村之利坏,徒贪一己之有益,或扶利而盗砍,或恃强而敢伐,众等不忍坐视,不得已严申禁约。俾强者不得恃势横行,弱者不至缄口畏缩,如是则老轩可以扶疏,禾木亦可远久,诚为吾村之美益也。自禁之后,父戒其子,兄警其弟,切毋自蹈前辙,以致后悔难申。倘有逢者,众等公罚,决不循情。谨此公禁。⑤

社会治安问题,亦即禁赌禁盗之类,是乡规民禁碑频繁涉及的内容。赌博在康熙时已经流行,乾隆时期,虽然社会经济文化有了很大发展,但民风不淳,

---

① 王西平等编:《澄城碑石》,三秦出版社2001年版,第174页。
② 《安康碑版钩沉》,第222页。
③ 《绿色史料札记——巴山林木碑碣文集》,第65页。
④ 《安康碑石》,第177页。
⑤ 建瓯市林业委员会编:《建瓯林业志》,鹭江出版社1995年版,第553页。

图57　清《重整旧规碑》
同治十年六月刻，尾题"女姑口众商铺仝立"，2012年1月5日摄于青岛市博物馆。

斗殴、赌博成为主要的社会问题，故赌博在一些乡禁碑石中被称为"万恶之首"。陕西安康《景家公议十条规款碑》规定："赌博乃朝廷首禁，若不戒除，良民何以资生。嗣后倘有犯赌者，立拿送案。"[①]碑文反映了乡村社会对禁赌的决心和力度。赌博泛滥与盗贼兴起有一定关联，故涉及禁盗的碑文也比比皆是。

此外，通过乡规民禁碑的刻立程序，也能看出基层社会对社会规范、对法律秩序建构的追求。明清乡禁碑的刻立，大致经过公议、报官府备案批准、宣示告知、正式刻碑等过程。程序的繁复，意味着立禁碑在乡村社会生活中的重要性。一般乡禁碑有乡立、村立、姓立及合族公立等多种形式。尽管内容详略或表达方式各有不同，但文中"集众商议勒碑严禁"、"合族绅耆仝立"、"集绅粮公议"、"众商铺仝立"（图57）等样的字句却异常显著，以显现乡禁碑所维护的是乡村公益而非个人私益。陕西汉中西乡县同治十二年（1873）《禁止砍树捕鱼

碑》载："乃有不法之徒,入山窃伐,……兹集绅粮公议,拿获窃伐之人,凭众处理。"[1]有的碑还写明直接参与立约者的姓氏,如"罗、尧、钟、谢、陈、林、李、黄、巫、朱、张、赖、邓、刘、禤、余、孙、许、叶、鲁、廖……人等,思得案结如山,会同立禁"[2]。一般而言,参与立约的人越多,其所代表的利益越广,像同治十一年(1872)陕西石泉县《公选约保禁娼禁赌碑》是由绅粮90余人共同商议确立的,而光绪十一年(1885)广东番禺县沙湾镇的《四姓公禁碑》仅由王、何、黎、李四姓所立。

经众姓公议的禁约是否具有权威性或实际约束力,官府认可或报官备案是一重要依据。在民众心目中,州县官是父母官,得到他们的认可,自治性规范便有了坚强的后盾,也就披上了"合法化"的外衣。所以报官备案,得到官府的批示行文,或借助官府权力立碑示禁,成为民间努力争取的一个方向,而这也是将属于民间自治规范的乡规民禁碑与官规政令接轨并合法化的必由之途(图58)。

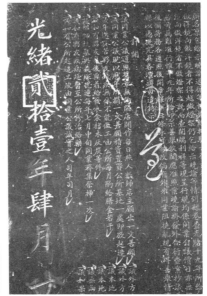

图58 清《梳妆同业章程》
光绪二十一年(1895)四月二十一日由官府批准公示,内有行规13条,尾题
"发梳妆公所勒石",2011年12月11日摄于苏州文庙。右图为局部。

---

① 《汉中碑石》,第78页。
② 《广东碑刻集》,第149页。

经过官批备案程序,乡规民禁碑便具有了"双重身份"——既是准自治规范,又是准官府文告。在大量乡规民禁碑中常见有刻意模仿官禁碑中的"勒石永禁"、"勒石以垂不朽"等套语,其实也反映了基层民众对其所立禁约抱有的权威性和恒久性的期望。合绅众姓将乡规民禁报官备案时,为争取官府的认同,或强调其与国法道德的相融,或标榜系维护乡村社会的稳定与公益。山西运城魏姓9人于雍正二年(1724)公立的《禁赌碑》记载:

> 近见我庄游手好闲之徒,勾引赌博,恶风尤甚。若不禁止,则邪教易入,将有日流于下而不返者矣。是故阖族公议,永行禁止。具禀本县老爷案下,乞勒石永遵,以免颓风。蒙批:赌博乃贼盗之源,滋害无穷。故本县到任之初,随出示申禁在案。今该生等公禀勒石永禁,留意桑梓,甚属可嘉,准照禀行。……固勒石以垂不朽云。①

当地乾隆二十七年(1762)《三社振风励俗恪守碑》载明呈官批示的事由是"公议振风励俗禀官立法恪守",强调"凡有不孝不弟大干律例者,举报在案,听主发(沼)[诏]。……伏祈老爷亲问批发,勒诸贞石,以垂永远"②。由于大部分乡规民禁内容或出于乡民自救自治,维护当地社会治安,或敦风易俗,因而基本都会得到地方官吏的首肯。

类似上述的报官刻石程序,在族规碑中也颇为常见。《清史稿》记广东南海人朱次琦(1807—1881)"居家时称说浦江郑氏、江州陈氏诸义门,及朝廷捐产准旌之例。由是宗人捐产赡族,合金数万。次琦呈请立案,为变通《范氏义庄章程》,设完课、祀先、养老、劝学、矜恤孤寡诸条,刊石世守之"③。

在纠纷处理程序及罚则规定上,乡规民禁碑还特别注意与国家法制或官府权力的衔接,"送官究治"一语即为典型。一般而言,对于民间细故或一般违法行为,乡村等基层社会可通过议罚等方式自行处理。但对于不服乡禁行规处罚者或盗贼窝匪等触犯法律者,乡规民禁碑大多申明了"送官究治"即将犯者捆

---

①　《河东百通名碑赏析》,第399页。

②　《河东百通名碑赏析》,第402页。

③　《清史稿》卷480《儒林传一·朱次琦传》,第13160页。

绑送官的程序。陕西安康同治元年(1862)《景家公议十条规款碑》载:"有游僧野道、流棍恶丐在境强化估讨,及红签黑匪日抢夜劫者,立捕送案。"①对盗贼、赌博等严重危及乡村社会治安的行为,乡民时常会采取一些极端的行为,甚至可能危及犯禁者的生命。因此,一些乡禁碑会事先作出告白预警:

> 国家命民,民依国法。现用炮火、石头、刀、棍,紧防贼涂小人。谁若为盗,众等提拿,不分生死。生者吊打公罚,死者要盗家房族安葬。……如有盗家父母吞烟、割颈、自缢、自伤夺害,地方人不准。如有此者,众等将贼逐,送官究治。出罪入罪,依律例办。众等将贼割耳挖目,预白。②

碑文中"割耳挖目"之类文字并非鼓励乡民以非法暴力制裁盗匪,而是凭借乡民可能于激愤中滥用私刑的恐怖后果去警告那些胆敢犯禁者。

从上述乡规民禁碑的宗旨、内容、刻立程序及其处罚措施等,可以看到民间禁碑在基层现实生活中的重要性,以及它们对基层法律秩序构建的重要意义。可以说在基层法律秩序构建中,乡规民禁碑的作用是无可替代的。乡禁乡约不仅弥补了国家律例远离人们现实生活的缺憾,也为"刻石纪法"传统增添了新的活力。

明清"刻石纪法"的完备性除了体现在上述中央和地方官员运用刻石布政的方式处理政务,基层民间以刻立乡规民禁碑而建立社会规范、维护社会秩序所做出的各种尝试外,还着重体现在:

碑禁体系和"神禁"刻石的全面发展。官禁碑和民禁碑的充分发展是明清"刻石纪法"的鲜明特色。在唐宋元以君言刻石和公文刻石为主的朝廷布政传统基础上,明代地方官员成为刻石布政的新锐,至清代"勒石永禁"官禁碑基本范式的确立,"刻石纪法"的正统性、稳固性更为明确、加强。由官民构建的碑禁体系,尤其是民禁乡禁内容,是明清"刻石纪法"中充满生机的部分。而古代中国最具传统的盟誓诅咒、神授仪式、神罚等内容,也不断赋予神道设教新

---

① 《安康碑石》,第216页。
② 《广西少数民族地区石刻碑文集》,第126—127页。

的内涵,使非正式法与正式法的互补性更为明显。

讼案刻石的作用有所强化。明清讼案刻石有一显著的特点,即涉及寺产、族产、学产和会馆产业等的"公产"纠纷的比例明显高于个人或家庭等"私产"纠纷。日益增多的"公产"讼案碑往往表达了碑例可依、碑案可存乃至维权有据等多重心理预期,同时也反映了在官强民弱的社会背景中,民众从维护自身利益的角度,借助官府权威以巩固现有权利格局的无奈和期望。

碑契的权益属性得到社会和法律的认同。从唐宋以来国家法律对丧葬立碑事宜加以调整,到清代确认田土交易和不动产权属的碑契之普遍出现,个人的权利意识,尤其是对私人财产处分权的充分表达,也是"刻石纪法"传统完善的重要标志。

第五节　"刻石纪法"的转型期(清季民初)

始自秦汉的"刻石纪法",是一种相对稳定的法律纪述与传承方式。然而随着清末新政的出台,传统的官制、科举教育制度等相继变革,碑石法律纪事的形式和内容,也悄然发生着变化。辛亥革命后,随着中华民国取代封建帝制、国体政体的改换及思想观念的更新等,"刻石纪法"的形式和内容随之发生明显的改变。本文以中华民国建立为分界点,总结此前后"刻石纪法"具有代表性的时代特色,及其形式、内容和功能等的变化特征和趋向,并以此透视社会转型、法制变革的实际效力和影响。

一、清季(1901—1911)碑刻中的群体性事件

晚清法制改革始于20世纪初的变法诏令。光绪二十六年十二月初十日(1901年1月29日),慈禧太后发布"变法"上谕,推行"新政",拉开了清季法制改革与社会转型之序幕。之后的废除科举、建新式学堂、预备立宪、改革官制与审判制度、颁布新法等一系列举措,无不影响着社会的发展及法律碑刻内容与形式的变化。

我们不妨先了解一下清季法律碑刻的总体性特征。据笔者已掌握的近200通清季最后11年(1901—1911)的法律史料碑文统计,官禁碑约占30%,碑文涉及维护社会治安和工商业秩序,以及禁抗租罢业、禁赌、禁械斗、禁乱葬等内容,反映了此时城市乡村所面临的主要社会问题;乡禁乡规碑次之,约占16%,其内

容,在保障村镇治安和维护地方风俗方面,与官禁碑的内容有一定重合,另传统的教化类宗规族约也保持一定比例;行规碑所占比例近12%,反映工商业者已成为一股不可小觑的社会力量;较为实用的有助于维护权益的讼案碑、减免差役碑、纪产征信碑等仍占有一定的份额(各占近7%),而在明代和清初较为常见的圣旨诏敕碑,此时难以寻觅。值得关注的是,涉及"新政"中教育改革和实业兴国内容的碑文已占有近7%的比例,赋予"刻石纪法"传统以新鲜的时代感;同时,教案和涉外内容的碑刻,也是标志传统"刻石纪法"日趋近代化的一个重要象征。

此阶段"刻石纪法"显著的特征,表现为更关注群体性或影响重大的事件,如罢工、抗租、械斗、商帮之争乃至中外交涉冲突等事例。

需要说明的是,群体性事件并不是清季碑刻纪事的专利。在清朝各个阶段的碑石上,均能找到群体性事件的踪影。综观清代的群体事件,具有明显的时代和地域特色。以江南地区碑石所载为例,清初如顺治年间的《奉旨禁革漕运积弊告示碑》、《呈准禁革漕弊条议石刻》集中反映了旗汉矛盾、官民矛盾及因漕运而导致的"江南奇变"等突发性群体事件;康雍乾时期,反映"劳资冲突"的工匠歇业罢工事件较集中,康熙年间有《苏州府为核定踹匠工价严禁恃强生事碑》、《苏州府为永禁踹匠齐行增价碑》等,雍正年间有《奉各县永禁机匠叫歇碑》(图59)等,乾隆年间有《长元吴三县永禁踹匠借端齐行碑》、《奉各宪严禁纸作坊工匠把持勒增工价永遵碑》等;嘉道年间,恶丐、流民聚众危害社会治安的问题较为突出,嘉庆年间有《元和县永禁匪犯流丐结党向山塘店铺滋扰或向香船勒索碑》、《吴县禁止棍丐向江镇公所及义冢踞扰强占碑》等,道光年间有《苏州府禁止地匪乡民向三义公所及所置义地滋扰作践碑》、《苏州府禁止不安分之徒勾串匪类借端向水炉公所索扰碑》等;至晚清同、光时期,中外交涉冲突事例成为新的社会焦点问题,同治年间有《上海法总领事为四明公所冢地不筑马路公告碑》、《上海道为四明公所血案告示碑》等,光绪年间有《苏松太兵备道、上海法总领事为四明公所血案结案碑》等等。

清季,各类群体性事件也层出不穷。前述如康熙、雍正、乾隆时期江南地区频繁出现的工匠歇业罢工事件,依旧有延续趋势。如杭州孔庙所藏光绪三十年(1904)《钱塘县禁止机匠停工挟制告示碑》和《仁和县禁止机匠停工挟制告示碑》,两碑主文内容一致,均记载杭州绉纱机匠聚众滋事,以停工为要挟,而致官府出示严禁并勒石晓示之事。碑文载:

图59　清《奉各县永禁机匠叫歇碑》局部和拓本

碑高140厘米、宽56厘米，碑拓高104（缺碑额）厘米、宽53厘米。雍正十二年（1734）十二月由"长元两邑"61人同立。碑文为当时机户（作坊主）何君衡等呈请官府勒石永禁，不许机匠（工人）结帮、罢工（叫歇）及要求增加工资。经长洲县、苏州府、承宣布政使司、两江总督等层层批示，同意"勒石永禁"，违禁者可由机户扭送官府，按把持行市律究处，再枷号一个月示儆。碑原立于苏州玄妙观机房殿，现藏苏州文庙碑刻博物馆。左碑2011年12月11日摄于苏州文庙（因碑外遮玻璃反光较重），右拓2014年9月27日摄于北京国家典籍博物馆。

钦加四品衔、正任杭州府海宁州调署钱塘县正堂、加五级纪录十二次郭，为出示严禁事。据绉纱商董傅玉瓒、余绍堃、宋永仁、陆景福等禀称：杭城绉纱一业，前因价值未能划一，经同行议立，商董划一估价，公平交易，生意日渐旺销，恒致缺货。销售各铺向赖嘉、湖、宁、绍之货，运杭接济。近有无赖机匠动辄恃众停工，阻收学徒，禁运货物，稍不遂意，尤敢逞蛮，向铺滋扰，环叩示禁等情到县。据此，查各业工匠聚众把持，停工垄断，例禁綦严，似此横行，殊属玩法。除批示外，合行出示严禁。为此示。仰绉纱各机匠及商董铺户一体遵照，自示之后，尔等各机匠务须安分趁工，不得藉端停工挟制。其收受学徒，应听店主之便，亦不准阻指。致缺货销售，自宜任凭各铺向嘉、湖、宁、绍等处运杭接济。此系经商懋迁之道，岂容尔等把持垄断？嗣后倘有不法机匠仍前玩泄，怙恶不悛,许商董等将把持为首之人随时指名禀县,以凭提案,从严究惩,决不姑宽。各宜凛遵毋违。切切！特示。

批：前据该董以绉纱机匠聚众把持,停工挟制,不准收受学徒,禁运客货来杭接济等情具禀,业经给示,严禁在案。今据禀,诚恐各机匠日久患生,故辙复萌,请将前给示谕,勒石以垂久远,事尚可行,准如所禀办理可也。

光绪叁拾年拾月日给。[1]

此碑文内容,反映了江南地区城镇工商业自明末清初快速发展以来,频繁发生的"劳资"冲突问题并未得到有效缓解,一直到清季,类似事件在杭州、宁波等地的禁碑中依然有明显的体现。此外,江南地区的抗租事件,如光绪三十年(1904)《苏州府永禁佃户藉端抗租碑》,则反映了江南地区农村存在的佃户借命案缠讼等社会问题。碑文载：

窃绅等薄有田亩,坐落吴江县治,给佃耕种,良莠不齐,人情渐顽,租风之坏倍于从前,刁顽之户,不得不禀请比追。讵近来奸计万端,每届秋收登场,赶砻出粜,不剩颗粒,避匿他境,提追无从。芒种之后,回家播种。业户恐妨东作,无复顾问。年复一年,刁佃视为得计。迨至秋收,仍施故技。他佃闻风兴起,日甚一日,纷纷效尤。甚至禀请提比,佃则躲避,耸令白头亲老、幼稚妇女,出头蛮霸,寻死觅活,百计恫赫。土客民教混杂,在教者幸经神符司铎主教函请,如有藉教抗租,照例送请比追,不致公然挺比。惟客佃开垦,或有借本垦种,秋收之后,携资脱逃,土著越境躲避,请追无从。或有到案之后,偶尔因病不及请保,在押身故,或佃属因病死者,或因他事短见者,适催租者到门,该佃属即藉端纠集无赖,或抬扛尸骸,或扶佃属亲老到业主家百般逞凶,毁抢诈挠,甚至有掳捉业主司帐勒赎。虽经禀办,贻害匪浅。更有绝不干涉之产亡痘殇,任意牵拉硬砌。种种恶习,莫可言宣。环求颁示勒石永禁,俾挽颓风而全租赋。

苏州许知府对绅民所反映的情况进行了调查后,对刁佃借端诈扰的诸种行为进行驳斥并劝化示禁道：

---

[1] 杜正贤主编：《杭州孔庙》,西泠印社出版社2009年版,第127页。

　　尔等须知业户置买田产,衣食课赋,皆须取给于斯,额外既不能取盈,额内即不任短少。即该农佃等一家数口,虽云自食其力,而思源推本,究从业田而来,抗欠已属不应,何可别施刁狡。自示之后,务当激发天良,各安本分,每届刈获登场,即将名下应完租籽赶紧依限清缴,庶业无催追之烦,佃无比枷之累。倘再仍前顽抗,以及藉端诈扰,或扶病人,或扛尸骸,或因妇女产亡、小儿殇夭,辄向业主逞凶噪闹,种种不法情事,一经本府访闻,或被业主指禀,定即照例从重严办。圩甲串庇并干,加等惩办。其各凛遵毋违。特示。遵。①

　　清季商帮之争也是牵涉面颇广的群体性事件。光绪三十四年(1908)《上海县为京帮珠玉业借用苏帮公所贸易告示碑》记载了上海玉器业中南京帮与苏州帮之间的纷争。碑文载:

　　苏、京珠玉业,前因公所兴学一事,各起冲突,将城内侯家浜汇市公所暂行封闭。由前道饬令,各延公正人,并举董事代表从中调停,久悬未结。现经本道特传苏、京两帮,各举代表来辕集讯,秉公斟酌。谕令苏帮将旧时贸易公所借与京帮,一应开销,归京帮自理。装修物件,不得更动遗失,一切循照向章。苏帮及各帮,仍可照常进行交易,并摆设摊位。如遇敬神会议等事,仍归公用,京帮毋得抗拒。……如苏帮、京帮再有为难之处,即由陈宗浩、哈麟等禀明道县,听候察核饬遵,不准再有争执。当堂取具两造遵结附卷。并据苏帮代表陈宗浩、杨德铭面禀,公所本是议事之地,既遵谕权借与京帮暂时贸易,不能听其久假不归,拟俟稍宽时日,京帮应觅地方,另行贸易,留出公所,为各帮议事之用。所禀不为无理,应定为暂借五年,京帮各人应从速措办地方,为将来乔迁之地。倘逾期久据,禀道勒迁。搬出之日,所有修理及添置各物,不得向苏帮索回。……案既断结,该公所应即启门照常交易,以安生业,毋得抗违,并建墙生事,致干提究。②

---

①　《明清以来苏州社会史碑刻集》,第458页。

②　彭泽益选编:《清代工商行业碑文集粹》,中州古籍出版社1997年版,第79—80页。

在1905年清政府宣布废除已实施了千余年的科举考试之后，以公所、书院等改建新式学堂曾盛行一时，并被地方官认为是应大力提倡的善举，如苏州有光绪三十二年（1906）《苏州府示谕保护绣货业锦文公所设立小学碑》和《苏州府给示保护石作业开办小学碑》（图60）等碑刻。但因兴办学堂而出现的场地使用权、管理权等方面的纷争，也持续了相当一段时间。上海玉器业中的帮派之争，即是因此而起。宣统元年（1909）所立《上海道为苏州珠玉帮新建市场禁止滋扰告示碑》再次提到苏州帮与南京帮之间的同一纠纷的后续情形及其解决之道："一年以来，商等竭力筹措，凑集洋二万六千二百元，即就公所对面购得旧屋连地壹亩五分，建设市场，专为苏州各帮珠玉业贸易之所，定于冬间兴工。"官府又再次出示严禁称："该处市场，系苏州珠玉各帮筹款建设，专为该帮贸易之所，不许京帮入内摆摊，以免纠葛。倘有无赖棍徒藉端滋扰，准即就近禀局，禁阻驱逐，各宜遵照毋违。"①

图60 清《苏州府给示保护石作业开办小学碑》

光绪三十二年六月二十八日示，额题"奉宪勒石"，2011年12月11日摄于苏州文庙。

另中外交涉事件，自中国开放通商口岸后便持续不断，而且多酿成命案。同、光时期的《上海道为四明公所血案告示碑》和《苏松太兵备道、上海法总领事为四明公所血案告示碑》所载血案的起因，是法国人欲在上海四明公所义冢地修马路，因遭华人反对，以致在法国租界内发生华洋斗殴事件，结果造成7名华人毙命，法租界房屋被焚。几经交涉，最后经总理各国事务衙门与法国驻京大臣商定，"略去两国律例，专论交情，彼此相让完结。嗣后两国均不得援以为例。所有法、瑠、意三国民人被失房屋物件等，一并在内，由中国偿还关平银三万七千两。其毙命华人七名，由法国自愿给恤银七千两，彼此交割完案。此后法国租界内四明公所房屋冢地，永归宁波董事经管，免其迁移。凡冢地之内，永

———————————
① 《上海碑刻资料选辑》，第368页。

不得筑路、开沟、造房、种植,致损葬棺。由本总领事特转饬公董局,令巡捕随时照料,以全善举,而敦和好"①。

中外交涉中,教案的政治敏感性强,易引发群体性事件。光绪年间,涉教事件频见于碑刻,如陕西南郑县光绪二十三年(1897)《八角山教案碑》是因教民"辱詈毁谤"神父戴礼斐,致使戴神父"气郁成疾,经本主教拔(注:意大利籍传教士拔士林)行文到县,请官照例严办"。该事起因不大,但教民"请罚免罪"的结果却格外隆重,须请48会会长见证、罚席筵30桌、鸣金放炮晓众、罚碑刻明原委、罚钱、献黄蜡等等。如此兴师动众,应当是迫于官府严惩重责的压力,正如碑文起始"具恳免重罪,甘受轻罚,刊碑示众,用儆效尤事"等文字所交待②。

清季陕西平利县《洛河教案碑》(图61),因牵涉数条信教人命,被地方政府定性为"仇教匪乱"。碑文载:

> 总办陕西全省洋务统领水利新军全军帮办水利局花翎候补道郭为刊碑晓谕事。照得平利洛河,聚众仇教,焚毁房屋,戕害善良。本道奉抚宪札委前来查办此案。推原其故,实因乡曲愚玩,囿有知识,为川匪何裁缝、燕□、梁升等行一时之煽惑,几陷合境之身家。叶教友等七人被匪戕生,情实可悯。本道痛诛仇教匪首柯军师、马元帅等三十余人,以昭炯戒。复将程廷业等从重处罚,并将叶久义、詹朝勋、余桂芳、李敬爱、程建业等五人驱逐出境,不准在兴安府属逗留,藉儆愚顽。查该处地僻人稀,匪徒出入,汝等不知传教宗旨以善劝人。该司铎等航海远来,只求广布天主仁爱之情,绝无害人之事。况教中规矩綦严,教民岂敢多奸。司铎等持平守正,决不庇护教民。尔等心存畛域,致起衅端。丧身倾家,祸由自招。倘天主教果有邪淫,何至奉旨保护?中朝人士,食毛践土,自当恪守国法,守分自安。本道不惮烦劳,谆谆劝诫。安良必先除莠,保教实以卫民。幸勿视为具文,自诒伊戚。为此刊碑晓谕,俾众咸知,懔遵毋违。切切。此谕。③

---

① 《上海碑刻资料选辑》,第428页。

② 《汉中碑石》,第355页。

③ 《安康碑石》,第343—344页。

　　碑文所指"聚众仇教"事件发生于光绪二十九年（1903）五月，立碑于当年七月，反映出官府应急处理的能力颇为迅捷。此禁碑集惩戒与劝化于一体，是传统官禁碑的一贯做法。碑文对教案发生的前因后果仅简略述及，实为有意回避。这也提示，有时碑文是有一定的局限性的，需要参照其他文献，方能了解客观的历史事实。与清季官方视角将此事件定性为"聚众仇教"不同的是，民国《重续兴安府志》的记述是出于民众的视角。该志对此次事件描述称：洛河教案发生前，当地被称为"吃教者"的教民往往仰仗洋人，讹诈良善，或霸占田产，或包揽词讼，尤以分堂管事袁瑞林、叶师爷（即碑文中的"叶教友"）、刘贤恺三人为甚。这应是碑文所述导致"聚众仇教"的主要原因。光绪二十九年五月，四川人何彩凤（即碑文中的"川匪何裁缝"，"裁缝"当为彩凤的谐音）率"江湖

图61　清《总办陕西全省洋务查办洛河天主教案告示碑》局部

此碑简称《洛河教案碑》，光绪二十九年七月立于陕西平利县洛河街石桥东头，1972年移至西安碑林。2000年3月23日摄于西安碑林。

会"会众百余人,与当地民众李开千等捣毁洛河教堂,杀死了叶师爷、刘贤恺等。清政府迅急严肃查处,将"江湖会"首领马元帅、柯军师等30余人处死,并悬首示众。此后,被当地民众所不满与排斥的天主教徒"始稍敛迹"①。

从此通碑文中提到的"况教中规矩綦严,教民岂敢多奸",以及前述光绪三十年(1904)《苏州府永禁佃户藉端抗租碑》的"土客民教混杂,在教者幸经神符司铎主教函请,如有藉教抗租,照例送请比追,不致公然挺比"的记述,还可以印证经过晚清一系列反教仇教等教案事件,外国传教士也开始注意对教民的约束。尽管各地效果不同,但中外条约中所议定的内容,如光绪二十九年(1903)《中美续议通商行船条约》第十四款"入教与未入教之华人均系中国子民,应一律遵守中(国)律例,如有犯法,不得因身已入教,送免追究"②的规定,开始在社会生活中发挥效力。

但即使如此,官员对涉及教民的案件,处理时依然会谨慎从事,区别对待。福建晋江光绪三十四年(1908)《府宪碑》记载了一起宗族械斗案件:"查刘、蔡洪都连乡械斗一案,祸因刘姓重修祖祠,蔡姓惑于风水,互相龃龉,致起祸端。蔓延数百乡,伤毙数百命,焚毁数百家。"因此案牵涉面广,处理的难度极大,从1904年到1907年四年间,"官凡五易,终无宁宇",最终"获犯三十余名,情节较重者,供证确凿,就地正法;其余监禁枷杖有差……各以法"。碑文在交待案件起因及处理结果后,进行劝化示禁道:

> 尔等须知,械斗一事,怨毒最深。杀人之父者,人亦杀其父;杀人之兄者,人亦杀其兄。好勇斗狠,以危父母;一朝之忿,忘其身以及其亲,小不忍则乱大谋,可不戒哉!思之!思之!前车之覆,后车之鉴;往事不谏,来者可追。过此以往,务宜痛改前非,永为厉禁。勿因眦睚细故,旧怨复萌;勿因口角微嫌,前仇顿作;勿得弱肉强食,须知桑梓敬恭;勿得尔诈我虞,须念朱陈婚媾。父戒其子,兄勉其弟,立去会盟之习,潜消强弱之形。相助相扶,兴仁兴让,化互乡为仁里,卖佩刀以买牛,是则本府所厚望焉。倘敢仍蹈前愆,定当置之重典。恐天

---

① 《重续兴安府志》25卷为安康县人鲁论于民国三十三年纂成,是志成书后未曾出版,仅存稿本。转引自《安康碑石》,第345页。

② 《清前法部为民教诉讼办法事咨商外务部文》,载汪庆祺编:《各省审判厅判牍》,李启成点校,北京大学出版社2007年版,第274页。

网恢恢，尔时不能幸逃也。懔之戒之，毋违。特示。①

宣统元年（1909）福建惠安县《山腰教案示禁碑》也是源起宗族械斗事件，但因牵涉信教族人，地方官处理时会首先考虑中外条约，表明此案并非纯粹的内政之事。碑文载：

> 照得各国洋人在内地设堂传教，应由地方官照约保护，载约章。此次山腰乡庄姓大小房械斗，大房人致毙小房人来堂礼拜耶稣教民之庄□□一名，业经本县会同营委各员严拿惩办，惟正凶早经闻风远飏，一时未能即获。除今大房各房长先行筹款抚恤该教民家属，一面仍勒差严缉正凶，务获究办外，合行示谕。为此示。仰该乡绅民人等一体知悉：尔等须知，各国设堂传教，专系劝人为善。照章，所有迎神赛会，一切无益之费，均不得摊派教民。至于敛钱械斗，本干例禁，并无民、教之分。平民敛钱械斗，既为王法所不容，则勒令不□斗事之教徒摊出斗费，应行禁止，自不待言。自此次示谕之后，如有不肖之人扰及安分教民，或阻止本乡、外乡教民来堂礼拜，及勒令摊出，违背约章，干犯王法，各费情事，一经查出，或被教民指控，定即查明，照章惩办。凡尔教民，亦宜各释前嫌，勉为善人，永□和好。其各懔遵无违！特示。②

禁碑中的"各国洋人在内地设堂传教，应由地方官照约保护，载约章"的叙述，及明令禁止"违背约章，干犯王法"的规定，反映出中外条约的效力并不局限于国家之间的交涉，也不局限于通商口岸，而是已深入到中国的城镇乡村，并为地方官所高度重视，成为其自觉履职的约束。

对于涉外情事，不同群体、不同身份的人，所持态度不尽相同。与地方官对涉外事件采取谨慎策略不同的是，工商业者在中外贸易交往中，更讲求原则性或平等协商。光绪三十年（1904）上海《典业公所公议章程十则碑》就租界内洋货典当作出特别规定："租界以外各典，专守本榜章程；租界以内各典，兼守

---

① 粘良图选注、吴幼雄审校：《晋江碑刻选》，厦门大学出版社2002年版，第78—79页。
② 郑振满、[美]丁荷生编纂：《福建宗教碑铭汇编·泉州府分册》（中），福建人民出版社2003年版，第783页。

工部局租界章程。查工部局定章,凡专为洋人所用物件,不得收当。有违章程,事觉到官,除所用讼费同业概不与闻外,从严议罚,以充公所经费。再:钟表等物,虽非专为洋人所用,但租界各典,前已有案,概不收当。嗣后仍宜凛遵。若所收系应当物件,遇有意外缪轕涉讼等事,有关大局,同业应公商,合力协助讼费。"①另民国元年上海《四明公所沈洪赍启事碑》也记述了光绪年间工商业者与洋人交涉时的据理力争情形,如碑载"光绪初年,公所内周小鹿先生来请我洪来。因美人占去路八尺,又请沙逊、李仁荣先生与美人争论。路事后,美人当将路丈量。之后自知礼亏,让还路八尺,又另加送路四尺。美人名叫麦格林。如不信,土地堂内有李仁荣先生神主可凭"。另一启事称:"法人闹事,但方董、严董、朱璜三人做主,要罢市。我帮长生会与马夫集全会,亦要罢市。当有美国领事差王松堂先生来,请我洪来到方镇记商议其事。据美领事云及,你宁人与法人失和,我十二国人并无与你不和,为何统要罢工?若要罢工,我十二国人与法人同拆会馆。后我洪来,即至十一点半钟,去劝二业照常开工。美领事同庄菱晨先生在方镇记,听我回音后,到二点钟法兵退去矣。"②

上述碑刻所载群体性事件,虽然不能代表清季"刻石纪法"的全貌,但应当是社会转型过程中的一个较具代表性的特征。在传统的封闭式社会,重大群体性事件多因官民、民族、信仰、用地用水及"劳资"冲突等而起,反映在碑刻中,城镇以罢工罢市事件为多,乡村以水利、坟界、林木等争执为主。在传统"刻石纪法"中,这些冲突多表现为局部性的典型特例。从清季法律碑刻的总体数量看,带有涉外因素的碑刻所占的比例也并不是很高,约十分之一左右,但较之传统社会,增幅依旧明显,同时也不再表现为一种地域性的个案,反映出社会转型所带来的新冲突、新矛盾发生的几率较传统社会更频繁,社会扩及面更广,在一定程度提示了20世纪初中国社会开始向世界洞开之后,所共同面临的突出的社会问题。

二、民初(1912—1927)碑刻中的审判程序

中华民国初年的政治形式与社会环境,较之清季变化更为剧烈。此时期法

---

① 《清代工商行业碑文集粹》,第89—90页。

② 《上海碑刻资料选辑》,第429页。

律碑刻的总体特征,较清季也有明显的不同。据笔者统计,从碑刻的内容和表现形式来看,官禁碑及政府布告碑约占四分之一,较清季有所减少;乡禁乡规碑较以往增幅明显,升至23%;讼案判决碑的增速也非常显著,是清季的3倍,比例近20%,其中以水利、山场纠纷较为突出;公产征信、契约、执照类碑也增幅明显,所占比例近14%;降幅较大的是工商业及行规类碑刻,但内容却较以往更复杂。

造成上述变化的原因是多方面的。如民国时期报纸等新闻传播方式在城市中流行,使官禁碑在城市中的效用大大降低;乡规乡禁碑的增长,当与民国时期推行的地方自治、乡村建设等,不无关系;显著增长的讼案碑,则主要集中在新式传播媒介难以覆盖的乡村或较为偏僻的城镇;工商业类碑刻的减少,则与各地商会的统合与重组有直接关联。

民初"刻石纪法"的时代特色,在讼案判决碑上体现得较全面和迅速。如民国七年陕西《南郑县新铺、狮子两坝旗会结案碑》反映了民事案件三审终审制的实施情况。案件溯及光绪三十年两坝在旗会、办学等公款收支和管理使用问题上存在纷争,结果两次由县署兴讼至道署,最后上诉高等法庭。高等法庭经过书面"调卷核夺",判定公款由两坝轮流分管,每年轮换,并宣布为终审判决。"倘有不遵,复敢来辕上诉者,作为无效,立案不行。"①

民国九年陕西《汉阴知事署堂谕碑》是一份因妨害水利涉讼案件的判决碑,记述了《新刑律》在水利纷争中的实际应用过程。碑文详载原诉人、被诉人、证人姓名,强调公开审理、现场查勘、依法判决等程序。其判决的主要依据是与传统《大清律例》全然不同的《新刑律》。碑载:"查《新刑律》第一百九十七条载,妨害他人灌溉田亩之水利者,处四等以下有期徒刑、拘役或三百元以下罚金等语。此案被诉人韩祖盛既契载明受山田坝水分,自应照约行使,辄敢于月河中心堆沙阻拦,用车吸水,致将下流陈华廷等之水利减少,殊为违法。合依该条本刑范围内酌处罚金五十元,以示薄惩。"②

民国八年云南《保山县关于四川会馆客民掉换房产涉讼案判决碑》详载保山县知事民国七年四月的第一审民事判决书文本,主文包括判决结果、事实、理由、依据、取证、上诉期限、判决效力等。声明:"本案应自民国七年四月十三

---

① 《汉中碑石》,第398—399页。

② 《安康碑石》,第373—375页。

日送达判决本之翌日起,除程站依法另行扣除外,该当事人如有不服理由,应依二十日限期,遥赴省城高等审判厅第二审机关控诉。限满不行控诉,即为判决确定,依法执行。再,此本核对与正本无异。特此证明。"文后盖有"保山县印",及保山县知事、承审员等印章,并附有与判决有关的原禀、复禀、续呈及屡次批文和碑序等,再现了此案的完整诉讼过程。在判案中,表现出传统契据碑文具有重要的证据效力[1]。

而具有代表性且能完整反映民国初年审判程序的是民国十一年云南《保山知县为平息黄纸房等四村山场争讼案判词碑》。判词全文约3700字,详细刻载了因土地山林买卖、集资涉讼的三审经过和审判结果,及民国二年四村集股借山契约与民国九年一村杜买山契两个带有冲突性的法律事实如何认定的经过。碑文首行简明交待立碑者、刻碑缘由及目的道:"黄纸房、磨房沟、仁和桥三村执事人等:兹将沙滩街杜买山场因而涉讼所有经过,初审、二审、高审判决之词,逐一照录勒石,以志永垂不朽。"紧接着是"保山县知事兼司法民事第一审判词"。在列明高延孝等十名原告和董发纲等十名被告姓名后,碑文载:

> 右列当事人高延孝等因私买山场涉讼,经本公署审理,以堂谕判决如左:
> 堂谕:讯得沙滩街、磨房沟、黄纸房、仁和桥四村民人,先年共同集股购买松籽,在尹家山播种。曾经议明:于将来获利时,按照股数多寡分占利益,订立合同,各执为凭。其所种松树之山地,系由四村公同向尹姓借用。现于本年五月内,乃由沙滩街民人董发纲等单独迳向尹姓杜买此山。随由磨房沟、黄纸房、仁和桥三村民人查知,当以山间所种松树,系由四村集股播种在先。此次杜买山地,亦应由四村公同集资买受管业,以免日后另起竞争,向沙滩街民人交涉。讵沙滩街民人坚执不允,因以肇讼。
> 查该四村既经先集股本,在尹家山播种松树,业已订立合同,按股分占利益。此次沙滩街民人董发纲等,竟行单独向尹姓杜买山地,殊与四村集股合办名义不符,日后必致别起争端。应即断饬将沙滩街民人董发纲等单独向尹赵氏所立杜契,当堂涂销。着由磨房沟、黄纸房、仁和桥三村各摊价资,公同沙滩街杜买尹赵氏山地,并另立四村共同杜买契约,收执为凭。此外,再着磨房沟、黄

---

[1]　徐鸿芹点校:《隆阳碑铭石刻》,云南美术出版社2005年版,第483—488页。

纸房、仁和桥三村共备银五十元,以作立契酒水之费;又共备银二十元,付给尹赵氏收受。此后,山地及所种松株,即由四村按股分占利益,永远公同管业,不得再有纷争,以息讼端,而泯后衅。再,尹姓前交沙滩街董发纲等山照一张,该董发纲等既未交出,即作为废纸无效,合并饬知。此判。

本案应征讼费银三两。又抄录判词二份,应征抄录费一元三角。并着两造分担交纳。该两造如有不服情事,准于宣判二十日内,依法前赴第二审永平县公署控诉,过期即为判决确定。

县知事符廷铨。[①]

从上述判词看,纠纷事实清晰,依据法理情理妥当,但讼案并未因此了结。第一审判决没有写明时间,根据民国十一年七月所刻《黄纸房等四村山场契约碑》[②],可知此契约系在一审判决后,沙滩街、黄纸房、磨房沟、仁和桥四村与尹赵氏同孙尹李茂签约于民国九年九月卅日,故判决日期当在此前。之后的二、三审判决分别在民国十年三月和民国十年七月,刻碑在三审结束后一年,连同《黄纸房等四村山场契约碑记》一同刻立。

从碑刻所载民国十年三月的《永平县行政公署兼保山第二审民事判决副本》可知,第一审董发纲等10名被告在二审中以原告身份出现,第一审原告高延孝等10人为第二审中的被告。判决书载明上诉缘由、判决主文、事实、理由等,并宣布维持一审原判:

右列当事人因董发纲等上诉高延孝等,赏准接替咨传,以御夺霸而维佛产一案,本知事审理判决如左:

主文:维持原判,树既四村同洒,山应四村同买,利更四村同享。以后无论何村,不准擅卖山场,不许人葬坟,永杜后患。裁判费三两银,沙滩街负担;抄录费六角,两造缴纳。

事实:缘沙滩街、黄纸房、磨房沟、仁和桥四村人民公同集股,订立合同,于民国二年买获松籽,向尹赵氏借山洒树,自应推心置腹,不欺不诈,日后松树

---

① 《隆阳碑铭石刻》,第498—499页。

② 《隆阳碑铭石刻》,第496页。

成林，按照股本之多寡分占利益。至去岁尹赵氏病后难支，欲卖此山作调养费。以合同之规定论，树既四村同洒，山应四村同买，于情理方合。沙滩街人民不约黄、磨、仁三村同买，独村向尹赵氏之媳再醮之后夫罗兴买获山场，立有杜契。在沙滩街众人之意，以为维持佛产起见，殊不知合同则四村同立，买山则沙滩街独占，况明明指之曰：尹家山即不得藉佛产为名，假公济私。此黄纸房、磨房沟、仁和桥大众不服，于十年二月初二日兴讼前来。讯悉前情，应即判决。

理由：按上事实，黄、磨、仁三村，重在山照。三月十三日，本知事开庭审讯，劝导沙滩街众人将山照缴案粘卷，黄纸房、磨房沟、仁和桥大众之气始平。仍照保山县原判，由黄、磨、仁三村公摊价资，共同沙滩街杜买尹赵氏山地。另立四村公同杜买契约，收执为凭。此外再由黄、磨、仁三村共备银五十元，以作立契酒水之费，特将判决如主文。

此案，本知事认为，第二审据情理判决于民国十年三月十三日。该当事人如有不服判决理由，准于宣示判决后二十日内，遵照法定秩序，依限上诉。

此判。

县知事孙荫堂。[①]

此案的第三审民事判决书由云南高等审判厅做出。上告人仅有董发纲和孙增禄2人，被上告人为高延孝等3人，较一、二审的涉讼人数大为减少。在三审中，上告人董发纲还请了律师张步履为代理人。从碑文所载《云南高等审判厅民事判决（十年上字第一九三号）》，上告及其律师提出的不服一、二审判决的四条理由，法理内容明显增强，可以看到有近代法律专业素养的律师在其中所起的作用：

此山有前半节、后半节之分，其后半节由靖圆和尚于明嘉靖间向袁姓买后，已为白衣寺单独管有。至前半节又为尹赵氏之先辈尹和尚于道光年间送过。经前管事与尹姓、高、蔡二姓迭次涉讼，判归白衣寺管有。于前久经民等此次出资买回于后，该三村未有先买权，何得谓为民沙滩街单独私买？不服者一。查卖买行为，由双方合意而成，契约一经合法成立，固为法律所不禁。民等备价向尹

---

① 《隆阳碑铭石刻》，第499—500页。

姓买回系争山场，系属买卖法律行为，又以先年尹和尚送过而论，亦系物归故主，原审何得法外干涉，判令四村同买？不服者二；又：民等沙滩街虽与该三村立约，合股种树在先，其约内容乃合股种树，非立约合股买山，现民等买获系争山场，与当日股份毫无妨碍，况合股种树为一事，民者单独买山又为一事，不得谓为"前日合股种树，今日即应共同买山"。原审不察情形，判令四村同买，不服者三；况此山后半节向为白衣寺管业，所先后零星卖与人葬坟，尚有以坟骗山者，时有讼端。若照原判，以四村同买后，必纷争不已，酿成巨祸，不服者四。是以上告。[①]

　　而被上告人答辩，也针锋相对，据理力争，并将争讼的关键聚焦在沙滩街、黄纸房、磨房沟、仁和桥四村先前与尹赵氏签订的集股种树借地契约为合法，后来沙滩街村董发纲与尹赵氏儿媳再醮之后夫签订的杜买契约为非法的判定上：

　　　　"查该上告人所称靖圆和尚置购买山场后半节，及尹和尚将前半节送入寺内"，一系事隔四百余年，一系地方变乱，以前有无其事，自有董发纲一人知之。虽闻前清林县志恟任内，该村与尹赵氏争山，被押经年，众人皆知。良以尹姓执有山照，证据确实，仍令尹姓照旧管业，现有尹赵氏可证。至于所称，忽而尹赵氏自知悔过，将照退送；忽而请凭绅首，双方合法出立杜契，拉杂奇怪，自相矛盾。总之，此案关键，既是该寺公山，即不应向尹姓借种，邀三村在中担保；既向尹姓立有合法之契约，何以尹赵氏又俱不知情？且此山已借与四村合股公同种树，原主纵要出卖，当然召集——询问，如三村不买，始能归一村独买。今尹赵氏未问该村，亦不愿卖。该董发纲转得串同尹赵氏儿媳再醮之后夫罗兴，使妻窃照，私立杜契，侵夺股权，天下宁有是理？该董发纲作伪破露，被原主攻击，自知难以立足，遂变为后半节，意图蒙混占有一半之地步，虽真假不难查验于涂销契内，究竟（西）[四]至何处，是否叙有前半、后半字样？此即为董发纲变卦之要证。[②]

---

①　《隆阳碑铭石刻》，第501页。
②　《隆阳碑铭石刻》，第501页。

云南高等审判厅在书面审理中也认为,"上告人提出之买卖契约是否合法有效"是此案判决的关键。终审判决首先确认沙滩街、磨房沟、黄纸房、仁和桥四村人民于民国二年合股集资向尹赵氏借山场种树,为两造不争之事实。上告人所称道光年间尹赵氏先辈尹和尚将系争山场送与沙滩街、白衣寺之说不足采信。对关键的民国九年一村独买契约是否有效,终审判决认定:

> 检阅诉讼记录,据上告人历次主张,均谓民国九年七月,该沙滩街人向尹姓买获此山,价银一百二十元,立有杜契,而未指明卖主之名。据被上告人主张,谓上告人系尹赵氏儿媳再醮之后夫罗兴买受,且称系上告人串通罗兴,使其妻窃照私卖各情,即尹赵氏历次状诉情节亦复相同。本厅查阅上告人提出之杜契内,实未经尹赵氏列名画押,则尹赵氏未经同意卖与沙滩街之主张,自难加以否认……查该罗兴为尹赵氏儿媳再醮之后夫,原不得有处分尹赵氏财产之权。该尹赵氏之子已殁,其孙已随母下堂(见初审卷,四村公呈),故系争山场,除尹赵氏处,别无有权独立出卖之人。上告人明知系争山场为尹赵氏所有,乃未得尹赵氏之同意,辄与无权之人纬经买卖系争山场之契约,则其契约在法律上自始即不能发生效力。第一审判决将该契涂销,着由磨房沟、黄纸房、仁和桥三村各摊价资,共同沙滩街杜买尹赵氏山地,并另立四村公同杜买契据,收执为凭。并着磨房沟、黄约房、仁和桥三村共备银五十元以作立契酒水之费,又共备银二十元给尹赵氏收受。此后,山地及所种松株即由四村按股分占利益,永远公同管业。第二审维持第一审原判,于上告人已有利益,该上告人尚有何不服之余地?上告论旨各点,均不得谓有理由。惟查第二审判决主文,既宣告维持第一审原判,乃又加"树既四村同洒,山应四村同买,利更四村同享,以后无论何村,不准擅卖山场"等语,均属赘文。且加入"不许人葬坟"一句,又超出当事请求范围以外。关于此点,尤不能不认为违法。应由本厅依职权将其违法及不当部分予以撤销,仍维持第一审判决之效力。

据上论结,本件上告殊无理由,原判亦不尽适法。应将原判除维持第一审判决部分及讼费部分外,概予撤销,仍维持第一审判决效力。

又,本件上告系关于适用法律之争执,依上告审现行事例,以书面审理行之。特为判决如主文。

中华民国十年七月二十二日,云南高等审判厅民事庭审判长推事杨凤梧,推事傅绥德、杨廷昭,书记官焦定邦。①

　　这通内容详尽的长篇碑文,仅就刻字立碑而言,本身即是颇费精力和财力的事情。从形式上看,碑首呈常见的半圆形,碑额刻"永垂不朽"四字,碑尾题"众村执事暨绅耆人等公同立石",均是古代中国"刻石纪法"传统的延续。但从碑文内容、表述形式、法律理念等方面看,较之传统均发生了很大改观。碑文所载审判级别为三审终审制,但第一审的县知事兼理司法与终审的独立审判制度有明显的不同。虽然中国的审判制度在清季已引进了西方司法独立的原则,但因各种条件的限制,基层审理机构无法做到司法与行政分离,故民国三年特颁布了《县知事兼理司法事务暂行条例》,使县知事兼理司法成为民国初年一种过渡性质的审判制度。其第二审"永平县行政公署"是云南省政府的派出机构,由永平县行政公署兼保山第二审,说明地方在审判级别的建制上,也处于一种过渡性的不完备状态。从审判内容看,无论是保山县知事出具的一审判决书,还是永平县行政公署出具的二审判决书,抑或是云南高等审判厅的终审判决书,均强调契约效力和保障财产权。在第三审中,上告人代理律师特别提出"查卖买行为,由双方合意而成,契约一经合法成立,固为法律所不禁"等法言法语作为其诉告理由之一。而三审判决也均强调两个特别的财产权,一是四村人民的共同先买权,二是尹赵氏对山场的所有权。同时判决书还特别体现了保护合同权益、保障契约自治的原则。因为沙滩街村董发纲与尹赵氏儿媳再醮之后夫罗兴后订合同损害了四村人民与尹赵氏前一合同中的正当权益,后订合同被判无效,

　　此份判决书从表达方式上看,原被告、案由、判决、事实、依据、理由、讼费承担、上诉期限等,均交待清晰,层次分明,逻辑性强。碑文中并没有反映出具体参照的法律名称,但终审判决书中特别强调"本件上告系关于适用法律之争执,依上告审现行事例,以书面审理行之",另民国七年陕西《南郑县新铺、狮子两坝旗会结案碑》第三审也是高等法庭书面"调卷核夺",故民事审判第三审以书面形式进行,应是当时通行的做法。同时,碑文中也反映出一些地方习惯,如三次判决均提到的付"立契酒水之费银五十元",可证此习惯为当地官方和民

_____

① 《隆阳碑铭石刻》,第502—503页。

间所认同。

除新式判决书外,传统讼案告示碑的形式也存在。如民国十年《迤东会馆告示碑》记载保山县知事符廷铨就会馆田产、铺面纠纷一案起因和处理决定的全文。其格式与表达方式,与前述同样为保山县知事符廷铨在民国九年就黄纸房等四村山场争讼案所作的《保山县知事兼司法民事第一审判词》,判若两人。

三、社会转型期 "刻石纪法" 之特色

(一) 碑文体式的渐变性

清末民初法律碑刻的外在形式特征多遵循传统,变化不大。以碑额为例,山西介休源神庙光绪二十八年(1902)《碗窑行公议规条碑》,碑阳额书 "永远遵守",碑阴额书 "安业除患";陕西安康东镇乡黑牛沟光绪三十年(1904)《公议禁碑》,碑额刻 "大团公议",均是公议禁碑较为传统的标志;讼案纪事碑如光绪二十九年(1903)《源泉平讼记》,碑阳额书 "率循阆越",阴额书 "永垂不朽",体现了判词等官方文书的权威性和永久效力。碑题与结尾,也一如以往的禁令公文。陕西安康光绪二十九年(1903)《天柱山庙公议章程告示碑》,在大字首行 "钦加同知衔赏戴花翎调补安康县正堂加五级纪录十次记大功十一次沈为" 之后,紧接 "出示晓谕以整庙规而垂久远事" 之示禁事由,结尾处刻以 "原报(八人姓名从略),右仰通知,公议首士(八人姓名从略),光绪二十九年九月二十日,告示押,实贴天柱山庙门勿损" 等文字①,也是传统公文碑的标准格式。

民国初年碑刻形式,碑额上的 "永垂不朽",是云南保山民国十年《迤东会馆告示碑》、民国十一年《黄纸房等四村山场契约碑记》和《保山知县为平息黄纸房等四村山场争讼案判词碑》等讼案碑的共同标志。福建晋江县金井天后宫《金井公约碑记》碑额为 "公约" 两字,尾题 "金井街诸董事重立"②,也是民禁碑较为经典的表达方式。

清季民初碑刻形式变化较明显的地方,主要体现在公文文体、形式和署名者的身份上。就公文文体、形式而言,民国碑刻的变化更明显。如表达方式和行

---

①　《安康碑石》,第306—309页。

②　《福建宗教碑铭汇编·泉州府分册》(中),第507页。

文更通俗直白, 电文、标语等新式文种, 也刻载于碑。民国元年四月云南隆阳太保山杨振鸿墓地《礼葬杨振鸿电文石刻》载文:

> 永昌行营李师长鉴:
>
> 　感(注: 二十七日)电悉: 杨君秋帆遗榇, 既据永绅公请葬于太保山, 以光志乘, 甚合公议。乃弟振国坚欲扶榇归葬先茔, 揆诸狐死邱首之训, 虽近于礼, 究系私情, 自应如永绅所请, 以召公论而阐幽光。请即转知照办。
>
> 　蔡锷、罗佩金、殷承献、沈汪度艳(注: 二十九日)印。[①]

民国十年仲秋《督军兼省长阎示碑》在山西洪洞县、临汾市尧都区、霍州衙和平遥县衙(图62)等地均有所见。洪洞县博物馆的碑文载:

图62　民国禁贪官、三害碑
2010年11月20日摄于山西平遥县衙。

---

① 《隆阳碑铭石刻》, 第459页。

督军兼省长阎示:贪官污吏、劣绅土棍为人群之大害,依法律的手续非除了他不可。洪洞县知事杨斌敬立。①

如前述同一人所出具判词可以表现为新旧两形式,民国公文新旧并存的情况在各地均有所见。以同一年的示禁碑为例:福建晋江县民国六年九月《蔡忠惠祠示禁碑》碑首为"晋江县知事张,为出示严禁事。照得蔡忠惠公为有宋一代伟人……",碑尾题署"民国六年九月示日",还是传统官禁碑的格式。而该年十二月《古檗山庄示禁碑》出现了公文告示等的编号,碑首为"晋江县公署示第□号,为出示严禁事",碑尾题署"中华民国陆年拾贰月二十日给,知事张祖陶"②。

在清季民初的碑文上,题名、撰书者身份的变化,是一个持续渐进的过程,也一定程度折射了法律与社会的变迁。如宣统三年(1911)八月福建永春县《李氏祖坟示禁碑》中,出现了议长、议员的身份,反映了该地推行立宪制、议会制的成果。该碑载:

钦加三品衔、在任即补府、特授永春直隶州正堂李,为勒石示谕事。案据十五都太平乡乡宾李佳期、例贡李联春、州同李钟成等控称:伊五世祖近竹公墓前祀田,遭蔡察等占盖划伤等情,当经本州诣勘,嗣由公长镇议长颜阳秋、城议长李自华、省议员周寿恩等出为调处,劝令蔡姓另迁别盖,李姓贴出搬徙木料费一千元,交收清楚,蔡姓甘愿将原盖之地铲平,永远遵照公处,不在李姓坟前左右田内盖屋,以全邻好等情,禀经本州核准,并提两造讯供,亦无异词,当堂取结,谕遵在案。③

因官制的改变而致官员头衔及撰书人身份的变化,在碑文中也可得到及时体现。山西洪洞县兴唐寺乡涧头村民国五年《永垂不朽碑》为一通处理水利纠纷的公文碑,碑首题为"六等嘉禾章内务部存记赵城县知事张为水利兴讼于县

---

①　汪学文主编:《三晋石刻大全·临汾市洪洞县卷》(下册),三晋出版社2009年版,第631页。

②　《福建宗教碑铭汇编·泉州府分册》(中),第476—477页。

③　《福建宗教碑铭汇编·泉州府分册》(中),第903页。

长张案下"①。嘉禾勋章设于民国元年,民国五年定为九等十级,根据不同等级可衡量获得者的职位高低及功绩大小,与前文曾提到的光绪二十九年(1903)《天柱山庙公议章程告示碑》首行"钦加同知衔赏戴花翎调补安康县正堂加五级纪录十次记大功十一次沈"的官职题署方式,已有较大区别。

民国初年的碑文中,多呈现新旧头衔并列的情况,反映了社会转型期间的过渡性特征,如山西洪洞民国七年《重修玉皇楼碑记》尾书"前清廪贡生狐健篆额;清先授文林郎候铨奎文阁典籍、复授承德郎候选光禄寺署正、毕业师范员韩钟灵撰文并书丹"②。山西洪洞县堤村乡好义村民国九年《兴办女校碣》碑尾落款是:"山西法政专门学校法本科毕业、署大宁县第三区行政长兼警佐张秉哲撰并书丹;村长:山西法政专门学校法本科毕业、代理承审员张和风;村副:师范学校毕业张铨,清议叙九品张振风;管理:清监生张永康,清九品张箴铭。"③反映出接受新式教育者,渐成为推动当地乡村教育的主力军。

（二）碑刻内容的时代性

清末民初碑刻内容的变化体现在许多方面,前述反映新式审判制度的讼案判决碑即是一例。另民国八年浙江乐清知事唐永锡给示的禁勒索船钱的《告示碑》、民国九年浙江《瑞安县分署布告第九九号》等官方政令刻石,体现出近代警察制度的设立情况。

清末推行的新政内容,在开风气之先的城市会得到及时反响。响应新政,创办新式学堂,成为一些工商会所的新举措。光绪三十二年(1906)《苏州府给示保护石作业开办小学碑》(图60)载监生吴锦山等的禀文称:

> 窃生等皆隶宪治三首县境内,均系石作生理,安分营生,从不预别事。缘因仰见大宪筹办学校,日与月盛,生等虽系庸懦无知,亦有教育热心,拟立小学一所,以冀稍补官力不足。生锦山将元邑九都四图半边街绣花弄坐南朝北平屋一所,二进计八间、两披,情愿捐作同业议事之所。于是纠集同业、汇议开办蒙小学堂设其内,延师教授同业子弟。所有开办经费,先由吴锦山、王仁山等捐垫洋

---

① 《三晋石刻大全·临汾市洪洞县卷》(下册),第623页。
② 《三晋石刻大全·临汾市洪洞县卷》(下册),第625页。
③ 《三晋石刻大全·临汾市洪洞县卷》(下册),第629页。

五百元,以作开办经费;其常年用款,议由三首县各石作每做一千文生意,提出捐钱二十文,每工捐钱四文,按月责成各作汇交一次,以资挹注。

苏州府的批文认为该"监生等现拟修葺公所,附设蒙小学堂,并办理各项善举,系为培植子弟,保卫同业起见",故同意立碑,并严禁"闲杂人等及地痞流氓闯入滋闹,藉端阻挠"①。

光绪三十二年(1906)《重建沪南钱业公所碑》强调"公所之设,所以浚商智、联商情也"②,表达出工商业者实业救国的诉求。至民国初年,实业兴国救国的理念已传布至较偏远的地方。民国六年云南保山隆阳《板桥哨四排集股种桑碑记》载:"尝闻众志可以成城,积少可以成多。自前清丙午年(即光绪三十二年,1906)地方官饬令各哨积股种桑,原为倡兴实业起见,我哨踊跃争先,共成其事⋯⋯至改玉以来,更以实业为首务,同人等意欲推广森林,十年可以树木,以期利益均沾。"③山西洪洞民国九年一碑文称:"我国株式会社大形发达。裕长庆棉花栈开幕伊始,股东周景文在大槐树处默祷:但得生机勃发,愿捐制钱伍拾缗,助该处未竟之工。甫二载,果如所愿,依数交纳。启情深桑梓,感佩莫名,因勒贞石,永垂不朽。总经理景大启谨志。"④

与工商业较发达的城市易于接受新事物形成对比的是,在一些偏僻保守的地方,新生事物的推行尚有一定阻力。广东顺德县光绪二十九年(1903)《禁设机器丝厂碑记》即为例证。

加二品衔军机处存记遇缺提前简放道调补广州府正堂沈,为出示晓谕事。现据该县四川补用县主簿陈简贞、赐翰林检讨杨济昌等遣抱陈文赴县府呈称:缘里村乡历无机器丝厂,前莘田坊业经各宪示禁。本年突有福源社及四基坊等试用强压制,激动舆情,先后经岑启鎏、陈兰新、梁星文、赵定忠等分词具理,迭蒙仁宪、藩宪批饬,援案禁止。职等见各处骚动,事关大局,公听舆情,亦蒙批行,援案通禁,核明示遵等因,阖村颂德。旋四基坊假威蔑案,用罗沙露洋

① 《明清以来苏州社会史碑刻集》,第337页。
② 《清代工商行业碑文集粹》,第86页。
③ 《隆阳碑铭石刻》,第473—474页。
④ 《三晋石刻大全·临汾市洪洞县卷》(下册),第627页。

行禀,由领事照会,取巧强图,众情愈愤,几酿衅变。约绅迫悬红理阻,复以舆情不洽,禀复请援案赏示通禁,蒙县照复领事,以职等职禀,及约绅杨寿轩等禀复,均延建设机厂,实有空想,所请援案通禁,亦属平允。且纷纷控禁诸事等所禀之事,注销作罢。随梁星文、陈兰新亦禀县批准示禁在案,是里村地面,迭禁严明,万难巧图强设。对动假洋人恫喝势压,实为大患,幸藉各宪威德,严饬援禁。现福源社、四基坊均罢议,惟常听援禁,必仗宪示通禁,泐石永遵,方能恶根断绝,后患克除。理合公呈联乞,迅饬将里村地方,一律禁设机器丝厂,赏示通禁永遵,安民业而全大局,□□上赴等情。查该县属内丝厂已有多处。该里村地方,既历无机器丝厂,该绅等恐其续设,有碍田园。□案奉藩宪批行,提案禁止,自应准其出示晓谕遵守。除批揭示及札该县藩而外,合即示谕。为此示。仰该里村乡民人等知悉:该乡一律禁设机器丝厂。查照秉谕,永远遵守,俾安民禁,凛之毋违。切切。特示。①

碑文中出现的"激动舆情"、"众情愈愤,几酿衅变"等描述,反映出具有中外合作性质的机器丝厂在顺德县里村乡遭遇极大阻力。尽管有领事照会"假洋人恫喝势压",但该乡士绅毫不示弱,纷纷上控,从"有碍田园"等传统风水的角度,极力阻止近代工厂的进入。这通禁碑的刻立,便是地方官遵循民意的结果。

一些碑文也客观记载了新制建立和法制改革的艰难性。如民国十四年《广西民政公署禁革各县司法陋规布告碑》载:"在昔前清时代,每遇命盗案件发生,有司率领胥役前往勘验,供张有费,红袍有费,解秽有费,差役之草鞋有费,种种名目,不胜枚举。或需索于受害之家,或滋扰于被告之族,甚至附近里(怜)〔邻〕亦有被波及者。此种弊端,自民国成立以后,早经申令禁止。惟就职厅访闻所及,前项积弊之有无,仍视每任知事之贤否。或甲任禁革而乙任兴回,或丙任再革而丁任又兴,循环往复,以致终未革除。"②其所述情况,基本真实可信。

此段时期内,除了追逐时代潮流、适应形势变化的新鲜内容,还有大量的法律碑刻承担着传统"刻石纪法"的内容。工商业碑刻中,源自清中期的同业互助救济之类的善举碑依旧延续,如光绪二十八年(1902)《苏州府示谕保护面业

---

① 《广东碑刻集》,第427页。
② 《广西少数民族地区石刻碑文集》,第114页。

图63　清《吴长元三县示谕保护水木作梓义公所善举碑》
额题"勒石永遵",尾题"发梓义公所勒石"。2011年12月11日摄于苏州文庙。

图64　民国《吴县知事公署布告碑（第二零四号）》
额题"永遵勒石",尾题"吴县知事温绍樑"。2011年12月11日摄于苏州文庙。

公所善举碑》、光绪三十三年（1907）《吴长元三县示谕保护水木作梓义公所善举碑》（图63）等，所载内容，与道光年间的碑文大同小异。

民国时期，类似碑刻依旧可见。苏州文庙有民国八年《吴县知事公署布告碑（第二零四号）》（图64），额题"永遵勒石"，尾署"吴县知事温绍樑"。碑文载苏州餐饮行业梁溪公所梁耀春等呈称：业内发生多起伙友席卷逃亡事，给店主造成很大损失，"究其根源，实在不遵旧习惯雇用伙友……自国体变更，人民道德薄弱，同人等莫不引为大忧"。恰值行业公所"修葺工竣，一切重资整顿"，特向县政府和警察厅呈请确认旧行规效力，各店所用"伙友仍由送人头保荐，不使莠人混入"。同时梁耀春"在公所邀集同业全体公同议决，仍公举庄龙德为敝业送人头"，而之所以要"联名呈叩钧鉴俯赐批准给示"，是为"以资信守而安商业"。而旧习惯和公同议决两个要件, 也均得到官府认同①。

另传统风水观念及祭祀活动内容的碑刻, 无论在城市还是乡村, 依旧有一定市场。光绪三十二年（1906）《常熟县永禁虞山采石碑》是从保护风水的角度立论。宣统二年（1910）《四明公所年庆会会规碑》所定"公守会规"是建立在行业神崇拜的基础上。民国六年山西洪洞县《广平渠诉讼文》记载因南马驹村人盗水而引起水利纠纷后和解与报官处理的经过, 其处罚方式中的"罚供猪祝神"带有强烈的民间色彩②。

当然, 移风易俗、劝化乡里, 仍是官禁碑和乡禁碑矢志不渝的目标。光绪二十七年（1901）广东澄海县《遏制奢风告示碑》系为严禁婚嫁迎娶破费铺张而出示。碑文称:

> 我澄虽滨海之区, 夙称邹鲁, 凡大小礼数, 毫无奢华。迩因习俗相沿, 风遂一变, 无端浪费, 谬为礼文。目前最甚者, 莫如姻戚馈遗一事。考城厢内外, 以至大小村落, 无论富家贫户, 一女嫁出, 则父母首数年必破探正送节等费, 逐年又必以四季食物挑送婿家应酬, 多则为荣, 少则为辱。即或家贫无力, 也得百计经营。礼岂如斯, 徒耗财多事而已。今本城五社绅众, 深痛此弊, 公议停止, 于本月廿四日演戏于此尊神庙前, 声告明诚, 并俾大小各村落有所传闻。唯恐代远年深, 无知者或仍踵弊, 固将缘由条约, 一并勒石, 以杜后来。
>
> 一 自演戏议止之后, 社内人众, 无论嫁出娶入, 均不得再有探正送节等事。年间不得挑送四季食物, 如甘蔗、黄蕉、黄柑、薄饼、角黍包、荻桃、果豆粉、荔枝、龙眼、青红柿之类, 违者议罚。
>
> 一 籍庆祝飞升, 馈送神惠, 虽非无端浪费, 究系近来奢风, 自议止之后, 毋得有此事, 违者议罚。③

类似的碑刻还有光绪三十三年（1907）保定工巡局官员针对婚聘中的奢侈之风而出示的《俭可养廉告示碑》等。

---

① 碑文2011年12月11日录于苏州文庙。
② 《三晋石刻大全·临汾市洪洞县卷》（下册）, 第624页。
③ 《广东碑刻集》, 第296页。

（三）碑禁效力的承继性

清季民初社会转型期的"刻石纪法"，尽管其内容和形式均发生了一些变化，但从立碑程序的注重授权性和仪式性、碑文内容的兼顾传统习惯和新政新法、碑禁的执行模式及防患未然的功利性等特征来看，此时期的"刻石纪法"在现实生活中充满张力。

从立碑程序与环节上观察，乡禁碑依然按传统呈县署立案以昭程序之合规合法。天津天穆清真大寺光绪三十一年（1905）《戒除族内通婚碑》载："至于婚配，同姓并不结亲，向遵例禁。乃近来，无知之徒罔知法律，竟有穆姓同姓为婚之举，殊属野蛮之至。"为避免此种"乱宗裔而败风俗"的行为再度发生及穆氏族人再"蹈干禁乱婚之恶习"，特规定："如再有违训乱婚等事，或经绅等禀明，或别经发觉，伏乃准行按律惩办，决不姑宽。"此项禁令还特向官府申明，官府批示称："自示之后，凡有穆氏族人务须按字起名，以明宗派，免致干禁乱婚。倘敢故犯，准由同族人等指名控究，按律惩办，以垂伦纪基。各凛遵毋违。特示。"①

另传统的演戏立碑、罚碑记过等方式，在清末民初，依旧薪火相传。前者如光绪二十七年（1901）广东澄海县"演戏于此尊神庙前，声告明诚"的《遏制奢风告示碑》，后者如民国九年陕西城固县《五门堰傅青云等认罚赎咎碑》等，不一而足。

在社会转型期，碑刻的功能和作用也许更能说明问题，因为传统的刻碑以维护权益及防患于未然的功效，并未因社会转型而减弱。

民国初年，在云南、广西等偏远地区，乡禁碑如前清一样有存在的空间和现实效力。民国六年广西《兴安县兴龙两隘公立禁约碑》序文称：

> ……迩来年荒岁欠，匪盗频生，官无定律，民无定主，若不禁束，盗贼由此而生，匪类由斯而起。今后必须父训其子，兄戒其弟。如有犯者，大则沉塘毙命，小则鸣众公罚，勿以亲而免之，勿以狗而敬之。倘有受贿私纵者，与罪盗同罪。务使人人改邪归正，个个化盗为良，共享升平之福，咸称淳厚之风可也。……

序文之后是15条禁约，内容涉及禁偷盗及有关婚嫁、丧葬等方面的约束性

---

① 余振贵等主编：《中国回族金石录》，宁夏人民出版社2001年版，第653页。

规定。除常见的公罚、驱逐等处罚措施外,对"拦路劫抢,谋害财命"和"惯盗田禾谷仓及猪牛家财者",要"沉塘毙命"。表现出在清末民初社会动荡之际,在"官无定律,民无定主"且"年荒岁欠,匪盗频生"的境况中,地方团众迫不得已采取的变通自治手段①。

清季民初的改朝换代和社会转型,也并未使碑契的法律效力减弱或丧失,尤其是涉及族产、寺产、会馆产业等"公产"的配置和管理方面,碑契具有重要的公信力。云南保山民国八年《雨花庵分租碑记》声明:"系是两村老幼人人情愿,中间并无逼勒相强等弊。欲后有凭,立此合同凭据,与西庄管事收执为据。从兹两村各照合同,垂碑镌石,立各村内,仍将雨花庵康熙三十九年之古碑存立庵中。两造出具遵依和息与区事务所。又将此和息立石于庵内,务令两村永远遵守。特此立据。"②民国八年云南《保山县关于四川会馆客民掉换房产涉讼案判决碑》也承认前清碑文的法定证据作用。碑载:"查会馆制产,应以确凿实在为根据。若以少贪多、见利忘义,均属取与不合。该会馆此项铺房,既执有杜断红契,又复刊载碑文,确凿实在。""判令该会馆正会长舒仕勋、副会长李正清,及众未公举之代理正会长吴光宣均事理不明,办事不当,着各褫退。由该同乡全体选举明白公正股实之人,分别永充,以副众望。坐落通商巷铺面楼房三间,一连两进之房,着该会馆按照契据碑文,仍旧管业。马家屯计两份,共十四工之田产,着该典主周文经照契管业,均不得互相掉换,以重公产,而杜争竞。田产应由该周文经自招佃户,其不合法之掉换文约、租约并取消,附卷讼费六两五钱,着两造平均担负。"庭审中,"碑文契据当庭查验,以资考证"③,显现出碑文在田产等诉讼中的证据效力。

而清末民初,尤其是民国初年讼案判决被刻立于石,都有极强的目的性。山西洪洞县民国五年《永垂不朽碑》交待立碑之缘由道:"兹同邻村友人双方调停以寻结局,县长张爱民息讼,又谕令三村公社写立骑缝合同三纸,核阅盖印,各具甘结,永杜争端,常葆和气。奉批之后,三村公社均爱遵照,因立合同一样三纸,各执一张。恐年远日久,合同损失,因立石碑以志不朽云尔。"④民国

①　《广西少数民族地区石刻碑文集》,第128页。

②　《隆阳碑铭石刻》,第481—482页。

③　《隆阳碑铭石刻》,第483—488页。

④　《三晋石刻大全·临汾市洪洞县卷》(下册),第623页。

十年云南保山《迤东会馆告示碑》向官府呈请出示禁碑的理由是:"窃思香火田产,先辈创置匪易,若不严行取缔,诚恐后来不肖之徒仍蹈故辙,典质一空,有负钧长及同乡等今日经营之苦心。思维至再,拟恳赏准立案,出示严禁。凡属馆内产业银钱,勿论何人,不准擅行变动、挪移。勿论军民人等,亦不得承受馆内产业。倘有故违,一经告发,勿论何项契约,均无效力。如蒙允准泐石,庶可永久保持。"①民国十一年云南隆阳《花椒寺碑》强调"将该寺田产除存印簿外,再行刊石,以为后来证据"②,也表现出刻石预防变数、保障权益的鲜明意图。

综上所述,作为社会发展变革的见证者和纪录者,碑刻真实反映了清末民初社会转型时期,其法律内容在形式、体例、理念等方面所体现的新旧并存的过渡性特征。碑刻形式、内容、观念等方面的渐进性变化,体现出其与社会发展的契合性;碑刻程序、功能、效力及传统内容的保留与延续,体现了"刻石纪法"传统的强大惯性。

总体而言,在20世纪最初30年,"刻石纪法"传统还处在一种兼容并蓄的渐变性状态。从20世纪40年代开始,"刻石纪法"传统已处于衰弱状态,碑刻体例、表达方式、内容,呈现出明显的突变性特征,突出政治性的纪念碑文体,渐成为刻石纪事的主流。

---

① 《隆阳碑铭石刻》,第490页。
② 《隆阳碑铭石刻》,第494页。

中　篇

明清碑禁体系与非正式法

第三章

明清地方禁令与词讼禁碑

　　刻石申明禁令，是明清地方禁令的重要表现形式。明清数以千计的碑刻禁令，实际上已构成了相互间有内在联系的碑禁体系。词讼禁令，就是这一体系的重要组成部分。明清词讼禁令，其警示对象涉及包括官吏、生员、地保、衙役、游民等在内的各种社会群体；其所反映的社会问题特别是世风流弊也比较集中和突出。这些禁令的内容及其形成过程，集中体现了地方法律秩序的构成方式及其特征，也反映了基层社会的法律意识。本章以碑刻禁令为依据，阐述明清地方词讼禁令的主要内容和特征，并尝试解析碑禁体系在明清地方法律秩序构建中的作用。

第一节　明清地方禁令与禁碑

一、明清地方禁令

　　就明清禁令的级别和效力而言，大致可分为两类：

　　一是中央发布的关于地方弊端的禁令，主要指皇帝或中央其他机构为矫正特定地方弊端所颁发的榜文、圣谕和条例等。榜文有广义和狭义的理解。广义的泛指各种禁令告示；狭义的指由皇帝或皇帝授权的中央机构颁布的一种公告文体,其中也包括圣谕和条例①。榜文既可张贴悬挂,如王恕(1416—1508)在成化十三年(1477)的上疏中提到:"正统四年(1439),麓川思任发造反攻杀各处地方,蒙钦差总督军务兵部尚书王骥总兵等官调领本军前来征剿反人,了当。又给榜文与各地方张挂,抚安夷民,耕种安业,办粮当差"②;也可书于木榜或镂刻于木榜和石碑上。明代,中央机构颇为重视将通行全国的禁令、条例通过刻碑的形式颁布,现所见洪武十年(1377)江苏昆山《卧碑》、洪武十三年(1380)江苏苏州《礼部钦依出榜晓示生员卧碑》和洪武十五年(1382)陕西户县《敕旨榜文卧碑》,均为明太祖朱元璋御定的学规,内容以严禁生员无故涉讼为主题。碑文以"礼部钦依出榜,晓示郡邑学校生员为建言事"开头,结尾强调"榜文到日,所在有司即便命匠置立卧碑,依式镌勒于石,永为遵守。右榜谕众通知"③。同样内容的榜文碑还有明成化十五年(1480)广东《肇庆府学卧碑》和嘉靖四十四年(1565)安徽《晓示生员碑》,以及清顺治九年(1652)敕谕全国各学刻立的《卧碑》等。

除榜文外,中央禁令有时也以圣旨、敕谕的形式发布。乾隆三十一年(1766)礼部奉旨所颁《敕禁生监把持寺庙条例》,系依据浙江学政的条奏及其"请旨饬部通行示禁"的请求,皇帝特发圣旨,礼部奉旨依议后,在全国颁行。陕西留坝县张良庙中乾隆三十一年(1766)四月初八日所刻《敕禁生监把持寺庙碑》便记载了这一敕谕在地方示禁的过程:"乾隆三十一年四月初八日奉上宪信牌:乾隆三十一年三月二十五日准礼部札开:仪制司案呈礼科,抄出浙江学政钱条奏贡监换照等一疏,奉旨依议,钦此钦遵。抄出到案,相应生监侵牟恶习,宜勒石严禁也。"④另陕西汉中嘉庆八年(1803年)《敕旨护道榜文碑》和江苏苏州嘉庆十年(1805年)《谕禁生监勒索漕规碑》等,也记录了圣旨在地方颁示的情况。

二是各级地方官员为矫正地方弊端而发布的禁令。明清时,许多新官到任

---

① 杨一凡先生认为:历史上告示的称谓有布告、榜文、文告、公告等多种,不同历史时期的称谓也有变化。明代前期及以前各代,"榜文"、"告示"、"布告"等名称相混使用。明代中叶以后,为了体现"上下有别"并区分其适用地域的范围,皇帝和中央机构及其长官的布告通常称榜文,地方各级政府和长官的布告则称为告示。本书认同杨一凡先生的观点。参见杨一凡、王旭编:《古代榜文告示汇存》"序言",社会科学文献出版社2010年版。

② 〔明〕王恕:《王端毅奏议》卷3《参镇守官跟随人员扰害夷方奏状》,文渊阁《四库全书》电子版。

③ 刘兆鹤、吴敏霞编著:《户县碑刻》,三秦出版社2005年版,第345—348页。

④ 《汉中碑石》,第214页。

地方,都会主动发布一系列禁约文告。如隆庆万历间,方扬到任随州即颁布《禁谕吏书示》、《随州关防示》等;刘时俊(?—1629)任桐城县知县时颁布了《桐城到任禁约》、《举行乡约示》,任职吴江时又颁布了《禁约示》、《禁请托示》、《禁谕示》、《息盗安民示》等一系列禁约文告。嘉靖三十七年(1558),海瑞任浙江淳安县知县时发布《禁馈送告示》,明令禁止官吏利用职权收受馈送:"接受所部内馈送土宜礼物,受者笞四十,与者减一等,律有明禁。……今后凡有送薪送菜入县门者,以财嘱论罪。虽系乡宦礼物,把门皂隶先禀明后许放入。其以他物装载,把门人误不搜检者,重责枷号。"[1]告示中明确指出"律有明禁",表明其禁令是对国家法律的贯彻执行;而"以财嘱论罪"和"重责枷号"等处罚措施,则是地方官针对实际情况,设定更为具体的论罪处罚措施。

地方官所发布的禁令也多被刻载于石碑上。明末累官至右佥都御史和巡抚贵州的江东之(?—1599)为革除地方弊害而颁示《石碑禁约》规定:"一禁革巡栏经纪,各行额税不许增,乡民手卖绸货不许税,违者官以贪论,民拿究处。白役诈称条编未完,扭骗乡民者,从重究遣。一禁谕官军,俸粮除出征、作镪、亲故三项议处外,有不俟覆详私相给领者,卫官军以求请论,州官吏以枉法论。"[2]万历四十二年(1614)南直隶宁国府太平县刻载巡按直隶监察御史批示的《察院禁约碑》,规定禁止官吏骚扰当铺、取借绒衣布帐等物。崇祯五年(1632)《抚院司道府禁约碑》强调"永不许佥报铺商","勒石遵守,以作永规"[3]。

上述两类禁令中,第一类榜文、圣谕和条例中的禁令虽系针对特定地方弊端而发,但多通告全国,示禁内容带有一定的指导性和纲领性。相对而言,第二类即由地方官制定和发布的地方禁令,针对性较强,具有鲜明的地方感和现场感,同时也与中央颁布的禁令有密切关联,是针对各地具体情况,以国家法律、榜文、圣谕和条例之条文或精神为基础加以细化和延伸。而将上述两类禁令刻于石碑上公布,即为禁碑。

---

[1]　《海瑞集》卷2《告示》,李锦全等点校,海南出版社2003年版,第256页。

[2]　杨一凡、王旭编:《古代榜文告示汇存》,第521页。

[3]　《天一阁明州碑林集录》,第158—159页。

二、禁令与禁碑的关系

从明中晚期开始，各级地方官员已颇为重视发挥碑石在治理地方中的作用。山西介休万历十九年（1591）所刻《介邑王侯均水碑》记载地方官针对当地“卖地不卖水，卖水不卖地”而至“纷争聚讼，簿牒盈几，且上官严督，不胜厌苦”的情况，采取了一系列均水改革措施，并“通呈按抚两院、守巡二道及本州，允行出榜晓谕，仍镌石以垂不朽”①。

至清代，“勒碑永禁”和“勒碑示禁”、“禁令永垂”等字样是地方禁令公布和实施中颇为常见的标志，同时也得到国家法律的认可。在《钦定大清会典则例》所载各部禁例中，“勒石严禁”出现的频率较高。如《户部·田赋》“催科禁例”中载：顺治十二年“覆准：江南财赋繁多，经收诸役包揽侵渔，保长歇家朋比剥民，令严行察访，勒石永禁”。《户部·盐法》载：雍正十一年“题准：广东各商设立坐标，私收渔户帮饷，又设立馆舍，凡遇担卖盐鱼等物，勒令纳税，别立行标，苦累贫民，勒石永禁。”②

“勒碑示禁”在清代的流行，从官方的角度看，是政治清明和爱民恤商的重要举措。禁碑主要为矫正地方弊端而刻立，是中央化解地方矛盾的重要手段。清初为澄清吏治，避免税吏扰商，康熙五年（1666）命令将《关税则例》榜示于直隶省关口外道，以晓谕商民，强调按则例课税。依据中央政府的要求，地方政府多立榜或刻碑使上政下达。广东仁化县康熙五十六年（1717）《奉布政使司王大老爷禁革滥征价索告示并奉批准勒石碑记》载：“照得杂税一项，奉部颁行，令州县印官将应抽货物开明立榜，商民通知。如立榜之外，滥征苛索，收多报少，借公私抽，以致商民苦累者，督抚指名题参，从重治罪。”但靛商张顺生等“窃虑木榜易朽，又不敢另行勒石，复送具呈”，最终获批刻石为禁，“以垂久远”③。

地方官在传达、申明中央禁令条例的同时，也经常以禁碑形式贯彻中央禁令，起到类似于今天的“实施细则”作用。同治三年（1864）《奉宪渤碑》系闽浙

---

① 左慧元编：《黄河金石录》，黄河水利出版社1999年版，第115—116页。
② 〔清〕允裪纂修：《钦定大清会典则例》卷36、45，文渊阁《四库全书》电子版。
③ 《广东碑刻集》，第110—112页。

总督部堂兼署浙江巡抚部院左宗棠"钦奉谕旨酌议核减"而更定规约,严禁浮勒,核减征收以苏积困。"自示之后,准尔等地方刊碑泐石,永为定则。无论大户小户,一律照章完纳。如有奸胥蠹役,仍前勒折浮收或藉代垫及各项目需索加费,许赴该管地方官控诉申理。"①

值得注意的是,许多地方禁令都明确指明立碑地点,其中以府县衙署门前为常见。此外,人员往来频繁的交通要津、寺庙祠堂、孔庙学校等也是禁碑刻立的主要地点。咸丰八年(1858)浙江永嘉县《奉宪勒碑》载明立石于寺庙前:"倘胥吏等仍违定例,一经告发,立提究革,告示条款业已勒石碑于八都黄屿显政寺前。"②禁碑竖立之地多为人员易于聚集之处,这固然是为便于禁令的传播周知,同时也便于昭示地方官为政清明,是地方官善履职责的明证。

禁碑之所以被国家认可并被各级官府积极采用,还有下面两个主要原因:

一是长久存留,不易灭失。纸质文告禁令书写便捷,公布程序简单,能及时将官府的禁令传达于民众,但其缺点也非常明显,即容易损坏灭失,难于长久保存。将告示禁令铭刻石碑公示于众,可以起到"禁令永垂"的功效。康熙十二年(1673)常熟《禁止苛派面铺税银碑》对纸质文告的局限检讨道:"宪示张挂,风雨淋损,一过不留"③,这是当时铺户们呈请一定要将官府禁令"勒石"的理由之一。乾隆四十二年(1777)广东肇庆《磁器铁锅缸瓦铺永禁碑记》也表达出同样的刻碑理由:"伏思楮墨告示,一经风雨,只字难存;日复一日,不有触目,弊端易致复生。是宪法虽严,然徒留案牍,隐而不彰,无以昭示将来。且凡地方弊端,奉行禁革,俱皆勒碑以垂久远。"④

二是警示性强。就同样的法律事项而言,是以张贴的方式还是以刻碑的形式,其意义不尽相同。在中国传统社会,是否采用刻碑形式,在一定程度上显示着国家权力机构或地方势力对此事的重视程度。因此,刻在碑石上的禁令往往更具庄重性、权威性和震慑力。乾隆三十四年(1769)常熟《禁止当官借用彩绸碑》即表达出禁碑更能起到"触目儆心"的威慑作用,"奉宪饬遵之案,往往

---

① 吴哲明编:《温州历代碑刻二集》(上),上海社会科学院出版社2006年版,第183—184页。

② 《温州历代碑刻二集》(上),第176页。

③ 《江苏省明清以来碑刻资料选集》,第599页。

④ 《广东碑刻集》,第632—633页。

日久令驰, 惟勒石永禁, 方可触目儆心"①。乾隆五十年(1785)《天长岭左右树木告示碑》所载士民对禁碑作用的看法也颇具代表性, "法以密而弊端方剔, 恩以久而宪泽愈深。既蒙批固久, 垂为铁案, 而顽徒负弊, 非祈示谕, 曷触目而儆心"②。光绪十年(1884)广东按察使司要求州县刻立禁碑以防吏役需索的理由是:"立法固宜周密, 而杜弊尤贵忠恒。该地方官并将此示泐石, 暨立头门前, 俾民间有所见闻, 不致任其婪索, 丁役咸知警惕, 不敢复蹈前非, 则民害从此而除, 盗风亦从此而息矣。"对于下属州县不遵示立碑的不作为, 也将给予惩处。"限一月内刊监, 通报以凭。另有差委之员, 顺道查明。倘抗不监碑, 及有心控报, 一经查出, 定即详撤, 慎毋自误。"③

由于禁碑是法律禁令存在、有效的一种标志, 故而毁坏禁碑本身也是一种违法行为, 要承担一定的法律责任。明代隆庆二年(1568)《苏州府示禁挟妓游山碑》在解释"虎丘山寺往昔游人喧杂, 流荡淫佚, 今虽禁止, 恐后复开, 合立石以垂永久"的刻碑示禁缘由后, 除规定违禁的惩处措施外, 还一并强调"日后将此石毁坏者, 本府一体追究"④。

将禁令刻之于碑, 无论是体现官员的忠于职守、为政清明, 还是禁碑本身所具有的传诸久远的基本功效, 抑或是作为一种"防患于未然"的手段, 或为了"触目儆心", 均是中国传统法文化精神的体现。当然禁碑还承载着中国传统社会对法律公开和持久的一贯追求, 体现着地方社会对关乎本土秩序的法律禁令的期望。而明清禁碑被大量保存下来的事实, 也在一定程度上说明了这个问题。

孤立地看一块禁碑, 似乎其价值并不是很大。然而在由敕谕禁碑、官禁碑和以"奉宪"名义颁布的地方自治禁碑所构成的碑禁体系中, 每一块禁碑, 无论其形式还是内容, 都具有特殊的意义。

碑禁体系在明晚期开始显现, 在清代逐步完善和发展。与明代地方禁令告示多以文集的形式保存下来不同的是, 清代地方禁令被大量刻于碑石而流传于世。这一现象本身即值得特别关注。

---

① 《明清苏州工商业碑刻集》, 第18—19页。
② 《温州历代碑刻二集》(上), 第139页。
③ 《广东碑刻集》, 第313页。
④ 《明清以来苏州社会史碑刻集》, 第565页。

明清碑禁体系与明清地方禁令的构成既有区别又有联系。其联系表现为两者在内容和层次结构上都有重叠，不同在于，碑禁体系中还包括大量的官绅合作制定的地方自治规条禁约，即"奉宪"自治禁碑。而碑禁体系的意义，并不仅仅在于官府禁令是否以碑刻的形式承载公布，而在于它关系到地方禁令是否合法及其效力的大小和持久等实质性问题。

明清碑禁体系大致由中央发布的榜文碑、敕谕碑（可概括为皇禁碑），地方官府发布的示禁碑（可概括为官禁碑），以及地方绅民议定并经官府批准的"奉宪"自治禁碑（可概括为民禁碑）三者共同构成，并呈较明显的"金字塔"式布局。即敕谕禁碑效力最高，分布的范围最广，同时也是后两者的规范依据或指导原则；地方官府以"勒石永禁"为标榜的示禁碑是碑禁体系的核心，其主要功用系将中央禁令贯彻于辖区，并针对地方情况制定新的禁令，示禁内容具有"风向标"的作用，对下一层次禁碑的刻立具有示范和导向作用；地方绅民协商议定并报官府批准后刻立的"奉宪"类禁碑，在碑禁体系中所占比例最大，是碑禁体系得以形成的关键。

明清尤其是清代，地方绅民为制止特定弊端而商议制定并呈请官府批准实行的禁约，多以"奉宪"的名义公布，且大部分被刻载于石碑上。这类由官府批准实施的地方自治禁碑自明末率先在江南地区出现[①]，至清代在全国各地广为流行。以清代浙江永嘉县和瑞安县两县禁碑为例，即可看出由地方耆耆谋划并最终以"奉宪"名义颁刻的禁碑在碑禁体系中所占据的主导地位（见表1、表2）。

表1所列26通禁碑中，奉上谕圣旨刻立者有3例，知县自立者3例，乡民、僧人和身份不明者各1例，其他17例均为由耆民、老民、族长、乡宾、职员、监生、生员、贡生、地保等所组成的地方绅士呈请示禁。后者约占该县清代禁碑比例的65%。

---

① 　详见拙文：《明末清初工商禁碑与地方法律秩序——以江南地区"禁当行碑"为中心》，台湾《法制史研究》第15期（2009），第245—274页。

表1：浙江永嘉县清代禁碑分析表

碑名	年代	主倡者或立碑依据	示禁内容
天长岭左右树木告示碑	乾隆五十年	士民	禁砍伐树木
圣谕碑	嘉庆四年	奉上谕圣旨	禁买补仓谷
奉宪勒石	嘉庆七年	奉上谕圣旨	禁买补仓谷
勒碑永除	嘉庆十一年	生员	禁买补仓谷
奉宪示禁	嘉庆十一年	地民、乡民	控渔霸悖案藐法
奉宪勒碑	嘉庆十八年	衿耆	禁水利私开诸弊
奉宪勒碑	道光十一年	地保	禁江湖恶丐
奉宪严禁丐匪逗留诈扰碑	道光二十七年	衿耆	禁江湖恶丐
奉宪勒石	咸丰四年	耆民	禁丐匪窃害
奉宪谕禁	咸丰四年	老民	禁丐匪强索
奉宪勒碑	咸丰八年	生员	禁丐匪窃害
奉宪勒碑	咸丰十年重立	不明	禁聚赌恶丐
奉宪勒碑	咸丰十年	生员	禁书役浮征钱粮
勒石示碑	同治二年	知县自立	禁恶棍扰害
奉宪泐碑	同治三年	奉上谕圣旨	严禁浮勒钱粮
奉宪谕禁勒碑	同治六年	老民	禁赌博花会
奉宪严禁	同治八年	生员等	禁赌博花会
奉宪勒石	同治十年	耆民	禁偷砍竹木等
奉宪谕禁	同治十二年	老民	禁偷砍竹木等
奉宪示小网免税勒碑	光绪二十一年	生员	禁网税积弊
奉宪谕禁	光绪二十四年	生员、耆民、地保	禁赌
勒碑严禁	光绪二十四年	乡宾、民人	禁掘毁水利
奉宪勒石	光绪二十五年	知县自立	禁阻挠疏浚水利
奉宪勒石	光绪三十年	族长、乡宾、民人等	禁赌
奉宪勒碑	光绪三十四年	知县自立	禁盗赌
奉宪勒石	宣统元年	僧人	禁寺产归学

表2：浙江瑞安县清代禁碑分析表

碑名	年代	主倡者或立碑依据	示禁内容
奉宪示禁	康熙九年	居民	禁差役需索陋规
遵宪奉旨涂捕碑	康熙二十一年	奉总督部院	禁兵弁地棍需索
奉宪碑	康熙二十三年	居民、乡保里甲	禁流丐
奉宪严禁	乾隆三十一年	士民等	禁恶丐
奉宪禁碑	乾隆四十四年	士民	禁采买官谷
免买仓谷碑	乾隆五十一年	贡生	禁采买官谷
请禁郑长池碑	嘉庆十三年	生员	禁污染水源
奉宪示禁碑	嘉庆十四年	监生	水利禁碑
奉宪立碑	嘉庆二十一年	地民（族长）	禁损害田园
奉县宪示禁碑	道光四年	知县	禁流丐盗窃
立禁碑	道光五年	都民	禁江湖恶丐及赌盗
奉各大宪勒石	道光十二年	僧人	禁营兵役使扰累
奉宪勒碑	道光十六年	耆民	禁偷掘竹笋
奉宪勒碑	道光十六年	衿耆	禁叠塞水道
府宪碑	道光二十一年	衿耆、地保	禁贼匪恶丐
奉各宪谕禁	道光三十年	衿耆	禁田园偷窃
奉府县宪勒碑	咸丰三年	地民	禁丐匪强索偷盗
奉宪勒石	同治四年	绅耆	禁流丐聚赌
合地公议遵示立勒石	同治七年	生员	禁窃盗赌博
奉宪示禁碑	同治九年	民人	禁盗扰山场
奉宪勒碑	光绪元年	耆民	禁乱砍树木
奉宪示禁	光绪元年	耆民	禁纵畜扰田
示禁碑	光绪十五年	耆民等	禁赌盗捕纵等
奉宪示禁碑	光绪十五年	耆民等	禁恶丐窃盗
奉宪勒石严禁恶丐碑	光绪十五年	耆民等	禁恶丐窃盗
立石永禁碑	光绪十五年	义渡司事、职员、贡生	禁非义渡船停泊
遵示勒石碑	光绪十九年	生员	禁侵占坟山墓田
禁示勒碑	光绪二十三年	耆民等	禁开渠捉虾
勒石示禁碑	光绪二十八年	耆众	禁私掘水浃
严禁赌博碑	光绪二十九年	马姓合族武生、耆民	禁赌博恶丐窃盗
奉宪示禁碑	光绪三十三年	民人	禁偷窃骚扰田园
奉宪勒碑	宣统元年	僧人	禁寺产售卖

表2所列32通禁碑中，奉总督部院指示刻立者1例，知县自立者1例，民人（都民、地民、居民）呈请官府刻立者6例，僧人呈请者2例，其他22例均基于绅耆呈请。后者约占该县禁碑比例的68.75%[1]。

从清代的"奉宪"自治禁碑可以看出，不仅呈请示禁者格外强调自己的身份，而官府在批示时，也同样不忽视呈请者的身份。道光二十六年（1846）广东恩平县《奉宪严禁碑记》载："生员汤秀魁、冯应珍、钟粹琦，廪生梁彝彰、吴喧、冯文光、刘居庄，岁贡黄奋昌、谢天香、李文锷，例贡李步横，武生郑庭刚，举人司徒晋、伍耀东，武举张大筠，监生黄殿华等，节经列款呈请书差办公等项……"知府审查后批示道："所议各款尚近情理，自应如是所请，由县立案永禁。"[2]光绪十五年（1889）浙江瑞安知县批示的《奉宪示禁碑》系据监生张汝奎、武生郑步云、杨镇镳、庠生杨钟华、卓梦申、监生项树椿6人，以及乡耆卓尚志等6人和地保陈光洪等6人"来案呈请出示严禁"[3]。在自治禁碑中，耆民、职员、监生、生员、贡生、军功、地保等的身份比比皆是，说明明清代由生员、绅耆等组成的民间精英在地方自治和法律秩序构建中发挥着主导作用。不仅仅是上表所列的浙江南部的永嘉县和瑞安县如此，在全国各地，都体现出具有地方自治特色的"奉宪"类禁碑在明清碑禁体系中逐步增加的趋势。初步估计，这类禁碑在碑禁体系中约占有三分之二的比重，故而是明清尤其是清代碑禁体系的主体。

第二节　明清地方词讼禁碑的主要内容

一、禁刁讼滥讼

在明清地方禁令中，禁止刁讼与滥讼是常见的主题。早在宋代就有地方官针对某些地方好讼民风颁布过限制词讼的告示禁约，如朱熹（1130—1200）任职漳州时于绍熙元年（1190）颁布《漳州晓谕词令榜》，黄震（1213—1280）在咸淳八年（1272）任江西提举司职时发布《词诉约束》榜文等。明朝时，随着南方

---

① 两表均依据《温州历代碑刻二集》统计制作。

② 《广东碑刻集》，第440页。

③ 《温州历代碑刻二集》（下），第798—799页。

的好讼之风向全国的蔓延,词讼约束也从地方禁令的主题演变为全国通行禁令的主题。

洪武年间,为矫正江浙地区的刁讼民风,明太祖在《敕旨榜文卧碑》中特别强调:"江西、两浙、江东人民,多有事不干己,代人陈告者。今后如有此等之人,治以重罪。"①借由此项榜文卧碑,江浙地区的好讼之风闻名全国。

江浙地区的好讼之风之所以备受关注,不仅因为当时其与北方较为质朴的民风形成鲜明对比,更重要的是因为好讼民风已经严重影响了地方赋役征纳和社会稳定。明太祖的榜文格外关注作为财赋重地的江浙,也正是基于这样的原因。

而明代广东、福建的刁讼之风并不亚于江浙一带。福建可耕地少,宋代时"亩直浸贵,故多田讼"②,其中的泉州"其民机巧趋利,故多富室,而讼牒亦繁"③。在明代颜俊彦《盟水斋存牍》所收录的判词中,常见诸如"粤中透贼指良,其家常茶饭也","粤中之依草附木,平空跳诈,遍地皆是也","此中人喜驾命兴讼","审得跳诈之幻,未有甚于粤者也","审得粤中为含杀之射,匿词害人,无日无之"等类的描述④。可见广东一带的诬控讹诈之风,当时也甚嚣尘上。由于不是财赋重地,广东并未像江浙地区一样受到朝廷的特别关注。

至清代,民风好讼的区域范围较明代有显著扩充。除江浙地区依旧是刁讼滥讼的重灾区外,随着人口流动规模的加剧,好讼之风开始在全国蔓延。乾隆时期,湖广成为朝廷关注的好讼之地。由于元末明初和明末清初两次大的社会动荡,曾导致"江西填湖广,湖广填四川"等大范围的人口迁徙,好讼之风也随着人口流动波及新的区域。乾隆四年(1739)署湖南按察使彭家屏奏:"湖南民风健讼,或因细故忿争,服毒自缢;或因夥夺坟山,抢亲斯闹。现在严惩扛讼诬告,棍徒似觉稍敛。"⑤乾隆五十五年(1790)湖广总督毕沅奏:"楚北民气浇漓,讼风最甚,一经控准,即窜迹远扬,以遂其迁延拖累之计,致民间有'图准不图

①　《户县碑刻》,第345—348页。

②　《宋史》卷89《地理志五·福建路》,第2210页。

③　〔宋〕刘攽:《彭城集》卷21《可权发遣泉州制》,文渊阁《四库全书》电子版。

④　〔明〕颜俊彦:《盟水斋存牍》,中国政法大学出版社2002年版,第117、120、122、127、128页。

⑤　《高宗实录》卷105,乾隆四年十一月,载《清实录》第10册,中华书局1985年版,第579页。

审'之谚。"①甚至在一些原本民风淳朴的地方,也因为移民的到来而致风俗日变。毕沅在《兴安升府奏疏碑》描述陕南地区的情况是:"自乾隆三十七八年以后,因川楚间有歉收处所,穷民就食前来,旋即栖谷依崖,开垦度日。而河南、江西、安徽等处贫民亦多携带家室来此认地开荒……迩来风俗刁悍,讼狱繁兴,命盗案件甲于通省。"②

确立于明初的老人理讼制度,在初设时也肩负着减少滥讼、制止越诉的使命。据《明史》载,"洪武末年,小民多越诉京师,及按其事,往往不实,乃严越诉之禁。命老人理一乡词讼,会里胥决之,事重者始白于官,然卒不能止。越诉者日多,乃用重法,戍之边。宣德时,越诉得实者免罪,不实仍戍边。"③文中透漏出两个重要信息:一是建立乡耆理讼制度的目的是为减少越诉;二是"越诉之禁"屡禁不止。

"老人理讼"制度本为矫正好讼民风,但实施中却因流于形式或选用非人而产生一些新的弊端。洪熙元年(1425)巡按四川监察御史何文渊上疏说:"太祖高皇帝令,天下州县设立老人,必选年高有德,众所信服者,使劝民为善,乡间争讼,亦使理断。下有益于民事,上有助于官司。比年所用,多非其人,或出自隶仆规避差科,县官不究年德如何,辄令充应,使得凭藉官府,妄张威福,肆虐闾阎。或遇上司官按临,巧进谗言,变乱黑白,挟制官吏。比有犯者,谨已按问如律。窃虑天下州县类有此等,请加禁约。"何文渊在上疏中建议朝廷从严选用老人,防止奸猾之徒混迹其间。皇帝接受了这一建议,"上命申明洪武旧制,有滥用匪人者,并州县官皆实诸法"④。

较之对刁讼、越诉者给予严惩威吓的禁令,设立老人理讼无疑是一项积极的制度建设。但是,任何一项制度在实施过程中都难免生弊,最终也因"里老之选轻而权亦替矣"⑤,使老人理讼制度半途而废。

明代确立的乡里断讼制度于清中后期在某些地方又重获生机。以陕南为例。为减少诉讼、化解矛盾,无论是地方官还是乡绅百姓,都对乡里权威裁断民

①　《高宗实录》卷1367,乾隆五十五年十一月下,载《清实录》第26册,第345页。
②　《安康碑版钩沉》,第34页。
③　《明史》卷94《刑法志二》,第2314页。
④　〔清〕顾炎武著、陈垣校注:《日知录校注》卷8"乡亭之职"条,第458页。
⑤　〔清〕顾炎武著、陈垣校注:《日知录校注》卷8"乡亭之职"条,第458页。

间细故持认可态度, 甚至认为这是争讼呈告官府之前的必经程序, 故为此制定了相关禁令。道光五年 (1825) 陕西《石泉知县整饬风化告示碑》规定:"遇有争竞不明、鼠牙雀角等事, 务先鸣乡保理论, 不许逞凶殴打。如有不公, 方可控告。"①同治八年 (1869) 陕西紫阳县《芭蕉靖地方告示碑》规定:"户婚田土等项即有争竞, 先宜投鸣公人理质。如果不能了局, 方可呈控。"②同治十一年 (1872) 陕西安康《公选约保禁娼禁赌碑》规定:"绅粮、当佃人等, 无论鼠牙雀角之争, 须投鸣约保理论, 不得私讼。倘不守规, 众等呈禀。"③光绪二十四年 (1898) 陕西安康知县批准颁刻的《流水铺后牌公议禁令告示碑》也规定:"该铺凡有是非, 许先投鸣正、约理质, 如果事难处息者再控。"④

正如明代老人理讼制度难免流弊一样, 清代乡约保正滥用权威为害一方的情形也时有发生。同治五年 (1866) 陕西《洋县正堂为民除弊碑》记述:"乡约统管一乡, 乡约公正, 则此乡可以少讼;乡约不肖, 则拨是弄非。遇有民间小事, 伊从中索谢, 稍不如意, 便唆人兴讼, 大为地方之害。"为矫正此弊, 乡绅们酌定章程, 规定:"嗣后乡约, 每遇年终, 各花户在公所大家议举, 一人进城具禀, 方准充膺。如有本地绅士不知, 伊私捏名字具禀充膺者, 一经告发, 定从究办。"同时还议定并限制了乡约擅自处罚的权限:"刑罚操自官长, 非小民所能自专。近来年岁饥馑, 田间小窃, 不肯经官, 乡约私自惩罚, 原不欲坏其名节, 冀其人自改也。乃近来乡约视为利薮, 遇有形迹可疑之事, 使人具售状, 伊藉庙会、船会为名, 动辄罚钱数串或数十串文, 无钱者折给地亩, 乡约自行收租。此等恶习, 更堪痛恨。嗣后乡约只准说事, 不得动接售状。窃案大者, 随时禀官, 小者乡间议罚, 只准四五百钱文。如有过一串者, 告发后以诈赃究办。"乡绅们所议定的这些有助于地方稳定和化解地方矛盾的条款自然得到官府的认可, 洋县知县的批示是:"成仪各条, 悉准勒石永行。"⑤

---

① 《安康碑石》, 第134页。
② 《安康碑版钩沉》, 第224—225页。
③ 《安康碑版钩沉》, 第229页。
④ 《安康碑石》, 第319页。
⑤ 《汉中碑石》, 第301—302页。

二、禁生员涉讼

明清法律和通行全国的有关刁讼与越诉的禁令中, 有不少是专门针对生员而设定的。明代涉及生员词讼事宜的榜文碑, 现存者至少有洪武十年(1377)江苏昆山《洪武卧碑》、洪武十三年(1380)苏州《礼部钦依出榜晓示生员卧碑》、洪武十五年(1382)山西临晋县《明太祖御制卧碑》、陕西户县《敕旨榜文卧碑》和江苏江都县《敕示郡邑学校生员言事碑》、成化十五年(1480)广东《肇庆府学卧碑》、万历六年(1578)陕西城固县《敕谕儒学碑》等。这些碑文内容基本一致, 均为礼部钦依敕旨出榜。颁刻这些榜文碑的缘由是: "近年以来, 诸府州县生员, 父母有失家教之方, 不以尊题学业为重, 保身惜行为先, 方知行文之意, 眇视师长, 把持有司, 恣行私事。少有不从, 即以虚词径赴京师, 以惑圣听。或又暗地教唆他人为词者有之。"针对这些现象, 礼部特奉旨颁布了限制生员涉讼的原则和禁令, 并要求各地"榜文到日, 所在有司, 即便命匠置立卧碑, 依式镌勒于石, 永为遵守"①。

通行全国的榜文碑强调生员应讼原则大致有四: 一是小事不诉, 即碑文第1条所载: "今后府州县学生员, 若有大事干于家己者, 许父兄弟侄具状入官辨别。若非大事, 含情忍性, 毋轻至公门。"二是冤狱逐级呈诉, 并对告京状作出了一些限制性规定: "民间凡有冤抑干于自己, 及官吏卖富差贫、重科厚敛、巧取民财等事, 许受害之人, 将实情自下而上陈告, 毋得越诉。非干自己者不许, 及假以建言为由, 坐家实封者, 前件如已依法陈告, 当该府州县、布政司、按察司不为受理, 及听断不公, 仍前冤枉者, 方许赴京伸诉。"三是对某些好讼成风的地方如江西、两浙、江东予以特别限制, 强调这些地区"多有事不干己, 代人陈告者。今后如有此等之人, 治以重罪。若果邻近亲戚、人民全家被人残害, 无人申诉者, 方许"。四是十恶重罪不受越诉限制, 但必须有真凭实据。"若十恶之事, 有干朝政, 实迹可验者, 许诸人密窃赴京面奏。"②

上述这些原则性的规定也为清代学规卧碑所遵循。清御制学规碑以顺治九年(1652)《卧碑》影响最大, 曾颁刻全国各官学, 其中涉及词讼的内容为生员

---

① 《广东碑刻集》, 第634页。

② 《敕旨榜文卧碑》, 载《户县碑刻》, 第345—348页。

不许"武断乡曲","凡有司官衙门,不可轻入。即有切己之事,止许家人代告,不许干预他人词讼,他人亦不许牵连生员作证"等①。一直到光绪朝,有些地方文庙和书院还在刊刻此碑。

应当说,国家法律和御制学规所设定的是一种理想中的状态,而现实中的情境远比法律设想和规定的更复杂。在乾隆中期,禁监生侵占寺庙的碑文在各地频有所见。乾隆三十一年(1766)《敕禁生监把持寺庙碑》所载浙江学政条奏也间接反映出江南一带生监对寺产权益的"无理主张"。

> 查浙江省各寺庙均有生监主持,名为檀越山主,一切田地山场,视同世业。考其所有,皆云祖先创建,或加鼎新,或捐田在寺庙。其源流大都远在魏、晋、唐、宋,或据志书,或据家谱,皆渺茫而不足凭。而一寺或一姓或三四姓不等,总以寺产之多寡为多寡,其中此争彼夺,无岁之无郡不有。臣在省三年,不下十数案。经历数年,不能完结,皆由彼此各有私据。即今新结,更换一官,必又翻控,其中牵连生监,有数人至十数人不等,下结上翻,兹累殊甚。窃思祖宗即有创助,岂容子孙永作衣食?尤可笑者,捐数十亩田,而合寺之田皆归掌握,而其事又甚荒远难稽。嗜利纷争,最为恶习,应请旨饬部通行示禁。无论有凭无凭,年远年近,所有檀越山主,一概革除。勒石寺门,永远遵守。此条虽无关考,亦端士习、清讼源之一端也。

礼部奉旨依议,表示赞同:"应如该学政所请,通行各省,出示晓谕,将檀越山主一概革除,不许藉有私据,争夺讦告……如遇犯案到官者,该地方官随时办酌,按律惩处,仍行勒石示禁。"②

从上述碑文可知,各地因寺产争讼案件而牵连的生员不在少数。乾隆三十四年(1769)浙江温州府平阳县知县何子祥所断生监林立侯把持寺庙一案,展现出更多细节。

> 照得三十六都大玉仓寺,乃平邑之名山,其山如玉故称玉仓。查志书系元

---

① 《汉中碑石》,第193页。

② 《汉中碑石》,第214—215页。

朝戒僧云集开基创造。而林立侯控案称伊祖前宋光禄大夫施田捐造，子孙缘为檀越而题梁其上。查"前宋"北宋也，至元大德年号相去二百余年，未有寺与僧，焉有檀越？其为重造，借端捏题，的确无疑。况部例……何等森严！何物林正侯等，敢向大玉仓藉称檀越名色，屡结屡翻，捏控府宪，除讯详枷责外，合行将梁上林姓名字刮除，勒石永禁，嗣后永不准林姓复来滋扰，致干严谴。本地方地棍勾引罪同。①

在知县断案时，特别引用了乾隆三十一年（1766）礼部奉旨所颁《敕禁生监把持寺庙条例》，而这项部颁条例在当时和随后的几年内曾被不少地方刻石刊载，成为寺庙据理力争维护寺产的一道"尚方宝剑"。除上述两方禁碑外，现所见者尚有乾隆三十二年（1767）浙江温州平阳县郑楼镇《奉旨重建殊胜寺置产碑记》、乾隆三十六年（1771）四川广安《祝诰寺奉敕禁约碑》等。

从清中期的禁碑看，生监涉讼违法之事有诸多表现，不仅侵占寺产庙田，甚至还勒索漕规。苏州嘉庆十年（1805）《谕禁生监勒索漕规碑》记述江苏吴江县知县王廷瑄因办漕不善，挪款逾2万两，依拟应斩。但王廷瑄挪移亏缺数万"皆因刁生劣监等在仓吵闹勒索陋规所致"，而且牵涉的生监达314名，皇帝特颁圣谕："生监皆读书人，今为此一案而罪犯责处者至三百余名之多，阅之殊不惬意。但该生监身列胶庠，不守卧碑，辄敢持符寻衅，挟官长吵闹漕仓，强索规费，此直无赖棍徒之所为，岂复尚成士类！朕闻各省劣衿，往往出入公门，干预非分，以收漕一节，把持地方官之短，而江苏为尤甚。……每届开征时，捆交丑米，藉端滋事，动即以浮收漕粮列名上控，其实家无担石，无非包揽交收视为利□等恶习，大坏名教。今吴江一县，分得漕规生监已有三百余人，其余郡县可想而知。"虽然圣谕所列举的江南劣衿违法之事昭著，但具体到此案的处理，最终是基于法不责众的精神并未给予重惩，"欲养其廉耻，此次姑免责处，予以自新之路"。但同时也严厉警告下不为例，"倘该生监等不知悛改，仍蹈故辙，或此外刁劣绅衿，有把持漕务□陋规等事，砌词控告，审属子虚者，一经查出，即当奏明，从严治罪，决不宽贷"②。

---

① 《温州历代碑刻二集》（下），第1067—1068页。

② 《明清以来苏州社会史碑刻集》，第593—594页。

其实细审有关生员涉讼的各种禁令，在禁与非禁的虚实之间，有时很难划出清晰的界限。如明代学规碑中的原则性规定，既有严禁生员涉讼的规定，也为生员涉讼留下了很大的回旋余地。禁碑一方面严禁生员“嘱托公事”、“兴灭词讼”，如陕西城固县万历六年（1578）所立《敕谕儒学碑》强调：“我圣祖立卧碑，天下利病，诸人皆许直言，惟生员不许……其事不干己□，便出入衙门，陈说民情，言论官员贤否者，许该管有司申呈提学官以行止有亏革退。若纠众拉帮，聚至十人以上，骂詈浪言，肆行无理，为首者照例问遣。其余不分人数多少，全行黜退。”“若有平日不务学业，嘱托公事，以捏造歌谣，兴灭词讼，及败伦伤化，过恶彰著者，体访得实，不必品其文艺，即行革退。”[①]但另一方面，也以法律形式赋予了生员某种监管地方的职责，如前文提到的对“卖富差贫、重科厚敛、巧取民财”等危害地方之事，生员可以“将实情自下而上陈告”，实即为生员参与地方法律构建和地方自治打开了通途。

三、禁诬告诈赖

诬控诈陷是一种较为极端的刁讼活动，其表现形式多样，如以自尽图赖、借尸诈扰、着犯、扛诬等方式诬告善良、牵连无辜，因牵连面大、危害严重，历来为地方官和百姓所深恶痛绝。这一现象在明清以江南为首的南方地区极为突出。

（一）禁诬控牵连

明清时，江南地区牵连图赖的恶习有愈演愈烈之势，以致地方相关禁碑层出不穷。明万历四十二年（1614）《严禁扛诬设呈碑》载：“本道看得吴民轻佻易动，健讼喜争，固风气使然。但别州县状词，其诈奸使诈，犹可测识，惟嘉定一邑奸民，咸以瘦状为肥田，稍有睚眦，辄蜂起下石，一吠百和。每摭拾单款，名为设呈，一词耸准，祻若灭门，不俟质成，而被告之躯先殁，家先亡矣。此等恶习，言之令人发竖。今士民群情，立石垂禁，诚挽回风俗之大端也。”碑文系“据长洲县申据嘉定生员陈体元等连名公呈”，先据苏州府申详院道，又奉钦差整饬苏松兵备按察司按察使俞宪牌，蒙巡按直隶监察御史薛批，由县“遵依立碑永禁”，并“合备碑石刊刻前项帖开事宜，竖立县门”，重申军民人等“务要遵守安

① 《汉中碑石》，第168页。

分,不得抗违。如有违玩,许诸人首告,以凭擒拿,依律究罪解。本县仍不时查访,决不姑贷"①。

清初康熙末年《染业呈请禁止着犯详文碑》(康熙五十九年)、《长吴二县饬禁着犯之弊碑》(康熙五十九年)和《长洲县谕禁捕盗诈民大害碑》(康熙六十一年)的记载有助于我们了解当时苏州等地诬告诈赖的细节。前碑系抄刻按察司呈详禁文。文中对江苏一带常见的所谓"着犯"解释道:"江左地方,民风诈伪,讼狱繁滋,海市蜃楼,不可枚举。有由之而不觉,相习以成风,足以倾家荡产,而性命随之者,无过于着犯事为最烈也。如一切词状之内,有于犯证之下,即添注某人着某人要者。亦有之后差役得票承提,向原告处开写切脚,某人着某人要者,俱概名为着犯。"②

"着犯"实即以诬告的手段牵连无辜。而"着犯"之弊对于"被着之人"无异于一场巨大的灾难。"更有一种恶棍,或与人有仇,心思报复;或知其殷实,图诈无由,即串通捕役衙蠹,于命盗等案,或唆令尸亲呈称某凶犯在某处某人家;或教令盗犯,供扳某同伙、某窝家,着某处某人要,无论隔府隔县,差提络驿。无辜之人,一为着犯,俨同真盗真凶,强刑吊拷,无所不至。即或买求幸脱,无不荡产倾家。倘无力以应,经年累月,追比无休。因而报病报故,拖累致死者,往往有之。在地方各官,以为重案□犯,难容轻释。及至被着之人,家破人亡,而所着之犯,仍无影响。有司习而不察,以致无罪良民阴受其祸者,不知凡几也。"③

碑文分析造成此种弊害的主因是恶棍串通捕役衙蠹和地方各官失之偏颇。康熙六十一年(1722)《长洲县谕禁捕盗诈民大害碑》所描述的情况与上碑大同小异。"可怜受害之家,无挣产业,凭□□□陷,顷刻化为乌有。更有产尽无措,惨至鬻女卖男,妻离子散,百般索诈,饱恣始放。及至到官□审之时,非称枉害,即系仇报,事虽省释,家已破矣。江南大害莫此为甚。"④

两碑自然都规定了除弊禁止办法。康熙五十九年(1720)的禁碑以"不许"

①　《江苏省明清以来碑刻资料选集》,第552—553页。
②　《江苏省明清以来碑刻资料选集》,第58—59页。
③　《明清以来苏州社会史碑刻集》,第565—567页。碑文中两处脱讹外,据《江苏省明清以来碑刻资料选集》第58—59页所载《染业呈请禁止着犯详文碑》校核。
④　《明清以来苏州社会史碑刻集》,第568页。

等警告或严厉惩处等威慑内容为主。"除现获人犯内有交明地方看管,或经某人保领,若有(□□)[疏脱]者,仍着原保地方人等送获外,其余一切词讼及各项案犯,只开本犯真实姓名、住址,按照缉拿,不许着于他人名下追要。如违,原告治以诬(诣)[陷]之罪,捕快差役照诬拿例重处,该官管以失察查参。""如有酗酒奸盗等事,指名□官严究,或有自缢、投河等情,报官验埋,不许拖累。"并明令要求"通行饬令各该州县,勒石署前,以昭永禁"①。

而康熙六十年禁碑却引进了一些积极的制度措施。从"本司稔知各属州县官每遇报盗报窃,任捕嘱报飞噬,虽蒙屡行禁约,而蔑视如故"的碑文,昭示出地方官民全然明白"嘱报飞噬"等诈陷恶习仅凭官府的一纸或一石禁令,其实难以奏效。"每每一案牵提至数十余人,及后审明,并无一人是实,而破坏身家者,已不知凡几。州县官毫不□□,遇案仍复如是,亦毫不思改□。然人面此风,惟长、吴、吴江、嘉定与松府之四属、常州之武进、无锡为甚,禁令几穷,诈害不息,无怪殷懦乡民,人人疾首不安。"面对地方官消极示禁而禁令无效的状况,民众或借鉴其他县镇的有效除弊措施,或共同商议自谋解决之道。此碑中,生监、里民叶梦龙等近40人提出仿照邻镇的十家保结除弊法,并请示官府的认可。"有上江倪本立等呈词桌宪,行十家保结之法,以杜教□勒诈之弊,刊碑秣陵、淳化两镇……今龙等自愿捐赀勒石,御防大害。"

对叶梦龙等人的联名呈请提议,由州县转呈"督、抚二宪暨提督、臬司、守道"等多级官员,经过层层指示转详,最后落实到县。知县再将处理实施结果逐级上报。"兹据苏府详据长洲县详覆,盗报先讯邻保,则真伪难逃,事属可行。嗣后如□被报□□□,州县即令十家邻里据实具覆,平素果属匪类,然后再行拘提。实素清白良民,即共同出结保免,将诬报之家一并究明,嘱供之胥捕后重究。倘邻甲阿私受贿,保结不实,察出并坐以罪。如州县官仍前纵捕,听盗害良,及自后不察保结虚实,□真正积盗巨窝因而侥□,□执参处,庶官役知有□功,令盗□无从肆蛮,而良民得以安枕。勒石苏、松、常各属永遵。"②

（二）禁借尸诈扰

旧弊甫除,新弊又生。乾隆、嘉庆年间,江南地方又兴起借尸诬诈而牵连无

---

① 《明清以来苏州社会史碑刻集》,第565—567页。

② 《明清以来苏州社会史碑刻集》,第567—571页。

辜之弊。借尸讹诈也是胥吏、差役、恶丐敲诈渔利的手段之一。如乾隆五十六年（1791）《苏州府永禁藉尸扰民碑》载：

> 照得路毙乞丐及江河浮尸，各处均所常有之事，如验无伤痕，不过立案示召尸属领埋，即可随时完结，无庸辗转累民。乃访闻苏属地方，一遇此等尸骸，地保居为奇货，一经报验，即勾通书役，藉买棺盛殓及官役船只木脚为词，藉端需索，名曰尸场使用，任意饕餮，饱其欲壑。因而地主居民，畏其骚扰，往往将尸移自掩埋，或藏木排之下，或移余大河之内，任其漂失葬于鱼腹，不特死者殊堪悯恻，即移尸之人，被人首告，转罹重咎，若不严切禁止，何以恤骸骼而安民业。除详请臬宪转详饬禁外，合先剀切示禁。为此示。仰府属军民地保人等知悉：嗣后如遇前项路毙流尸，即时报官验殓，一切尸场使用各色，永行禁革，毋许丝毫累及间阎。其应用棺木，饬令施棺各堂给棺盛殓，召属领埋，毋庸地保买棺，以杜借口，庶可省滋扰而除积弊。此番示禁之后，居民人等既无累可畏，凡遇无名尸身，即当据实鸣保报县，不得仍行私自掩埋，移弃漂失，致蹈弃尸遗失之罪。倘该地保等罔知禁令，再敢藉尸需索，许居民人等指名控究，定当从重究办。各宜凛遵毋违，特示。[①]

正如碑文所述"路毙乞丐及江河浮尸，各处均所常有之事"，在明末颜俊彦所撰《盟水斋存牍》中，就记载有多起发生于广东地区的借尸讹诈案件，如"人命姚明章"、"藉死掠诈张瑞"、"藉死诳诈锺赞廷"等不下十数案，以致颜俊彦发出"审得假命倾人所在有之，未有如粤中之甚者也"、"粤中假命陷人，平空跳诈，如此类者，不可胜数"的感慨[②]。

至清代，此种恶习在广东、福建、台湾和江南等人口流动性较大及工商经济发展较快的地区频频上演，且难以禁绝。在江南，类似的禁碑还有乾隆二十二年（1757）嘉定县《永禁捕役嘱盗扳良诈害碑》、乾隆三十一年（1766）上海《奉宪永禁捕线扳殃碑》、嘉庆四年（1799）扬州《严禁藉尸图诈告示碑》、嘉庆十七年（1812）嘉定县《禁书保差仵借尸索诈碑》等。这些碑文集中于清中期

---

① 《明清以来苏州社会史碑刻集》，第398—399页。

② 〔明〕颜俊彦：《盟水斋存牍》，第68页。

的江南地区,反映出自乾嘉以来,长江三角洲地区因为工商业的繁荣,以及水陆交汇、交通便捷,大量流动人口汇聚于此,因而出现了一些新的社会问题。

同类禁碑于清中期在台湾地区集中出现,则是福建和广东移民大量迁入的结果。乾隆三十二年(1767)《严禁棍徒藉尸吓骗差查勒索碑记》、乾隆三十九年(1774)《奉禁恶丐逆扰碑示》、乾隆四十三年(1778)《严禁混藉命盗扳累非辜示告碑记》、乾隆四十七年(1782)《府宪示禁碑记》和《奉台湾府道宪杨示碑》、乾隆四十八年(1783)《禁顽保蠹差藉命诈索示碑》、乾隆四十九年(1784)《奉宪示禁碑记》等,均事关此类。虽然屡经示禁,台湾地区的诬控诈陷之风并未得到改观,且其持续时间之长、久禁不绝的严重程度也为其他地区所少见。其主要原因是,清朝收复台湾之初,为了防止台湾再度成为"盗薮",对渡海入台者颁布了三条规定,其中之一是渡航台湾者不准携带家眷。这一规定不仅使到台人口的性别比例严重失调,更成为台湾社会治安的一大隐患。清中期以后移民大量涌入,出现许多无地可垦及性情懒惰之人,使游民在当时社会人口中占有相当大的比例。以致官府虽屡经"示禁",但因难以"责众",禁令因而渐成一种摆设①。

而在江南地区的禁碑中,则可以看到一些积极的尝试。如前文中提到"饬令施棺各堂给棺盛殓"的办法便是解决借尸图赖之弊的一项有效措施,也因此之故,嘉庆、道光之际,民间施棺助葬善会碑和工商会馆的助葬善举碑在江南大量涌现。在清代方志所录的善堂条下,也多录有相关禁碑,如光绪《吴江县续志》"周庄镇庆善堂"条下有《按察司使严禁尸场滋扰告示碑摹》(嘉庆十七年示),《青浦县志》"同仁堂"条下附《江苏巡抚部院丁通饬示禁碑摹》(同治八年示)等。

(三)禁自尽图赖

以自残自杀方式图赖他人的事例,在宋代已出现在江南地区。黄榦《宋文聚等乞丐骚扰断配榜文》载宋文聚等数十人"横行乡落,遇人家婚嫁丧葬,乞觅钱物,须索酒食,稍不满意,便行毁骂,甚至殴击。胜则鼓舞而去,不胜则择其

---

① 详见拙文:《清代台湾碑刻法律史料初析》,载《出土文献研究》第8辑,上海古籍出版社2007年版,第318—348页。

徒衰病者，自行殴杀，以图诬赖，乡人畏之如虎"①。

在晚清同光年间的禁碑中，往往将禁自尽图赖和禁借尸诈扰相提并论，且禁碑出现的地域范围已突破传统的好讼区域，表明以自尽轻生方式讹诈成为清末一种较 "流行" 的刁讼手段。具有代表性的禁碑是同治七年（1868）《两江总督为严禁自尽图赖以重民命告示碑》。碑文载：

> 照得自尽人命，律无抵法。而小民愚戆，每因细故，动辄轻生，其亲属听人主唆，无不砌词混控，牵涉多人，意在求财，兼图泄忿。经年累月，蔓引株连，被告深受其害。……本部堂院现已通饬各属，随事整顿，力挽颓波。凡自尽命案，均限一个月审结。倘有耸令自尽、诬告诈赖等情，即严究主使棍徒，一并从重治罪。……仰阖属军民里老妇女人等知悉：尔等须知，身命为重，既死不可复生，公论难诬。千虚马逃，一实讼师。罗织伎俩，今日不复能行。嗣后务各自爱其身，毋得逞忿轻生，希图诈害。其亲属亦不许听唆诬告，枉费诗张。所有律例罪名，逐条开示于后。②

此道禁令颁示后，不少地方均刻石公示。光绪初年，台湾府知府周懋琦曾将此道禁令以 "周知府陋习示禁碑" 为名在台南县广为刊刻。此外还可以从一些示禁碑明显看出受到此严禁自尽图赖告示的影响。如海南东方县《奉官示禁碑》（同治九年）规定："不得借命图赖，移尸抄抢。如有殴打冤迫，务经投村众，不然而□悬梁溺水，持刀服毒自尽者，皆轻生也，俱不得以命案论。"③广东揭阳《奉宪严禁碑》（光绪二十四年）载："妇女轻生，及口角轻生图赖，各前县迭经出示严禁。如仍有前项情事，其尸亲愿自收埋，不准轿夫差保吓勒。"④

清末是中国社会转型较为剧烈的时期，新的社会问题层出不究。在经济一向较为发达且好讼传统较浓厚的江浙地区，借命案缠讼甚至与佃户抗租结合在一起。由于此事波及面广，并有一定的示范效应，故多被地方官视为严重的

---

① 杨一凡、王旭编：《古代榜文告示汇存》，第104—105页。

② 《吴县抄示严禁自尽图赖以重民命》，碑文内容据《明清以来苏州社会史碑刻集》第576—577页、《上海碑刻资料选辑》第445—447页、《北京图书馆藏中国历代石刻拓本汇编》83册第157页校核。

③ 《广东碑刻集》，第1002页。

④ 《广东碑刻集》，第344页。

社会治安问题而加大打击力度。光绪三十年（1904）《苏州府永禁佃户藉端抗租碑》记载了吴江县绅士周郑表等人的呈请：

> 窃绅等薄有田亩，坐落吴江县治，给佃耕种，良莠不齐，人情被顽，租风之坏倍于从前，刁顽之户，不得不禀请比追。讵近来奸计万端，每届秋收登场，赶砻出粜，不剩颗粒，避匿他境，提追无从。芒种之后，回家播种。业户恐妨东作，无复顾问。年复一年，刁佃视为得计。迨至秋收，仍施故技。他佃闻风兴起，日甚一日，纷纷效尤。甚至禀请提比，佃则躲避，耸令白头亲老、幼稚妇女，出头蛮霸，寻死觅活，百计恫赫……或有到案之后，偶尔因病不及请保，在押身故，或佃属因病死者，或因他事短见者，适催租者到门，该佃属即藉端纠集无赖，或抬扛尸骸，或扶佃属亲老到业主家百般逞凶，毁抢诈挠，甚至有掳捉业主司帐勒赎。虽经禀办，贻害匪浅。更有绝不干涉之产亡痘殇，任意牵拉硬砌。种种恶习，莫可言宣。环求颁示勒石永禁，俾挽颓风而全租赋。

苏州知府对绅民所反映的情况进行了调查，并在禁碑中例行严禁。"倘再仍前顽抗，以及藉端诈扰，或扶病人，或扛尸骸，或因妇女产亡、小儿殇夭，辄向业主逞凶噪闹，种种不法情事，一经本府访闻，或被业主指禀，定即照例从重严办。"[1]

对于上述恶习屡禁不绝且变本加厉的原因，不少官员也曾进行分析。除前述碑文中提到官员未恪尽职责外，也有将其归结为讼棍唆使。如光绪五年（1879）广东海丰县《严禁藉命讹诈以肃法纪事碑》载：

> 照得惠、潮、嘉各属民情刁诈，每因睚眦细故，动辄便服毒药，前往怨家撒赖恐吓，希图挟制。迨毒发身死，必以威迫毙命指控。又有民间妇女，不明大体，偶因家庭不睦，或因外人口角，抱怨轻生，于是母家夫家因而藉尸混告。又有因病身故，而家属辄先殓埋，藉以人命讹诈。又有外来游丐，病毙中途，视为奇货可居，冒认死者亲属，沿乡讹索，择肥而藉噬，稍不遂欲，则指为殴毙，灭尸捏情呈控。种种不法，实属危害闾阎。尤可恶者，遇有真正命案，尸亲递呈，

必将讹诈不遂之殷实良民,列控首名,指为喝令主谋。此外,正帮各凶,亦任意罗织百余名及数十名不等。地方官如不加察,率行照案差拘,即坠奸徒诡计之中,立贻善民破家之苦……当知诬告,例有反坐之条,诘讼亦有终凶之戒。本道承乏此邦,十余年来,披阅各属绅民所递呈词,其中控告人命之案不少,而求其曾经报县、验明证据确凿者,十无一二。

碑文由广东按察使司出具。他认为造成上述种种恶果的原因,明显是"有讼棍刁徒从中生唆播弄,胜固可肥囊橐,输则越诉抗传,相习成风,几于恬不为怪"。其处理措施是:"除通饬各县随时拿办,并督率各乡绅耆务加戒约,即将告示一体泐石,以垂厉禁",提出"妇女轻生、藉尸混告之案,均准被害之家据实呈诉";"真正命案,限于三日内报县诣验,并指明正凶,见证姓名,以凭拘拿究办,不得多延时日,及混行辜累多人,致干严究。如人命重情,未经报官验明,辄将尸身私自殓埋者,概不准理。如敢饰词具控,除原呈立案不行外,并将具呈之人,照诬告人死罪例,按法惩办,以照炯戒。仍严行根究唆讼棍徒,按名弋获,尽法处治,决不宽贷"。同时还将"方书所载救治服毒良方若干条附示内,以备临时施治,用昭法外之仁"[1]。

从禁令内容及要求看,当时广东许多州县均颁刻此项禁碑,官府力求除弊的决心也不可谓不大,然而面对各地此消彼长的诬控刁讼之风,官府禁令已显得无能为力。借命讹诈之风也很快波及广西、陕西等地。光绪十二年(1886)广西布政司《禁革土司地方藉命盗案苛扰告示碑》便反映了当地借命案而缠讼不休的社会实况。"尸亲事主,往往置凶盗于不问,故将村人牵控,缠讼不休。而不肖土官,亦藉以苛索分肥,乐于从事。虽经屡禁,斯风仍未少息,以致游棍汉奸,视为利薮,动辄影射吓诈。"其示禁内容是:"嗣后如有命盗案件,该尸亲事主敢向附近村庄敛费索赔者,许即扭送禀控,以凭究处。倘该土官希图分肥,准令勒派,并许立时上控,定将该土官参办不贷。"[2]而光绪二十七年(1901)陕西旬阳县《重刊府县禁令碑》系重申光绪十五年(1889)陕西兴安府正堂的禁令,并试图以降低葬礼级别的方式减少轻生行为的发生。"凡死由自尽者,所装衣被

---

① 《广东碑刻集》,第857—858页。

② 《广西少数民族地区石刻碑文集》,第61页。

止准用布,不准用绸绫。或单夹或棉共不得过七层,棉布棉衣均作三层□□等,棺材不得用松柏。尸亲借此诈讹者,禀官严究。"①

上述自宋代以来即出现且在明清时期愈演愈烈的诬控诈陷等刁讼行为,之所以屡禁不止,上述碑文中提到的原因固然重要,但仅凭消极示禁而积极性的制度建设和预防措施不够全面和普遍,也是不可忽视的重要原因。

四、禁吏役借讼勒索

从上文可知,在禁止和预防诬告诈赖等严重刁讼行为时,各地多以严厉示禁为主,间有些积极预防措施,但效果不够理想。而在严禁吏役借讼勒索方面,地方社会表现得更为积极主动。

明清时期,地方衙门中的胥吏和差役借官司而敲诈勒索是常见现象,不少地方禁约文告和禁碑多涉及此事。如台南道光四年(1824)《奉宪禁各衙胥役勒索绅衿班数碑记》和道光五年(1825)《奉宪禁各衙胥役勒索绅衿班数碑记》道出诉讼阶段的诸多弊端:"查民间词讼,一纸之递,所费近千。批准后,即宜送礼与承发书,乃得其将案分交值承叙送、签稿。嗣是而承、而差,而承伙、差伙、馆记、堂口,亦皆有礼、有费。诸皆分致,乃得具领投到,赴案质成。"②碑文中描述的吏役借机勒索虽不免夸张,然而这一现象的普遍性却是不争的事实。面对这种上下皆知的弊害,地方官、乡绅衿耆以及自明末清初开始活跃的商民等,均从维护各自利益的角度,积极参与地方立禁止害的法律构建中。

(一)地方官的实践

清代有不少地方官主动示禁革弊,多基于法律规定和职责要求。陕西石泉县知县舒钧在道光二十七年(1847)分别颁布《劝谕书吏告示碑》和《严禁差役索诈告示碑》对书吏衙役进行约束。前碑十条告示是语气相对和缓的谆谆告诫,其中一条规定:"出票唤人,最宜慎重。语云'一人到官,一家不安'。嗣后,差票内不许妄写'拘'字及滥写'锁拿'二字。"③而后碑则为力求革新的严词禁令:

① 《安康碑版钩沉》,第261页。
② 成大历史系等编:《台南市南门碑林图志》,载《石刻史料新编》第3辑第20册,第81页。
③ 《安康碑版钩沉》,第93页。

照得县设衙役以供差遣。壮班任操练,快班事辑捕,皂班司刑杖。其一切词讼事件,则壮、快两班承办,此其例也。石邑向规,两班轮流当月,某班值月则诸事悉差某班。下班者遂至闲散,从无约束,殊非事体。尔等上班之人,固须谨慎从事;下班者尚有承辑案件,词讼未结事项,亦须勤谨趋公,不得辄以身非当月推诿。本县莅任年余,查尔等头役尚属奉法……惟尔等承票积习至今未改,一票到手,拖延多日,希图坐食两造口岸……至承票辑贼,往往捉影捕风,到处吓诈,甚则正贼不辑,将曾经犯窃旋即改悔之人,捉得一二人羁押饭店,教令诬扳。某人接买赃物,某人知情同伙,遂至一案辗转波连十数人,层层剥削,实堪悯恻……为此示。仰两班人役知悉:尔等宜痛改前非,并责成该班总管随时稽查。如有在外滋事、不守班规者,立即禀究。倘敢徇隐,事发之日,一体责惩,各宜凛遵毋违。特示。

碑文后列有3条款项,对差役、捕役的具体行为作出更明确的约束。考虑到吏役合法收入有限的事实,知县特保留其索取的合理范围,而非流于形式地简单例行示禁将其"逼向绝路"。"本县为吾民革除蠹害,亦为尔等保全身家。盖尔等得受草鞋、饭钱,原不能一概禁止。若遇事磕索,酿出事端,计赃论罪……亦得不偿失。"①

同治五年(1866)陕西《洋县正堂为民除弊碑》也是通过设定吏役的合理收入和严禁其过度索取的方式而矫正弊端:

词讼凡属婚姻、田土、帐债,俱为民间正案,只准其取保听审,无须管押,并无费钱之例。陋规有书役官号一项,已系额外索求。查乱后凡遇词讼,原差传唤,动辄六人,甚至九人、十二人,与乡约串通舞弊,往往草鞋钱数串,口案钱数十串,官号钱多者甚至八九十串,少者亦不下三四十串,此等恶习,殊堪痛恨。嗣后仍照旧,每案照八股派钱。赤贫之家,不得拘拗数目;即殷实者,一案至多不过三串二百文,送案到单钱在外。原差一班只准一名,五十里路者,每名给口食钱一百文。百里外者,按路远近照算,发给口食,不得复索草鞋、口案等

---

① 《安康碑版钩沉》,第94—95页。

钱。如多取者,以诈赃告发究办。①

从道光到光绪年间陕西安康地区官府的碑禁内容看,其禁令保持了一定的连贯性和严惩的力度。光绪二十四年(1898)《安康知县颁布流水铺后牌公议禁令告示碑》规定:"该铺差役唤案,官号草鞋钱,照童尊府大人旧章,每案给钱三串贰百文,差役不得额外需索,若违示者,禀究。"②陕西旬阳县光绪二十七年(1901)《重刊府县禁令碑》也是重申光绪十年陕西兴安府童知府的规定,"传唤人证,每案草鞋、口岸钱不得过三串,如违,严究。吊拷勒索者,审实立毙杖下。乡保串通得赃者,一体治罪"③。

由于各地情况不同,地方官也会因地制宜设定不同的除弊措施和禁令。如苏州府长洲县知县设定了筹款"资其公用"以避免吏役由民间索取讼案费用的办法。同治六年(1867)《长洲县为禁革尸场解勘诸费官为筹款及支出碑》载:

> 照得相验命案,尸场使费最为地方之累,久经禁革,然皆阳奉阴违,良由纸张、饭食、船只、解勘诸费在所必须,书役等每以此借口苛索。剔弊清源,必先资其公用而后禁其需索,是以本县下车以来,凡遇相验事件所需各项钱文,概行捐廉给发。第法必期于经久,弊当杜其复萌,现于闲款项下筹有制钱一千千文发存济元典,按月二分起息,专为相验及解勘犯人之用,归仁济堂董事妥为经理,取息支放……业经通禀各宪批示立案,合行开录章程,勒石遵守。为此示。仰刑招各书并仵作、皂快、各役人等知悉:尔等务各永遵新章,洁己奉公,所有尸场解勘诸费,从前取之民间者永远禁革,毋再仍前娄索扰民,致罹法网。

基于"法必期于经久,弊当杜其复萌"的考虑,禁碑后列有三条《存典章程》,以保障钱款的正常合理使用,以防"移作他用"或被"冒支",即为保证此项措施"以垂永久"而设立了一定的制度监管措施④。

---

① 《汉中碑石》,第301—302页。
② 《安康碑石》,第319页。
③ 《安康碑版钩沉》,第260页。
④ 《明清以来苏州社会史碑刻集》,第400—403页。

广东则将吏役费用纳入官府公用支出项目,同时责令州县官吏 "留心稽察"。如光绪十年(1884)《禁示碑记》载:

> 广东按察使司沈,为出示严禁事。照得州县勘验盗劫命案,一切夫马饭食,例应自行备用,不准索取民间,迭经各前司通饬,出示严禁。至乡民禀送盗贼,州县丁役必索重费,然后官为收审,亦经刊入清讼章程,通行裁革,各在案。各属果能留心稽察,实力奉行,弊端何患不除,闾里胥蒙其福。乃上官虽屡颁诫,而属吏多视为具文,以致乡曲小民被其诛求而甘心隐忍,在官人役无所顾忌,而益肆贪婪,亟应重申禁令……嗣后该地方官相验人命、勘讯盗案,务当恪遵功令。一切夫马饭食,由官自行发给,不许丁役人等向尸亲事主索取分文,以藉端骚扰……如有前项情弊,或被告发,该地方官立即切实根究,从严惩办。倘敢阳奉阴违,有心徇纵,许被害之人赴本管上司指控。访查得实,定将丁役人等提案究办,并将该地方官严揭请参,决不宽贷。[①]

光绪三十一年(1905)广西布政司发布《饬禁州县官吏丁役需索碑》则规定讼案费给付方法是 "由理曲之人付给,理直者不给。所给之钱,书吏得六成,差役得四成。此外不准多索,本官丁役不准得(下缺)奔走,定为每百里给钱三百文,由原、被告各半付给。案内中证,不在摊出路费之列……其向日之供应以及此外一切规费名目,一概禁革" [②]。

(二)乡绅的实践

广东恩平县《奉宪严禁碑记》系由生员等16人于道光二十五年(1845)十一月 "节经列款呈请"。所列条款实即乡绅们共同商定的除弊措施。历经10个多月公文批复审核,终于得到官府 "谕生等善为办理,勒石永禁" 的批示。

生监们设计的除弊条款总计9条,除2条为纳粮除弊,其余7条均涉及制约词讼案件中的吏役勒索,而条款中对涉及诉讼的各项收费标准也作出具体的规定:

---

① 《广东碑刻集》,第312—313页。
② 《广西少数民族地区石刻碑文集》,第187页。

一、户婚田土等案，奉票到乡传唤，限承差二名，共支开票钱贰百文。其饭食工钱，自十里至三十里，每名给贰百文；四十里至六十里，每名给钱三百文；七十里至百里，每名给钱四百文。无论远近，俱不得索取轿钱船钱。如违，禀究。

一、户婚田土等案，两造人证应候讯断，当堂发落，差役不得私扣班房。其站堂饭食钱文一千三百九十文，原、被各出一半。倘经审未结，后又复审，两造仅支散后钱一百九十文。□委系清贫，需依朝庭，毋得勒索。

一、案审未结，当堂交差带候听审者，许保人认领，随审随到，该差不得勒索钱文，亦不得擅设囤房，私营酷诈。如违，定即指名禀究。

一、赃犯诬扳良民，如有保老赴案俱结，讯明实系安分良民，立予择释，即当堂保老领回，承差不得勒索钱文。如违，禀究。

一、勘验夫价、程途、扛尸、诬陷等项，以及卯期递呈向供，并县早夜随便问话，均遵到县李台给定章程，不得勒索。如违，禀究。

一、发给供食钱文，毋须按照前项。倘差役、书吏等抗不遵款奉行，或敢格外索取，许阖邑绅耆连名禀究。

一、捕衙原无案件审理，不得擅受文词。该弓役不得私设班房，羁押人证，亦不得取马草钱文。如奉县委勘，限大轿夫四名，小轿夫六名，正堂帮办书后随行人等，不得过二十五名。每名供食钱文，俱照正堂差之给，过索定禀究。[①]

从上述内容看，乡绅们之所以不惧繁琐而呈请官府批准"勒石永禁"，因为他们"节经列款呈请"的自治方案甚至比官府制定的法令更为细致严密。但如果没有官府的首肯和政府公权的保障，乡绅们议定的禁约自然没有约束力。而大部分条款中的"禀究"规定，既使乡禁乡规与官禁衔接，致地方法律体系更丰满，同时也赋予了乡绅们参与和监管地方事务的权利。这一过程大致反映了地方绅民们将抵制吏役借讼勒索的愿望上升为细致严密的禁约；并借官府的批准，使其成为地方法律规范的路径。

从另一角度看，官府同意乡绅们的勒石要求并"谕生等善为办理"，也表明官府有意通过乡绅等的社会力量，制约不法吏役的敲诈勒索。碑文所反映的是

---

① 《广东碑刻集》，第440—442页。

官与民在各取所需和相互扶持中,通过"奉宪勒石"、"奉宪示禁"等形式,达到官民携手治理地方的目的。而清代许多地方词讼禁碑以及明清碑禁体系,都表达出这种官绅合作的共识。

第三节　明清词讼禁碑之特色

从上述内容,可以看出中国明清词讼禁碑具有两个鲜明特色:一是在内容和功能上所表现的消极禁惩与积极制度建设相结合,二是从形式和程序上表现的官绅互动的构建模式。下面试分别予以说明。

一、消极禁惩与积极制度建设相结合

矫正社会弊端的方式不外乎消极和积极的做法,碑禁体系的内容也同样体现出消极和积极的两种倾向。

消极性禁碑是重视禁令的昭示和威慑作用,但缺乏制度性建设。明清时期大量地方禁碑多是地方官员针对已出现的社会弊端而立碑示禁,禁令文字声色俱厉,处罚措施严厉,"尽法处治,决不宽贷"、"立毙杖下"等威言警语表现出官员对弊害的深恶痛绝和"严打"的决心,故往往能起到"令行禁止"的功效。但在禁令推行中如果不注重实施手段或缺乏制约监管,其效果多难于持久,甚至成为走"过场",正如明人谢肇淛的描述:"上官莅任之初,必有一番禁谕,谓之通行。大率胥曹剿袭旧套以欺官,而官假意振刷以欺百姓耳。至于参谒有禁,馈送有禁,关节有禁,私讦有禁,常例有禁,迎送有禁,华靡有禁,左右人役需索有禁,然皆自禁之而自犯之,朝令之而夕更之。上焉者何以表率庶职?而下焉者何以令庶民也?至于文移之往来,岁时之申报,词讼之招详,官评之册揭,纷沓重积,徒为鼠蠹、薪炬之资,而劳民伤财不知纪极。噫!弊已久矣。"[1]

在碑禁体系中,这种走过场式的禁碑自然是不可避免的,也是其消极性的一种表现。此外,"消极性的禁令"本身也占有相当比重。其原因是多方面的,包括受中国古代法律整体特性的影响。在明清法律、条例中有关制约刁讼、越诉、诬控、勒索等行为的制度建设中,也同样以消极示禁示惩为主。另需要正视

---

①　〔明〕谢肇淛:《五杂俎》卷14《事部二》,上海书店2001年版,第278页。

的现实是，一些较为严重或突出的社会问题，也远非单凭法律或禁令所能够解决，地方官除颁刻禁碑以震慑违法犯罪行为外，似乎也难以找到有效的解决途径。如前文所述，各地颁布的禁诬控诈赖的禁令不可谓不多，处罚也不可谓不严；敕谕、法律对生监包揽词讼的责难和处罚也同样严厉。然而与"借尸图赖"密切相关的流民问题严重的趋势得不到遏制，讼师存在的社会环境没有大的改变，诬控诈陷与刁讼之弊便难以根除。在中国传统的"法不责众"等观念的影响下，身为"父母官"的地方官，也只有一面通过屡示严禁的方式强化禁令的威慑作用，一面在处理刁讼和越诉等类案件中念及情理而从轻或减轻处罚，其结果也势必会造成一些严重的社会弊病屡禁不止或此消彼长。

有助于社会问题解决的往往是地方禁令中的"积极性制度建设规范"，即那些既能触目儆心又不乏监管防范等制度措施的禁碑。如前文所述同治年间陕西洋县官绅为矫正不肖乡约拨是弄非、唆人兴讼的地方之害，特建立乡约选任制度并注重对乡约的约束。"嗣后乡约，每遇年终，各花户在公所大家议举，一人进城具禀，方准充膺。如有本地绅士不知，伊私捏名字具禀充膺者，一经告发，定从究办。再有大地方乡约，只准二名，如有过多者，许该绅士禀裁。"同时将乡约处罚的权限限定为四五百钱文以内，"如有过一串者，告发后以诈赃究办"[①]，体现了较鲜明的乡土社会的自治能力。

针对江南地区为害甚深的诬控牵连恶习，苏州长洲县绅民在康熙末年提出采取十家保结的防范措施，而官府亦认为此法可以令恶棍盗贼"无从肆蛮，而良民得以安枕"，特令"勒石苏、松、常各属永遵"[②]，使这一附带制度性建设的禁碑影响力更加广泛。

在禁止吏役借讼勒索方面，地方官和乡绅也都积极尝试根除这一陋弊的方法，以求通过制度建设而长久解决问题。陕南地方官的做法是事先明确吏役合理收费标准，对超限索取者予以严惩，并保持这一制度的连续性和稳定性；苏州府长洲县的做法是筹款"资其公用"，并在禁碑后附列监督款项使用的章程；广东官员则将吏役费用纳入公用支出项目，同时责令州县官吏"留心稽察"。

---

① 《汉中碑石》，第301—302页。

② 《明清以来苏州社会史碑刻集》，第567—571页。

上述这些附带有制度性建设的禁令,无疑更有助于地方社会的和谐稳定。而在碑禁体系中基数庞大、地方自治特色明显的 "奉宪" 类禁碑中,震慑惩治与制度建设的兼容性,往往结合得更为紧密。

二、官绅互动的秩序构建模式

明清碑禁体系中,数量繁多的以 "奉宪" 名义公布的地方自治章程和禁碑,是官绅合作与互动的产物。

地方官员衔君命宰治一方,为一方父母官,有权力在地方发号施令。地方事无巨细,一切都在地方官们可以设范立禁的权限范围内。然而大多数禁令尤其是禁碑并非父母官主动出示,多是应地方乡绅的请求而出示。绅民们提出请求,也并非仅仅请求官府查禁惩处而已。他们常常直接协商议定有关兴利除弊的条款,报呈官府。一旦批准,就成为地方禁约,成为地方法律规范体系的一部分。嘉庆十四年(1809)广东《奉龙门县师准给示永禁碑记》记载了在地方法律秩序构建中的官绅互动与配合。龙门县路溪洞生监10人和乡民8人针对地方情况,共同议定了 "禁男妇依烂服毒怂恚以儆刁风"、"禁狡计唆摆以杜讼源"、"禁争端打架以听公论"、"禁挟恨冒捏以存天良"、"禁怀私徇情以归正道"、"禁藉命索诈贼累良民" 等条款。官府对乡绅们议定并呈请的禁约极为认同并表示大力支持。"乡有约,约有规,所以奉功令而遵宪典,除匪类而卫善良者也。……嗣后倘有违犯后开乡规者,许绅耆等禀赴本县,以凭严拘,按法究治,决不姑宽。"[①]

道光三十年(1850)七月,浙江瑞安县五都衿耆为制止田园偷窃行为日渐猖獗而公议章程并呈请官府批准。呈词称:"不法棍徒,借斫草牧牛之名,日夜在垟偷窃,肆无忌惮,一经拿获,胆敢挟忿倒制,殷实之家受累奚堪。无奈公议章程,派人巡守,无论种植何物,成熟之时,每亩公秤几勺以作巡守酬劳。若被偷窃多寡,即着管守赔偿,以专责成。如此立法,可期久远,俾恶风敛迹。若不立碑永禁,终无实济。为此金请出示碑禁……" 呈词中既申明了公议的除弊措施,同时也表达了乡绅对官府示准的禁碑在民间立法和执法中的重要性的理解和认知。瑞安县知县杨鉴对绅民的请求予以认可,同意 "勒石谕禁",乡绅遂将官

---

① 《广东碑刻集》,第59—60页。

府的批文及公议章程以《奉各宪谕禁》的名义,刻碑示禁①。

同治九年(1870)海南东方县《奉官示禁碑》载生员20余人和村民10余人共同商议的11条禁约,其中涉及词讼诬控的禁约称:"不得借命图赖,移尸抄抢。如有殴打冤迫,务经投村众,不然而□悬梁溺水、持刀服毒自尽者,皆轻生也,俱不得以命案论。""各村有事先经投众,不得私行擅告,灭名混呈,如违,系自告自办外,仍要禀送治罪。"禁约最后强调上述各条"不许误犯。倘有误犯,即合众联名禀官究治"。对于这份内容颇详尽的乡禁条规,知县不仅表示认可,还对乡绅们去害除弊的做法予以表彰。"该生等为士民表率,凡官司所不能遍喻者,赖生等劝喻之,督责之,庶几民无梗化,□□挽所呈乡禁数条,系因禁革陋习起见,甚属可嘉,应准给勒碑垂戒。但此后或有犯禁者,生等务稽查实,合众捆送究治,勿得陈从,以贻害地方,亦不得安拿无辜,□□获咎,切切。"②

上述碑文表明,以监生、乡耆为代表的民间精英力量,在地方法律秩序构建中具有重要影响力,并得到官府的重视和认可。在中国传统社会,绅士、耆老等是地方社会的权威,也是官府治理地方的重要依托。而明清榜文卧碑也以法律形式赋予了生员某种监管地方的职责,对诸如"卖富差贫、重科厚敛、巧取民财"等危害地方之事,有权向地方官建言。这些均使得耆老士绅有机会成为地方尤其是乡村社会秩序的建立者和维护者。

而地方长官也同样喜欢以官绅官民合作的方式为地方事务"设范立禁"。这种方式既体现了官府"为民父母"的权威,又相当程度上调动了地方绅民"自治"的积极性。"奉宪"的形式、"乡禁"的内涵,使自治禁碑更有群众基础,更符合地方实际,也更有可行性。

显然,由上述禁碑所构成的明清碑禁体系,较之我们所熟知的由《大明律》、《大清律例》以及条例、则例、禁令等构成的法律体系,无论形式、内容还是表达方式,都有明显的不同。而在明清地方社会,百姓的日常生活乃至争讼,往往与国家通行法律保持一定的距离,反而与禁碑等地方禁令关系更为密切。大至贼匪恶丐、诬告诈陷,细至田园果蔬、邻里纷争,无不属禁碑的关注对象,入乡随俗的禁令也使百姓易知易守。

---

① 《温州历代碑刻二集》(下),第771页。
② 《广东碑刻集》,第1002—1003页。

应当说,与明清地方社会和绅民关系更密切的,正是我们一直忽视的遍布于中国城乡的一块块禁碑。而数以千计的禁碑,不仅是明清地方社会和法律秩序发展演变的见证者、记录者,同时也是地方法律秩序的构建者和参与者。因为每一块禁碑都是明清碑禁体系(详见第五章)也是中国传统法律体系的一个组成部分。

第四章

江南"禁当行碑"与地方法律秩序的构建

　　工商禁碑，作为地方官府进行工商业管理的主要法制形式，明末清初开始出现，并主要集中于江南地区。在这些禁碑中，以"禁当行碑"即禁止官吏、衙役、兵丁强迫工商户无偿或低价提供劳役和物资以勒索滋扰工商业者的内容所占比例最大。"禁当行碑"的集中出现既反映了当时工商业者面临的艰难环境，同时也成为工商业者谋求生存发展而诉求法律保护的主要方式。本章以现存的数十份"禁当行碑"为依据，分析其颁刻缘由、主要内容及其作用效果，进而探求地方官府和工商业者在市场法律秩序创制过程中分别所起的作用，初步揭示当时市场法律秩序中的政府因素和民间因素之间的关系。

第一节　明末清初工商禁碑之特色

　　在笔者近十年搜集整理历代碑刻法律史料的工作中，特别注意到这样一个现象，即在明末清初涉及法律事务的碑刻中，"示禁碑"和"讼案碑"的数量快速增长，改变了此前以"学规碑"、"学田碑"、"寺产碑"为主的态势，也即宣示各类工商或乡村禁令，及记录讼案结果的碑刻，其数量逐渐超过了教育和宗教管理（含资产保护）方面的法律碑刻。到了清朝中期以后，工商禁碑和讼案碑成为法律碑刻的主流，并一直持续到清末。

　　工商禁碑在明末最初出现时，主要集中在江苏、安徽、浙江，即传统意义上的江南地区①。明朝的南直隶包括应天府、凤阳府、苏州府、扬州府、松江府、常州府、宁国府等14个府级单位,地域范围相当于今江苏、安徽和上海。其中苏州府和松江府是工商禁碑出现最多的地区。苏州府下辖吴县、长洲县、常熟县、吴江县、昆山县、嘉定县(嘉定县直到1958年才改隶上海市)和太仓州,松江府下辖华亭县、上海县、青浦县。清顺治二年(1645),明代的南直隶被改为江南省,省府为江宁(今南京)。顺治十八年(1661),江南省一分为二,由江(宁)、苏(州)二府合名而成的江苏省,省会驻苏州,称"江南右布政使司";由安(庆)、徽(州)二府合名而成的安徽省,省会驻南京,称"江南左布政使司"。康熙六年(1667),两者分别改称江苏布政司和安徽布政司。乾隆二十五年(1760),两省会又分别迁至南京和安庆。而无论是明朝的南直隶,还是清朝的江南省或江苏省、安徽省,以及相邻的浙江北部地区,皆为当时中国工商业最活跃的地区。

笔者已经搜集到的明末工商禁碑有15份(见表1),其中苏州府辖区内有10份(仅常熟县即有5份)。禁碑涉及的行业有典铺、木铺、绸铺、杂货行以及关税事项。这15份中,明万历年间的碑刻占5份,其中2份在安徽(一在南陵县,一在太平县;两县在明代均为南直隶宁国府所辖)。就明末江南工商禁碑所涉及行业的总体情况看,万历年间(1573—1619)集中于典当行业,天启年间(1621—1627)增加了绸行,到崇祯年间(1628—1644)涉及的行业包括布行、杂货、药行以及牙行、关税事务等。

---

① 在经济史学界,李伯重先生对明清"江南地区"所作的界定有较大影响。他认为江南地区为明清苏、松、常、镇、杭、嘉、湖、应天(江宁)八府以及太仓州所包括的区域。参见李伯重:《明清江南与外地经济联系的加强及其对江南经济发展的影响》,《中国经济史研究》1986年第2期。但本书所涉及的碑文资料,除上述八府中的苏州、松江、应天府外,尚有明代南直隶的宁国府和浙江宁波。即本书所称江南地区,除现在的江苏、上海外,还包括现今安徽和浙江等的部分地区。

表1: 明末 (1573—1644) 工商禁碑的分布区域与数目[①]

	苏州	常熟	嘉定	青浦	宣城	宁波	总计
万历		3			2		5
天启	1	1					2
崇祯	3	1	1	2		1	8
总计	4	5	1	2	2	1	15

　　清初顺治年间(1644—1661), 工商禁碑较具代表性的地区为松江府。禁碑涉及的行业有木竹行、面铺和布商等, 主要内容是禁止官吏衙役兵丁强迫铺户"当行"、"当官"[②], 亦即严禁衙役、兵丁之流携官府威势迫令工商户无偿或低价服官役、供官需, 实即禁止他们假借官府需要的名义勒索、滋扰工商业者, 规定凡添累商铺者给予重惩。到康熙年间(1662—1722), 工商禁碑以苏州府辖区数目最多, 其次为松江府辖区。此时碑禁所涉及的工商行业较以往更为广泛, 处罚措施也较以往更加严厉。这一数量增多、涉及行业渐广、禁令更严的趋势一直保持到乾隆年间。其他地区, 如广东、福建、北京、山西等地, 在康熙、雍正、乾隆年间也开始陆续出现工商禁碑, 大致可以反映工商禁碑由江南地区向全国扩散、蔓延的趋势(见表2、表3)。

---

　　① 　本书表格所列地名, 未按明清府县规制, 将常熟、嘉定等列入苏州府, 将上海等列入松江府, 而是作为单独地域范围, 主要是突出此一地区相关碑刻集中存世的情况; 表中省、府、县地名并列也非严谨的比较法, 同样仅是为了突出说明江南地区相关碑刻的存世情况。另表中以及行文中所列碑石数据, 均以2009年前笔者所见为限, 之后陆续发现的禁碑尚未计入表内及统计数据中, 特此说明。

　　② 　唐文基先生认为: 明代城镇中的一般铺户除里甲差役外, 还承担在内府各监局服役、充当征收商税的巡拦和替封建政府买办各种必需品等徭役。其中买办之役是铺户主要的也是最沉重的徭役负担。明代的买办有铺行当行买办、招商买办和金商买办数种。铺行当行买办在两宋时已存在, 明初沿袭, 自明成祖始具有强制性质。参见唐文基:《明代的铺户及其买办制度》,《历史研究》1983年第5期。赵毅先生认为: 明代商役的大致轮廓是, 洪武至宣德时主要为当行买办, 正统至正德时期主要是招商买办, 嘉靖至明末主要是金商买办。铺户商役由当行买办, 向封建政府提供力役, 转化为招商(或金商)买办, 向封建政府提供银差(应役者还要提供部分力役), 这种变化同明代社会经济的变化是一致的, 是社会发展进步的表现。参见赵毅:《铺户、商役与明代城市经济》,《东北师范大学学报》(哲学社会科学版)1985年第4期。本书所指的"当行"、"当官"与唐文基和赵毅先生所言"买办"含义较接近, 也包括铺行当行买办、招商买办和金商买办等形式。

表2: 清初 (1644—1735) 工商禁碑分布与数目

地区 时间	苏州	常熟	吴锡	扬州	嘉定	松江	上海	安徽	宁波	广东	福建	兰州	总计
顺治		2		1	1	4	1		1				10
康熙	18	20			5	6	1	1	2	3		2	58
雍正	2	1	2				1				2		8
总计	20	23	2	1	6	10	3	1	3	3	2	2	76

在了解了明末清初江南工商禁碑的总体分布状况后,我们不妨再聚焦于苏州府和松江府。以苏州府所辖地区为例,笔者现掌握该地区明万历到清乾隆年间的工商禁碑计88份,其中"禁当行碑"36份,禁工匠"齐行罢工"(也称"齐行叫歇")碑12份,另有涉及牙行的禁碑8份,盐茶酒等专营的禁碑7份,禁脚夫豪强把持的碑刻6份,规范典息当赎的碑刻4份;其他的是属于规范关税、保护经商安全等护商恤商的禁令碑。在苏州府下辖的诸县中,常熟县比较具有典型意义。该县计有工商禁碑31份。其中"禁当行碑"为21份,涉及的行业有典当、竹木、绸布、染坊、面铺、轿行及油麻、钉铁等杂货行;另有规范典息当赎的碑刻3份,私盐禁碑3份,关税禁碑2份,以及禁止游船妨害商船、禁豪强光棍垄断市利的碑刻各1份。

再看松江府及所属上海、青浦等县的情况。笔者掌握的该区域自明崇祯到清乾隆年间的工商禁碑共计20份,其中禁当行碑为6份;另涉及盐茶商事的禁碑5份,保证经商安全的碑刻5份,禁仿冒商标的碑刻2份,禁止把持物价的碑刻2份。

就江南地区而言,"禁当行碑"所占比例最大,且涉及的行业多,持续的时间长。除苏州府和松江府的40余份"禁当行碑"外,明万历年间安徽2份禁碑,以及浙江宁波明崇祯五年(1632)《抚院司道府为胖袄药材不许签报铺商禁约碑》、顺治四年(1647)《宁波府知府韦克振立石永遵均行苏困告示碑》、康熙五年(1666)《宁波府知府奉宪文禁扰安商碑》等,也均为"禁当行碑"。这还仅是笔者所了解到的情况。如果考虑到历史上毁佚或笔者未发现的禁碑,其数量应该更加可观。在这些工商禁碑中,除"禁当行碑"外,禁止垄断、禁止假冒商标、禁止歇业罢工及保证经商安全等内容的碑刻也占有相当的比例。其禁令内容分别涉及官与商、牙行与商、商与商、雇主与雇工、商与其他百姓等不同社会群体之间的利益关系和相关矛盾；刻碑立禁的主要目的是减轻或消除阻碍工商经济发展的种种弊端和障碍。而明末清初"禁当行碑"所占比例最大，也一定程度寓示官与商的矛盾，在当时江南地区最为突出。这一矛盾是怎样造成的，其深层次的原因是什么？这种矛盾对工商业发展造成了哪些阻碍，当时的工商业者和地方官员为消除弊害、化解矛盾做了哪些努力？这些工商禁碑对明清市场法律秩序的构建有哪些影响？它所承载的这些工商管理法制与工商社会的自治之间是什么关系？通过对这些至今尚存的第一手碑刻资料的考察，或许就这些问题我们能够得到一些新的认识。

第二节 明代"铺行承值"禁令的缘起与示禁碑

明末清初的"禁当行"是针对工商行户而言的。所谓行户，一般特指工商行户被官府差派或雇用，负责为官府供役供需者[1]。在明代，国家对民间工商业者的管理，主要以"审行"的形式进行，入籍的工商业行户要轮流担当"铺行之役"供应官府需要的物资和劳役[2]。工商业者所承担的这种劳役或责任，碑文中多称其为"当行"或"当官"。但碑文中所见的"当行"或"当官"的内涵其实比其最初的含义要更广些，举凡工商户被迫向官府供役供物或衙役假借官府威势勒索工商户的行径，都被统称为"当行"或"当官"。由于"当行"逐渐成为困累商户的苦差事，因商民呈请，朝廷和地方官府逐渐开始"禁当行"以解工商之困，以保护工商业的正常发展。

关于铺行之役的缘起，明人沈榜在其所撰《宛署杂记》一书中写道："铺行之起，不知所始。盖铺居之民，各行不同，因以名之。国初悉城内外居民，因其里巷多少，编为排甲，而以其所业所货注之籍。遇各衙门有大典礼，则按籍给值役

---

① 赵毅先生认为：铺户、行户、铺行、铺商在明代典籍中各有含义。前三者称谓稍异，实质相同，都指开设铺面于店肆，经营商业或手工业的城镇人户。铺商的概念产生较晚，是在物料和铺户力役改折之后出现的，指承担国家物料买办之役的大而有力的铺户和行商。参见赵毅：《铺户、商役与明代城市经济》，《东北师范大学学报》（哲学社会科学版）1985年第4期。本书中的铺户、行户、铺行、铺商等，未有明显的概念差异，均指城镇中的工商业者。

② 唐文基先生认为：明政府为逼使铺户承当买办，对铺户定期进行清查编审，叫做"审行"。始于永乐年间，十年一审，万历六七年后，两京（北京、南京）铺户改作五年一审。参见唐文基：《明代的铺户及其买办制度》，《历史研究》1983年第5期。

使，而互易之，其名曰行户。或一排之中，一行之物，总以一人答应，岁终践更，其名曰当行。"①《宛署杂记》成书于万历二十一年（1593），沈榜时任职顺天府宛平县，对当时的铺行情形的描述应该是准确的。

明代中晚期，中国商品经济已发展到一定程度，铺户当行的形式发生了一些变化，召商买办的方式渐成主导，但工商业者所承担的重负并未减轻，铺行之役严重制约了江南工商业和社会经济的发展。故自明朝中期始，以为工商业者（即行户）"苏困解累"为主要内容的奏疏不断出现。王恕在成化二十年（1484）十一月十九日具题《同南京吏部等衙门应诏陈言奏状》中，坦陈南直隶苏州等府买办年例供应器皿中的扰商之弊；马文升于弘治二年（1489）具题《抚恤南都军民事》之奏疏中，直言应天府买办木料、颜料等官需时俱于众铺户赊买，积欠铺户价银数万两而致怨言盈途之事；张永明（1499—1566）在任职南京时曾上《议处铺行疏》，提出了专职掌、定额取、省繁役、慎估计、详稽察、饬官常等六条措施以苏解商困②。

其实，当时工商"铺户之累滋甚"的情形并不限于江南，各地革除铺行之役的呼声此起彼伏。《明史·食货志》载，早在嘉靖年间，各地铺行差役之累已经很严重："先是，上供之物任土作贡，曰岁办。不给，则官出钱以市，曰采办。其后本折兼收，采办愈繁。于是召商置买，物价多亏，商贾匿迹。"③"物价多亏"的主要原因是官吏故意克扣应支付的价金，除造成"商贾匿迹"外，更直接的后果是商户破产。嘉靖二年（1523）四月，给事中江应轸等请革京城铺户言："累朝旧规及《会典》所载和买必多其直，正德以来始取于市而令领价于官，使民损资失业，困极生怨。"④曾任衡州知府、福建布政史等职的章侨以直言善谏著称，他在嘉靖年间奏疏称："添设织造内臣，贪横殊甚。行户至废产鬻子以偿。惟急停革，与天下更始。"⑤嘉靖二十四年（1545）十二月，南京礼科给事中尤震得

①　〔明〕沈榜：《宛署杂记》卷13，北京古籍出版社1980年版，第103页。

②　参见〔明〕王恕：《王端毅奏议》卷6，〔明〕马文升：《端肃奏议》卷3，〔明〕张永明：《张庄僖文集》卷2，均载文渊阁《四库全书》电子版。

③　《明史》卷82《食货志六》，第1991页。

④　《世宗实录》卷25，载李国祥、杨昶主编：《明实录类纂》（经济史料卷），武汉出版社1993年版，第200页。

⑤　《明史》卷208《列传第九十六》，第5495页。

言："南京城坊居民自里甲正徭之外，复有各项铺户办纳南京内府诸监局物料。役苦费繁，有司不时给价，仍令分隶各衙门应役。以故占籍，未及数年，富者必贫，贫者必转徙，请亟议宽恤。"①嘉靖二十七年（1548）五月，针对当时京师铺行"入官应役者，皆佣贩贱夫、漂流弱户，有司利其无援，辄百方牟夺之。而富商即有一二置籍，往往诈称穷困，旋入旋出"的弊端，户部奏请：以十年为限，对行户进行清理，重新审编；使"贫者除之，富者即豪强不得隐匿"。就是要进行商户资产情况普查，在掌握其资产真实情况后尽量让富有的商户承担官役。但时任户科给事中的罗崇奎反对这种"审编"，认为此法是"未悉弊源"。他指出当时的"弊源"有四端："今日诸商所以重困者，其弊有四端：夫物有贵贱，价有低昂。今当事之臣，贱则乐于减，贵则远嫌而不敢增，一也；诸商殚力经营，计早得公家之利，而收纳不时，一遭风雨，遂不可用，二也；既收之后，经管官更代不常，不即给直，或遂以沉阁，三也；幸给直矣，而官司折阅于上，番校龉龁于下，名虽平估，而所得不能半之，四也。四弊不除，窃恐审录未久而溃乱又随之矣。……臣以为宜先去四弊，而不必复为审编。即审编亦不必科道……"上述四弊，实即工商业者所受"铺行之累"的集中写照。罗崇奎的奏折虽直指弊端的要害，但"上嘉纳其言，令户部参酌行之。审编用科道官仍如前议"②，即其建议并未被采纳执行。

从以上描述可以看出，官府对所需物资多以"召商采买"的方式采办，但由于名实不符，对民间工商业者危害甚大。这些弊端的根本原因在于官商地位的不平等及官吏衙役贪渎苛索积习的泛滥。正如长洲人孔友谅在明宣宗初年所言："自朝廷视之，不过令有司支官钱平买。而无赖之辈，关通吏胥，垄断货物，巧立辨验、折耗之名，科取数倍，奸弊百端。"③于是，名为官府出钱平价收购物资的"采办"和"召商采买"制，实际上成为累害工商业户的祸源。其实，从当时的史籍和碑文来看，工商民户对合理为官府供役供需并非完全排斥，许多碑文常常见到商户们"情甘供应"的声明。但是，一旦超出"公平合理"的尺度，一旦有吏役在其间大肆勒索，铺户们就会苦累不堪。"愚民习惯，以为官府使用，

---

① 《世宗实录》卷306，载《明实录类纂》（经济史料卷），第201页。
② 《世宗实录》卷306，载《明实录类纂》（经济史料卷），第201页。
③ 《明史》卷164《黄泽列传附孔友谅列传》，第4444页。

亦自甘心, 而无籍之徒, 反因此以攘利。"①明人归有光(1506—1571)之言正揭示了这一事实。

嘉靖年间(1522—1566), 虽然有不少恤商苏困的改革奏议, 甚至在北京、南京等局部地区付诸行动, 如针对嘉靖二十四年(1545)南京礼科给事中尤震得的建议, "其大小诸司用物料取具, 本府印票出买, 价银不得过三日。至于私家一切诸费, 不得干扰铺行", "户部复可。诏从之, 仍令南京都察院出榜禁约②, 但整体效果尚不明显, 且未形成全国政策上的"共振"。伴随"一条鞭"税法改革在全国的推行, 以及各种恤商苏困奏议的推动, 朝廷逐渐采取了"厚农资商"的政策。在随后的隆庆、万历(1567—1572、1573—1619)年间, 一些苏解商困的奏疏被皇帝批准认可后, 进而成为各地方通行的禁令条例。如内阁大臣高拱在隆庆四年(1570)三月上奏《议处商人钱法以苏京邑民困疏》, 很快得到隆庆皇帝的支持: "览卿奏具见为国恤民之意。钱法委宜听从民便, 再不必立法纷扰。商人一事, 该部亟议以闻。"③隆庆四年六月, "户部条议恤商事宜", "疏入, 上悉从之"④。此后, 各地方官府落实朝廷的"恤商"政策, 作了一些积极的改革。万历年间, 李廷机(1542—1616)任南京工部尚书时, 曾下令免除杂税, "奏行轸恤行户四事, 商困大苏"⑤。

明末时, 这些"恤商"政策措施也被一些地方官吏以"禁当行碑"的形式公示于众。万历二十七年(1599)南陵县知县朱朝望等所刻立的《院道批详条款碑》就申明了禁克剥、革积书、省冗官、禁用坊长、比例祛弊、社仓稻谷、苏铺行等七款禁令。其中"禁用坊长"和"苏铺行"两条实即为"禁当行"的内容, 强调禁止官府衙役借官需之名索扰工商铺户、滥取其货物。该禁令规定: "以后不论物件大小, 悉照明禁, 必以见价平买, 并不许再用小票支取。其各行许各置官买簿壹本, 悬于各铺门首, 遇有取用, 径许登入簿内。如遇本院本道按临, 随便取

---

① 〔明〕归有光:《震川先生别集》卷9《九县告示》, 周本淳校点, 上海古籍出版社2007年版, 第927—928页。

② 《世宗实录》卷306, 载《明实录类纂》(经济史料卷), 第201页。

③ 《世宗实录》卷46, 载《明实录类纂》(经济史料卷), 第205—206页。

④ 《世宗实录》卷46, 载《明实录类纂》(经济史料卷), 第206—207页。

⑤ 《明史》卷217《李廷机列传》, 第5740页。

簿查考。"①

万历年间刻立的"禁当行碑",还有《常熟县为吁天申禁敦民水火事碑》、《察院禁约碑》及《禁止木铺供给碑》等。这些禁碑,均较详细交待了刊刻碑禁的缘由或起因,也折射出工商政令在实施中常因各种干扰而有所反复的情形。万历四十二年(1614)《常熟县为吁天申禁敦民水火事碑》系常熟县知县应典户商民联名呈词申请而颁刻。碑文说:前任知县已将察院及县署需用的物品以官银购置齐备,并指定专职工吏看管,本来"每年有条编银叁拾两,以为修整增添之业,绝不取借民间"。但后因"除夕被火,诸物尽成煨烬",该看管工吏为应急,从各典商铺户"暂借铺设"以供官用。"此不过遮掩一时之计,岂后来各吏书引此为例",以致铺行商户们重遭各房书吏"借取"货物(实即勒索)之累。后经商民呈请,公文转详批复,各级官员们对吏役扰累商户行径均表示要严厉查禁:钦差都御史徐某提出"仿照坊长事宜,设处申禁",钦差兵备俞某批示"代备家火,出自何名,仰常熟县速查明禁革",常熟县知县詹向嘉下令"一切借扰,尽行裁革,仍勒石永遵",于是出现了这块"禁当行碑"。

万历四十二年(1614)《察院禁约碑》也是明末禁当行碑的一个典型。碑文记载,南直隶宁国府宣城县湾址镇商户戴某状告宁国府经历司吏役许国宁等"倚役骚索",监察御史徐某批示:"除行宣城县痛革前弊遵行外,拟合通行禁革。……该县佐贰首领等官不许再差快手骚索当铺、取借绒衣布帐等物,仍刊碑永示。"②与上碑类似,也是在受害商户呈请保护、监察御史批示下达禁令的情形下,才产生了这块禁碑。

由于刊碑示禁保护商民的做法颇具成效,很快就被各地效仿,禁碑的示范效应逐步扩散。各地商户多希望借助官府禁碑约束胥吏衙役的苛索行为,以保护自身的利益;那些地处偏远市镇的商户更寄希望于此。万历四十四年(1616)《禁止木铺供给碑》是因常熟县杉木商户江同等联名呈词苏州府请求出碑示禁而刻立。"铺户当官之苦,裁革已久,郡县不敢动摇。苏州府坐堂冲要,长、吴贰县纤无铺户之名,惟是常熟僻处海隅,官司遵行,吏书怙弊,照前出票取料,恣意罔上行私不照。"碑文反映出,恤商苏困政令的落实因地而异:府署所在地及

①　〔清〕徐乃昌:《安徽通志稿》卷8,载《明清石刻文献全编》第1册,第501—502页。

②　〔清〕徐乃昌:《安徽通志稿》卷10,载《明清石刻文献全编》第1册,第535页。

其近邻，禁令执行情况相对较好；远离府署之地，执行效果大打折扣。碑文记述，常熟县木材铺户指控"管工"即承包官府建造工程的工头范贤等勾通县衙书吏戴应芳等，将铺户出售木材后应领钱粮截留侵吞，致使木铺商户们"缺本绝食"，遂集体呈请县府刻立禁碑，并说这是效仿典铺商人的做法："切照该县万金典铺承值上司铺陈，犹称烦累，近日具呈天台行县，处置钱粮，官为置办，今见立石永禁。(江)同等奚堪当官直月，没有支领钱粮，此民间第一困苦。"接到呈词后，苏州府同知杨凤翥奉命前往调查并查明了原委："铺行之禁，遵行已久。第本县僻处海隅，凡蒙修理船只，与夫修理衙门公所，合用木料，并无往来木商可以零买，势不得不取用于铺家。此固卖物当行，彼亦甘心。第取之铺家者，既无见银给发，而且官价与民价毕竟不侔；况管工者高下其手，承行者出放愆期，即使领出，而大半为若辈所耗蚀矣"，以致木商们"势急而情悲"。最后，苏州府批示同意商户们提出的以时价平买、当堂给值、禁差人催取的请求，并下令立石碑于县门，以为"永久当遵"的定规①。

天启三年(1623)《严禁致累绸铺碑》的刻立情形也大同小异。常熟县绸铺商户林辉等13人为制止吏役苛索滋扰、争取公平经商而联名呈词县衙，因而有此禁碑。碑文称："辉等微业小民，勉为糊口之计，切今当官烦苦，首莫甚于此也。宪台怜悯禁革，纤毫不染。民间恩例，公价平买。概县遵奉立石，万姓沾恩，诸民感德。惟独常熟未经刊刻，故违沉蔑恩典，奸书狡吏专权，不遵禁例，不恤民艰，而视铺家反为鱼腐。"遂具呈御史衙门，请求立碑示禁。御史批示："一切浮费，严行禁约，并不许骚扰民间，致累铺户，仰县立碑。"批文转给知县后，知县宋贤遵照执行："查前县业虽申禁，未经立石，臻林辉等请于两台宪禁，不啻谆切。本县莅任，即经厘剔夙弊。诸凡铺行，并不干扰。今蒙宪示立石，永遵无替。"②通过这一碑文大致可知，禁铺户当行的政令申饬已久，然不少地方依然有吏役滋扰勒索商户之弊。因此，请求官府申明禁令，刊碑公示，被商民视为防范吏役侵害、保护经商权益的有效措施。在这些呈词中，商民的诉求多为利益均沾、公平经商等，实际就是要仿效其他地方商人的做法，拥有与其他地方商人同样的权益，并同样以立禁碑的方式制止吏役勒索滋扰。

---

① 《江苏省明清以来碑刻资料选集》，第556—558页。

② 《明清苏州工商业碑刻集》，第3—4页。

　　到崇祯年间（1628—1644），关于禁止铺行承值、官府须平价采买的事宜，已经从地方禁令上升为皇帝圣旨和国家条例了。《明史》载：崇祯初年，右佥都御史范景文"尝请有司实行一条鞭法，徭役归之官，民稍助其费，供应平买，不立官价名"，这一建议被崇祯皇帝采纳："帝令永著为例。"①

　　崇祯年间各地出现的"禁当行碑"，多反映了"永著为例"圣旨颁行后在地方的推行情况。崇祯四年（1631）《苏州府为永革布行承值当官碑》即系官府主动刻立。碑文说，上司曾"颁发碑稿到府，转行长、吴二县"。碑文特别申明：行户承值供官，"已奉圣旨，立石永禁……一切上司按临府县公务，取用各色□足额设原银两公费钱粮，照依时价平买，该房胥役供应，并不用铺行承值。□禁户遵守外，但有仍寻铺行，仍用团牌，口称官□，持票借用，□□□□□一丝一缕者，许诸人首告，差役究，遣官听参"②。这一碑文，并不是商民集体呈请官府刻立，而是地方官以奉圣旨的名义申明严禁吏役假借官府之需苛索滋扰工商户。崇祯七年（1634）常熟县《禁革短价采买货物并借办官价名色示石刻》载："近蒙皇上洞悉民隐，颁发圣谕七款，中有禁革铺行一款。复蒙宪天俯今民瘼，刊布按吴十四款，内禁革铺行，万民有幸，千载难逢。"③文中提到的"圣谕七款"中有一条专为"禁当行"苏解商困。所谓"按吴十四款"，乃时任苏松巡按御史的祁彪佳所制定的监察规条，其中即有落实皇帝圣谕的精神，在苏松地区厉行禁革"铺行承值"措施的内容。此外，崇祯五年（1632）宁波《抚院司道府为胖袄药材不许签报铺商禁约碑》规定："胖袄、药材官造官解，实有五便，永不许金报铺商"，"勒石遵守，以作永规"④。所谓"不许金报商铺"，实即明令禁止对那些为官府提供棉衣和药材的采办商或供应商进行勒索滋扰。

　　从以上叙述可以得知，从明朝中期地方官员们提出恤商苏困的奏议，到明朝晚期江南地区工商禁碑的出现，直至明末（崇祯时期）具有普遍法律效力的恤商圣旨和条例的颁行，这一禁止"当行"保护工商经济发展的举措，从其酝酿到确立为法制，其间历时数十年甚至上百年。明代禁止铺行承值等恤商措施的推进，虽是因应社会现实发展的需要，但也遭遇了重重阻障。在经济最活跃

---

① 《明史》卷265《范景文列传》，第6835页。

② 《明清苏州工商业碑刻集》，第53页。

③ 《江苏省明清以来碑刻资料选集》，第583—585页。

④ 《天一阁明州碑林集录》，第158页。胖袄即棉上衣，在明代亦专指边防将士或锦衣卫的冬服。

的江南地区,抚院、司道、府州县等各级官员以刻碑的方式宣示"铺行承值"或"当行"的禁约或禁令,使恤商、惠商政策在这些地区得到较好的落实,使从前的"审行"以确定工商户轮流当差供役供需的体制在江南地区率先瓦解。这不仅促进了江南地区工商业的发展和社会经济繁荣,同时也滋长了工商业者保护正当权益的意识。也可以说,受害商民呈请官府保护,是禁当行碑之类工商禁碑产生的最主要原因;禁当行碑的面世,不断强化着商民的自我保护意识和维护权利意识。这一"先进"的权益保护意识,一直延续到了清代。清初禁当行碑数目在江南地区的大幅增加,实与此有着密不可分的联系。

第三节　清初江南"禁当行碑"的颁刻及实效

清朝取代明王朝之初,由于军政事繁,需费浩大,明末已申明禁止的行户当官承值之事又在江南地区重新加剧,而且出现了衙门吏役和军队兵丁共同滋扰铺户的局面。清初工商业者所面临的苛索滋扰之弊,较明末更为严重。现存的顺治年间江南工商禁碑,便可印证这一点。

清初,在江南地区,禁止铺户"当官"或"当行"的政令依旧有效。地方官员们也如明末屡颁示禁碑,但执行效果并不理想。如《松江府为禁修葺官府横取赊买竹木油麻材料告示碑》刻载,对于"当行"之弊曾"屡饬严加禁革"、"本督镇禁之已久",只是效果不佳才不得不屡屡立碑示禁[1]。此碑刻于顺治七年(1650),可推测清朝禁止铺户"当行"的政令大约是在顺治二年(1645)建立江南省后开始实行的。

顺治十三年(1656)嘉定县《抚按道禁革铺户当官告示碑》所载情形,是清初江南地区工商业者生存境况的真实写照。当地铺商陈吾等联名呈词:"□旨颁造外踞战舡,叠奉科部各宪,题请动支正项钱粮,徽着州县官吏遴选员役,分头采办物料解用,急需碑禁,不许派累扰民。宪语煌煌,案如星日。祸被奸蠹吏役,滥□借景科派。切思嘉邑海角,兵马络绎,民不聊生,横派民办煤铁、钉灰、油麻、颜料、旗布等项,指一派十。及至领价扣□十无半给。民间大蠹,病国病民,伏乞敕县勒石,禁革前弊。一应物料,照例着官吏采办,禁除科派,波累小

---

① 《上海碑刻资料选辑》,第105—107页。

民。"①巡按要员很重视这一呈词，并命令下属州县刻碑示禁。呈词表明，当地铺户商民知晓朝廷有采办物料不许派累扰民的禁令，但在嘉定县却因婪吏苛索滥派而使禁令落空，故急需立碑示禁，以解除商户负担。

出自抚按道的"宪饬禁令"在基层推行不力，不仅是嘉定县一地的情况，常熟县的情况似乎更为糟糕。顺治十六年（1659）常熟《永禁采办物料扰累油麻钉铁行铺碑》载兵丁借口军务急需而滋扰铺商，吏役借官府工程苛索商户，情形十分严重："凡有军国重务，约法甚严，条例甚晰，即如修造战舰，采办应用物料，必先详开所产地方，酌定应得价值，物不妄求，价无虚假，颁册至朗，行檄至肃，禁扰铺行，五申三令。讵料一行厅县，法便更张。取用货物，不问地之有无，一概诛求铺户；不分价之贵贱，一概滥扰穷民。所给之价，十无二三。赔费之苦，十有八九。"为杜此弊，商民跳过州县直接向部院呈请刻碑立禁，以期获得更有效的法律保护，常熟县接到上级批示特声明："此系现奉部院勒石永禁，惠民恤商。衙役敢再朦混，发票擅取一草一木，定行究解院道，按以军法究处。宪令森严，任勿以身轻试。"②

顺治十八年（1661）《松江府为禁侵铬科派磨骡当官走差告示碑》也反映了同样的情形。碑文载，督抚巡按等屡示"宪颁禁令"，但在松江府的华、娄两县难以奏效。"害民之事，久已成风"，"向来据有呈控，积困未苏"，衙役滋扰科派之事屡禁不绝。商民刻碑立禁之呈请，得到松江府的重视，监察御史也明令严惩不贷："嗣后差马遵旨官喂，额银不敷，查项补苴，不得累面铺户代喂，并不得索取面铺津贴。如敢故违，经承立拿处死。"③以"军法处究"、"立拿处死"等严厉处罚作为威慑，确实取得了明显的效果，此后相当一段时间，松江府未再发生类似情况。

康熙年间（1662—1722），江南地区"禁当行碑"数量最多的是苏州府常熟县。常熟县现存明万历到清乾隆年间的禁铺户当行碑为21份，仅康熙年间即有14份。这14份碑刻，除康熙五十二年（1686）《禁止供应夫役船只碑》立于维摩寺下院外，其余均立于县署。禁碑立于官衙所在地，主要为强调其权威性、合法

---

① 《上海碑刻资料选辑》，第114—115页。
② 《江苏省明清以来碑刻资料选集》，第592—594页。
③ 《上海碑刻资料选辑》，第116—118页。

性，同时警告官吏衙役违禁必受严惩的用意也非常明显。造成常熟县"禁当行碑"数目多的原因，一是地处偏僻，官吏衙役们往往阳奉阴违，有令不行，于是工商铺户们不得不反复上控府道呈请立碑严禁。有时仅仅是为了预防日久禁弛，工商业者也会提出请立禁碑以维护自己的权益。而更重要的原因，是康熙皇帝颁发了"禁铺行承值"的圣旨，促使地方官吏加大了对"当行"之弊的清除和监察力度。

关于康熙皇帝的"禁当行"圣旨，康熙九年（1670）常熟《严禁行户当官碑》记载得较为详细。该碑记载，吏部左侍郎杜笃祜奏称"天下州县行户，为累□□□□□屡行禁饬，而参章叠奏，率皆阳奉阴违"，地方吏役仍然索扰铺户，以致广大商户"苦累较前十倍"；吏役们"口称发价，实则分文不偿。更索□役，伙同积棍；指称应官，又立官行，鱼肉铺家"，因此上疏"乞敕督抚永行禁革，刻石晓谕，法在必行；如仍前故违，即（下缺）题参"。该奏折于"康熙八年六月十五日题，本月十九奉旨'该部议奏。钦此'"，得到康熙的重视。吏部奉旨部议并提出禁革方案后，康熙立即"敕下直隶各省督抚永行禁革晓谕"，即马上向全国发布禁革"当行"之弊的圣旨。苏州府在接到部院"准此备行"的命令后，也快速行动，要求府属各县"官吏查照宪□□咨□内事理，火速奏行。凡一切日用物件，俱□现银□买，其官名色，立行禁革。一面即刻石通衢，多方晓谕，永为遵守；敢有故违严禁，仍行差取当官扰累者，或被告发，或经察实，官印揭参，书差立拿究解"[①]。

从康熙十二年（1673）常熟《严禁铺户当官碑记》所载情况看，地方确实加大了惩治禁当行的力度。"安徽巡抚张题参太和县知县杨彻麟势取铺户绸缎布匹米麦油酒等物，不发价值，各行怨声载道。"针对州县地方对禁令阳奉阴违、形同虚设的情况，督抚大员特提出："臣思下吏敢于取用行户者，由上之人稽察之法疏也。伏乞敕下各省督抚，不时稽察，严加禁饬。……如有不肖有司复蹈此辙，即行指参，若督抚不行严禁，并不查参，或被科道纠参，旁人首告，将该督抚亦一并议处可也。"该奏议还提出了具体措施建议，如"于商民往来通衢，立一木牌，上书'奉旨禁革行户'六字，则小民易晓，亦禁奸弊之一法"；又如"令各该府设立循环印簿，给发各州县，转给各行。如有各衙门取用货物，行户

---

　　①　《江苏省明清以来碑刻资料选集》，第594—596页。

逐一填注簿内。每月终送府倒换，查明报院，以凭查究。如阳奉阴违，该司即据实指名揭报参处，毋得玩忽"①。此一奏议，在康熙十年正月二十五日"奉旨依议，钦此"，即得到圣旨的肯定。然后下达地方，常熟县便刊刻成禁碑立于县衙前。

由于朝廷对官吏衙役索扰商户等恶行的处罚力度加大，对违禁者"官印揭参，书差立拿"，甚至督抚大员也要负"一并议处"的连带责任，吏役苛索滋扰商户的情形有所改善。在此后的十数年间，江南地区"禁当行碑"数量明显减少，大致说明了以往屡禁不止的现象有所改观。从康熙二十三年（1684）常熟县《永禁油麻铁斛铺户当官碑》所载内容看，地方官员对铺户"当官"之事已经非常敏感，唯恐背上"稽查不力"的黑锅。碑文载：该县经胥行头，"凡遇修造军工，定有分厘派值，注册刊板，希为定例"。这种设立"派册"以"分厘派值"的方式实际上是在恢复已被取消的"当行"，于是商户们又联名向苏州府呈词，请求重申禁令、勒石示禁、制止假公扰派。常熟县闻知，随即销毁了"派册"，但仍然变相摊派。苏州知府调查得知："该县虽经吊毁派册，而仍以城乡均协领办，'嗣后需用油麻铁斛，悉照前例给发部价买用'等语，此即暗伏派值当官之弊。"于是，知府在批示中又将朝廷的官给现银、公平采买的法令重申一遍，并明令"如敢故违，官以纵派列揭详参，役提究解法处断"②，并刻立禁碑竖于县衙前昭示众人。

此后不久，苛派商户之弊在常熟县又重新抬头。康熙二十八年（1689）常熟《禁止派丐户承造绳索碑》或许说明了这一点。该碑记载："该县督工官并经承，通同丐头小甲，辄敢故违功令，批着丐户承值纪续以□奸□从中包拦，殊堪发指。"③文中的"功令"实指督抚道府颁示的地方禁令，此碑系针对"督工官"之流"故违功令"的情形而重新申明禁令。康熙三十一年（1692）常熟《严禁官员勒借民财碑》也是为"昭功令事"即重申禁令，包括宣明国家律例。碑文称："照得勒□□□向部民借贷财物，以赃论罪，律例苏□。近闻不肖州县，或借钱粮，□□□征不前，或称军需急迫，军帑空悬，辄向典盐各铺，以及殷实民家，

---

① 《江苏省明清以来碑刻资料选集》，第596—598页。
② 《江苏省明清以来碑刻资料选集》，第614—616页。
③ 《江苏省明清以来碑刻资料选集》，第621页。

抑勒借贷,稍不依从,声言恐吓,挟之□不敢不借之□名为□□。□则婪私,甚至佐贰等官,亦皆效尤称贷,相习成风,恬不为怪。"①于是再次刻立石碑重申禁令和律例。从康熙四十七年(1708)常熟县《永禁行户小轿当官碑》所载情况看,"当行"禁令废弛的情形在当地又趋于严重:"常邑僻处海滨,尚阻声教,奸胥蠹役阳奉阴违……以小民无奈之奔驰,滥供衙役之乘……历控各宪饬县示禁,积困稍苏,何期日久废弛,丛弊倍昔。……纵有爱民之官府,明知法当禁革,无如内司衙役,以此为便,只得听之不问,以致流害无穷。"为此,特申明更严厉的禁令和处罚措施:"敢再阳奉阴违,或经访闻,或被告发,官则有飞揭请参,役拿重究,文到即行,勒石永禁,仍取碑摹遵依送道核转。"②虽然"功令"森严,但常熟县扰累铺户之事到乾隆年间依旧存在,故"法久懈弛,锢弊复发"③,成为商民普遍担心的一个问题④。

第四节　工商禁碑与地方法律秩序的形成

明末清初的工商禁碑种类很多,"禁当行碑"是其主体。在当时,地方法律秩序,特别是与国家对工商业管理保护有关的法律秩序,主要是依据国家律例、皇帝诏谕、地方禁令、民间习惯共同构成。而工商禁碑就是地方禁令的主要载体。在涉及工商业的地方禁令中,最重要的是保护工商业者正常经营和合法所得的禁令,这是商品经济发达地区地方法律秩序建立过程中首要解决的事情。江南地区的情形正是如此:地方官府发布的工商禁令,通过"镂之金石"的刻碑方式公示于众以图"垂范久远",这正是以官府为主导的地方法律秩序形成的主要途径之一。在这一秩序形成过程中,我们看到,官、民两方面实际上是在合作或协调行动的。工商业者在衙役乃至官员们滋扰苛索妨碍其正常经营

---

① 《江苏省明清以来碑刻资料选集》,第622页。

② 《江苏省明清以来碑刻资料选集》,第635—637页。

③ 《江苏省明清以来碑刻资料选集》,第640—642页。

④ 邱澎生先生认为:至少自明末开始,便可在政府禁令中屡屡看到"禁革行户当官"的宣告。到清初,禁革铺行的命令仍屡见于碑文等资料。然而无论政府如何禁革,不肖官员与吏胥在地方上借编定"行户"手段来控制征取商人的财货,则终清之世不能全免,特别是在吏治较差与社会失序时尤然。参见邱澎生:《由苏州经商冲突事件看清代前期的官商关系》,载梁庚尧、刘淑芬主编:《台湾学者中国史研究论丛:城市与乡村》,中国大百科出版社2005年版,第359—399页。

活动后,每每以集体权益救济方式"联名呈请"督抚部院或钦差大人"为民做主"。地方大员或钦差在接到呈词后,会以公文等形式责令下属府州县官员迅速调查处理并将结果上报。为防止滋扰商户等弊端再度发生,地方官员往往重申禁令,而重申的最好方式就是在官衙前或通衢处"勒石永禁"。"勒石"之后,弊端可能会减轻一段时间,但不久又故态复萌,于是商民们又再一次呈请勒石。这就是传统中国地方法律秩序形成的一个典型写照。在这一秩序形成过程中,工商禁碑的作用至为重要。其作用,具体说来,大致有四:

　　第一,昭申禁令,以垂久远。在为数众多的明清工商禁碑中,"勒石永禁"是碑文中最频繁出现的字眼,这正好昭示出立碑之目的及人们对禁碑的期望。其实工商禁碑的首要作用就是申明禁令:或者首次昭示,或者重申禁规。在当时人的观念中,将国家法律或地方禁令公示于众,使人周知,最理想的方式就是"勒石"。按理说,不一定要刻碑,张贴告示、刊发榜谕,也能起到同样的作用;但它们都有明显的不及勒石之处。刻碑的好处之一在于禁令能传诸久远,不易损坏灭失。如康熙十二年(1673)常熟《禁止苛派面铺税银碑》所述:"宪示张挂,风雨淋损,一过不留",这是当时铺户们呈请一定要"勒石"的理由之一①。乾隆四十二年(1777)《磁器铁锅缸瓦铺永禁碑记》载,肇庆高要县铺户们联名呈请刻立禁碑的理由是:"伏思楮墨告示,一经风雨,只字难存;日复一日,不有触目,弊端易致复生。是宪法虽严,然徒留案牍,隐而不彰,无以昭示将来。且凡地方弊端,奉行禁革,俱皆勒碑以垂久远。"②文中除表达了石碑不易毁灭的意思外,还表达出石碑最利于彰显昭示法令于大众的内涵。乾隆三十四年(1769)《常熟县禁革绸布店铺当官碑》也表达出将禁令、讼案等法律内容刻于碑石所能起的功效:"奉宪饬遵之案,往往日久令驰,惟勒石永禁,方可触目儆心。"③正因为"勒石永禁"能以"触目儆心"的方式在现实社会中发挥积极作用,尤其是商民可借此保护自己的权益,有时碑文因自然原因而致漶漫难识后,商民会提出重新刊碑的请求。乾隆四十三年(1778)无锡县《永禁书差借称官买派累米商碑》记述,为"严禁派累牙铺人民",康熙年间已经立有禁碑,"数十

---

①　《江苏省明清以来碑刻资料选集》,第599页。

②　《广东碑刻集》,第632—633页。

③　《明清苏州工商业碑刻集》,第18—19页。

年来, 得沾宪泽, 永禁派买", 后来"碑因年久漶漫, 竟致遗失, 无可查考", "但念世事更翻不一, 碑存可执定准, 碑法有失稽考, 未免别起纷繁", 于是铺商们再次联名呈请仿照前例立碑①。这些碑文反映出商民百姓所具有的法律意识是: 法律禁令的公布是其存在的标志; "勒石永禁"乃是保证法令的威严和持久震慑力的重要途径。

第二, 碑存先例, 维权有据。工商禁碑的另一重要作用是公布先例或成例, 以便作为商民保护正当权益、拒绝吏役苛索滋扰的依据。明清许多工商禁碑, 一般都不是泛泛发布禁令条款, 而是与非常具体的案件及处理结果联系在一起。如顺治十三年(1656)嘉定县《抚按道禁革铺户当官告示碑》载, 当地铺民呈控吏役勒索时, 发现苏州长、吴两县已立有禁碑, 于是绅商遂联名"吁宪请照长、吴禁饬事例"同样立碑, "严禁出票差扰行铺"。道院据此批示: "造舡物料俱用公帑购买, 不许骚扰商民, 著为成令。"这是援引同府境内其他县的先例要求刻石立禁②。康熙二十三年(1684)《苏州府为禁官匠熔锭派累散匠告示碑》提到康熙七年(1668)和康熙十七年(1678)间立碑示禁之事。至康熙二十三年(1684), 嘉定县商民罗甫等联名指控官匠勒索, 督抚再次批示"一例勒石永禁"③。此碑可证明, 从前的刻碑示禁, 亦即从前某个特定案件处理后正式公示的结果, 可以成为后来援引以保护权益的先例。

有时, 随着政令的更改, 旧碑禁令内容失去效力。康熙三十九年(1700)《江南布政司为禁竹木商行轮值当官告示碑》记载了官府就明代旧碑所载轮值惯例是否继续有效而作出的裁定。碑文称, 竹木商铺程卿等呈: "凡有修造工作, 首先木植, 后及竹料。考之明季碑例, 各邑商铺分值。娄县以旧碑未入为辞, 藉口偷安, 伏乞重立新碑, 以均劳逸。"布政使司查明并批示道: "各衙门修造等项应需物料, 皆令给发现银, 照依市价平买, 从无商铺承值之名。今松属竹木商铺, 犹以偏累不均, 请循旧例, 四邑按季均值, 重立新碑, 以杜诿悮等语。则是该属不无仍循旧习, 违禁派扰, 以致商铺有此呈控也。该署府既知当官奉禁, 需用物料等项悉给市价买办, 不即详明请示禁革, 乃以明季碑例备载分承, 并

① 《江苏省明清以来碑刻资料选集》, 第529页。
② 《上海碑刻资料选辑》, 第114—115页。
③ 《上海碑刻资料选辑》, 第127—138页。

以提督坐镇卫松,分建娄县,均未入碑,率遽转详。……该署府敢为此请,殊属悖谬,相应请宪严批申饬。"①碑文中提到松江府署以明朝"铺行承值"碑文旧例为依据,要求所属四县竹木商铺轮值供官需的做法,受到了布政使司及督抚两院的申斥。因为清朝自康熙十年前后已严禁铺户承值。这一新的碑文,实际上是就明朝旧例是否继续有效而作出的一个实案判决或裁定。

当然,在以碑例维权方面,这些工商禁碑最重要的作用是使广大商民抵制贪官污吏、奸胥猾役及兵丁假借公事官需进行勒索滋扰有了合法有力的依据。那些公布在碑文中的案例和禁令,实际上成为商民应对新的索扰的一把利器。一旦有新的违法行为发生,商民可以据此拒绝,甚至可以引据碑文到官府告状。这就是他们屡屡请求刻碑立禁的主要原因。他们集资刻碑把官府赐予的"尚方宝剑"悬挂在商市街衢甚至府县衙门,目的是要警示那些潜在的滋扰者。

第三,预设禁制,防患未然。明末清初"禁当行碑"涉及的行业众多,分布广泛,持续时间也较长,但有一个共同点,即绝大多数是由众铺户联名呈请得到官府的认可及批示后才刻立的。碑文反映,出面呈请的铺户大多无根无势,本小利微,故只好借助联名呈请官府示禁的方式寻求保护,以改善经商环境。如顺治年间《松江府为禁修葺官府横取赊买竹木油麻材料告示碑》所载商民的陈诉:"木竹行业尽系徽民,挈资侨寓,思觅蝇头,冒险涉远,倍尝辛苦,始得劲埠。塞有当差,又兼营兵票取,艰难不可列述。"②碑后除列出参与案件查处的松江府官员5人外,还开列了联名呈请的竹木商56人。

这些工商铺户联名呈请立碑,有些是为已经发生的侵害案件,有些纯粹是为了防患于未然。据康熙十一年(1672)松江《官用布匹委官办解禁扰布行告示碑》载,康熙八年(1669),华亭县商民刘纯如等呈请官府申明禁令禁止吏役索扰商民;"三年以后,俱已官办官解,而各款遵禁,业经先具遵依",官府重视这一呈请并作出了查禁。但是,刘纯如等商民仍不放心:"第原呈刘纯如等虑恐宪案日久废湮,遂有恳敕勒石之控,以垂不朽之宪泽"。松江府俯顺民情,同意勒石立禁:"奉宪台颁示严禁,宣布煌煌,商民仰荷安全者三载。维

---

①　《上海碑刻资料选辑》,第110—111页。

②　《上海碑刻资料选辑》,第105—107页。

是刘纯如、张斌候等追思从前为值月办头□贴等样需索受累已极,虽喘息少舒,而惊疑未定,犹恐法久渐弛,恐蠹乘间窃发,是以复有恳敕勒石、永垂不朽之控。"①这一禁碑终应商民要求得以刻立,实即给了商民们一颗定心丸。该碑文后除列松江府及属县官员11人外,更列出华亭县、上海县等120多家商户的姓名。

事实上,很多禁碑都是在商民们类似的防患于未然的强烈动机之下促成的。康熙十二年(1675)常熟《严禁铺户当官碑记》载"各铺咸称恐日久废弛,胥役复蹈前辙,坚请勒石,庶为久远"。但该碑也记载了官员的另一种看法,如江苏布政使慕某的批示是:"铺行当官,禁革已久,该县如能实力奉行,何必勒石。"②这里说的也未尝不是实话。

第四,培养重法维权意识。明末清初较为常见的刊碑示禁的做法,在当时不仅起到了宣传普及地方法规禁令的作用,同时也培养了商民以法律保护自己权益的意识。据康熙三十三年(1694)《常熟县染户具控三弊碑》载,染铺商户张瑞等人联名呈词痛陈危害铺户的三种弊端,即"当官之弊"、"官借之弊"和"立碑以生弊"。碑文所载呈词为:"本年(康熙三十一年)九月,有同行积棍谢卿,见督宪颁行磨坊宪蠹构纵等事保头索案内,有每名量酬保银五分,一应雇工小民一例遵行等语,以为可以影射染铺,于是串通经承李鸣谦,捏详到府,连出五票,差义民传集□等汇议,嗣后不许私自雇人,添设保头,立石遵行,永图婪诈。瑞等伏读督宪批详,有土著熟识,听其自相保领,又不许借名把持勒索,又无立石染铺字样,是以众论哗然。"张瑞等人呈诉的事情是:染业同行商人谢卿等借口上司已经同意在磨坊行业实行"保头制"(对工匠进行连保的一种管理方式),遂串通县里的书吏,企图使磨坊业的这一做法也适用于染铺业(即"影射染铺")以从中图利,并企图刻立石碑而变为地方法令。为了阻止谢卿等人的立碑呈请,张瑞等于九月十六日呈控常熟县衙,声明染铺并无类似磨坊的弊端,无需设立保头,也无需刻碑。但常熟知县批示称:"事出上宪议详,虽无此弊,亦宜遵立碑摹。"于是,张瑞等铺户又向察院投呈诉冤:"夫止有立碑以革弊,从无立碑以增弊。虽出上宪议详,亦指磨坊之外有此索诈陋规者,一例

---

① 《上海碑刻资料选辑》,第89—96页。

② 《江苏省明清以来碑刻资料选集》,第596—598页。

革除；岂向无此规者，反因此案，一概添设此例乎？"这一请求得到了监察御史的重视。本案的最后处理结果是"行霸"谢卿构同生事，重责二十板，常熟知县"任役作奸，一并严饬记过"①。染铺商户的正当利益得到了保护。

在此案例中，"行霸"谢卿想作弊，是通过钻法律的空子——以"督抚宪示"即地方特别规范为根据。反过来，张瑞等人要反对谢卿等人的舞弊，要保护自己的权益，也特别注意在督宪批示即官府禁令的逻辑含义上做文章，强调官府的禁令只针对磨坊业，"又无立石染铺字样"，不当然适用于染铺业。从这些事例中可以看出，在刻石立禁的呈请、审批、转详等等的反复过程中，地方工商业者重视以法律为武器，重视依法维护权益，权利意识大大提高。

　　　　　　　　　＊　　＊　　＊

明末清初工商禁碑特别是"禁当行碑"的出台，大约经过商户联名呈请申控、官吏调查处理批示禁令、官民共同立碑公布三个阶段的程序才告完成。我们现在所能见到的上百份明末清初工商禁碑，应铺户商民联名呈请而颁刻者占绝对多数，官府主动出示者不及5％。这一事实，其实也说明了禁碑实施效果不佳，所以才要反复申明禁令。另外，官府出示禁碑是应商民之请或受上司之责的被动之举，说明他们很少主动积极贯彻禁令。

从客观角度看，虽然工商禁碑无法根本改变工商业者在整个社会中所处的弱势群体的地位，但却能在一定程度上缓解官商矛盾，保护经商环境，为工商业的发展创造一定的条件。其实，铺行承值或"当行"之弊仅仅是工商业者所面临的诸多弊端中的一种。在古代的政治体制之下，这一弊端难以完全根除；甚至旧弊未除，新弊已生，如官牙垄断、地棍滋扰等等，这些也同样是当时工商业发展的羁绊。

随着工商业规模的扩展，工商业者也不断为改变自己的弱势群体地位而进行种种尝试。在繁华城市中，外来工商业者为共谋发展而率先建立起酬神议事场所——工商会馆，并努力强化行业自治力量。自清中期始，面对牙行、税关敲诈勒索日渐严重的状况，工商业者更是联合应对，并以集体呈控甚或罢行罢市（如光绪三年《炉圣庵碑》记载了在北京营生的铅锡铜行商贩等以集体罢工的

---

① 《明清苏州工商业碑刻集》，第57—62页。

方式联合抵制牙行之事）等较联名呈请示禁更为激烈的方式，谋求经营权益的保护与商业环境的改善。与此相应，工商禁碑的刻立地点也由明末清初多立于府县衙署转为刻立于工商会馆公所中，成为工商业者保护自身权益的成案依据。

第五章

明清碑禁体系及其特征

　　明清时期是中国古代碑刻法律文化发展的高峰期，也是碑禁①体系的完备期。明清时期的三类禁碑，即颁宣圣旨敕谕的敕禁碑、传布地方政令公文的官禁碑以及公示乡约行规的民禁碑，在地方法律秩序建构中各有特定的功用。敕禁碑象征皇权和国法在地方的存在；官禁碑体现"政府公权"在地方的实际运作；民禁碑反映"民间公权"的独立性和依附性特征。三类禁碑相辅相成，构成了一个较完整的体系。对明清碑禁体系及其特征的阐释，是认识古代中国"刻石纪法"传统的关键，也是深入认识中国传统法律文化在地方或基层社会实际存在形态的关键。

第一节　明代以前禁碑的形式和特征

　　禁碑是中国古代法律的重要表现形式。形式完备的禁碑应具备两个要件，一是明确的禁止性规定，二是较明确的违禁罚则即处罚措施。

　　在古代中国，刻石申约明禁的历史较为悠久。史载汉代庐江太守王景"驱率吏民，修起芜废，教用犁耕，由是垦辟倍多，境内丰给。遂铭石刻誓，令民知常禁。又训令蚕织，为作法制，皆著于乡亭"②。不过在唐代以前，刻石申约明禁仍

---

　　① 本书中所称之"禁碑"与"碑禁"，文意稍有不同。"禁碑"偏重于指独立的禁令刻石，而"碑禁"偏重于指禁碑的集合性及其禁止性规定。

　　② 《后汉书》卷76《循吏列传》，第2466页。

属偶然事例，直到唐宋时期，以刻石立碑的方式颁布诏书、法规、公文，才成为国家权力机构的常用手段，从而出现了大量的皇帝御撰诏书碑、官箴石刻、学规碑，以及敕牒碑、公据碑等公文石刻。

宋代也零星出现了地方权力机构甚至民间刻立的禁约碑石。北宋元丰六年（1083）《海阳县社坛禁示碑》规定了3条禁示，即"不得狼藉损坏屋宇坛墙"、"不得四畔掘打山石及作坟穴焚化尸首"、"不得放纵牛马踏践道路"①，但违禁的后果不突出，禁碑的要件尚不完备。南宋绍熙五年（1195）《禁运盐榷摩崖刻石》是兴元府（今陕西汉中地区）茶马司颁示的禁令。石刻文为："一应盐榷不得（从过）从此出，如有违戾，许地抓人，把捉赴所属送衙根勘断罪，追赏伍拾贯给告人。绍熙五年十二月日，〔兴元府提举〕茶马张。"②此摩崖刻石不是以常见的长方形立碑的形式，而且行文偏口语化，文辞简略，刻文也不够规整，应是因地制宜之作，但从内容看，禁碑所必备的禁止性规定和违禁罚则两个要件，都已经具备。

金元时期是禁碑发展的一个重要阶段，禁碑从内容与形式进一步完备。原立于山东临朐县沂山东镇庙金大安三年（1211）的《禁约碑》，碑额题"律令禁约樵采东镇庙界内山场之碑"5行15字。碑文交待立碑之缘由和目的道："缘东镇沂山旧有斫伐山场树木，因本律令禁约，给付东安王庙，仰知庙道士及庙户人等一同收执。"碑文特引用金代法律中的规定作为违禁的罚则，写明"律节文内有应禁处所而辄采伐拾贯以下杖六十，拾贯加一等罪，止徒一年"③。此碑无论从碑形碑额的外在形式，还是碑文内容的逻辑关联，均体现出禁碑形式要件的完备性和效力的权威性。

唐宋金元时期还有大量符牒、敕牒等公文碑，如唐大历二年（767）河南《会善寺戒坛敕牒》、北宋元丰八年（1085）山西《敕赐陕州夏县余庆禅院牒》，南宋绍兴元年（1131）浙江《敕赐昭祐公牒碑》，以及金代大定年间各地多见的敕牒碑等。尽管这些旨在表明寺观存在合法性的公文碑多缺少禁碑的要件，但公文刻石的形式及传统，对明清官禁碑的普及当有潜移默化之功。

①　黄挺等：《潮汕金石文征》（宋元卷），广东人民出版社1999年版，第49页。
②　《汉中碑石》，第23页。
③　〔清〕毕沅、〔清〕阮元：《山左金石志》卷20，载《辽金元石刻文献全编》，第1册，第667页。

　　元代时，圣旨碑、公据碑、执照碑等颇为盛行，其中立于寺观、学校中的公文碑和圣旨碑中多有禁令性的规定。陕西西安碑林中至元十三年（1276）《府学公据》所载圣旨称："禁约诸官员、使臣、军马，无得于庙宇内安下或聚集，理问词讼，及亵渎饮宴；管工匠官不得于其中营造。违者治罪。管内凡有书院，亦不得令诸人骚扰，使臣安下。钦此。"值得注意的是这些公文碑或圣旨碑的颁刻程序，一般是由寺庙住持或儒学教授提出申请，在呈请以及官府的核准程序中，圣旨往往是作为强有力的法律依据的形式出现。《府学公据》便记载了申请刻石的过程：

> 皇帝圣旨里
>
> 皇子安西王令旨里
>
> 王相府据京兆路府学教授孟文昌呈，照得先钦奉圣旨节文道与陕西等路宣抚司并达鲁花赤管民官、管匠人、打捕诸头目及诸军马使臣人等：
>
> 宣圣庙，国家岁时致祭，诸儒月朔释奠，宜恒令洒扫修洁。今后禁约……钦此。卑职切见府学成德堂书院地土四至：东至庙，西至泮濠，南至城巷，北至王通判宅。四至内地土及房舍，诚恐日久官司占作廨宇，或邻右人等侵占，乞给付公据事。相府准呈，今给公据付府学收执，仍仰诸官府并使臣军匠人等，钦依圣旨事意，无得骚扰、安下，及邻右人等，亦不得将府学房舍四至地基侵占……
>
> 右给付京兆路府学收执，准此。[①]

　　据笔者初步调查，元代带有类似禁令的圣旨和公文碑有上百件之多。蔡美彪先生所撰《元代白话碑集录》一书共收录碑刻101种，其中圣旨碑达87份，其余14份为公文碑[②]。最近几十年新发现的元代碑石，也以圣旨碑为常见。如河北赵县柏林寺1994年底出土有至元三十年（1293）的《圣旨碑》，碑上镌刻有元代皇帝于1281年到1288年间为保护柏林寺先后下达的3道圣旨。这些圣旨中，多有禁止性的规定和相应的罚则。

---

① 路远：《西安碑林史》，西安出版社1998年版，第524页。

② 蔡美彪编著：《元代白话碑集录》。

元代圣旨碑或载有圣旨的公文碑,其颁刻程序和形式特征较为完备,表现为碑体高大,刻文规整,且多在显著位置摹刻蒙文及御印,同时在碑尾刻明出资立石者、书写者及碑文镌刻者。如皇庆元年(1312)《保护颜庙晓谕诸人通知碑》载明为"兖国公五十四代孙颜氏族长教提领监修仲春敬等立石;前成武县儒学钦谕颜子谦书;邹县常祐男伟镌"[①]。除形式特征较以往更为完备外,其内容也表现出敕禁明确等特点。如前述《府学公据》碑,其禁约对象是"诸官员、使臣、军马"和"管工匠官",禁为之事是"无得于庙宇内安下或聚集,理问词讼,及亵渎饮宴"和"营造",违禁处罚是"治罪"。尽管违禁处罚仅用较笼统的"违者治罪"表述,却表明了圣旨与法律的等同性,违反圣旨,即触犯法律。

综观明代以前禁碑的发展,在唐宋时期表现为形式单一、要件不完备、形制不够规范。至金元时期,表现出带有禁令内容的诏书圣旨碑及公文碑的流行广布,与官禁碑和民禁碑的孤例存在的发展不均衡性;圣旨禁碑和官禁碑的形式和内容特征已经初具,但不同种类的禁碑之间尤其是基层民间的禁碑与权力阶层的禁碑,相互间有较大的隔膜。这些都是体系化特征欠缺的表现。由于官箴、诏书、圣旨等皇权君言刻石处于"一枝独秀"的强势地位,公文碑也多以诏书、圣旨为凭,故禁令内容首先在表述皇权意志的石刻中渐趋明朗,并对明清的敕禁碑产生了直接影响。

第二节 明清敕禁碑与圣旨国法的象征意义

敕禁碑是指圣旨碑、敕谕碑中带有禁止性规定的碑刻。也即并非所有的圣旨碑或敕谕碑都含有敕禁的内容。有些圣旨碑是为表彰善行义举的,如山西高平扶市村有一通正统六年(1441)的《圣旨碑》,系英宗朱祁镇为王昇出粟谷千石以助赈济,"特赐敕奖谕,劳以羊酒,旌为义民,仍免本户杂泛差役三年",以"表励乡俗"而颁示刻立的[②]。有些圣旨碑是给予特定对象一定的法外特权,如北京卢沟桥北天主堂乾隆十五年(1750)《恩施朗士宁等价旗地碑》是一道法外施恩的圣旨,碑文宣布免除对传教士朗士宁违反"民人私典旗地"例的责任追

① 骆承烈汇编:《石头上的儒家文献——曲阜碑文录》,第260—261页。
② 王树新主编:《高平金石志》,中华书局2004年版,第645页。

究①。这些圣旨碑当不属于敕禁碑的范畴。

明清敕禁碑有通敕禁碑和专敕禁碑之别。清人叶昌炽对通敕和专敕碑解释道："若通敕，唐有《令长新诫》，宋有《戒石铭》，当其始颁行，天下郡县无不立石……宋太宗《戒石铭》，黄庭坚书，高宗诏天下摹勒……理宗有《训廉》、《谨刑》二铭，亦诏天下摹勒。"其中"诏天下摹勒"的通敕性诏书，即为全国通行的政令法规。对专敕碑文的形式特征，叶昌炽描述道："或奖谕臣子，如唐赐张说、宋论程节之类；或崇敬缁黄，如《少林寺赐田敕》、《还神王师子敕》、楼观《褒封四子敕》之类。其文多刻于碑阴，亦间刻于碑之上方，以示尊君之意。或臣下奏请报可，或先赐敕而后表谢，往往一面刻表，一面刻敕，如《青城山常道观碑》之类。凡此，皆专敕也。"②前文所述元代寺庙、学宫中的圣旨碑，多属专敕碑。下面试分别对通敕禁碑和专敕禁碑的内容与特征进行比较说明。

一、通敕禁碑的理想化色彩

通敕禁碑以立于学宫的卧碑为代表。明代以前，诫饬官僚士子的官箴、诏书等通敕碑中禁令性内容并不太明显。明清时期，要求各地摹勒刻石的皇帝圣旨、诏令以学规为主。当时通行全国的御制学规碑，其中既有对生员"端士习、立品行"等的道德约束，也有严禁生员干预地方事务及禁生员刁讼、越诉等禁止性条款。以陕西户县文庙洪武十五年（1382）所立《敕旨榜文卧碑》为例。该碑呈长方形横碑即卧碑式样，与常见的立碑形式有别。碑尾大书"右榜谕众通知"6字并摹刻官印。碑文首行言"礼部钦依出榜晓示郡邑学校生员为建言事"，点明此碑是钦奉敕旨对全国诸府州县生员颁发的学规。卧碑对生员中存在的"眇视师长，把持有司"、"以虚词径赴京师，以惑圣听"、"暗地教唆他人为词者"等行为进行批评警告，并定出12条应为和禁为的规则，之后强调："如有不遵，并以违制论。"礼部同时要求："榜文到日，所在有司即便命匠置立卧碑，依式镌勒于石，永为遵守。"③文中指明"依式"，即对卧碑的形式有明确要求。

---

① 《北京图书馆藏中国历代石刻拓本汇编》70册，第138页。
② 《语石校注》，第335—336页。
③ 《户县碑刻》，第60、345—348页。

　　陕西汉中明万历六年（1578）的《敕谕儒学碑》也系礼部奉旨颁布。碑文重申洪武卧碑的效力并加强了对生员违规违法行为的处罚力度，同时也加强对提学官、教官的监管及违禁处罚，明令"不许别创书院，串聚徒党，及号招地方游食无行之徒，空谈废业，因而启奔竞之门，开请托之路。违者，提学官听巡按御史劾奏游士人等，拿问解发"；"提学官巡历所属，凡有贪污、官吏军民不法重情，及教官干犯行止者，原系宪刑，理当拿问。但不许接受民词侵官滋事。其生员犯罪或事须对理者，听该管衙门提问，不许护短曲庇，致令有所倚恃，抗拒公法。"①碑文内容当属于行政法规范。

　　清代敕谕学规以顺治九年（1652）御制卧碑影响最大，其形式和内容多仿照明代卧碑，也是礼部奉旨要求全国各官学颁刻，对生员明确提出不许"武断乡曲"、"凡有官司衙门，不可轻入"等要求，带有明确罚则的是最后两条："军民一切利病，不许生员上书陈言，如有一言建白，以违制论，黜革治罪"；"生员不许纠党多人，立盟结社，把持官府，武断乡曲。所作文字，不许妄行刊刻，违者听提调官治罪"②。

　　上述卧碑的颁刻程序均是礼部奉旨行事，敕谕和申禁对象均为各地生员和教员，表现为国家最高权力机构——以皇权为首的中央权力机关，借助圣旨敕禁的形式，对社会特定群体——生员进行约束管理，对生员应为、可为和禁为之事作出明确规定，并根据生员违禁的情节规定有"革退"、"照例问遣"、"黜退"等处罚。应该说这种敕禁碑的形式，既是对唐宋以来御制官箴、学规及元代保护儒学圣旨碑的延续和发展，同时也是应对社会现实需求的一种统治策略。

　　台湾学者巫仁恕在统计明末清初城市集体行动之领导人与参与者身份类别时，指出绅士层（包括由乡绅、缙绅组成的绅阶层，及由举人、贡生、监生、生员、革生、武生、劣衿、童生组成的士阶层）作为领导人的事件数有94例（其中绅阶层的为5例，士阶层的为89例），所占比例高达36.55%；绅士层作为参与者的事件数有52例，所占比例为20.31%，均远远高过由无赖流民层、平民层、工商

　　①　《汉中碑石》，第167—170页。碑文据《户县碑刻》第368—371页、〔明〕俞汝楫编《礼部志稿》卷24（文渊阁《四库全书》电子版）校改。

　　②　《汉中碑石》，第192—193页。

业主和其他类作为领导者或参与者的事件数量[1]。表明士绅阶层在明清群体性事件中起着关键性的作用。

由于生监的特殊社会地位,其违禁违法行为对社会秩序的危害度要明显高于其他社会群体。清代的一些敕禁碑文也提供了相应的佐证。嘉庆十年(1805)《谕禁生监勒索漕规碑》记述江苏吴江县知县王廷瑄因办漕不善,挪款逾2万两,而这一结果是"因刁生劣监等在仓吵闹勒索陋规所致"。皇帝特申斥道:"生监皆读书人,今为此一案而罪犯责处者至三百余名之多,阅之殊不惬意。但该生监身列胶庠,不守卧碑,辄敢持符寻衅,挟官长吵闹漕仓,强索规费,此直无赖棍徒之所为,岂复尚成士类!朕闻各省劣衿,往往出入公门,干预非分,以收漕一节,把持地方官之短,而江苏为尤甚……"[2]

上述内容也反映出一个事实,即明清时期各地学宫普遍刻立的圣旨"卧碑",其实并未能有效阻止生员的违规违禁行为。这其中既有学规如何落实的制度保证因素,也有卧碑本身的原因。从明清卧碑内容看,强调生员的自我约束与道德规范始终处于重要位置,以致训诫成分远多于敕禁内容。其实从制定目标和实施效果看,卧碑存在的意义主要在表达朝廷对生员的期望,对统治秩序理想状态的追求,故其象征性要远远大于实效性。

二、专敕禁碑的功利目的

明清时期,各地寺庙宫观中也立有数量可观的敕禁碑。与各地学宫中内容和形式均整齐划一的卧碑不同,立于寺观中的敕禁碑有明显的个性和功利性。

明初朱元璋也发布了约束僧人的圣旨敕谕,如洪武二十四年(1391)颁布的旨在严肃僧团秩序、防止僧俗混淆的《申明佛教榜册》,并规定"令出之后,所有禁约事件,限一百日内悉令改正。敢有仍前污染不遵者,许诸人捉拿赴官,治以前罪";洪武二十七年(1394)下旨敕礼部颁布《榜文》13条,严禁僧人交结官府、聚敛财富等,同时宣布"榜示之后,官民僧俗人等敢有妄论乖为者,处以极刑"[3]。但从现存碑刻中,却难以发现与榜文相关的内容。这应与榜文未明确提

---

① 巫仁恕:《激变良民——传统中国城市群众集体行动之分析》,北京大学出版社2011年版,第74—75页,表13。

② 《明清以来苏州社会史碑刻集》,第593—594页。

③ 〔明〕葛寅亮:《金陵梵刹志》卷2《钦录集》,何孝荣点校,第59—68页。

出勒石要求有关。故各地寺庙对于约束其发展并从严整治的圣旨敕谕，自然选择了"沉默"或"回避"的态度。

但明清寺庙中并不缺乏敕禁碑。综观碑文，多是对寺庙发展有利的内容。如永乐五年（1407）《敕谕碑》（也称《永乐上谕石刻》）系明成祖保护伊斯兰教的圣旨，在福建泉州清静寺、江苏苏州惠敏清静寺（现移入太平坊清静寺）、南京净觉寺、陕西西安化觉巷清真寺中均有镌刻。碑文强调："所在官员军民一应人等，毋得慢侮欺凌。敢有故违朕命慢侮欺凌者，以罪罪之。故谕。"①

明清时期庙宇宫观中的专敕禁碑内容大同小异。如青海西宁瞿昙寺永乐十六年（1418）《皇帝敕谕碑》系明成祖朱棣对"西宁地面大小官员军民诸色人等"发布的敕禁："本寺常住所有孳畜、山场、树木、园林、地土、水磨、财产、房屋等项，不许诸人侵占骚扰……若有不遵朕命，不敬三宝，故意生事侮慢欺凌，以沮其教者，必罚无赦。故谕。"②北京门头沟龙泉镇成化十六年（1480）的《崇化寺敕谕碑》亦规定："官员军民诸色人等不许侮慢欺凌，一应山田园果林木，不许诸人（搔）[骚]扰作践。敢有不遵朕命，故意扰害，沮坏其教者，悉如法罪之不宥。故谕。"③

这些立于庙宇中的专敕碑，针对的是寺庙所在地的"大小官员军民诸色人等"，内容为禁侵占骚扰、侮慢欺凌寺庙财产和寺僧。从碑文内容和表述形式看，当是元代以圣旨碑保护寺庙产业模式的延续。

明清寺观中少见通敕碑多见专敕碑的事实，一定程度上反映出寺观立碑有一定的自主性。寺观主动刊刻的不是约束自身，而是警告"大小官员军民诸色人等"以保护其生存与发展的专敕禁文。在现实中，这些专敕禁碑既具有象征性，也具有实用性。它象征着皇权对佛教、道教、伊斯兰教的认可与保护，即以此来印证寺观存在的合法性；同时也是寺观抵挡"大小官员军民诸色人等"骚扰的"保护伞"和"护身符"。这种功利性也表明专敕禁碑与通敕禁碑在运作程序上存在着差异。

---

① 《敕谕碑》嵌于福建泉州清静寺北围墙。清静寺于1961年被国务院列为第一批全国重点文物保护单位。碑文为2010年2月3日录于泉州清静寺。
② 谢佐等辑：《青海金石录》，青海人民出版社1993年版，第79页。
③ 《北京图书馆藏中国历代石刻拓本汇编》52册，第152页。

三、通敕禁碑与专敕禁碑之比较

从笔者目前所掌握的明清敕禁碑来看,立于学宫中的通敕禁碑和立于寺观中的专敕禁碑,是敕禁碑中最具代表性的两类。以笔者所掌握的近120份明代圣旨敕谕碑为例,其中寺观专敕禁碑为45份,占37.5%;学宫通敕禁碑为39份,占32.5%;仅这两类即占圣旨碑的三分之二。另三分之一的圣旨敕谕碑,内容相对杂乱,包括吏治(如奖谕官员、敕禁太监等)、赈济免赋、祭祀(如《易文庙塑像为木主谕旨碑》等)及退耕禁伐、查私盐等内容,每一类所占比重均不到8%。

从前文所述可知,在明代圣旨碑中占绝对多数的学宫通敕禁碑和寺观专敕禁碑,其刻立目的有明显的不同。前者是中央政府强力推行的结果,"命匠置立卧碑,依式镌勒于石"[①],是各学宫必须履行的责任;后者是基于功利性的选择,敕禁碑多被寺观视为抵挡"大小官员军民诸色人等"骚扰而保护自身权益的一把利器。造成这种差别的原因,首要是基于学宫和寺观对于国家统治的重要性不同。学校是人才培养基地,这些人才是封建官僚体制的后备军,对封建统治秩序的维护和稳固至关重要。故立于学宫内的通敕碑意在标榜封建统治人才培养的理想目标,同时也兼具解决人才培养现实问题的功能。故通敕碑主要在传达国家政策和法令。而寺宇宫观为民众信仰的基地,其对封建统治的影响度,明显不如学校直接和全面。此外,教育类刻石和宗教类刻石的不同传统也起着惯性影响作用。从刻石发展历史看,教育类刻石自东汉刊刻熹平石经以来,官方利用得心应手,正统性强,且历史悠久,这些都是宗教类刻石所不及之处。明清重视教育、尊重儒学刻石的基调,在明朝初建时即已确立。洪武二年(1369)《学校格式碑》(也称《洪武二年卧碑》)为大臣们遵旨议定的学校培养人才规则,朱元璋下旨"各处学校都镌在石碑上,钦此"[②]。而佛教刻石,早期以记述信众的乞愿、功德为主,隋唐以来的佛教刻经主要为防患灭佛法难,这也喻示了其非正统性及易遭打压、排斥的不稳定性。至今寺庙中留存的古代碑刻,除大量功德碑、纪事碑外,宋金时期的敕牒公文碑、元代的白话圣旨碑等,均表现出寺庙在存续发展中对皇权或官权的依赖性。明清多被视为"镇寺之

---

① 《广东碑刻集》,第634页。

② 〔清〕吴汝沦纂:《深州风土记》卷11下,载《明清石刻文献全编》第2册,第464页。

宝"的敕禁碑,依旧是寺观以皇权为"保护伞"的生存与发展策略的延续。

第三节　官禁碑与地方法律秩序的构建

一、明代官禁碑的示范效应

官禁碑指地方各级官员颁布的带有禁令内容及罚则的碑刻,多以告示和示禁等形式出现。官禁碑在明代以前多作为孤例存在,即使在明初,也并不多见。到目前为止,笔者尚未发现有明初官禁碑的实物,不过在史籍中可以看到一些蛛丝马迹。据《明史》记载,刘崧(1321—1381)在洪武初年任北平按察司副使期间,曾"勒石学门,示府县勿以徭役累诸生"①。从明中晚期开始,官府颁刻禁碑的事例渐多,呈现出官禁刻石适用范围增广及示禁内容多样化的态势。

官禁碑的发展空间较敕禁碑更为宽广。只要在权责范围之内,地方官均可刊碑示禁。嘉靖四十四年(1565),巡按浙江监察使庞尚鹏(1524—1581)为严禁豪门侵占西湖特发布禁约并刊碑示众。碑文中提到"豪右之家侵占淤塞,已经前院勒石示□",针对近日豪门侵占如故,"阳虽追夺,阴复雄据","特行立石禁谕,凡有宦族豪民仍行侵占及已占而尚未改正者,许诸人指实,赴院陈告,以凭拿问施行"②。文中提到"已经前院勒石",此次又"特行立石禁谕",表明地方执政设禁具有延续性。此是为维护地方公益和社会秩序而示禁。

奉旨遵法保护寺庙产业是元明以来地方官的职责所在。万历二十三年(1595)登封县知县颁示的《肃清规杜诈害以安丛林告示碑》明确圣旨的法律意义道:"查得历代住持钦奉圣旨,不许军民人等搅扰及争占田土,犯者不饶。况本寺武僧疆兵护国,其赡寺地土,屡奉明文,永远耕种。敢有仍前不悛、肆行渎乱,及侵占尺寸之土者,许管事僧具实呈举,以凭拿究。"③四川广元皇泽寺天启七年(1627)《廨院寺道府禁约碑》则表明地方官行使权力、追究违禁责任

---

① 《明史》卷137《刘崧列传》,第3958页。
② 碑存杭州孔庙,2011年10月3日抄录。
③ 米祯祥主编、王雪宝编著:《嵩山少林寺石刻艺术大全》,光明日报出版社2004年版,第284页;吕宏军:《嵩山少林寺》,河南人民出版社2002年版,第402页。两书所录碑文中,均为"其瞻寺地土",经2014年11月9日与原碑核实,"瞻"应为"赡",故径改。

是以国家法律为依据。该碑系广安州"奉文勒碑"示禁。碑刻记载示禁原因及程序道：癣院寺创自宋朝，近来因"邻棍市豪迭见侵陵，剥削之害，深为可悯。寺僧请于顺庆府知杨、分守川北道杨，蒙准给牒，行文到府，令州勒石杜害"。广安州遂奉上级批示将禁约刻石公布，要求"尔民各惜身家，共守法律，不许仍前飞诬捏扰。如敢不悛，许令院主把连赴州，以凭申解，府道依律拿问，毋得故违，致干法网"①。

明代官禁碑不仅有上述较为传统及以圣旨法律为凭的内容，也有针对新情况进行设规立制的尝试，尤其是明末主要针对官吏衙役以除弊恤商的改革措施，为官禁碑的茁壮发展开拓了空间。

明末数量渐多的官禁石刻是地方政治经济改革的重要标志。这种带有改革意向的石刻禁令出现于隆庆朝（1567—1572）。史载："隆庆初，罢蓟镇开采。南中诸矿山，亦勒石禁止。"②到万历朝（1573—1619），具有重要示范作用的官禁碑已集中出现于商品经济发展较快的江南地区。从笔者搜集到的明末江南地区20余份官禁碑文看，其内容涉及典当、绸布、杂货、药行、牙行及关税事务等，均属于官府颁布的除弊恤商的禁令。

明末江南地区集中出现的官禁恤商刻石，与当时频繁发生的"民变"不无关系。据台湾学者巫仁恕统计的"明清城市集体行动事件之地域分布"表，列出发生于江苏的城市集体行动明代有48件，清代有92件，位居全国事件数量排名的第一位；发生于浙江的明代有18件，清代有38件，排名第二位；可见明清江浙地区是"民变"事件发生最频繁的地区。在"明清城镇罢市与商人参与次数"的统计表中，列出万历年间罢市次数为11次，商人参与事件次数为10次；嘉靖和崇祯年间罢市次数均为3次，商人参与事件次数也均为2次，喻示明末工商业者参与"民变"事件以抗议官吏贪剥行为的主动性③。

这种因官商矛盾加剧而致群体性事件频发的情况自然会引起朝廷决策层的高度关注。嘉靖（1522—1566）时期，已有不少官员提出了恤商苏困的改革奏议，并在北京、南京等局部地区付诸行动。在随后的隆庆（1567—1572）、万历

---

① 《巴蜀佛教碑文集成》，第477页。
② 《明史》卷81《志第五十七·食货五》，第1971页。
③ 巫仁恕：《激变良民——传统中国城市群众集体行动之分析》，第64、86页，表9、表16。

(1573—1619)年间,一些苏解商困的奏疏被皇帝批准认可后,进而成为各地方通行的禁令条例。如李廷机(1542—1616)任南京工部尚书时,曾下令免除杂税,"奏行轸恤行户四事,商困大苏"①。这些"恤商"措施也被一些地方官吏以禁碑的形式公示于众,万历二十七年(1599)南陵县知县朱朝望等刻立的《院道批详条款碑》就申明了禁克剥、革积书、省冗官、禁用坊长、比例祛弊、社仓稻谷、苏铺行等七款禁令②。

值得关注的是,除了地方官主动刻碑示禁外,基于商民呈请而颁刻的禁碑也占有相当比例。这当是官禁碑示范效应影响的结果。万历四十二年(1614)南直隶宁国府太平县颁刻的《察院禁约碑》就是在受害商户呈请保护的情况下产生的。因宣城县湾沚镇当户戴某状告许国宁等"倚役骚索",巡按直隶监察御史特批示:"行属痛洗积习,着实遵行,仍刊碑永示。"直隶宁国府据此颁示:"除行宣城县痛革前弊遵行外,拟合通行禁革,为此仰县官吏照牌理事,即便严禁。该县佐贰首领等官不许再差快手骚索当铺,取借绒衣布帐等物,仍刊碑永示。具刊过缘由申府以凭,查缴施行。"宁国府太平县"遵依"宁国府批示"刊碑示谕,永为遵守"③。碑文记录了将商户状告许国宁等"倚役骚索"商铺的个案上升为地方禁令,并要求涉事县衙刊碑示禁的过程。

与上碑类似,万历四十二年(1614)《常熟县为吁天申禁敦民水火事碑》系常熟县知县应典户商民联名呈词申请而颁刻。碑文也记述了商户被县衙书吏以"借取"(实即勒索)货物所累而呈请官府保护,呈文经转详批复,最终常熟县知县詹向嘉下令"一切借扰,尽行裁革,仍勒石永遵"④而至禁碑刻立的过程。

由于立碑示禁保护商民的做法颇具成效,很快被各地商民所效仿。商户们多期望借助官府禁碑的权威性以抵制胥吏衙役的贪索行为,保护自身的利益;那些身处偏远地区的商户更寄希望于此。万历四十四年(1616)常熟《禁止木铺供给碑》系因常熟县杉木商江同等联名呈词苏州府而获准刻立。呈词反映政府的恤商苏困政令执行效果因地而异。府署所在地及其周边,禁令执行情况相对较好;偏远地区的执行效果大打折扣,吏役照旧为害,并指控管工工头串通县

①　《明史》卷217《李廷机列传》,第5740页。
②　〔清〕徐乃昌纂:《安徽通志稿》卷8,载《明清石刻文献全编》第1册,第501—502页。
③　〔清〕徐乃昌纂:《安徽通志稿》卷8,载《明清石刻文献全编》第1册,第535—536页。
④　《江苏省明清以来碑刻资料选集》,第553—556页。

衙书吏将铺户出售木材后应领钱粮截留侵吞，特联名呈请官府批准刻立禁碑，且说明这是效仿典铺商人的做法，"切照该县万金典铺承值上司铺陈，犹称烦累，近日具呈天台行县，处置钱粮，官为置办，今见立石永禁"。接到呈状后，苏州府同知杨凤翥奉命前往调查核实。最后，苏州府批示同意商户们提出的以时价平买、当堂给值、禁差人催取等请求，并下令立石碑于县门，以为"永久当遵"的定规①。

值得留意的是，由商民等呈请官府所立禁碑，一般由呈请人出资刻立，但碑文内容须遵循原批示公文格式，官府会以要求上缴碑拓的形式进行监管。如崇祯九年（1636）《长洲县奉宪禁占佃湖荡碑》系长洲县遵奉"钦差巡抚都御史"的批示，"谕令原呈里排地方渔户俞乔等自立石碑，示禁于朝天、独墅等湖口，永为遵守，违者协拿解院重究，仍将石碑刷印二张申报"②。另一个值得关注的现象是，无论是官员主动刊刻还是基于商民呈请而刻立的禁碑，均常见"永示严禁"、"刊碑永示"、"立石永禁"等等的表述，其含义不仅强调禁令刻石的公开性，更包含着禁令永恒与权威的用意。

二、清代"勒石永禁"惯例

明末由官府和商民等共同促成的"勒石永禁"范例，在清代的官方政策中被不断强化，并被广泛用于驿政、盐政、漕政及地方吏治的改革中。山西巡抚申朝纪（？—1658）于顺治三年（1646）就驿政制度改革上疏言："驿递累民，始自明季，计粮养马，按亩役夫。臣禁革驿递滥应、里甲私派。请饬勒石各驿，永远遵守，俾毋蹈前辙。"③康熙初年，皇帝命御史徐旭龄（？—1687）"偕御史席特纳巡视两淮盐政，疏陈积弊，请严禁斤重不得逾额，部议如所请勒石"④。康熙年间，湖广总督郭琇（1638—1715）为革除楚地陋习，特在"请禁八弊疏"中"胪列八条，仰请敕旨勒石永禁，以澄吏治，以安民生"⑤。雍正皇帝在雍正元年（1723）十月的《谕禁驿站积弊》中也强调"派借民间牲口，尤当勒石永禁，违者即从重治

①　《江苏省明清以来碑刻资料选集》，第556—558页。
②　《明清以来苏州社会史碑刻集》，第583—584页。
③　《清史稿》卷240《申朝纪传》，第9536页。
④　《清史稿》卷273《赵廷臣传附徐旭龄传》，第10033页。
⑤　〔清〕郭琇：《华野疏稿》卷3，文渊阁《四库全书》电子版。

罪"①。同治四年(1865),浙江巡抚马新贻(1821—1870)"复奏减杭、嘉、湖、金、衢、严、处七府浮收钱漕,又请罢漕运诸无名之费,上从之,命勒石永禁"②。

上述诸多"勒石永禁"的举措,其中不少经由奏议及圣谕朱批,最终成为国家的法令。在《钦定大清会典则例》所载各部禁例中,"勒石永禁"出现的频率颇高,表明它已从明末的流行语成为一种为政举措。《户部·田赋三》"催科禁例"载:顺治十二年(1655)"覆准:江南财赋繁多,经收诸役包揽侵渔,保长歇家朋比剥民,令严行察访,勒石永禁"。《户部·盐法上》载:雍正十一年"题准:广东各商设立坐标,私收渔户帮饷,又设立馆舍,凡遇担卖盐鱼等物勒令纳税,别立行标,苦累贫民,勒石永禁。"③《工部·营缮清吏司·物材》载:"十五年覆准:京城北面一带地方不许烧窑掘坑,勒石永禁。违者指名参处。"④

由于"勒石永禁"关乎禁令的公布与实施,上级官府通常以"碑摹送查"的方式监督下级是否遵命立碑。康熙五十九年(1719)苏州《长吴二县饬禁着犯之弊碑》规定:"通行饬令各该州县,勒石署前,以昭永禁,取碑摹送查。"⑤光绪十年(1884)《禁示碑记》载明广东按察使司对各级衙署的要求:将禁文刻石"立头门前,俾民间有所见闻"。如下属不遵示立碑,会受到相应的惩处:"限一月内刊监,通报以凭。另有差委之员,顺道查明。倘抗不监碑,及有心控报,一经查出,定即详撤。"⑥也有许多禁碑在碑尾题写刊立者的官员姓名以表明履责。如光绪七年(1881)《嘉定、宝山县准减漕米米额告示碑》载明系"知县程其珏奉谭护理巡抚通饬勒石县署"⑦;光绪十年(1884)《禁示碑记》是"署南澳同知潘维麟遵奉刊监"⑧。

由于国家制度层面的认可,"勒石永禁"在清代成为普遍遵行的惯例。顺治十六年(1659)立于松江府的《苏松两府遵奉抚院宪禁明文》明确示禁内容"永

---

① 〔清〕黄士俊等监修:《河南通志》卷3《圣制》;〔清〕李卫等监修:《畿辅通志》卷3《诏谕》,文渊阁《四库全书》电子版。

② 《清史稿》卷426《马新贻传》,第12242页

③ 《钦定大清会典则例》卷36、45。

④ 《钦定大清会典则例》卷128。

⑤ 《明清以来苏州社会史碑刻集》,第566页。

⑥ 《广东碑刻集》,第312页。

⑦ 《上海碑刻资料选辑》,第156页。

⑧ 《广东碑刻集》,第312页。

为遵守, 勒石通衢, 志为定例"①。雍正八年 (1730), 温州巡道芮复传对温州永嘉县叶公臣等83园户申请立碑的呈词指示道: "将原批呈刻制定案可也", 同时表达出新的规则禁约经官府批准后刻石公示, 便是官民 "永久共相遵照" 的定例的规程②。乾隆四十三年 (1778) 无锡县《永禁书差借称官买派累米商碑》载有 "碑存可执定准, 碑法有失稽考" 的文字③, 表达了商民对禁令 "勒石" 和法令生效 "永禁" 关系的认定。

对于 "勒石永禁" 的实际效用, 广东佛山乾隆三十七年 (1772)《蒙准勒石禁革陋规碑记》可以为我们提供一个观察的视角。碑文记述: 仓粮册三房重索陋规之恶习, 在乾隆六年 (1741) 已经前抚宪禁革, 受到百姓的欢迎; 日久法驰, 勒索之弊复现。于是丰岗等八堡联恳 "赐示永禁, 并饬上纳粮米", 勒石于官府头门, 以警示吏役并切断其婪索之途; 但没有列在禁碑呈请名单中的大江堡三图在交纳粮赋时却不能共享丰岗等八堡的待遇, 依旧被衙役勒索, 理由是 "止系勒石各堡为然"。不得已, 大江堡三图 "只得联叩台阶, 伏乞一视同仁, 俯准赐示, 俾照丰岗等堡勒石, 永远遵守。庶三房不敢苛索陋规, 而蚁等得以早完粮米"④。碑文中里民以 "蚁等" 谦称以示身份的卑微和面对衙役贪剥的无助, 并表达出对 "仁台" 禁令敬重崇拜的心态, 同时也揭示了禁碑有无与禁令是否生效的关联性, 以及禁碑对呈请者和刻立者的特殊意义。

由于在实践中存在着谁呈请立碑谁受益的实例, 禁碑成为商民保护自身利益的 "护身符", 并促成除弊恤商禁碑的快速衍生。以江南地区为例, 据笔者统计, 明万历至崇祯的70余年约有禁碑25通 (万历9通、泰昌天启5通、崇祯11通), 到清初顺治康熙70余年, 禁碑数量已翻了5倍, 增长非常迅速。同时原本主要集中在江浙地区的除弊禁碑, 也逐渐蔓延至更为广泛的地区, 所恤对象也由商扩及至农民, 并显现出 "勒石永禁" 与 "从重治罪"、"从重处罚" 的关联性, 表明被 "勒石永禁" 的事项多具有严重的社会危害性, 以及官府欲从严惩治的态度和决心。如顺治十四年 (1657) 广东东莞县《奉两院禁约碑》载明严禁各衙巡司等官及驻扎兵弁滋扰铺商, 警告 "敢有再犯, 一经告发, 或别有访闻, 定行□□,

---

① 《上海碑刻资料选辑》, 第85—87页。
② 金柏东主编:《温州历代碑刻集》, 上海社会科学出版社2002年版, 第276—277页。
③ 《江苏省明清以来碑刻资料选集》, 第529页。
④ 《广东碑刻集》, 第348页。

决不姑恕"①。乾隆五十八年（1793）陕西汉中《州衙告示碑》规定："如有书役、家人，指称火耗、添平、解费名色，勒索农民，额外加耗，定即立毙杖下，并将该管官严参治罪，断不姑贷。"②道光六年（1827）立于澳门莲峰庙旁的《两广部堂示禁碑》对营汛弁兵示谕称："倘敢阳奉阴违，一经访闻，并被首告，定行严拿，从重究拟治罪，决不宽贷。"③

　　从明末乃至清代流行的官禁碑之内容可以看出，其侧重点是革弊除害以减少"民变"而维护社会稳定，明确的目的性和务实性是官禁碑有别于象征性明显的敕禁碑的一个重要特点。另外官禁碑也表现出与民众利益更为关切的特点，尤其是商民联名向官府请愿"刊碑永示"以除衙役贪索的做法，拉近了官与民的距离。在这一过程中，官府满足商民的立碑请求，以"勒石永禁"的方式表达苏困恤民、整顿吏治、惩治弊害的立场和决心，这既是标榜政治清明和地方官善履职守、施政有为的一个公开证明，也有助于消除久治不绝的官官相护、吏役贪索之顽疾，对潜在的"民变"等群体性事件能起到一定的预防或缓冲效用。我们注意到，在清代的城镇罢市中，商人已不像明末那样积极主动参与其中。仍以台湾学者巫仁恕对明清城镇罢市与商人参与次数的统计为例：清代顺治、康熙、雍正、乾隆年间的罢市次数分别为3次、19次、27次、30次，商人参与事件次数相应分别为0次、4次、7次、5次④，表现出商人参与罢市行动的次数明显减少，及商人参与罢市的被动性。这一结果与前文提及的明末工商业者参与"民变"的主动性形成强烈反差。这也在一定程度说明，相对于其他社会群体而言，社会地位不高的商民，其政治诉求比较简单，也容易获得满足。商民们所积极争取的不过是相对自由、公平的经营环境。影响商人正常经营活动的主要是衙役贪索，而能有效阻止贪索行为的，便是具有权威和永恒效力的官禁碑。商人因有官府示禁碑为应对衙役、保护自身利益的"护身符"，其精神诉求基本得到满足，可以安于经营。同时在商民心目中，官禁碑也有助于其社会地位提高，表明官府对其需求的重视。如果商民的诉求可以通过联名呈请这种较为和缓且正常的途径得到满足，自然没有必要采取罢市等过激行动。可以说在整治吏役贪

---

① 《广东碑刻集》，第787—788页。

② 《汉中碑石》，第46页。

③ 《广东碑刻集》，第1010页。

④ 巫仁恕：《激变良民——传统中国城市群众集体行动之分析》，第86页，表16。

弊这点上,官府和商人的利益是一致的,并通过刻立禁碑而达到"双赢"。

第四节　民禁碑的独立性和依附性

一、民禁碑的公议性与独立罚则

民禁碑指公同议定的族规、乡约和行规等民间规范中带有禁止性规定及罚则的碑刻。在敕禁、官禁和民禁三类禁碑中,民禁碑是后起之秀,然最具活力。

族规、乡约等民间规范类碑刻在明代以前已出现,但禁碑的特征,如公议的形式和禁约效力等,均不够鲜明。随着明末清初官禁碑的充分发展,民禁碑的形式特征才日渐鲜明①。

清代族规禁碑以维护宗族利益为首要目的,以禁异姓乱宗、同姓婚配以及从事有辱宗族声誉的职业等内容较为常见。江苏《延陵义庄规条碑》规定:"族人不得以异姓子承祧。如有违例,继立异姓子女,不准入册支给。"②道光二十一年(1841)《济阳义庄规条》规定:"族中有出继外姓及螟蛉异姓子女者,概不准入籍,亦不准支给钱米。"③两碑禁条均以剥夺同等待遇的方式限制异姓入籍,以维护宗族整体利益。后碑还严禁族人从事倡优、隶卒、奴婢等贱业,规定:"族中子弟,如不孝不弟,流入匪类,或犯娼优隶卒,身为奴仆,卖女作妾,玷辱祖先者,义当出族,连妻子。"并要求:"各房司事随时稽查,毋得隐匿不报。"④

清代乡约禁碑以禁偷、禁赌、禁伐、禁牧等内容为主。陕西平利县迎太乡

---

①　民禁碑在清代的蓬勃发展,与清代的社会经济发展情况相适应。梁治平认为:"在中国法律史上,大体可以说,法典以《唐律》最显赫,习惯法以清代最发达。这一对比意味深长,它从另一方面揭示出习惯法与国家法两种知识传统间的差异,尤其是它们生长条件的不同。作为一种社会制度,作为所谓民间社会秩序的自动显现,习惯法的每一步发展都与实际社会生活与社会组织的变化有着密切关联。就此而言,清代习惯法可以被视为明、清两代社会生活内部深刻变化的直接反映。"而习惯法的发达,正是民禁碑形式特征显现、完备的基础条件。详见梁治平:《清代习惯法:国家与社会》,中国政法大学出版社1996年版,第167页。

②　《明清以来苏州社会史碑刻集》,第278页。

③　《明清以来苏州社会史碑刻集》,第258页。

④　《明清以来苏州社会史碑刻集》,第261页。

《禁山碑》载明:"禁止:此地不许砍伐盗窃、放火烧山。倘不遵依,故违犯者,罚戏一台、酒三席,其树木柴草,依然赔价。特此刊石勒碑告白。道光三十年仲秋月。吴氏公立。"①

清代行业禁碑主要表现为禁行业无序竞争及遵守行业自律等内容。北京《新立皮行碑记》规定了严禁盗买盗卖的行业规则,明确:"有行中见贼偷盗去生熟皮章货物,本行人不准买。如有买者,公议量力罚款。不依规矩者,公举伊贼同谋。"②另如山西壶关县乾隆二十九年(1764)《窑场口磁器手工艺禁外传碑》、广东肇庆市乾隆四十二年(1777)《磁器铁锅缸瓦铺永禁碑记》、陕西紫阳县光绪三十四年(1908)《严禁奸商漆油掺假碑》等,也均是带有禁约的行业规范。

公议性和重视惩罚性是族规、乡约和行规等类民禁碑所共有的特征。公议性意在表示所立规则是出自"民间公权"的权威,同时也表明设立规则是出于公益而非私利,故在碑身显要位置特别标明"马姓合族立"、"各村绅老仝立"、"族长蒙陈瑞暨合族绅耆仝立"等类的字迹。有的也在碑文中强调族众的权威。如四川《禁止赌博碑》表述:"今与阖族约:自垂碑禁止后,倘族人仍有窝赌、邀赌、诱赌种种赌局,我祖宗定不愿有此子孙。世世族长、族正,重则要禀官,照例究治;轻则入祠,以家法从事。"③

相对独立的奖惩体系是民禁碑的另一个显著特征。云南大理云龙县长新乡道光十七年(1837)《乡规民约碑记》阐述乡规乡禁之功用道:"从来朝庭之立法,所以惩不善而警无良;乡之议规,正以从古风而敦习尚,非互结相联而启讦弊之路也。"表明乡禁的独立性及与国法的不同作用。在列明十条乡规条款后强调其作用及罚则道:"以上所议乡规数款,俱系有益,原无害于本里乡村。倘村里男女老幼人等所犯此规者,不论大小轻重,各村议定罚银五两,以为充公。临时不得抗傲此规,勿谓言之不先也。"④罚则强调禁约对男女老幼的一视同仁,且违禁程度"不论大小轻重",表现出重惩止犯的用意。

民禁碑中,罚钱、罚酒席、罚戏、体罚、诅咒、驱逐等是较为常见的违禁处

① 《安康碑石》,第177页。

② 《清代工商行业碑文集粹》,第24页。

③ 高文等编:《四川历代碑刻》,四川大学出版社1990年版,第316页

④ 《大理历代名碑》,第540—541页。

罚方式,有时是几种兼用。光绪十年(1885)北京《靛行规约》规定:"如犯罚约者,在行馆神前跪叩,高香一封,罚钱九十千文,以备办酒席三桌公用;罚戏一天,请开行大家在戏园恭候;罚香银廿五两,存行馆以备祀神、修理行馆使用。"①其处罚方式包括神前跪叩、罚钱、罚戏等,同时也指明了罚款的用途。

为了使禁约罚则得以实施,一些禁碑还特别规定了奖惩结合的办法。山西盂县苌池乡藏山村道光八年(1828)三村合立的《严禁山林条约》规定:"如有偷掘山中小松柏树者,罚钱二千文;有折毁山中一林木者,罚钱三千文;有驱牛羊践履其中者,罚钱壹千六百文。若有见而执之来告于庙者,定赏钱八百文,不少吝;如有卖放者,与犯厉禁者一例而罚。是约也,彰明较著,不恕不私。用是勒之碑石,以示通晓,俾临事无异议云。"②

从上述碑文可以看出,民禁碑中的罚则规定,与《大清律例》等国家制定法及敕禁碑、官禁碑中的处罚方式明显不同,自成一体。其惩罚方式多样,但以经济处罚为主,数额具体,便于执行;而且以奖促罚,寓惩于乐(如罚戏、罚酒席)。其中寓惩于乐的方式既可避免一味惩罚对乡邻亲和力或行业凝聚力的削弱,同时更具有教育和示范性,也是公用经费的重要来源。由于是出自亲邻或同行的公议,且事先勒碑通晓甚至演戏告之,并强调"不恕不私"、一视同仁,故较之国法官禁,民禁碑具有认同度高、实施效果明显等特色。

二、民禁碑的"拟官"特征

民禁碑的两极性特征比较明显。它既有前述自成一体的独立罚则与民间公议自治的特色,也有"拟官禁碑"对政府公权的依附性。后一特性也预示着民禁碑向官禁碑转化的可能性。

道光三十年(1850)浙江瑞安县《奉各宪谕禁碑》记载了"乡禁"变身为"官禁"的过程。为制止田园偷窃行为日渐猖獗,瑞安县五都衿耆将公议章程呈请官府请求批准示禁。呈词称:"不法棍徒,借斫草牧牛之名,日夜在垟偷窃,肆无忌惮,一经拿获,胆敢挟忿倒制,殷实之家受累奚堪。无奈公议章程,派人巡守,无论种植何物,成熟之时,每亩公秤几勖以作巡守酬劳。若被偷窃多寡,即

---

①　《清代工商行业碑文集粹》,第19页。

②　李晶明主编:《三晋石刻大全·阳泉市盂县卷》,三晋出版社2010年版,第386页。

着管守赔偿,以专责成。如此立法,可期久远,俾恶风敛迹。若不立碑永禁,终无实济。为此金请出示碑禁……"

在呈词中,衿耆既申明了公议的除弊措施,同时也表达了乡绅对官府示准的禁碑在民间立法和执法中的重要性的理解和认知。瑞安县知县杨鉴对绅民的请求予以认可,同意"勒石谕禁",乡绅遂将官府的批文和公议章程以《奉各宪谕禁》的名义刻石示众①。

类似这种以"奉宪"名义刻立的民禁碑,从清代中期开始明显增多,当是流行已久的敕禁碑和制度化的官禁碑潜移默化影响的结果。嘉庆十四年(1809)广东《奉龙门县师准给示永禁碑记》记载了龙门县路溪洞生监10人和乡民8人针对地方情况,共同议定了"禁男妇依烂服毒愆怼以儆刁风"、"禁狯计唆摆以杜讼源"、"禁争端打架以听公论"、"禁挟恨冒捏以存天良"、"禁怀私徇情以归正道"、"禁藉命索诈贻累良民"等条款。由于条款的内容符合国家法令规定,官府对乡绅们议定并呈请的禁约表示大力支持,声称:"乡有约,约有规,所以奉功令而遵宪典,除匪类而卫善良者也。……嗣后倘有违犯后开乡规者,许绅耆等禀赴本县,以凭严拘,按法究治,决不姑宽。"②

同治九年(1870)海南东方县《奉官示禁碑》载生员20余人和村民10余人共同商议的11条禁约,并强调"不许误犯。倘有误犯,即合众联名禀官究治"。对于这份内容颇为详尽的禁约,知县不仅表示认可,还对乡绅们去害除弊的做法予以表彰。"该生等为士民表率,凡官司所不能遍喻者,赖生等劝喻之,督责之,庶几民无梗化,□□挽所呈乡禁数条,系因禁革陋习起见,甚属可嘉,应准给勒碑垂戒。"③

经过乡绅们公议、呈请及官府的批准程序,一些民间社会特有的惩罚形式如罚戏文、罚酒食等,也披上了"合法"的外衣。同治十二年(1873)浙江永嘉县《奉宪谕禁碑》系因耆老呈请禁偷砍竹木等而立,碑文记载了知县对乡禁以及乡禁处罚措施的认可。知县对"居民地保人等"宣称:"尔等须知该处山场栽样竹木,完粮山产诸物,应归业主经管,毋得私自砍斫。严禁以后,如若犯者,会众

---

① 《温州历代碑刻二集》(下),第771页。

② 《广东碑刻集》,第59—60页。

③ 《广东碑刻集》,第1002—1003页。

公罚钱文、酒食、戏文，不依者协保扭送到县，从重究惩，不稍宽贷。"①光绪元年（1875）浙江瑞安县《奉宪示禁碑》系耆民为禁纵畜损害田园而呈请，官府为此示禁道："尔等须知纵畜扰田，大为民害。自示之后，倘有无知愚民，仍行纵放鹅鸭毛猪等畜，践食田禾六种，一被指控到县；并鸡群各户一家共养伍个，如违禁示，立罚戏文，合地禁约。县定即提案究惩，各宜凛遵毋违。"②

除了呈报官府获得"奉宪"名义外，有些民间公议禁约也会采用一些变通的方式，如文体模仿、惩罚衔接、移花接木等表达对官府权力的仰仗或依赖。台湾高雄县路竹乡嘉庆十八年（1813）《竹沪元帅爷庙禁约碑记》载竹沪乡耆老庄众在重建元帅爷庙后共同立定的禁约，规定"倘有因犯庄规，决然鸣鼓而攻，小则罚戏示惩，大则送官究治"③。陕西汉中光绪十九年（1893）《谭氏族规碑》规定："凡有顽梗之徒，乖舛人伦，忤触尊长，悖亲向疏，毁骂祖先，责成族长约束；不遵教者，立即送县，以不孝治罪。"④上述碑文中强调的禀官、送官等，都意在表明公禁的威力及与官府权力的关联性。

也有一些民禁碑采用模仿官府公文的模式。广东仁化县恩村乡光绪十五年（1889）《严禁本村后山树木碑记》载：

> 为严禁本村后山树木事。窃思两间风水，端资树木以扶持，百卉生机，宜戒斧斫之剪伐。我等恩村后山，上至官仓，下至窑前，自开基以来，杂松遍植。迨中叶而后，严禁常申，所以老竿扶疏，固郁郁而深秀，勾萌生发，亦欣欣而向荣。奈近年人心不古，为私灭公者，有等贪利之徒，或假乌而乘间鼠，或托风雪而借影徇偷，甚或窃伐潜移，谓是他之木，盗枝存干致枯，蔽日之村，百弊丛生，十指难屈。睹此情形，深堪痛恨。爰集众商议勒碑严禁，自后内外人等，各宜勉戒，即是一条一枚，亦必勿剪勿伐。如有不遵约束，敢行盗窃者，倘经捉获，或被查知，定必重罚，断不轻饶。如敢持横抗拒，即捆呈官究治，幸各凛遵，毋违。此禁。

---

① 《温州历代碑刻二集》（上），第202页。

② 《温州历代碑刻二集》（下），第786页。

③ 何培夫主编：《台湾地区现存碑碣图志：高雄市·高雄县篇》，台北市"中央图书馆"台湾分馆1995年版，第53页。

④ 《汉中碑石》，第350页。

右开众议规条列后：

一议：盗斫该山树木者，每株罚银二大元正；盗斫杂松光者，每犯罚银一大元正。如违送究，樟树加倍处罚。

一议：该山树木，有能知盗斫人姓名，即报知。敢证者，赏给花红银一大元正。当场捉获盗砍人送交绅耆者，赏花红银二大元正。[①]

此碑结尾处标明由"族长蒙陈瑞暨合族绅耆仝立"。从行文上看，规条之前的序文当是出自官绅之手。碑文以简短的篇幅、华丽的文风将订立禁约的原因、勒碑严禁的目的交待清楚，同时又不失官府告示的严厉与预警，表现出对公文格式与表达的运用自如。众议条规的内容表述质朴，不事雕琢，当是族众的告白。

四川西昌南海乡同治十三年（1874）《西昌县禁伐树木告示碑》则采用官禁和乡禁合刻形式，将民禁依附官禁的意图表现得更为直截了当。碑前部为四川宁远府西昌县正堂据文生马骧才等具控洪顺泽等欲砍伐风水树株一案所发布的封禁晓谕："查马氏茔山地名核桃村，山下修庙一座，中山树木有关风水，不许无故砍伐，自应出示封禁，俾众咸知，合行示谕。为此示仰马姓照界管业，中山树株永远封禁，以培风水而免砍伐。各宜禀遵勿违。"并要求"告示实贴核桃村晓谕勿损"。碑文后半为马姓合族"公议为遵示勒石以杜混争序"，即在官府封禁晓谕基础上形成的族禁规约。表明立碑封禁为官府批准，而非擅自为之：

且夫天地之间物各有主，苟非己之所有，虽一毫而莫取，况我马姓茔山树株，可为异姓混争乎？今因洪顺泽等混砍我茔山树株，被我族内具控在案，蒙余县主勘明讯断，赏示封禁，令我马姓照界管业，特将四至界址开列于后……自封禁后，如我族内有无知辈偷砍者，看山人拿获送入宗祠，家法自治；若有异姓偷砍者，看山人拿获，族内禀官究办，勿谓言之不先也。[②]

从上述乡禁内容看，所禁者多为偷盗、采伐等民间寻常之事。表面事情虽小，但对乡村等社会秩序的稳定却非常重要。而这些内容，却是国家法律禁令

---

① 《广东碑刻集》，第112页。
② 《北京图书馆藏中国历代石刻拓本汇编》84册，第77页。

无暇顾及的。从清代民禁碑所表现的种种模仿、依附官禁碑的倾向，如：将公议禁约呈请官府以"奉宪"、"奉官"的名义颁刻，刻意模仿官禁格式，或将民禁依附于官禁，以禀官、送官等强调官权力的后盾支撑等等，其实也均是民间社会为弥补法律不足所做出的积极努力。与民禁碑的"拟官"特征同时存在的，是其明确的自治追求和相对独立务实的奖罚体系。这种兼具转化性和独立性的民禁碑在清代中后期的流行，使碑禁体系的构成更为丰满，同时也使清代基层社会中官民混治的特征日益鲜明。

第五节　碑禁体系中的政府公权和民间公权

禁碑是公权力的象征。所谓的公权力，既包括中央国家权力机构如皇权及各级政府所拥有的官权力，也包括非国家权力机构，如士绅、乡耆、商户等民间力量所形成的"民间公权"。无论代表至高权威的敕禁碑、反映"政府公权"的官禁碑，还是体现"民间公权"的民禁碑，均具有一定的共性，即强调公益高于私利，同时也均有明确的禁止性规定和违禁罚则，体现出权威性、公正性、约束性等特征。无疑，"政府公权"更具主导性和权威性，但"民间公权"也以其自治性、独立性和"拟官"性而扩充发展空间，说明国家权力机构与非权力机构对规则与禁令需求的趋同性。

禁碑的形成，由形式不完备到逐渐完备，再到形成碑禁体系，经历了漫长的过程。从元代圣旨禁令的一枝独秀，到明代敕禁碑和官禁碑的并行发展和清初官禁碑的制度化，至清代中期民禁碑快速成为禁碑族群中的生力军，三类禁碑终于形成均衡发展的格局。

明清三类禁碑的均衡发展，说明各有其存在的价值。敕禁碑以其代表国法和皇权的象征意义，表达出对人才培养及社会秩序的理想追求；官禁碑以"勒石永禁"的务实形式，在地方治理和社会秩序维护中发挥着权力和制度的保证作用；民禁碑以"民间公权"的形式弥补"政府公权"的不足，成为基层社会与行业自治的有效手段。

由于三类禁碑所具的不同个性和功能，使它们之间存在着互补性甚至是关联性。其主要表现为：敕禁碑以对碑石功用的推崇和强化，起到对官禁碑和民禁碑的示范效用；官禁碑通过对敕禁国法的贯彻、落实，通过"勒石永禁"由范例到惯例及重惩严责等的法律实践,通过对乡规行约等民禁的审核与认可,使敕禁国法与民禁乡规和谐相处;民禁碑则以明确具体的赏罚奖惩及对官权威的模仿,表现出对规则、秩序、公权的追逐。

在明清碑禁体系中,应该说三者缺一不可,但在碑禁体系中起承上启下作用的官禁碑,作用似更为重要。这不仅体现在明清尤其是清代官禁碑的数量远远超过敕禁碑和民禁碑,更在于其对碑禁制度的催生作用更直接。浙江温州永嘉县乾隆五十年(1785)《天长岭左右树木告示碑》载明:"法以密而弊端方剔,恩以久而宪泽愈深。既蒙批固久,垂为铁案,而顽徒负弊,非祈示谕,曷触目而儆心。"①反映出士民视禁碑为铁案的震慑功效。此外,官禁碑的刻立地点,也隐含着一定的制度追求。

前文述及敕禁碑多立于学宫和寺庙之内,官箴碑也是立于衙署之内。这种内外有别的畛域界限,表明圣旨碑、敕禁碑的特权性,及其与民众的距离。

民禁碑与百姓日常生活关系最密切,但其刻立的地点也反映出自身的局限性。族禁碑多置于宗祠内,行业禁碑多立于会馆内,受众有限;乡约禁碑或立于村庙,或竖于田间地旁、池畔林边,受众分散。

官禁碑的刻立地点以衙署门前最常见,意在禁令的公开和传播周知。万历四十四年(1616)《禁止木铺供给碑》要求"立石县门"②,康熙五十九年(1720)《长吴二县饬禁着犯之弊碑》要求"勒石署前,以昭永禁"③,乾隆五十八年(1793)陕西汉中《州衙告示碑》规定"右示刊刻石碑,竖立四门,永远遵守。竖立署前"④。此外,人员往来频繁的关口要津以及官民经常祭拜的城隍庙、关帝庙等地,也是官禁碑的主要刊刻地点。如康熙三十七年(1698)《娄县为禁踹匠倡聚抄抢告示碑》立于松江府枫泾镇城隍庙,康熙五十四年(1715)嘉定县《禁踹匠齐行勒索告示碑》立石于嘉定县南翔关庙。立碑之处所显示的警示、防范和社会监督的用意,较敕禁碑和民禁碑更明显直接。

防范、警示应是各类禁碑的共同目标,但在官禁碑上体现更为突出。此外,将禁令刻于碑石,也承载着社会对规则永恒的心理期冀。正如崇祯五年

---

① 《温州历代碑刻二集》(上),第139页。
② 《江苏省明清以来碑刻资料选集》,第558页。
③ 《明清以来苏州社会史碑刻集》,第567页。
④ 《汉中碑石》,第46页。

（1632）《抚院司道府禁约碑》所强调的"永不许金报铺商"，"勒石遵守，以作永规"①，嘉庆十四年（1809）《度量衡碑》所表达的"永远遵照，不枯不朽"②等，都是这种期望的写照。同时联名呈请刻立的禁碑，还能给民众带来心理满足与安慰。

上述明清禁碑的内容，其实仅仅展现了中国古代法律碑刻实用功能的一个断面。随着地方权力机构和非权力机构颁刻禁碑的常态化及刻立程序的规范化，民禁碑与官禁碑之间互动依存关系的日益明显，各类禁碑内容与形式特征及其刻立地点所包含的制度性用意的明晰，遍存于全国各地、立于显见之处的禁碑，已不再是孤立存在的公示碑文，而是明清碑禁体系的有机组成之一，更是明清碑禁制度形成与完善、实施与推广的见证。

明清碑禁制度的形成，也促使法律碑刻从历史更为悠久、现实中更为常见的功德碑、纪事碑、题名碑中脱颖而出，自成一类。禁碑从唐代以前的微不足道，到明清时期体系完备、特征鲜明，表明明清"刻石纪法"的手段与内容，更有效更丰满。

从宏观的角度看，中国古代"刻石纪事"的史诗序幕确是从"刻石纪功"和"树碑立传"开始的。经过近2000年的发展演绎，原本微不足道的禁碑，却成为这部史诗谢幕前的辉煌篇章。明清碑禁体系，也因此成为古代"刻石纪法"发展中的经典片断。

---

① 《天一阁明州碑林集录》，第159页。
② 《广东碑刻集》，第996页。

第六章

清代工商会馆碑刻与非正式法

　　碑刻是清代行业规范的重要载体，而行业规范又是中国传统非正式法体系的重要组成部分。数以百计的清代工商会馆碑刻，记载着与行业公产保护、行业准入与自律自治、同业互助救济与应急救援等事宜有关的规范性内容。透过这些静态的碑文，我们可以看到清代城市社会中"非正式法"的形成与运作机制，以及清代工商行业与社会、工商组织与业者个体、非正式法与正式法之间，相互依存、冲突、妥协的动态演进规律。

　　清代碑刻法律史料存世较多，内容丰富；在反映中国传统法律多元格局方面，有较为明显的优势。在清代与法律有关的碑文中，既可看到《大清律例》、皇帝钦颁圣旨、各部则例等正式法的细节，更可看到乡规民约、宗法族规、行业规则、寺观规范、书院规约等非正式法的全貌。就碑刻史料而言，在清代以前，乡规民约、宗法族规等非正式法占有较大的比重；而在清代，行业规则等非正式法的数量后来居上，增速明显①。这与清代工商会馆的快速发展不无关系。

第一节　清代工商行业规范的形成基础

　　会馆指旧时同乡或同业者在京城、省城或大商埠设立的机构。会馆最初

---

　　① 　截止到2010年，笔者收集到的明代法律碑刻约350份，其中工商碑刻不足20份，比例不到十分之一；在清代约2400份法律碑刻中，工商碑刻为540余份，已占22.5%。在清代工商碑刻中，仅涉及工商会馆和行业规则的碑文有245份，本书主要以这部分碑文为论述依据。

设立时是为士子服务。明代《帝京景物略》载："尝考会馆之设于都中，古未有也，始嘉、隆间……用建会馆，士绅是主。"①而会馆之名的来历，也与会试有关。"京师之有会馆，肇自有明，其始专为便于公车而设，为士子会试之用，故称会馆。"②也即会馆这种新兴的社会组织机构是在明嘉靖、隆庆年间（1522—1572），率先出现于京城，创建的目的主要是为各地到京应试的士子服务。到万历年间（1573—1619），这种以士子、官宦为服务主体的地缘性社会组织，在繁华城市中开始被工商业者所仿效。在清代的工商会馆碑文中，便有不少追溯明代兴建工商会馆之事的记载，如雍正七年（1729）《建广业堂碑记》载有苏州"岭南会馆之建，始于有明万历年间，至康熙丙午岁，廓而新之"③的文字，乾隆四十九年（1784）苏州《潮州会馆记》中有"我潮州会馆，前代创于金陵，国初始建于苏郡北濠"④的记录。从碑文中，还可以看出工商会馆初创时既受士子会馆的影响，同时也有别于士子会馆的建立初衷。嘉庆二年（1797）《新置盂县锡铸行六字号公局碑记》载："京师为四方士民辐辏之地，凡公车北上与谒选者，类皆建会馆以资憩息；而商贾之业同术设公局以会酌事谊者，亦所在多有。"⑤此碑点明京城中的士子会馆是"以资憩息"，即偏重于寄寓休息；工商会馆为"会酌事谊"，即会聚商讨行业内的事宜。北京《东元宁缎行会馆碑》也记述了工商会馆与士子会馆的不同功用："会馆东西，原设有两所。西馆为公车住宿之所，东馆为缎行酬神议事之所。"⑥北京《四明会馆碑记》记述会馆前身"旧名鄞县会馆"，"相传为明时吾郡同乡之操药材业者集资建造，以为死亡停枢及春秋祭祀之所"⑦，也反映出此会馆系同乡同业者集资购建，以满足同仁祀神和互助的需求。

　　对于客籍异地的工商业者来说，崇奉乡土神和行业神是提升同乡同业者凝聚力和归属感的重要手段。上述碑文反映出，工商会馆在创建伊始，便具有鲜

---

　　①　〔明〕刘侗、〔明〕于奕正：《帝京景物略》卷4《嵇山会馆唐大士像》，北京古籍出版社1963年版，第167页。

　　②　李景铭：《闽中会馆志》卷首"程树德序"，1943年。

　　③　《江苏省明清以来碑刻资料选集》，第338页。

　　④　《江苏省明清以来碑刻资料选集》，第340页。

　　⑤　李华编：《明清以来北京工商会馆碑刻选编》，文物出版社1980年版，第89页。

　　⑥　《明清以来北京工商会馆碑刻选编》，第90页。

　　⑦　《明清以来北京工商会馆碑刻选编》，第97页。

明的务实性,同时也在集资兴建公产公业,以及酬神议事、扶助同业等方面,为行业自治的实施积累着经验。

从现存碑刻史料看,明末出现的工商会馆,数量远不如士子会馆,且规模有限,行业规范粗简,一些约束性的规定也多局限于联谊、祀神等内容。这种状况一直持续到清初的康熙和雍正年间,才渐有改观。

清初政权稳固和"优恤商民"政策的推行,为工商业的发展提供了良好的环境。在繁华都市中,异籍工商业者酬神议事的要求渐多,场所之需日显紧迫。道光年间刻立的《新建布行公所碑记》追溯往昔的情况道:"每逢圣诞日期,合行咸集拈香,商议公事,第无公所,偶遇风雨,便有不至;即至,亦露处天井中,殊失昭诚敬而妥神明之道也。"①而会馆的建立,正可满足从业者"汇乡井于一堂,永朝永夕而敦桑梓之好"②以及"祀神灵"的精神归属需求。

清代工商行业自治特征的彰显与当时工商会馆的大规模兴建和迅猛发展是同步的。北京康、雍时期兴建的会馆,如浙江绍兴银号商人所建正乙祠(又名银号会馆)、广东商人所建仙城会馆、山西太平县商人所建太平会馆等,有些已有较完备的行业规章;此时甚至还出现了突破同乡观念的跨地域行业组织,如康熙二十八年(1689)创立的皮箱公会、康熙三十六年(1697)建立的西金行会馆、康熙四十八年(1709)建立的南案、北案糖饼行公所等,使行业规范的适用范围随之增广。乾隆年间(1736—1795)是全国工商会馆兴建的一个高峰期,繁华城市,几乎都可见到工商会馆的身影,南方以苏州最具代表性。"会馆之设,肇于京师,遍及都会,而吴阊为盛。"③乾隆四十二年(1777)苏州《重修东齐会馆碑记》载:"历观大江以南之会馆,鳞次栉比,是惟国家休养生息之泽久而弥厚,故商贾辐辏,物产丰盈,因以毕集于斯也。"④随着此时建立会馆的行业和地区的增广,同业内的凝聚、联合和自治能力明显增强。如北京乾隆十八年(1753)《公建桐油行碑记》记载了规避牙行索取的应对措施;乾隆三十五年(1770)的《建立罩棚碑序》反映出对罚则的重视,"前有行规,人多侵犯。……会馆公议:每勋罚银壹钱,法不容私。恐众不听,□□□□□示久远,永志不朽

---

① 《明清以来北京工商会馆碑刻选编》,第38页。
② 《明清以来北京工商会馆碑刻选编》,第85页。
③ 《明清苏州工商业碑刻集》,第19页。
④ 《明清苏州工商业碑刻集》,第370页。

也"①；乾隆五十四年（1789）兰州《绒行碑记》记述了严禁以次充好、讲求经商声誉的行业规则。许多碑文已反映出，工商行业中的自治、自律规范，已随着工商业的发展而不断充实完善。

值得注意的是，从乾隆朝开始，工商法律碑刻的主题已开始转换。涉及工商业的法律碑刻自明万历年间开始出现后，曾长期以官府颁布的工商禁碑为主。笔者已经搜集到的明末工商禁碑有15份，清初顺治、康熙、雍正时期的工商禁碑分别为10、59、8份。明末清初的工商禁碑以"禁当行"即禁止官吏、衙役、兵丁强迫工商户无偿或低价提供劳役和物资勒索滋扰工商业者的内容所占比例最大，次为禁衙役滋扰、禁垄断把持、禁假冒商标等内容，而且主要集中在江南地区②。笔者所收集到的乾隆年间60余份工商碑刻中，官府颁刻的工商禁碑仍占近二分之一的份额，涉及会馆与行规内容的碑刻虽非主流，但已拥有五分之一的比重，较之以往的零星所见，已渐成气候。自嘉、道开始，工商禁碑已从江南向更广的地区扩散，而在繁华城市，会馆碑刻开始占据主导地位。

至嘉、道年间，工商会馆在繁华都市已成普及态势，工商业成为城市社会生活中不可缺少的一部分，其对城市生活的影响更为明显。据道光十八年（1838）北京《颜料行会馆碑记》载："京师称天下首善地，货行会馆之多，不啻什佰倍于天下各外省；且正阳、崇文、宣武门三门外，货行会馆之多，又不啻什佰倍于京师各门外。"③会馆数量增多之后，会馆产业安全、会馆的正常运转等问题，较以往更受关注。

笔者收集到的嘉庆时期的工商碑刻有42份，涉及会馆产业与行业自治内容的约占三分之一。至道光年间，工商法律碑刻的数目达90余份，反映会馆产业与行业自治内容的碑刻比例也超过二分之一，这意味着相对系统、独立的行业非正式法体系日渐成形。

从工商会馆碑记可以看出，随着工商会馆运作和行业自治经验的积累，此时突破同乡地域界限的行业合作更为普遍，行业组织的建立更强调务实性，并积极应对、解决经商过程中所面临的实际问题。如嘉庆二十二年（1817）《重建

---

① 《江苏省明清以来碑刻资料选集》，第50—51页。

② 参见拙文：《明末清初工商禁碑与地方法律秩序——以江南地区"禁当行碑"为中心》，台湾《法制史研究》第15期（2009），第245—274页。

③ 《清代工商行业碑文集粹》，第28页。

药行公馆碑记》称:"京师商贾云集,贸易药材者,亦水陆舟车,辐辏而止。奈人杂五方,莫相统摄。欲使之萃涣合离,非立会馆不为功。"①道光十五年(1835)北京《颜料行重立行规碑》载:"我颜料行,舍桐油而外,其有利者甚少。惟合号同心协力,价不二三,乃能有益。"②这两方碑刻都体现出同业联盟对从业者生存和发展的重要性。上海《靛业公所碑记》记述了建立同业会馆与行业发展之间相辅相成的关系:"乍浦靛业,莫盛于乾、嘉时。当其草创经营,规模未具,每有垄断竞争之事。幸有负才望者,出而创建鄞江会馆,设规矩,定章程,勒碑示信,主宾咸帖然悦服,市由是兴。其他兰溪、富阳亦莫不各有会馆。虽立法不同,而所以信商垂远,则一也。"③

为谋求同业的共同发展和繁荣,工商业者通过会馆进行自治活动,这种前所未有的组织形态和活动方式也大大推进了城市社会行业规范的发展。正如《京师正阳门外打磨厂临汾乡祠公会碑记》所载:"协力同心,商贾具兴隆之象;向章旧例,规矩循制作之原。"④这是光绪年间会馆碑刻中较为典型的表述。

清晚期,保护会馆产业及重视行规的效用,是此时工商碑刻内容的主流。笔者掌握的同治年间(1862—1874)工商法律碑文约有70份,涉及会馆和行规的有52份,其中公产立案、保护行业善举和禁地棍滋扰的内容所占比重最大;光绪年间(1875—1908)的工商法律碑文约160份,其中保护行业善举的达70份,涉及行规的有42份,仅这两者之和便有110余份。行规碑数目的快速增加,意味着工商行业规范在现实生活中发挥着不可低估的作用。之后的宣统朝(1909—1911)历时较短,14份工商碑刻除延续光绪时期的发展趋势外,行业纷争的内容开始凸显,这预示着工商法律碑刻的主题又将开始新的转换。

---

①　《明清以来北京工商会馆碑刻选编》,第93页。

②　《清代工商行业碑文集粹》,第28页。

③　《清代工商行业碑文集粹》,第78页。

④　《明清以来北京工商会馆碑刻选编》,第88页。

第二节 清代工商行业规范的主要内容

一、会馆公产保全措施与规范

在工商会馆建立之前，虽然工商业者也有行业组织，但因没有固定的活动议事场所，行业组织的共同财产不易积聚。而工商会馆的出现与普及，使行业公产的设立与扩充方便可行。行业公产对同业组织的存在与发展及其自治功能的实现，正如同寺产对于寺观、学田对于学校一样，其重要性不言而喻。

工商行业公产的表现形态有多种，包括不动产如房产、祀产、田业及现金等动产。公产的设立和扩充是基于行业内汇集的公积金，一般有助银、规银、罚银等数种。助银多指捐助款项，如北京玉器行"润古斋玉器铺，倡捐巨款"而修缮长春会馆[1]。另新入行者也要捐助一定的会资，这是清代行业准入的通例。嘉庆二十四年（1819）《苏州如意会重立新规碑》载："凡入吾业者，须出上会银贰拾两零伍钱正入庙注簿存贮，以待修葺庙宇、创建鸠工之费。"[2]规银也称摊捐或提厘等，一般要求从业者按销售比例或公平原则交纳。北京药行嘉庆二十二年（1817）公议规条称："一议，各铺家按生意，每月八毫捐钱。每逢初二，著看馆人取作公费。费用之外，余钱存公。各行每节按行用，捐银五厘存公。一议，各客每年按生意，捐银五十两，于八月二十六日交入公帐，另行出息。"[3]同治年间，上海靛业议定"销售靛货，每件抽提二分，以抵公用"[4]。不过在一些碑文中，助银和规银的划分并不严格，有时甚至是混用，如上海布业为重建议事公所得月楼而捐款集资并刻碑纪事称"计共助规银陆千贰百染拾两玖钱正"[5]。除上述几种款项外，还有公产出租、经营和公积金放息收入等，也均是公款的稳定来源，如上述北京药行规约中将捐银"交入公帐，另行出息"的举措。

集众资建立的会馆、公所属于行业的公有产业，对此无论行业内还是官府，均一致认同。光绪年间的《上海县为祝其公所事务归南庄值年告示碑》

---

[1] 《清代工商行业碑文集粹》，第32页。

[2] 《明清以来苏州社会史碑刻集》，第323页。

[3] 《明清以来北京工商会馆碑刻选集》，第93页。

[4] 《上海碑刻资料选辑》，第370页。

[5] 《上海碑刻资料选辑》，第207页。

载:"公所非一家一号之产,凡有公款不得私动,房所亦不得私自当卖。"①行规中类似的规定不在少数。在同治初年,上海潮州会馆被划为法国租界地时,商人便以会馆 "业为公产,不敢擅卖" 为由维护行业利益,呈请照会谕止,苏松太兵备道为此而专门出具 "为赎回法人强占之地永为潮州会馆产业告示碑"②。不过从实际操作来看,行业公产设立是相对容易的事情,公产确立后所面临的公积金及房产、祠产等的保全和管理使用等问题,却较为复杂。康熙二十二年(1683)北京元宁缎行《建元宁会馆记》碑文载:"古云创始难,守成不易。会兹馆者,切勿忍作私宅,生侵占攘夺之心;亦勿视作公家,起推诿卸事之念。"③这种担心其实正是众多工商会馆建立后所共同面临的一个问题,即如何保证会馆公产的安全运营,以避免业内的以私侵公和外部的借势攘夺。

在工商会馆渐成普及之势的清中期,公产使用管理规则已较为成熟,并成为行业规约的主要内容之一。一般对公产的管理、使用和处置,均由同业者公议决定。最常见的办法是轮流经管公产、公积金或由同行业者议推司年、司月来经管。苏州潮州会馆系由海阳、澄海、潮阳、饶平、惠来、普宁、揭阳七邑商人共建,碑文载其管理方式是 "延请董事经理,三年一更,七邑轮举"④。上海四明公所系嘉庆年间由浙宁商人所建,后又劝募集资办 "长生会","向章分为元、亨、利、贞四柱,公举柱首,按年轮值会事"⑤。上海洋货业振华堂公所为咸丰八年(1858)集资购建,其管理方式经历了由推举董事向同业轮值的转变。开始时 "凡一切公事举董经办。嗣后诸董屡易,或因年力就衰,或系图谋远出,诸如此类,相继递推"。至光绪三年(1877),"捐项停止,经费支绌,是以写立推据,将公所产物契据银钱账目,一应推归同业自行轮值"。由于公产管理方式涉及同业众人的利益,在作出更改决定后,禀请官府认可也是同业公认的一种稳妥方式,故碑文记载:"惟向来公所事宜悉由董事经办,嗣因推归业等司年轮值,事属更张,兹会同议具规条八则,禀求给示勒石,以垂永久。"⑥

---

① 《上海碑刻资料选辑》,第306页。
② 《上海碑刻资料选辑》,第425—426页。
③ 《清代工商行业碑文集粹》,第53页。
④ 《江苏省明清以来碑刻资料选集》,第340页。
⑤ 《上海碑刻资料选辑》,第266页。
⑥ 《上海碑刻资料选辑》,第355页。

　　在涉及公产管理使用的行业规约中，公平公开是最基本的要求；对于推选出来的会首、董事等公产管理者，规约也多要求他们必须秉公办事。光绪十六年(1890)上海旧花业公议章程对司年的选任、职责等作出规定："每逢正月十二日，于同业中择殷实可靠者，拈阄充当。公所房租即归司年经存，以备葺造房屋之用。除正用开销外，不得丝毫染指挪借。一切帐目，四季榜示公所，务须条分缕晰，以昭大信。如有私弊，察出公同议罚。"碑文中"殷实可靠"是对司年人品的限定；"拈阄"的方式可避免人情关系或人为操作，使机会均等；账目"四季榜示"使公产收支公开透明，便于同行的监督。对于"私弊"，行规中还有专门的补充解释："充当司年，如有擅将公款暗济私囊，或冒开费用，以致帐目不符者，察出公同理斥。以后不得临当司年，以重公项而端人品。"①北京玉行规约对会首和值年也有相应的约束规则："会首办理各项公事，倘有徇私，同行人知觉者，即行更换。"为避免行业公产被少数人把持，该行规特别列出亲属避嫌的规定："本行各值年会首，原以公正老成素望之人办理馆事。无论该会首等子孙如何贤能，不得接替承办馆事，切记切记。"由于会首、值年等是为众人服务的公益性职务，在行业自我管理体制内，出任这些职务既是一种权利，更是一种义务甚或是荣誉，是行业公信力的代表，所以行规中的处罚规定，对会首要较一般会众为重："每逢祀神届期，必须虔诚恭敬，大众等不得任意嬉笑。违者罚香百束，会首等犯之，罚香加倍。"②

　　契据是公产的重要凭证，行业规约对契据保全措施一般会有特别交待。苏州《潮州会馆碑记》载："一应存馆契据，递交董事收执。先后更替，照簿点交，永为定例。"③北京《正乙祠新议条规碑》规定："馆内所有存贮契据，以每年五月十三日交替正副司事时，并各号公同查验明晰。当面封固画押，交馆内董事敬谨看守。……以后每年更换正副司事交代时，公同按年验收。如有缺少，惟董事之人是问。"④北京《颜料行会馆碑记》也强调"将会馆房数地界，开写清单，复照例在于大兴县过契，封藏值年处公笥中，作为轮流交代之物"⑤。

<hr>

①　《清代工商行业碑文集粹》，第71页。
②　《清代工商行业碑文集粹》，第32—33页。
③　《江苏省明清以来碑刻资料选集》，第340页。
④　《清代工商行业碑文集粹》，第42页。
⑤　《清代工商行业碑文集粹》，第29页。

对于公产契券保全,不少会馆还会采用勒石备案的方式。根据《大清律例·户律》"盗卖田宅第六条例文"规定:"凡子孙盗卖祖遗祀产⋯⋯,其祠产义田令勒石报官,或族党自立议单公据,方准按例治罪。"①对于行业公产,将契券备案勒石并由官府出具示禁保护碑,不仅符合法律规定,而且也是防止公产流失最有力度的保全方式。苏州潮州会馆在乾隆四十九年(1784)将自康熙年间始"前后置买祀产,一概详镌于石,以当契据"。对勒石备案的原因,碑文交待系因"商民偶聚萍踪,往来无定,诚恐印契历久朽烂,且或流传失落,难保无失管被占情事",特于嘉庆九年(1804)向上海县正堂呈请将契买市房以充祭业准予备案②。上海江西会馆在道光二十一年(1841)建立时呈请上海县为会馆房产勒石立案的理由是"生等均在客旅,未便私执公据,理合陈请正堂大老爷台下,恩赐饬房立案,永远备存,以杜后无更变之虞"③。18年后,江西会馆又再次向官府请求将房田勒石立案:"思维创始之艰难,尤虑守成之匪易,将来事经众手,时阅多年,诚恐契据失凭,占侵不免,谨将原契底簿存案,求赐给示,勒石久远。"④而官府对工商行业提出的保护公产请求,也多给予支持。对潮州会馆的呈请,上海县正堂公开支持,并宣布:"除将据呈印契、照单核明造册、用印备案外,合行给谕勒示。为此示谕□□会馆董事粮户人等知悉:嗣后永准成规,恪守祭业。如能再有营积,契买市房,以充祭业,仍仰赴县呈明造册备案。倘或失管被占,以及不肖盗卖情事,许即指名禀侯□□□宜凛遵毋违!特示。"⑤其他公产立案告示碑的内容,也与此大同小异。

就公产安全而言,虽然有公议管理规定和呈请官府勒石立案的双重保护措施,但公产盗卖事件仍时有发生。清中期以后的工商碑刻有一个鲜明特点,即行规修订碑与请求官府立案保护会馆产业的示禁碑呈同时快速增长的态势,而这又与行业准入制的宽松、同业人员地缘关系淡化及行业规范约束力减弱等因素有一定关联。道光十一年(1831)《上海县为泉漳会馆地产不准盗卖告示碑》便是官府据同业者的请求而颁刻。碑文载:"惟历年久远,经理馆务之人纷纷更

---

① 《大清律例通考校注》卷9《户律·田宅》,第433页。
② 《上海碑刻资料选辑》,第249页。
③ 《上海碑刻资料选辑》,第335页。
④ 《上海碑刻资料选辑》,第345页。
⑤ 《上海碑刻资料选辑》,第249页。

易,遂致所置业产各契全行散失,所存何处,无从追溯。现在泉、漳两郡来上贸易人数众多,良莠不齐,难保无从中觊觎,藏匿原契,私行盗卖情弊,不可不预为防范。今公议将会馆所置房屋田地,查照底簿照录清册,呈案备考。理合会同两郡客帮联名呈乞,俯念福建泉漳会馆业产,各契散失无存,叩赐给示勒石,永为会馆香火公产,不准盗卖,一概作为废纸。不得借词争执,以杜后患。"[①]

值得注意的是,与清初刻立于州府官衙的工商禁碑不同的是,清中晚期官府出具的公产保护示禁碑多立于同业会馆或公所,这种做法无疑使公产权属和法律效力更明确,针对性也更强。当然这种做法也并非是工商业者的独创,在同具公产性质的族产、义庄、寺产、学田等的保护管理中,可看到类似的情形。

二、行业准入与自律自治规约

从碑文看,工商行业准入的标准在清中期主要是向行业组织交纳一定的费用,提供担保人,并以一定方式让同行周知。如道光十五年(1835)北京靛行公议规条称:"有新开深缸者,来馆内挂号入行,银六十两整。有新开浅绸缸者,来馆内挂号入行,银叁十两整。有改字号者,来馆内挂号入行,银十五两整。有深浅绸缸改字号者,来馆内挂号入行,银拾五两整。"[②]光绪十六年(1890)上海旧花业公议章程规定:"闭歇改业或兼业及不入行者,一概不准干预公所事宜。"[③]

在清晚期,随着工商从业人员的增多,行业间的竞争力明显加大。为了避免同行间的无序竞争,有些行业还议定了开业的限制措施。光绪三十年(1904)《典业公所公议章程十则碑》规定:"上海典铺星罗棋布,已遍城乡。倘再有新创之典,必须同业集议,基址离老典左右前后一百间外,方可互相具保。以营造尺一丈四尺为一间,一百四十丈为一百间。如在一百四十丈以内,非但同业不能具保,须要联名禀官禁止。""如有违章续开质铺情事,应由附近当铺通知司年,同业公同禀官押闭,不能徇隐。"[④]另清末不少行规碑对学徒出师立业也有一些限制性的规定。

---

① 《清代工商行业碑文集粹》,第91页。
② 《清代工商行业碑文集粹》,第18页。
③ 《清代工商行业碑文集粹》,第71页。
④ 《清代工商行业碑文集粹》,第89—90页。

　　行业自律规范是行业准入标准的延续,同时也是行业组织维系的必要保证。行业自律主要依据同业人员约定及习惯形成,目的是为同业者的经营活动创造良好的内外部环境。自律规范的主要内容,涉及维护行业信誉、保障公平买卖、严禁缺斤短两、严禁偷逃税款等。北京《新立皮行碑记》中有严禁购买同行失窃货物(实即制止倒买倒卖同行的货物)的行业规则。碑文规定:"有行中见贼偷盗去生熟皮章货物,本行人不准买。如有买者,公议量力罚款。不依规矩者,公举伊贼同谋。""有看见本行人买贼偷、失丢皮章货物,于行中会馆总管言明。会中送银二两,做为薪水。"①规范既禁止购买盗赃,同时奖励举报盗贼、协助查找失窃物品之人,奖惩并重,是较为典型的行业内部自律规范。

　　金银、珠宝、玉器业的行规讲究以诚信为本,严禁假冒伪劣。光绪三十二年(1906)苏州《银楼业安怀公所议定简章》规定:"如有以低货假冒,或影射他家牌号,混蒙销售易兑者,最足诬坏名誉,扰害营谋。一经查悉,轻则酌罚,重则禀官请究。"②

　　如果说行业自律规范多出于维护行业信誉的责任感,那么行业自治规范更偏向于创造或改善内外经营环境,这些都体现了工商业者较为灵活和务实的传统。这一特色也决定了行业规范在稳定性和持久性上不如家法族规。有的会馆会针对情况的变化,一立再立行业规范。如《正乙祠公议条规碑》立于康熙六十年(1721)七月,雍正十一年(1733)五月重新制定,道光二十七年(1847)六月又有《正乙祠新议条规碑》。嘉庆二十四年(1819)《苏州如意会重立新规碑》对更定行规的缘由解释道:"盖闻工艺虽多,必当立规谨守。行业甚广,自然定例恪遵。吾如意会虽则向有旧规,前因日久废弛,条例紊乱,于乾隆二年奉织造部堂海刊碑定例。今又年远,仍复不遵规例,恐蹈前辙之弊,不得不整立规条。今又嘉庆丁丑年,重整新规。"③文中所提到的"日久废弛"并不仅见于工商行业规约,在官府颁刻的诸如禁当官、禁衙役滋扰、禁垄断把持、禁假冒商标等工商禁碑中,也不断提到"日久禁弛"而致重新立碑之事。又如同治十年(1871)《上海县为油麻业遵照公议定章加银告示碑》讲到"油麻一业,咸丰六年以前未立

---

　　①　《清代工商行业碑文集粹》,第24页。

　　②　《清代工商行业碑文集粹》,第117页。

　　③　《明清以来苏州社会史碑刻集》,第323页。

行规，并无司事"，其原因是"因店业常稀，生意未广"。至同治初年，"店业渐增，生意渐广，公事渐繁"①，建立公所、议立行规便成为迫切之事。

行业内对工匠和徒工工资的约定，也属于行业自治的内容，不过这些规范经常受整个社会环境的左右。有的行业便因物价上涨等原因而屡次更订规约，如北京木瓦作行于同治、光绪和宣统年间刻立的《精忠庙鲁班殿碑》，均记载了调整工价的约定。同治元年（1862）碑载："年迈会首，持行公议，挣铜制钱工饭四百五十文。时在咸丰五年，阖行公议，挣铜制钱工饭五百文。业经挣妥为例，决无更改。"然而到光绪三年（1877）四月，"因米粮腾贵，钱法不齐，弃工改业者不一而足。……公同议定，拟增工饭钱二吊四百文"。至光绪三十四年（1909），"因粮价高腾，工价不敷用度，目击改业者不少，当经公议，增长每匠工饭钱四吊六百文"。到宣统三年（1911），又议定每匠"增工饭钱五吊七百文，藉资糊口"②。尽管每次改定后均勒石于鲁班殿，并"冀垂久远"，但仍不得不随形势变化而进行合理调整。

三、同业互助救济与应急救援规范

同业互助、救济危难的功能，是工商会馆、公所在清代得以大行其道的重要原因。共谋福利，照顾客居异地的孤寡老人，购置义冢墓地妥善安葬客死异地的同乡商友，举办各种救灾捐款义举，以至设立义学或资助品学兼优的商人子弟升学等，这种种举措与"福利"，都使工商会馆对生活于异乡的同业者具有强大的诱惑力和凝聚力。而客籍他乡谋生的艰难，也使得具有地域乡情特色的会馆公所，成为背井离乡的手工业者及商人们依重的一把颇具温情色彩的保护伞。道光二十五年（1845）《长洲县示谕保护水炉公所碑》载："缘异乡投苏帮伙甚多，适有疾病身故，以及患病无力医调者，亦复不少。身等店业资本微细，毫无移措，目睹伤心。前经同业吴培基等公议捐资设立公所，以备棺殓之费，并设义冢，俾可葬埋，得免尸骸暴露。如有亲族在苏，将棺领回，其盘费一切，悉由公所给发。"③此碑系在苏州以水灶为业、原籍溧水等州县的同业者专门为客死

---

① 《清代工商行业碑文集粹》，第75页。
② 《清代工商行业碑文集粹》，第7—11页。
③ 《明清以来苏州社会史碑刻集》，第306—307页。

商旅资助丧葬费用的规范,并得到官府的认可。

义冢墓地属于行业公产,一般由同业者捐助的公积金购置。在义冢安葬客死同业商人,在业内看来是一种互助互济的形式,从官方和社会的角度看,则是一种善举。苏州碑刻博物馆藏有不少善举碑,有助于我们了解清代行业内互助救济体制的内幕。道光二十四年(1844)《吴江县示禁保护胡寿康等善举碑》系为表彰且保护胡寿康等"慕义设局,捐济同业"之善举而刻立:"职监胡寿康等经置房屋作为公局,捐厘助济绸业中失业贫苦、身后无备及异籍不能回乡,捐资助棺、酌给盘费、置地设冢等善事,自当永远恪遵。如有地匪人等藉端滋扰,以及年轻尚可有为不应周恤之人,妄思资助,向局混索,许即指名禀候拿究。地保徇纵,察出并惩。"①碑文记载监生胡寿康等人以捐资捐厘等方式成立公局,设立公益金,用以救助有危难的贫弱商贾,同业互助救济的用意十分明白。碑文中的官方禁示语言,也表明行业互助的举措得到官方的保驾护航。

清代工商业善举碑尤以同治、光绪年间为数最多,仅苏州即有同治九年(1870)《苏州府示谕保护裘业楚宝堂公所善举碑》、同治十一年(1872)《苏州府示禁保护绚章公所善举碑》、同治十三年(1874)《苏州府示谕保护麻油业聚善堂善举碑》、光绪十五年(1889)《吴县示禁保护琢玉业宝珠公所黄祝山善举碑》、光绪十七年(1891)《长洲县示禁保护衣业云章公所善举碑》和《元和县示谕保护牛王庙粉业公所善举碑》、光绪二十年(1894)《吴长元三县示禁保护漆作业善举碑》、光绪二十一年(1895)《长洲县示禁保护茧绸业敦仁堂公所善举碑》、光绪二十八年(1902)《苏州府示谕保护面业公所善举碑》、光绪三十三年(1907)《吴长元三县示谕保护水木作梓义公所善举碑》等。这类碑刻数目的增多,较集中地反映出人数日多的工商从业者所面临的较为普遍的社会保障危机问题,亦较为突出地反映了同行同业自行创设业内救助保障体制的紧迫性。如碑文所记:皮货"同业伙友,年老失业以及故后寡孤无靠者甚多"②;朱腊硾笺纸业"帮伙类多异乡人氏,或年老患病,无资医药,无所栖止;或身后棺殓无备,寄厝无地"③;溧水、绍兴等籍的麻油业者,"同业帮伙以及挑担之辈,俱系

---

① 《明清以来苏州社会史碑刻集》,第298页。
② 《明清以来苏州社会史碑刻集》,第304页。
③ 《明清以来苏州社会史碑刻集》,第325页。

贫苦孑身,年迈力衰,有病无力,谋糊又乏栖止,情实可悯"①;等等。而工商行业组织主动承担起对同乡同业弱势群体的助葬、养老、扶贫、解困等社会责任,无形中减轻了官府的压力。众多善举碑的存世,说明官府特别认同并支持这种同业互助的救济机制,并设法保护其正常运作。同治十三年(1874)《苏州府示谕保护麻油业聚善堂善举碑》便寄托着官府的期望:"黄廷熊等会集同业,凑资置买吴邑护龙街任姓房地起造房屋,作为办善公所,系周恤同业起见。凡帮伙老病,送入公所医药。设遇病故,给棺埋葬,待属领归,量给路费,事属义举。务各遵守旧章,妥为经理,勿稍懈弛。"②光绪十七年(1891)《元和县示谕保护牛王庙粉业公所善举碑》强调的是官府权力的介入和支撑:"自示之后,如有脚夫、地棍勾串游兵散勇,乘间滋扰,窃料妨工,以及藉端把持,阻碍善举情事,许即指名禀县,以凭提究。地保徇庇,察出并惩。"③

行业自治组织承担起危难救助之类的社会责任,对行业发展和社会稳定,可谓一举两得,无怪乎工商行业内部和地方官府都非常重视。光绪十一年(1885)北京《老羊皮会馆碑》更是道出了工商行业内设立互助救难机制的社会原因:"光绪八年正月间,有无赖匪徒,在京都皮局门口讹诈钱文若干。因此公议,积钱立会。又有行中无依之人,恐伊因贫为匪,每局出钱若干不等。俟钱文积足,今买地修庙修房屋。如行中有无依靠好人,令伊居住,并有周济,庶不致因贫为匪。行内有不法之人,即行公举。事出情愿,各无含糊。"④碑文体现了北京羊皮业商行内部的失业救济规范:同业者捐资设立公益金,买房购地,用以救济失业同行,使其有居所及最低生活费,以防其因贫困失业堕入犯罪。

清代工商行业会馆从创建之初的互助救济以增进同业者的凝聚力,到会馆普及之后主动担负起周恤同业老弱贫病的善举,这一过程不仅反映了工商行业势力的壮大和社会影响力的提高,同时也是清代社会救济方式多元化的一个注解。

此外,工商行业内议定的应急性救援规范,也是审视行业凝聚力强弱和其社会影响力大小的一把标尺。

---

① 《明清以来苏州社会史碑刻集》,第294页。
② 《明清以来苏州社会史碑刻集》,第295页。
③ 《明清以来苏州社会史碑刻集》,第287页。
④ 《清代工商行业碑文集粹》,第20—21页。

　　行业互助救济是使业内人员贫弱病死各有所安,而行业应急救援特指行业内人员因受到外部侵扰而使同业采取联合应对的做法。因涉及行业整体利益,对"联动"行为的设定相对谨慎并强调公私分辨。康熙六十年(1721)北京《正乙祠公议条规》称:"人有患难,理宜相恤,事逢横逆,更当相扶,庶不负公建斯祠之盛举耳。今公议,自作召祸,及不入斯会者,不在议内。如有忠厚之人,横遭飞灾,同行相助。知单传到,即刻亲来,各怀公愤相救,虽冒危险不辞,始全行友解患扶危之谊。嗣议之后,知传不到,逢险退避者,罚银十两。"①由碑文可知,应急性救援的对象是入会者和忠厚之人,游手好闲、品行不端或自行作恶招灾惹祸者,不得享受救助。

　　碑文中较为常见的行业应急救援事项包括行业整体或个体受到衙役、牙行、外行、棍匪等的侵犯及牵涉讼案等事。光绪三年(1877)《炉圣庵碑》记载了在北京营生的铅锡铜行商贩等以集体罢工的方式联合抵制牙行之事。碑文载:"假公令以济私图,法难姑贷。我铅锡铜行商贩人等,在京交易者不啻千万,向来购买铜觔,只在崇文门外税务司处纳税,除到税务司纳税外,并无吏胥扰累、牙税抽用。"但光绪二年(1876)正月间,"突有宝丰大炉厂单锡朋,攒买牙帖,冒充经纪,添设重税"。正当同行商议时,"督粮厂陈公出示晓谕,令铅锡铜觔,一体纳用。传闻之下,众志惊惶。致都中铜局,一概闭门歇业,数月有余"。山西商人牛银林激于公愤,呈控都察院,最终以商贩提议的"单锡朋将牙帖缴销,我行一律开门"的方式了结讼案②。另一碑文记载,在北京从事纸张、干果等营生的山西商人在光绪八年(1882)十二月和光绪九年(1883)四月间,分别在宛平县和大兴县与牙行争讼对控。经过两次讼案,反而使同业的凝聚力更强,山西临汾乡祠公会为此共同议定:"自今以往,倘牙行再生事端,或崇文门税务另行讹诈,除私事不理外,凡涉同行公事,一行出首,众行俱宜帮助资力,不可藉端推诿,致失和气。"③

　　从上述碑文不难看出,在商贾云集的京师和各大商埠,牙行、税务敲诈勒索商贾的现象较为突出,而牙行、税务等与官府的势力错综纠结,工商业者仅凭一己之力或个别联合难以应对，只有同业联合应急救援，并以罢工、呈控官府等较为偏激或积极的方式，才能最大程度保护行业利益。

清末民初，随着中外交涉增加、洋货入侵步伐加快以及国人商战意识的觉醒，行业应急救援的内容和方式又有所更新，并成为工商行业规范中最富活力和行业特色的内容。

第三节 清代工商行业规范的特色

前述内容偏重于梳理清代行业规范与清代工商业发展和工商会馆兴起壮大的伴生关系，以及工商行业规范的内容和运作。工商会馆在清代的逐步发展，从而使各地工商业者以会馆、公所为依托，逐渐确立了有固定的资产、经费和管理规则并受官府承认和保护的工商业组织形态。这种工商会馆体制的建立和普及，不仅为工商业者之间及工商业者与社会发展之间的互动提供了较为稳定的条件，同时也为工商行业规范的产生提供了沃土。就某一行业的具体规范而言，都能体现出一定的行业特色、地域特色和时代特色。但论及工商行业规范的整体特征，则需要从其制定程序，从其与国家法律的关系及其罚则与效力等角度来把握。

从制定过程来看，清代工商行业规范具有公议性、公开性及程序合法性等特征。公议性指规范内容的形成，需经过公众的讨论，并尽可能代表更多行业帮派的利益。为保证公议行业规范的效力，一般还要经过向官府呈请备案等过程，并刻碑公示。道光七年（1827）《上海县为商行船集议关山东各口贸易规条告示碑》系西帮、胶帮、登帮、文莱帮、诸城帮商人及税行共同议定后呈禀官府，松江府上海县正堂特批示："遵照后开所议规条，刊勒石碑，竖立萃秀堂，永远遵守毋违! 须至碑者。"[1] 刻于同治七年（1868）的《上海县为水木业重整旧规各匠按工抽厘谕示碑》也交待之所以要"重整旧规"，是因为以往的规章多系"沪匠商议"，"江浙各帮，未经会议，并前章程尚有未备，即宪示规条，亦未刊定，致众观望"，故江浙各帮集议"重整旧规"，并呈请官府备案示谕[2]。光绪

---

① 《上海碑刻资料选辑》，第72—73页。

② 《上海碑刻资料选辑》，第30—310页。

十八年（1892）《上海县为乌木公所重整旧规谕示碑》也同样强调行规的公开性和官府给予核准的合法性："沪地五方杂处，深恐游手好闲以及棍徒滋扰，呈明旧所遗规，环叩恩施给示勒石，俾垂久远。"①

就行业规范与国家法律的关系角度看，清代工商碑文可反映出行业自治与行业守法的兼容并重，甚或有以国家和地方法规效力优先、行业规范作为补充的特色。乾隆三十五年（1770）北京河东烟行所立碑记规定："前有行规，人多侵犯。今郭局同立官秤一杆，准斤拾陆两。凡五路烟包进京，皆按斤数交纳税银，每百斤过税银肆钱陆分。□□轻重，各循规格，不可额外多加斤两。苟不确遵，即系犯法，官罚银不算。会馆公议，每罚银壹钱，法不容私。恐众不听，勒碑□□□示久远，永志不朽。"②这一碑文便体现出国家度量衡标准、纳税标准与行业自律规范和处罚措施兼容互补的工商行业规范的特色。

不少碑文也能体现出行业从业者对有关赋税、度量衡、市廛等方面的国家法律法规的熟悉和遵从。光绪三十年（1904）《典业公所公议章程十则碑》规定："宪颁通行定章，收当货件，按月二分起息。连闰十六月，宽限两月，以十八月为满，各同业务皆遵守。如有私自改章，查出公同议罚。""收当物件，照部例原系值十当五，省颁新章金银七八成收当。沪市向来金银首饰早经值十当八，与新章已无不合。即衣件亦照售价值十当八居多。此原因质押林立，此弃彼取，不得已而至此。然当价过昂，实属血资有碍。嗣后同业收当，总以值十当八为率。其有自愿贱当者，不在此例。"此碑文中提到宪颁通行定章、部例、省颁新章的规定在行业领域中的优先法律效力。涉及中外交涉，行规碑同样会强调遵守租界章程和相关成案："租界以外各典，专守本榜章程；租界以内各典，兼守工部局租界章程。查工部局定章，凡专为洋人所用物件，不得收当。有违章程，事觉到官，除所用讼费同业概不与闻外，从严议罚，以充公所经费。再：钟表等物，虽非专为洋人所用，但租界各典，前已有案，概不收当。嗣后仍宜凛遵。"③

除程序、内容强调合法守法之外，其自身具备的罚则也是行业规范在现实生活中具有法律效力的保证。行业规范中的罚则具有公开性和差异性的特色。

---

① 《清代工商行业碑文集粹》，第62页。
② 《清代工商行业碑文集粹》，第49页。
③ 《清代工商行业碑文集粹》，第89—90页。

公开性是指处罚行为和标准事先公开,同业人员如有违反行规行为,由董事或会首召集同行按行规议罚。具体处罚方式多种多样,但大多是经济处罚。以罚款为例,数额不一,从"罚钱二吊"到"罚银千两入公"不等。也有罚办酒席、罚请唱戏乃至体罚等。碑文中所见处罚方式,多是几种并用。当然在行业组织中,最严重的处罚是开除行籍。北京《正乙祠公议条规》即规定:"吾行智能技艺,非朝夕之工。自幼离乡背井,并来京贸易。各宜存恤体面,以保身家。诚恐不肖之徒,非义图利,不循本分营谋,身干法纪,辱及同行。此等甚为可恶。吾辈务要留心查访,察出真迹,会同本行,鸣鼓立逐,切勿容隐,以坏行中颜面也。"①北京猪行在道光年间议定的行规是"自议之后,如有半途废弛,不遵公议者,公中不准其生理"②。

就行业规范的效力或权威性而言,清代会馆碑刻也反映出工商业者从精神信仰共同体向世俗利益共同体转变的发展趋势。

在清代前中期,行业规范更多是借助行业神的护持效力。清代工商会馆建立最主要的目的是酬神议事,也即通过会馆,众同乡同业者汇集在一起,祀神、议事、叙乡情,以增进同乡同业者的凝聚力和竞争力。北京正乙祠为浙江绍兴籍银号商人集资修建的会馆,因供奉正一元帅(也称"正乙",即财神、赵公元帅)而得名。同治四年(1865)所立《重修正乙祠碑记》记述正乙祠"始于康熙六年,浙人懋迁于京都者创祀之,以奉神明,立商约,联乡谊,助游燕也"③。奉神明是联乡谊的一种重要措施,甚至也是许多工商会馆设立的首要目标;而立商约,更是奉神明、联乡谊的必要保证。康熙六十年(1721)《正乙祠公议条规》规定:"公建斯祠,乃吾敬神之地,非庄园宴会之所也。……妇女不得在堂上起坐饮宴,恐慢神渎圣也。"④而北京猪行在道光年间议定的入行规则是要献戏娱神娱众:"新开猪店者,在财神圣前献戏一天,设筵请客,同行之人方许上市生理。"⑤在行业规范的罚则中,罚戏也是一种娱神娱众的方法,甚至还有在神前跪叩等的处罚。北京《靛行规约》即载明:"如犯罚约者,在行馆神前跪叩,高

---

① 《清代工商行业碑文集粹》,第36页。
② 《清代工商行业碑文集粹》,第34页。
③ 《清代工商行业碑文集粹》,第44页。
④ 《清代工商行业碑文集粹》,第36页。
⑤ 《清代工商行业碑文集粹》,第34页。

香一封,罚钱九十千文,以备办酒席三桌公用;罚戏一天,请开行大家在戏园恭候。罚香银廿五两,存行馆以备祀神、修理行馆使用。"①北京《颜料行重立行规碑》也借助神灵的名义而以警告同行:"吹胞装油,亦必谨循行规。倘任意少价,巧弄机售,一经查知,合行定然议罚不恕,诸神鉴察。"②

在清中后期尤其是光绪朝,在行业规范中神灵力量淡化的同时,是世俗力量尤其是官府力量的凸显,公商会馆公产的保全,以及行业规范的效力,甚至行业纠纷的裁决,更需借助现实中的权威。而最易于将工商会馆与官府连在一起,也即将行业举措转化为被官方认可的社会举措的方式,便是行业救助的善举,这也是善举碑在晚清时迅猛增加的重要原因。不少工商会馆便借兴办善举的名义保护行业公产,防患于未然。如光绪九年(1883)《吴长元三县示禁保护重设面业公所碑》是为保障会馆建筑施工的正常进行而刻立;光绪十年(1884)《上海县为洋货公所振华堂议立规条告示碑》是防止有人侵占挪用会馆,防止会馆用具外借流失而刻立。行业约束加上官府的后盾,是工商业者为保护同业公产所能设想的最有效的办法,故标明"奉宪示禁"及"同业公立"双重名义的工商碑刻比比皆是。

苏州碑刻博物馆存有三块内容相似的碑刻,均是官府为保护苏州玉器业祀产——周宣灵王庙而刻立的示禁碑。嘉庆十三年(1808)《吴县示禁保护玉器业祀产碑》刻载因庙产不敷祭祀,"徐承德等承买雷春熙房屋,听凭归入周宣灵王庙"的祀产增扩情事。徐承德等在呈词中强调"为敬神起见,未便立契专执,恐滋弊端,故仍将雷春熙所置原契换归,即于契后令雷春熙添载绝卖,永为庙产……谨将契据存案注销,并求给示,勒石庙旁,以昭久远,庶修葺有赖,祭祀无亏。叩念敬神善举,恩准销契存案,给示勒石",吴县正堂表示认可,并特颁示禁碑规定:"如有地匪棍徒藉端阻挠,以及冒称原主,希图滋扰;或有人捏以废契盗卖者,许即随时禀县,以凭拿究。俱各凛遵勿违。□□。须至碑者。"

15年之后,官府又再为同一事情而接连颁刻两碑。道光三年(1823)《吴县为周宣灵王庙产印契立案保护碑》载明全市同业捐资"银一百六十两,置得戈牧云绝卖北正二图周王庙弄内朝西门面出入,计上下楼房六间三披,书立绝契,

---

①　《清代工商行业碑文集粹》,第19页。
②　《清代工商行业碑文集粹》,第28页。

业已循例投税"，亦即宣明庙产再次增加之事，并规定"如有不肖之徒，将房私行盗卖盗押及侵蚀租息情弊，许该司事指名禀县，以凭提究"，即防止庙产被不法之徒侵蚀。同年十一月又颁刻同名碑，再次刻载扩增房产事宜，同样宣称为防"不肖之徒将房私行盗卖、盗押"故刻立碑文①。

　　清代会馆碑中所反映的行业内部解决纠纷的规范或模式，对于了解工商行业规范的特色也有裨益。行规多规定，同业之间发生纠纷一般先在行业内集体协商，凭公断决；不服者可呈控官府。康熙六十年（1721）北京《正乙祠公议条规碑》载："行中有事，必须告请当年会首。若事关重大，实系不公不法，值年会首出知单，传请通行到馆公评。勿得以强欺弱，恃富凌贫。务要公道，使两边输服。倘有挟私党恶、假公左袒，其偏袒之人，罚戏敬神。"②

　　值得注意的是，在清末的工商碑文中，涉及帮派之争的讼案明显增多。北京琉璃厂在乾隆年间已成书市，"四方来京会试之举子暨朝野文人，恒视此为消遣岁月之地。书商获利既丰，辄归功于文昌之保佑，遂建馆祀之，此琉璃厂文昌馆之所由来"。琉璃厂书商以江西籍者居多数，学徒则多为河北人。"每岁至文昌诞辰，同人拈香致敬，而北省人禁不得与，故另建此阁，又名北直书行文昌圣会。"③

　　南方地区的帮派之争，事例更多。光绪十六年（1890）《上海县为旧花业公议章程谕示碑》记载了商人蔡长发等与商号黄懋记等互控争管清芬堂旧花公所之案。几经争控，上海县最后裁断："蔡长发等十一家旧花是其专业，黄懋记等七家旧花是其兼业。清芬堂向为旧花公所，……裴前县原断清芬堂应归专业旧花者经管，最为平允。自应断令将清芬堂仍照向章，归专业旧花者经营。"④这一碑刻反映了不同行会（帮）之间纠纷的解决模式，即在协商不成后向官府诉告；官府主持双方达成和解协议或直接作出裁决后正式刻碑公布。光绪三十四年（1908）《上海县为京帮珠玉业借用苏帮公所贸易告示碑》记载的上海玉器业中南京帮与苏州帮之争纷解决，也体现了这种不同帮派之间纠纷解决的基本模式。

---

①　《清代工商行业碑文集粹》，第531—535页。
②　《清代工商行业碑文集粹》，第35—36页。
③　孙殿起辑：《琉璃厂小志》，北京古籍出版社1982年版，第273、280页。
④　《清代工商行业碑文集粹》，第70—71页。

应该说，清末手工业、工商业者之间纷争的增多是近代中国工商业发展速度加快、行业之间竞争加剧的反映。虽然前文所述的行业自律、同业互助等措施在很大程度上化解了一些社会矛盾和行业纷争。然而随着清末西方资本的涌入、工商业竞争的加剧、社会生活的日趋复杂，以及工商业者参与社会生活程度的提高，传统行业规范的局限性也很快表现出来。清末光绪、宣统年间工商行规碑大量增加，有相当一部分是修订旧规、更定程章，以适应新形势发展的需要。此时的碑文中也常可看到通商情、益商智、讲商战、立商会等紧步时代潮流的文字，如光绪三十二年（1906）《重建沪南钱业公所碑》载“公所之设，所以浚商智、联商情也”[1]，与清前中期工商会馆设立时标榜的祀神灵、立商约、联乡谊的目标，已有较大的不同。在清末“振兴工商”新政推动下，各种地区性和全国性商会组织纷纷建立，各地工商会馆多以团体会员的名义加入地区商会，如北京靴鞋行财神会在“光绪三十一年，会中公议，禀请前清商部郎中，分派行中，择出正副董事八家……有商部凭单为据。随于十一月初十日，即入商务总会矣”[2]。

清末商会的出现，使传统工商业会馆的组织体制及其功能，发生重要改变。虽然此后工商行业规范还在延续，但工商会馆对工商行业规范的创制使命，已经因为新兴商会组织的出现，而宣告结束。

---

[1]　《清代工商行业碑文集粹》，第86页。

[2]　民国三年《靴鞋行财神会碑文》原立北京前门外甘井井胡同28号甲靴鞋行公会，载《明清以来北京工商会馆碑刻选编》，第164—166页。

第七章

信仰·仪式·权威：非正式法的生成路径

　　石刻文献兼具传世文献和出土文献、官方文献和民间文献等多重属性。就数量而言，传世及出土的民间石刻文献远超过官方文献。民间石刻文献中的法律纪事主要表现为乡规民禁、财产处分（施舍、捐赠、遗嘱等）文书、争讼纪事等内容，其中乡规民禁的设立与实施多与祀神等信仰活动掺杂在一起。刻载于碑石上的酬神议事、演戏立碑、罚戏敬神、阴司冥罚、神道设教等文字，尽管内容散漫，但贴近民众，并在现实中形成了一套有效的社会调控手段，非正式法的生成路径与生存智慧也蕴含其中。

第一节　非正式法的原生路径："神授"仪式

　　古代非正式法存在的合理性毋庸置疑。在古人心目中，乡村社会有乡规乡禁，工商行业有行规行禁，被视为是天经地义的事情。这些禁约对于基层社会的必要性，常被类比为律令对于国家的重要性。在清代一些地方的乡规碑中，可反复见到这样的描述："尝闻国有法而乡有规，盖国法明而后善良安，亦乡规立而后盗窃息，是乡规者亦国法之一助也。""朝廷有例条，民间有律法。""周公置礼，孔子造书，官有律条，民有禁约，万物咸兴。"①这些阐发立碑意义的文字

① 《广西少数民族地区石刻碑文集》，第51、156、126页。

无不在强调乡禁对于基层社会秩序稳定的重要性。

然这些乡规民禁是如何产生的?刻载于碑石上的民间禁约有何效能和局限性?下面试简要释之。

一、酬神议事,宁人安神

酬神议事、演戏立约是中国古代非正式法产生的重要途径。美国法学家伯尔曼认为仪式是作为法律与超理性价值联系和沟通的主要方式之一,并认为仪式与传统、权威、普遍性这四种要素提供了一种语境,任何一个社会的法律规则都是在这一语境中被宣示,并且从中获得其合法性①。伯尔曼指出的仪式之于法律生命力的观点,有助于我们认识乡规、族规、行规效力与献戏娱神等仪式之间的关联。

寺庙中的碑刻多记载酬神献戏之事,个别及表面看这些琐碎的仪式性内容与法律关系不大,但如果进行批量性的观察,就会发现酬神献戏乃是非正式法借助神明力量而生成的重要路径之一。

在古代的城镇乡村中,酬神议事的内容多与迎神献戏活动的组织与筹办有关。为使每年的赛会活动能够如期举办,各村社乃至村民必须有所贡献。云南隆阳道光二年(1830)《演戏碑序》记载:为使永昌南岳庙庙会演戏活动持之以恒,众屯商议按各村屯大小殷实集资捐款生息,"递年至三月朔日,按本纳和,以为演戏之资",并将各屯所捐款项勒石以书功垂名。碑中所列村屯名近50个②。

类似的碑刻在山西更为常见。山西长治二贤庄乾隆五十三年(1788)《重修二仙庙碑》记载:

> 三村公议:会社每年三月二十日、七月十五日献戏三天,三村写戏。草料点照,并戏子所用,一切备办。戏价十千为正日,公阅戏约。灯笼三对。一村煮祭徽□三□□祭□□殿两廊灯笼十二对。一村管戏饭,立□在庙并管台二人,十五日鼓乐饭六名。三村写戏,管饭煮祭,周而复始。若有失误者,罚钱二十千

---

① [美]伯尔曼:《法律与宗教》,梁治平译,中国政法大学出版社2003年版,第20—21页。

② 《隆阳碑铭石刻》,第348—349页。

入社。□□□□，补戏三天。①

山西盂县牛村镇南下庄村嘉庆二年（1797）《重修天子庙碑记》记录了众村在祭祀活动中的相应权利和义务。碑文称："厥民迎神赛社，莫不有其常规。"碑文记述在35年前，10余村众曾公议定规："每岁七月十五日献玉皇上帝神戏三天，立定贡献。下庄、谷欠岭、西沟、韩庄、大岭村周流公办，一切能色华费，出在镇内公夥。戏毕各村纠首清账，以为长例。"由于"当日仅有合同，外无凭记，后之人恐合同纸物不能久远，倘有废失，则事迹遂（民）[泯]；又况事出合钱，众口焉能同音，不如勒诸碑石，照例遵行。"②认为将公议合同勒诸碑石，是使敬神献戏规则能长久执行的重要保障。

一般涉及献戏立约的碑文，对相关权利义务的设定较具体明确，以便于执行。山西沁水县南瑶村道光十二年（1832）《致祭诸神圣诞条规》立于该村玉皇庙内，碑文依次将致祭山神土地尊神、高禖神母、玉皇大帝、白龙尊神、龙王尊神、五瘟尊神、河伯尊神、马王牛王尊神、风王尊神、关圣帝君、三蚕圣母等的圣诞日期、奉献内容、资金摊派方式等，逐一列明。如对玉皇大帝的祭奉写明："四月初三日致祭玉皇大帝圣诞，戏三台，猪一口，依地亩摊钱"；"六月十九日至祭玉皇大帝，刀首一斤"。诸神圣帝圣诞日刑牲献戏的摊钱方式，有依烟户、依人口、依地亩及依随神之家等不同③。

有些献戏规约甚至对戏种曲目也有要求，以示敬神活动的庄重。山西蒲县柏山东岳庙乾隆十七年（1752）《昭兹来许碑》记录了因社首违背戏规而增生新的惯例的过程，对了解民间规约的形成途径，颇有价值。碑石全文为：

东山为蒲邑巨观□，其上者为泰岳之神，兴云出雨，灵庇无疆。土人每岁于季春廿八日献乐报赛，相沿已久。嗣因所费无出，久将废坠。爰公募银二百两付之典商，岁生息银三十金，以为献戏之资。至期必聘平郡苏腔，以昭诚敬，以和神人，意至虔也。乾隆八年，夏器等寔首其事，因所托非人，骗银误戏，暂觅

---

① 冯俊杰等编著：《山西戏曲碑刻辑考》，中华书局2002年版，第14页。
② 《三晋石刻大全·阳泉市盂县卷》，第331页。
③ 《山西戏曲碑刻辑考》"前言"，第15—16页。

本县土戏以应其事。前后搬取戏箱脚价,并定戏献牲等费,约计二十余金,俱系器等首事十人自行备捐。其公项息银有预行支用者,尽数交出未敢稍侵毫厘。社内众纠首及合会人等齐集公议,嗣后有失误神戏者,不得开销公项分文,悉照八年为例。遂将本年余息三十金并本银二百两,置买租产,以垂永久。此买契内所以有二百三十两之价值也。但恐时久例废,有失误神戏仍动公项开销者,器不得已,捐赀数金,会合诸纠首,公议勒石为记。庶神会不至疏误,而人心亦绝争端矣。是为记。

八年为首绅士郭象升、张赟、贺济。

信士王泽、王国璋、王敦、赵朴、曹万玉、景成龙。

石工泰怀耐镌。

邑廪生曹帝器书。

乾隆十七年四月朔日,邑庠生曹夏器捐银二两勒碑志。①

此碑虽刻于乾隆十七年(1752),却述及乾隆八年(1743)因社首即捐资刻碑人曹夏器"所托非人,骗银误戏",而致十社首共同摊赔一事,并以此为例,确定未来献戏规则,即文中所提"有失误神戏者,不得开销公项分文",由责任人自负。乾隆八年失误事虽由曹夏器一人造成,但诸社首也承担连带责任,表明村社酬神献戏等重要事务是由集体商议决定,因此过失责任也共同承担。碑额题"昭兹来许",蕴含前人立规后人遵守之意。结合前述嘉庆二年(1797)《重修天子庙碑记》中"戏毕各村纠首清账,以为长例"、"勒诸碑石,照例遵行",反映了献戏敬神等乡规惯例因事而立的形成途径。

对这些惯例存在的必要性及现实作用,山西高平南村同治十二年(1873)《重修二仙庙碑记》的阐述颇为贴切。碑文称:"未及动工以安神,先立约法以宁人,处事以息讼为尚,罚资则工费有资……夫建庙奉神,立约宁人,虽云人为,而实神感之也。"②碑文不仅赋予村规乡禁以神圣的色彩,同时也将规约与酬神与宁人之间的关系作了恰当的比喻。

---

① 《山西戏曲碑刻辑考》,第395—398页。

② 《高平金石志》,第331页。

二、演戏立碑

为达到酬神议事、立约宁人的目的，城镇乡村等基层社会常举行"演戏立碑"、"告于神庙"等设禁仪式。当然刊于碑石上的内容并不局限于酬神献戏，也涉及社会秩序的维护。山西临猗县耽子乡嘉庆十九年（1814）《孙远村箴铭碑》称：

> 窃闻国以民为本，民以食为天，五谷禾苗生命关焉。是以孙远村禁牧牛羊由来旧矣。但历年演戏立规，过后空疏无据。多有无耻棍徒，呈一己之欲，搏人间之利，昼夜偷取，靡所底止，殊堪痛恨！今合村公议，例载严密，八庄乡约轮流经管。嗣后凡有强梁贼盗，罚不容己。而徇情私议、贪财卖放者，查出更增十倍。如或顽梗难化，送官重究。谨勒石以存后世，永远之计，且示同人。①

碑文显示，在乡村，演戏立规设禁多起一时之效，"过后空疏无据"，约束力不够持久，故需辅之以"勒石"的方式，才更具实效。"勒石"当是"演戏立规"仪式的后续，也是仪式的组成部分。类似的表述也见于山西闻喜县乾隆四十五年（1780）《千秋鉴乡约碑》、广东澄海县光绪二十七年（1901）《遏制奢风告示碑》、福建长泰县乾隆八年（1743）《护林碑》等。

在市镇工商会馆，行业内的"奉神明，立商约"也往往与演戏、吃酒席、刻碑同时并举，是故演戏立碑也成为"奉神明，立商约"的结果性标志。原立于北京西四北大街真武庙内道光二十九年（1849）《猪行公议条规碑》载文：

> 立议碑西城右翼猪市。凡设立猪店者，曾有议规。原议年例，凡我同行之人，每年公□财神献戏一天。新开猪店者，在财神圣前献戏一天，设筵请客，同行之人方许上市生理。此议之后，俱各遵守，并无异说。近年北张羊王两家开张之时，并未献戏请我同行。此皆年远日久，议规未申，以故废饬。今同行公议，重整行规，以申旧制。自议之后，如有新开猪店，必须在财神圣前献戏一天，设筵请客，方准上市生理。如不献戏请客，同行之人，该不准其上市生理。②

---

① 《河东百通名碑赏析》，第410页。
② 《明清以来北京工商会馆碑刻选编》，第151—152页。

在此碑文中, 神前献戏、设筵请客成为京城猪店行 "行业准入" 的一个必备程序。

值得注意的是, 官方对民间惯用的演戏立碑、公示禁约等方式, 往往持认可态度。尤其是禁约内容与官禁国法相近者, 如规定禁止赌博、偷盗、窝赃、强乞等危及社会治安内容者, 更易得到官府的支持。陕西镇坪县白家乡茶店村道光九年 (1829)《镇坪抚民分县严禁牲匪赌窃告示碑》载官府的批文为:

> 仰约甲士庶人等, 刻勒碑铭, 演戏建立, 永垂不朽。倘有仍蹈前辙, 不遵示谕, 尔等核实禀明, 笞杖惩斥, 决不宽贷, 毋得徇情隐匿, 致令滋蔓, 亦不得滋事妄禀, 殃及良善。所有禁例, 缕列于左……

条列于左的七条禁约, 均为乡民自议自创, 其中第七条规定 "夜行或则手执灯笼火把, 扬歌唱曲, 一呼即应, 否则枪炮刺伤者, 毋得异言"。从碑阳尾题处 "山主沈德应、曾永忠, 甲长周凤、徐兆贵, 乡约闰占魁, 禁首关朝榜、何绍学、杨祖文, 纠合众姓人等遵颁示禁, 群姓沾恩" 等文字, 可知禁约内容得到官方认可且代表相当的民意[①]。

从上述碑文中记载的献戏酬神、演戏立约设禁等内容, 考量其出发点和实施情况, 我们可以了解, 那些关切民众生活的乡规民禁, 通过演戏立碑、告于神灵等隆重仪式, 使百姓在敬神的郑重与欢娱中, 感受到定例禁约 "神授" 的庄严, 进而知规守约。同时这一表象背后也蕴含深义。对百姓而言, 将乡禁刻于碑石, 其意义也如同古代 "约剂书于宗彝"、刑书铸于钟鼎, 确实是一件值得铭记的大事, 也确实值得告献于神灵。

第二节 非正式法的次生路径: "奉宪" 示禁

一、民间权威的局限

一般乡规民禁碑有乡立、村立、姓立、同行公立等形式。很多碑文特别标明 "合族绅耆仝立"、"集绅粮公议" 等字样, 以强调这种民间权威的 "公议" 代表

---

① 《安康碑石》, 第140—142页。

性和符合地方"公益"的属性，而非为一己之私。对于这种民间权威的作用和公议规约的效力，以及发生背约情况后如何处置，可借助乾隆二十年（1575）《邑侯青天杨老爷断明四社各遵照合同旧规德政碑》进行验证。

此碑立于山西阳城县刘家腰村北崦山白龙庙。碑文为：

> 阳邑北崦山敕封显圣王，□□□灵应雨神，上有御祭，下有官祀。凡通县大小村庄，每岁四月初三日杀牲献戏，始自唐时，传至今日。其神霖雨苍生，福庇黎庶，莫不尊亲。其实创建立功，仅名四社。每□□赛，轮流周转，祈换圣水，各遵成规，彼此交待，从不紊乱。情因四社供馔拜水，风雨不便，故共议创修拜殿。及殿改观，彼此争先恐后，反为不睦。于乾隆□公议，共立先后次序合同一纸，各有手字。不意十九年又有不遵照合同旧制，复起争端，本年即未得交收，彼此含忍。候至二十年，适逢上宪颁发祭器，想交收不明，器无所归，于是不得已互相呈控。蒙青天杨老爷当堂审断旧时合同，朱批验讫，俾四社即刻交收取水官花，仍旧各遵照合同定制，不许紊乱。庶乎交转无碍，躁气息化，以飨以祀，以介景福。□社合同，勒碑镌铭，永垂不朽。开列于后：
>
> 立议约合同人增村、丁店、大宁各社首郭从兴、王者佐、郭成禄等，与义城社公在白龙崦山轮流立花换水供馔。义城取水不得过巳时。增村等各社，候义城社行香取水毕，各行本社旧规，上盏供馔，亦不得在巳时以前。供馔若有违犯，四社公□肆两入社办公。恐后无凭，立此议约合同存照。乾隆十七年四月十一日立。
>
> 议约合同人：增村社首郭从兴，丁店社首王者佐，大宁社首郭成禄，北林社首董体，永安社首王成宗。
>
> 代书合同人：郭俭同，住持僧法根、性管、玄照。
>
> 邑庠生张廷玺撰并书。
>
> 大清乾隆二十年四月二十日，义城阖社公立石。[①]

碑文中值得关注的信息有这样几点：一是碑题为颂德，实际融颂德、争讼纪事、确认规约效力等多种功能于一体。二是白龙神祭祀在当地源远流长，有

---

① 《山西戏曲碑刻辑考》，第399—400页。

广泛的群众基础,而"上有御祭,下有官祀"的描述,说明官方介入的程度较深,白龙庙为官民合祀场所。三是违规或引起争讼多因新事端,此处是因有创修拜殿和官颁祭器两事。前一事致使四社轮办赛会由"各遵成规"、"从不紊乱"变为"争先恐后,反为不睦",于是立新约,但乾隆十九年因不遵旧制引起争端时彼此含忍,至第二年"上宪颁发祭器",才借公事呈控,表明民间对乡里熟人社会的争讼之事多持隐忍态度。四是民间规约的效力源于敬神诚心与合众公议,民众认可度高,遵守自觉性强,故能长期"各遵成规"。由于惯例成规关乎社会秩序和地方稳定,官府多认可其效力,因而有了碑文中提到的阳城知县杨善庆"当堂审断旧时合同,朱批验讫……仍旧各遵照合同定制,不许紊乱",民间规约的合法性得到认可。五是碑文附载的民间规约字数不多,语言表述具有俚俗性和地方性,但规约的体例较完备,形式如公议及代书人、内容如轮流供奉程序和罚规等俱备,是民间敬神规约中较常见的体式。

此碑还反映出,在社会生活和人际关系较稳定的状态下,惯例多能得到较好遵守。当这种稳定状态因各种因素而导致失衡尤其是产生利益争执时,乡规民禁的局限性便显现出来。

乡规民禁的局限性主要有二:一是处罚力度有限。台湾高雄县路竹乡嘉庆十八年(1813)《竹沪元帅爷庙禁约碑记》载竹沪乡耆老等在重建庙宇后共同立定禁约,规定"倘有因犯庄规,决然鸣鼓而攻,小则罚戏示惩,大则送官究治"①,也表明公议处罚仅施加于违禁行为情节较轻者,对情节较重以及不服民间处罚的,需送官或报官。二是权威认可度有限。由于民间禁约是在公议和相互认同的基础上形成的,基于这种自发性,人们共同遵守、相互监督。但这种认同感多适用于较稳定的同乡同行等熟人社会,范围有限。在人员流动性强或社会结构较复杂的地区,民间禁约的效力,会频繁遭到质疑和挑战。

以行业规则为例。相较于村社中的神灵崇奉,跨地域的行业神崇拜其整体认同性和约束力多少会受到影响。即使同一行业,也有南北地域之差别。由异乡异籍同业者创立行业规则或酬神献戏时,既有被当地人排斥的可能,也面临异籍者人心不齐的困境,更有地痞恶棍骚扰之情事,此时"神授"的效力难以体现。人们不得不寻找更有效的途径,而借助官府的权威,使公议规则合法化,

---

① 《台湾地区现存碑碣图志:高雄市·高雄县篇》,第53页。

是工商业者经常采用的一种方法。

二、以"奉宪"之名

由非正式法的乡规民禁获得"奉宪"示禁即得到官府认可，一般要经过公议、向官府呈请、官府审核批示、民众立碑示众等程序。

山西屯留高头乡康庄村嘉庆二十年（1815）《禁赌碑文》立于康王庙中。碑文前半为屯留县正堂的禁令，后半为同乡公议条规和纪事。碑文述示禁缘由称：

> 此禁之设，原为端风化改习俗，诚恐村众不服，故遵此告示，以谕众人：日后倘有犯者，许该村揆约合祀演戏警众；如不演，拘人执示禀官究治。[①]

此碑交待之所以将罚戏禁赌措施呈官批示，是因为"诚恐村众不服"，故采取仰仗官威的办法。广东吴川县同治四年（1865）《分府告示碑》记载了同业者将酬神献戏行规报官请批的经过：

> 切朝廷致治，非法令不行；市井交易，无行规则紊。职等贩卖竹木生意，向由上江装筏运来，数历风波，素敬天后并伏波将军。每逢诞期，酬神唱戏，所有戏金之资，因难派收。同治元年，集众议立行规，每千抽头钱五文出众，并禁木匠、船户、跟随私索客人扣串等款，以供神功费用，各遵无异。惟恐人心不古，日久弊生，有违规者，非仗宪威出示晓谕，难期经久，只得历由粘抄行规，联名呈叩仁宪，伏乞体察恩准，出示垂远，俾行规无更变之虞……[②]

碑文中，行业规范"非仗宪威"、"难期经久"的表述至关重要。在民众心目中，州县官是父母官，得到他们的认可，民间规范便有了坚强的后盾，也就披上了"合法化"的外衣。所以报官备案，得到官府的批示，或借助官府权力立碑示禁，成为民间努力争取的一个方向。

---

① 冯贵兴、徐松林主编：《三晋石刻大全·长治市屯留县卷》，三晋出版社2012年版，第58页。
② 《广东碑刻集》，第480页。

为了获得 "奉宪示禁" 的合法性标志, 合绅众姓将乡规民禁报官备案时, 或强调其与国法道德的相融, 或标榜系维护乡村社会的稳定与公益, 总之, 其内容和价值取向要尽量向正式法和正统观念靠拢。禁赌禁盗等内容, 是正式法和非正式法的一致要求, 是故乡禁和官禁可以并列一石。同治十二年(1873)浙江永嘉县《奉宪谕禁碑》系因里老呈请而立, 碑文记载了知县对乡禁以及乡禁处罚措施的认可。知县对 "居民地保人等" 宣称: "尔等须知该处山场栽植竹木, 完粮山产诸物, 应归业主经管, 毋得私自砍斫。严禁以后, 如若犯者, 会众公罚钱文、酒食、戏文, 不依者协保扭送到县, 从重究惩, 不稍宽贷。"①

"奉宪" 示禁碑文中所载明 "禀官究治"、"公同送官" 等, 说明地方官对民间禁约的认同。而大量乡禁碑中刻意模仿官禁碑中的 "勒石永禁"、"勒石以垂不朽" 等套语, 也反映了基层民众对其所立禁约抱有的权威性和恒久性的期望。

第三节　非正式法与正式法的沟通: 神道设教

在以制定法为主要调控手段的古代社会, 非正式法依旧能保持一定的生存和发展空间, 说明它有存在的合理性。我们注意到, 在信仰刻石中, 还有大量记述阴司冥罚、神道设教等内容的文字。而这些内容正展示了非正式法存在的社会价值。

一、信仰的虚幻与真实

古代中国人生活在一种泛神的环境中, 神灵无所不在。康熙六十年(1721)苏州《长洲县大云乡灵迹司土地奉宪□复古原管三图碑记》所载民众对神明世界与现实社会关联的看法, 颇具代表性。

碑文述苏州府长洲县利二、利三和利四三图百姓陆伯荣等10人联名上呈官府, 请求属地管辖阴阳一致的事情。呈文中称, 他们日常 "遇有婚丧疾病、祈祷疏文、僧道祝献, 为乡贯俱书吴县大云乡土地管界, 但户口、田房、交纳钱粮, 仍在长洲县, 岂有阴属于吴县, 阳属于长洲县? 殊不可解"。而据《姑苏府志》等记

---

① 《温州历代碑刻二集》(上), 第202页。

载，造成这种阴错阳差的原因是大云乡历来由长洲县和吴县两县分管，即吴县大云乡管五图，长洲县大云乡管三图，而陆伯荣等人所在的利二、利三、利四三图系长洲县管界。依据"阴阳一理，关系民间祸福"的道理，为避免"非其鬼而祭之"，乡民特向官府请求阴阳管界均属长洲县，并要求下发批示文件①。

　　这是一起因庙界划分与行政区划不同而产生的争讼，一直持续了两年才得以解决。地界阴阳管辖归属争纷看似荒诞，但对信众而言，却事关大体；因此而起的争纷，仅凭世俗权力难以服众，还需联合并依恃"天师大真人"及僧纲道纪等与神界沟通的力量，才能使纷争平息。这种带有戏剧效果的裁决活动，反映出"阴阳一体"、阴界权益在民众观念中的重要性。

　　民众对神界与阴间的想象虽然是虚幻的，但确是一种真实的"存在"。阴司冥罚的"存在"也是一个例证。

　　民众对阴间审判机构建置的构想要较现世更为繁复，这在东岳信仰中表现得较为突出。在民众信仰中，泰山自古被视为冥府鬼都。唐宋以后，"泰岳阴司"开始具体化。"司"本指人间的官职官署，折射在信仰中，也成为幽冥之官署。在至元二十二年（1285）山东《蒿里山七十五神房志碑》中，详细记录了判孤魂司、判地狱司、判昧心司、判土地司、判盗贼司、判冤枉司等"七十五司"的阴司名录。这一"主吉凶祸福，分理冥府之事，为东岳辅相所驱使之神"②的庞大冥府行政系统，可谓设置完备，法度森严。

　　而在北朝流行的佛教造像碑中，也出现了冥律神判的图文，反映出中国本土的幽冥观开始与佛教地狱观交融。北魏太昌元年（532）《樊奴子造像碑》刻载阎罗王和五道大神治狱图③。唐贞观十三年（639）《齐士员造像铭》（也称《齐士员献陵造像碑》）碑阴刻"阎罗王审断图"及数条冥律，表达了信众笃

---

① 《明清以来苏州社会史碑刻集》，第408—410页。

② 〔清〕毕沅辑：《山左金石志》卷21《蒿里七十五司碑》"跋"，载《辽金元石刻文献全编》，第681页。

③ 〔清〕毛凤枝：《关中石刻文字新编》第1卷，载《石刻史料新编》第1集22册，第16872、16910—16914页。碑石图像和题记内容的相关解释详见陈登武：《从人间世到幽冥界——唐代的法制、社会与国家》，第278页。

信冥罚神判的法制内涵①。此造像碑立在王陵,观者有限。但辅之以长安二年(702)的《司刑寺大脚迹敕》、长安三年(703)《司刑寺佛迹碑》以及开元十二年(723)的《御史台精舍碑》等石刻,不难想见,佛教在中国传播采取走上层路线的策略颇为成功。

二、明有礼乐,幽有鬼神

中国古代传统教育所熏陶培养的是一种儒家正统观。在传统治世观念中,礼乐与刑政相辅相成,同时神道设教对礼乐刑政的辅助作用也不可或缺,所谓"明则有礼乐,幽则有鬼神。礼乐,形而下者也;鬼神,形而上者也。上下无异形,幽明无二理,是以自古圣人之制作礼乐,于昭昭之表,所以妙契鬼神于冥冥之中。无愧于此,即无愧于彼也。"②

自佛教在中国普及后,也被纳入神道设教的范畴,且儒、道、佛合流的趋势也日趋明显,所谓"道法与儒,殊途而同旨者"③。山西高平万历三十二年(1604)《创凿三教洞壁记》撰写者为"邑庠膳生员赵国基",他对儒、佛、道三教治世功用的看法颇具代表性。他认为"三教,于世均有所补。尝观世之骄奴悍卒,灭礼弃义,曰佛、曰老君,则肃然拜,谓非祸福有以惕其心耶?是义礼以淑君子,祸福以惕颛蒙。苟使天下而尽惕于祸福,则道之礼义不难矣"④。

明清时期儒、道、佛的融合也使神道设教内涵逐渐地世俗化并更具包容性。明万历十三年(1585)北京《东岳庙供奉香火义会碑记》宣扬"人生尘劫中,明有法度、幽有鬼神均之,不可偏废者"⑤,点明了阴与阳、刑罚与教化的相辅相成关系。明天启三年(1623)《重修南安县城隍庙记》是从官民普遍崇奉的城隍神的功能角度来阐述神道设教的治世道理。碑文解释南安县令王历昌尊奉城隍神的因由道:

①　《语石·语石异同评》卷5,第311页。相关研究成果可参见张总:《初唐阎罗图像及经刻——以齐士员献陵造像碑拓本为中心》,载《唐研究》第6卷,北京大学出版社2000年版,第1—17页;陈登武:《从人间世到幽冥界——唐代的法制、社会与国家》,第278—288页;杨玉明:《由"阎罗王审断图"及其所附冥律看唐初的佛教政策》,《青海社会科学》2013年第4期。

②　〔明〕邱浚:《大学衍义补》卷36,林冠群等校点,京华出版社1999年版,第328页。

③　乾隆二十四年(1759)《圆妙观道士禳灾灵应碑记》,载《明清以来苏州社会史碑刻集》,第411页。

④　《高平金石志》,第212页。

⑤　《北京东岳庙与北京泰山信仰碑刻辑录》,第18页。

城隍之权，拟于邑大夫，搏挽玄化，阴有以助政教之所不及。故邑之中，雨旸丰欠之事，城隍司之；刑狱钱谷之事，邑大夫司之。福善祸淫之柄，城隍为政；赏善罚恶之柄，邑大夫为政。百姓有争未平、冤未伸，必走诉于大夫之庭。大夫有疑未决，言谳未成，时或执两造誓，而质诸城隍之所。此鬼神体物遗之盛，亦两相质而无疑之道也。[①]

文中交待了虚拟的城隍神和现实的县令各自的执掌，城隍神与地方官分司阴阳及其权责的互补性。

值得注意的是，上述阐释"明有礼乐，幽有鬼神"等神道设教功能的碑文，多出于在任官员之手，这与他们的牧民职责密不可分。对于地方官而言，牧民与事神两者不可偏废。《大清律例》"致祭祀典神祇"条明确规定了地方官的祭祀之责，其祭祀对象为"社稷、山川、风云、雷雨等神"，及"境内先代圣帝、明王、忠臣、烈士载在祀典，应合致祭神祇"；并明确要求"所在有司"官吏对应合致祭神祇，"置立牌面，开写神号、祭祀日期，于洁净处常川悬挂，依时致祭。至期失误祭祀者，杖一百。其不当奉祀之神（非祀典所载）而致祭者，杖八十"[②]。

律文中规定的非祀典所载的"不当奉祀之神"，在明清各地乡村并不鲜见。山西高平秦庄村，"山居野处，似不敢修明祀典，对越神明。而自古在昔，先民有作，奉祀玉皇大帝、西陵圣姑以及高禖、葛仙、机神、牛王、当方土地诸神，殿宇宏阔，廊庑严肃"[③]。在明清碑刻中，不乏官员通过参与地方信仰活动而取悦百姓，或对地方信仰进行改造的事例。而神道设教，乃官员士绅最常采用的立论根据。

三、制度与现实的"矛盾"

在历代碑文及文献中，我们可以看到大量出自官方的有关废淫祀、禁亵渎神明等的表达，明清法律中也有"禁止师巫邪术"[④]以及禁止妇女到寺观神庙

---

① 《福建宗教碑铭汇编·泉州府分册》（中），第635—637页。
② 〔清〕吴坛著、马建石等校注：《大清律例通考校注》，中国政法大学出版社1992年版，第541页。
③ 乾隆三十二年（1767）《补修玉皇庙碑记》，载《高平金石志》，第265页。
④ 《大清律例通考校注》，第543页。

烧香等规定①。在法律严禁迎神赛会和妇女往寺观烧香的"表达"的同时,却是各地朝山进香等泛神活动的此起彼伏。同治九年(1870)御史锡光在《奏请严禁五城寺院演剧招摇妇女入庙以端风化》折中提到:"寺院庵观,不准妇女进内烧香,例禁綦严,近来奉行不力,以致京城地面,竟有寺院开场演戏,借端敛钱,职官眷属亦多前往,城内隆福寺、护国寺开庙之期,妇女亦复结队游玩,实属有关风化。"②

在国家制度的设计层面,我们注意到律典对祭祀和信仰活动设禁规范的严肃性;而在记述实践层面的碑刻和文集中,我们又看到地方官员对广泛存在的"民知有祸福而不知有名分"③的理解,以及对传统神道设教的重新解读。这种制度设计与社会现状所呈现的"矛盾"状态,是近世中国法律制定与实施过程中的一种常态。

针对一些文人学士反对村野建庙兴祠之论,曾任山西盂县教谕之职的李麟伍认为那些言辞不过是"讲学家之饶舌耳,岂晓事人之笃论哉"④。而务实际、顺民情的地方官员和士绅,则在碑文中阐述迎神赛会有助于推行教化的正面功用。山西高平东周村康熙四十九年(1701)《重修仙师庙碑记》的撰写者系"赐进士第敕授文林郎山东州府邹县知县加一级田光复",他在碑文中赋予迎神赛会以神道设教的功能道:"藉祈赛报享之意,明少长尊卑之礼,因周旋洽比之情,笃孝友姻睦之行,其于先王神道设教之义未尝无小补云。"⑤云南隆阳道光二年(1830)《演戏碑序》称:"有会而无戏,则蚩妍莫辨。而人心易伪,借戏以敬神,则箫管备举,而神听斯乎。昔圣人神道设教,而万姓悦服,良有以也。"⑥

上述宣称迎神赛会可以"明少长尊卑之礼"、"笃孝友姻睦之行",其实还有一个重要目的,即为那些不在祀典的民间祠庙正名。同时,城市中常见的宣扬阴司冥罚可威慑凶顽的碑文,也旨在为香会活动的合理合法提供依据。正如崇

---

①　《大清律例通考校注》,第541—542页;《钦定大清会典事例》卷766《刑部·礼律祭祀》,台湾新文丰出版公司1983年版,第19册第14861页。

②　《钦定大清会典事例》卷400《礼部三·风教四》,第13册第10385页。

③　《山西戏曲碑刻辑考》,第193页。

④　咸丰三年(1853)《重修仙师庙碑记》,载《高平金石志》,第320页。

⑤　《高平金石志》,第246—247页。

⑥　《隆阳碑铭石刻》,第348—349页。

祯九年（1636）北京《西顶香会碑记》述敬奉碧霞元君"可以助礼乐之化，而参刑威之权。故圣贤之所范，帝王之所旌，不过助子以孝其亲，臣以忠其君而已"①。

康熙三十年（1691）北京《东岳庙白纸会碑记》载："夫人含灵负质，莫不怵生死，怵生死则必畏鬼神，畏鬼神则必谨善恶，谨善恶则必原始要终，深有契于东帝之所掌。"②基于对神灵的敬畏而约束自己，并使人弃恶从善，正是"幽有鬼神"所能起到的社会治理功效。而这种功效，能弥补礼乐刑政之失。正如康熙二十八年（1869）《妙峰山香会序》所述：

> 尝思朝廷之赏罚，明兹日月，信若四时，非如鬼神之不可知也。而人之毋蹈法网、自取罪戾者，比比皆是，乌在所谓求福也者。今公等于鬼神不可知之事犹且若见若闻，小心敬事如此，况乎悬诸令申昭然在人耳目之间者哉。则由此求福之一念，推之其为家之孝子悌弟、国之良民善士，无疑矣。③

基于神灵赏善罚恶之严明，甚至可以达到"民畏神之威，有甚于怀其德"的目的④。即使在以务实著称的官禁碑中，鬼谴神诛之类的冥罚也占有一席之地。《苏松常镇督粮道杨示禁碑》即宣称：

> 漕粮一切陋规，本道历经禁革，并不丝毫染指。此心可对天日。属吏仍指苛征，小民未沾实济。今特再行勒石，务期肺肠洗涤。道府监兑州县，毋事虚名矫饰。如有私取分文，必遭天诛地殛。⑤

从前述阐述神道设教功能的碑文中，我们也可以看到其中较明显的迎合朝廷统治的意图。参照清代法律对迎神赛会的严禁⑥，以及乾隆五年（1740）《朝

---

① 《北京东岳庙与北京泰山信仰碑刻辑录》，第348页。

② 《北京东岳庙与北京泰山信仰碑刻辑录》，第104页。

③ 《北京东岳庙与北京泰山信仰碑刻辑录》，第271页。

④ 道光六年《白云观火祖香灯布施勒名之碑记》，载李养正编著：《新编北京白云观志》，宗教文化出版社2002年版，第708页。

⑤ 碑现存江苏常熟碑刻博物馆，碑文可参见：《江苏省明清以来碑刻资料选集》，第657页。

⑥ 《大清律例》规定："若军民装扮神像，鸣锣击鼓、迎神赛会者，杖一百，罪坐为首之人。里长知而不首者，各答四十。其民间春秋义社（以行祈报者），不在此限。"参见《大清律例通考校注》，第543页。

阳门外东岳庙撢尘会碑记》中"迎神赛会,国有厉禁"之言[1],香会碑反复强调的神道设教有助于统治的辞外之义,似也不难理解。

这也是非正式法能够在强势、完备的正式法占主导地位的社会环境中得以存续发展的策略。这种策略的产生既是基于民众笃信神明的社会现实,也有官员士绅阶层的解读与引导。为规避法律中有关淫祀、迎神赛会等的禁止性规定,人们在撰写碑文时,通过宣扬神道设教的教化功能和"神诛鬼谴"的威慑功用,赋予虚幻的阴司冥罚以现实的功用,并阐释民众迎神赛会等信仰活动的合礼合法。而这也正是众多神道设教言辞背后所隐藏的真实目的。

＊ ＊ ＊

通过以上分析,我们大致了解了民间权威建立的前提和非正式法效力保障的途径。地方活跃人物以公议或公众认可的方式形成民间权威并议定规则,这是民规民禁等非正式法产生的前提。由于公议规则缺乏国家制度保障,故主要采取两种方式提升其效力:一是借助神明的力量,通过酬神议事、演戏立碑等敬神仪式确立规则,对背规违约者施之以神前罚香、罚跪、罚戏和罚银修庙,兼之以诅咒、驱逐等精神处罚方式,确保村规民禁的实施。这主要适用于相对稳定、共同认知性强的社会环境,属于非正式法的原生路径;二是争取官府的支持,以府县核准、"奉宪示禁"等名义以及"公同送官"等方式,强调非正式法与政府公权力的衔接,这主要适用于社会关系复杂、流动性大的社会环境,属于非正式法的次生路径。

非正式法能得以长期存在,还在于它与正式法有相通互补之处,礼制与神罚的传统是重要媒介。政府公权和民间公权对儒家礼制教化等正统思想有共同追求。由于儒家伦常孝道的潜移默化,在中国古代民众信仰中,道德化倾向非常明显。崇祯九年(1636)北京《西顶香会碑记》认为碧霞元君信仰"可以助礼乐之化,而参刑威之权",与"圣贤之所范,帝王之所旌,不过助子以孝其亲,臣以忠其君而已"正相谋合[2]。

在古代中国,敬神信神是一种集体意识传承。对于古人而言,与其说人们

---

① 《北京东岳庙与北京泰山信仰碑刻辑录》,第150页。

② 《北京东岳庙与北京泰山信仰碑刻辑录》,第348页。

生活在法律中，毋宁说他们是生活在信仰中，生活在民间权威创立的行为规范中。人们的祭祖祀神等信仰活动，在家族中培养，在故土上践行。通过比较可以发现，宗族祠堂的规范，与村庙中的禁约，其实并无二致；推之更大的范围，也是如此。所谓"国之大事在祀，惟家亦然"[①]；"祀典与宪典并重，家法与国法两惟"[②]。

民间规范的存在与运行，使众多家族、村社、行业等社会细胞得以自管自治；将各种行之有效的自治规范复制、推广，又形成了更大范围的社会自治，这正是"非正式法"存在的意义和价值。

非正式法的内容，通过人们的信仰活动得以确立和展现，也通过信仰活动中的仪式化手段不断强化和普及。向神明起誓、由神灵见证，献戏酬神、罚戏敬神等等，通过隆重而虔诚的仪式，强化了人们对信仰与规范的认同。士绅阶层参与的倡导神道设教、鼓吹阴司冥罚等说教，也使非正式法的存在更具合理性。

然而在现实生活变得复杂、利益冲突明显加剧的情况下，尤其在牵涉财产、利益等争执方面，神明往往无能为力，需要通过国家制定法（正式法）和官府的权威来解决。由此来看，神灵也并非万能。酬神议事、宁人安神、演戏立碑等活动，不过是民间借此追求秩序、建立规范性社会的一种智慧。

---

① 乾隆二十五年（1760）《黄氏八房祀业记》，载《福建宗教碑铭汇编·泉州府分册》（中），第617页。

② 光绪二十六年（1900）《涧池王氏后裔增补族规禀词及汉阴抚民分府批示与告示碑》，载《安康碑石》，第328页。

第八章

非正式法中的 "罪" 与 "罚"

本章以古代碑刻文献为依据, 通过地方权威对 "不孝"、"窃盗"、"亵渎神明" 等罪名的世俗化解释, 通过对非正式法的独立性罚则及其寓惩于教等特征的分析, 意在表明, 罪与罚不仅是国家律典中的规范性条文, 也是村规乡禁中的世俗约定。从大量碑文中可以看到, 民间社会对 "罪" 与 "罚" 的设定有自己的逻辑和规则, 这也是它有别于正式法的重要特征。罪与罚在制度和非制度层面的表现既有相通之处, 又有明显的差异。对这一现象的分析, 有助于我们对古代地方和基层社会法制状况的客观认知。

第一节　民间定 "罪" 原则

一、对 "不孝罪" 的自我设定

在中国古代律典中, 不孝为十恶重罪。在乡禁尤其是族禁碑中, 不孝悖伦同样被严责重惩。至于不孝罪的表现, 民间禁碑的描述和律典中的规定多有不同。

在《大清律例》中, "不孝罪" 指 "告言、咒骂祖父母、父母, 夫之祖父母、父母; 及祖父母、父母在别籍异财, 若奉养有缺; 居父母丧身自嫁娶, 若作乐、释服从吉; 闻祖父母、父母丧, 匿不举哀; 诈称祖父母、父母死" [1]。律文中, 不

---

[1]　《大清律例通考校注》卷4《名例律上》, 第205页。

孝罪成立的前提是子孙对父母、祖父母等直系尊长的语言伤害、未尽赡养义务,以及对待父母、祖父母丧事的忤逆行为。而子孙的其他忤逆行为,包括一些对家长权的侵犯,如子孙违犯教令、同居卑幼擅用财等,皆作为一般犯罪处理。

　　民间禁碑中的不孝罪,既有与国家律典精神一致之处,如严禁打骂父母,按血缘亲疏远近定罪等。广东海丰县乾隆四十四年(1779)《徐氏族规碑》规定:"打骂父母,重责二百板,议革出族,决不宽容。"如果打骂血缘关系稍疏的伯叔、兄长,处罚较针对父母者为轻:"殴打伯叔,重责八十板;殴打兄长,重责四十板。不遵者禀究,决不姑宽。"[1]律例中的"准五服以制罪"的原则,即以卑犯尊者,血缘越近,处罚越重,在此碑文中也得到体现。

　　与律典条文不同的是,族禁碑对不孝罪的设定更宽泛,也更具体,且多为生活中经常发生的行为,举凡冒犯、违抗父母乃至族中尊长的各种忤逆行为,均属之。广西兴安县光绪二十三年(1897)《禁约碑》规定:"顺妻逆母,忤逆不孝,地方以不孝之罪治究。"[2]

　　在民间,不孝罪的确定权掌握在家长和族长手中。明景泰七年(1456)《张氏预嘱》刻载了张氏在主持分家析产后对子孙的告诫:"自分居之后,务要勤谨经营,毋废祖业,撑持门户。大概所为,各听天命,毋得相妒。若违吾言,以强凌弱、以富欺贫者,许亲族赍此赴官陈告,以为不孝论。为此直言,刻石置于祠堂之壁,以垂示子孙之不朽云。"[3]依据此碑,违背遗嘱设定的权利义务内容者即为不孝。

　　而忤逆不孝不仅针对父母等直系尊长,也扩及族中尊长,乃至违背族规的行为。山西运城嘉庆二十年(1815)《蔺氏族规碑》为合族议定刻立,其中一条称:"每岁元日,无论荤素,饭桌一张,理宜早夕,谁备谁彻,无得轻举胡为。肆行不规,议为不孝罪治。若犯规条者,从公处治。"[4]即族人如不遵守族中祭祀规则,会被认定为"不孝罪"。陕西安康的族规碑规定:如有"顽梗之徒背规违条,恃强逞刁,不由族长、户首约束者,许该户首等集传祠内,无论亲疏远近、尊

---

[1]　《广东碑刻集》,第837页。

[2]　《广西少数民族地区石刻碑文集》,第126页。

[3]　笔者2011年12月11日录于江苏常熟碑刻博物馆。

[4]　《河东百通名碑赏析》,第412页。

卑长幼,申明家法,从重责处。倘负固不服,捏控图累,除词不准外,定以不孝之罪严行自治"①。即违背族规且不服族中尊长管束者会被视为"不孝之罪"。

在族规中,有时消极的不作为也会构成"不孝罪"。当族与族之间发生利益冲突时,族规一般鼓励族人"捍族",而漠视本族利益者即为不孝。前举《蔺氏族规碑》规定:"不拘谁家于张、王、李、赵有事相争,别人无故欺凌,合族照地亩起钱,不得退缩不随。若有不遵者,以不孝论,永远不许入庙。"②

族规乡禁碑对不孝罪的处罚,除重者送官外,往往集重责体罚和精神惩罚于一身,较之对其他违规犯禁行为的处罚,明显偏重,且多声明送官究治。陕西安康同治元年(1862)《景家公议十条规款碑》规定:"内有忤逆不孝、悖伦犯上,即行合力捆绑,送官究处。"③陕西旬阳光绪元年(1875)《庙子垭铺公议乡规碑》载:"人生孝弟为重,倘为子不孝、为弟不恭者,送官定罪。"④陕西汉中光绪十九年(1893)《谭氏族规碑》规定:"族间有忤逆不孝抵触父母者,杖五百,罚香火钱贰仟文。""凡有顽梗之徒,乖舛人伦,忤触尊长,悖亲向疏,毁骂祖先,责成族长约束;不遵教者,立即送县,以不孝治罪。"⑤

从上述诸例可知,民间对"不孝罪"的设定,往往围绕切身利害,并套用法律用语做扩大性解释。这种对"罪"的扩大性解释和"自我"设定,并不局限于"不孝罪",也见之于窃盗、强盗、赌博、窝赃、亵渎神明等罪名。而这些被民间自然解释和认定的罪名,往往与民众的日常生活息息相关。

二、对"窃盗罪"的宽泛解释

中国古代律法从战国李悝《法经》起便确定了重惩盗、贼的原则。在《唐律》中,"盗"有强盗、窃盗之分。关于窃盗,《唐律》规定:"诸窃盗,不得财笞五十;一尺杖六十,一疋加一等;五疋徒一年,五疋加一等,五十疋加役流。《疏

---

① 《安康碑石》,第328页。

② 《河东百通名碑赏析》,第412页。

③ 《安康碑石》,第216页。

④ 《安康碑石》,第254页。

⑤ 《汉中碑石》,第350页。

议》曰: 窃盗人财, 谓潜形隐面而取。"①明清律典对"窃盗罪"的规定较《唐律》更为具体, 其中与民众生活关系密切的内容主要集中在《刑律·贼盗》篇, 计有"盗园陵树木"、"窃盗"、"盗马牛畜产"、"盗田野谷麦"、"亲属相盗"、"公取窃取皆为盗"等诸条②。

民间对窃盗罪的表述, 显然不如律典中的规定严谨。广东广宁县一同治年间的碑文载三水县禀生钱用享的呈文称: 余"素未读律, 第思国法不外(碍)人情。孟子云: 非其有而取之者, 盗也"③。表明该禀生对窃盗罪的认知是基于传统儒家典籍而非法律条文。

有些地方对窃盗罪的设立是因时、因情而定。云南大理长新乡《乡规民约碑记》载: "大粮未熟乱采, 拿获者, 定以盗论。"④广西义宁县光绪二十年(1894)《上北团禁约碑》规定: "偷牛抵价十千者, 得以二千回赎。如多索者, 即以盗论, 公同处罚。"⑤陕西平利县光绪二十二年(1896)《牛王沟公议禁盗碑》写明: "盖闻物非己有而窃取者, 谓之盗。盗也者, 不必穿窬之谓也。凡稻、粱、黍、稷、漆、桐、耳、构、竹、木、蔬菜, 俱不可以任意侵掠也。我境土瘠民繁, 五谷为养命之原, 货财亦糊口之助。竟有狗盗狼窃之徒, 白昼强取, 黑夜窃盗, 竟使业不由己, 民不聊生。"遂公同议定禁约, 其中一条规定: "所栽、所下漆秧, 倘有盗窃, 一经拿获, 即以盗贼论, 送官重惩。"⑥

至于民间对窃盗罪的处罚, 与律典中的表述差异更大。明清法律规定: "凡窃盗已行而不得财, 笞五十, 免刺。但得财, 以一主为重, 并赃论罪。为从者, 各减一等。初犯并于右小臂上, 刺'窃盗'二字, 再犯, 刺左小臂膊。三犯者, 绞。以曾经刺字为坐。掏摸者, 罪同。"⑦即国家法律对窃盗罪设定的处罚主要为笞、杖和刺字。

①　钱大群:《唐律疏义新注》卷19《贼盗》第282条, 南京师范大学出版社2007年版, 第618—619页。

②　〔明〕雷梦麟:《读律琐言》卷18, 怀效锋、李俊点校, 法律出版社2000年版, 第312—341页; 另可参见:《大清律例通考校注》卷4《名例律上》, 第712—766页。

③　《广东提刑按察使司为严禁捞回抢竹木排张告示》, 载《广东碑刻集》, 第725页。

④　《大理历代名碑》, 第537页。

⑤　《广西少数民族地区石刻碑文集》, 第158页。

⑥　《安康碑石》, 第314页。

⑦　〔明〕雷梦麟:《读律琐言》卷18, 第322页。

乡禁碑对窃盗罪设定的处罚,常见者有罚款、罚物、置酒罚戏、体罚、诅咒、送官究治等,且各地禁约的处罚规定轻重悬殊,随情而定。山西盂县苌池镇道光十年(1830)《禁山碑记》载明:

> 合村公议严禁神庙前移禁界,一里不许牧放牛羊,偷伐树木,私偷柴草。如有失□之,查私□□和擅伐树木柴草、牧放牛羊者,不惟获罪于□神灵,亦且遗臭于人寰矣。①

禁碑中的"不惟获罪于□神灵,亦且遗臭于人寰矣"是较为典型的民间罚则表述,也是神罚传统的遗痕,它突显了神罚与世俗谴责的互动,即人们在世间违禁犯法,在神域也同样接受制裁。

陕西安康道光三十年(1850)《双丰桥组碑》规定:"每岁秋收,五谷瓜菜成熟之际,有无耻之辈偷窃被获者,拟其轻重,置酒罚戏,赔(脏)〔赃〕出境。如不遵者,公同送官。捉贼之人,赏钱四百文。若知情徇隐者,与贼同罪。"②另陕西安康同治元年(1862)《景家公议十条规款碑》声称:"境中百谷菜果,黎民藉以为天。倘有偷窃践害者,小则罚还,大则送案;境中竹木柴草枸皮等项,物各有主。倘有逞刁妄取者,凭公处罚,大则送案。"③广东仁化县《严禁本村后山树木碑记》规定:"如有不遵约束,敢行盗窃者,倘经捉获,或被查知,定必重罚,断不轻饶。如敢持横抗拒,即捆呈官究治,幸各凛遵,毋违。"④

从碑文可知,民间社会对自己所拥有的处罚权限是清楚的,即民间不能越行官府之权,但超限惩罚之事也并非没有。

按法律的规定,杀人者要偿命或受到一定的处罚,而有些地方针对偷盗行为猖獗,特于禁碑上声明打死不究。广西兴安县光绪二十三年(1897)《大寨等村禁约碑》规定:"秋收成熟之日,各田各土各园,不许乱进乱偷。如有乱偷,炮火石头打死,预白莫怪,无罪。""紧防贼蟊小人,谁若为盗,众等提拿,不分生死,生者吊打公罚,死者要盗家房族安葬……如有盗家父母吞烟、割颈、自缢、

---

① 《三晋石刻大全·阳泉市盂县卷》,第388页。
② 《安康碑石》,第184页。
③ 《安康碑石》,第216—217页。
④ 《广东碑刻集》,第112页。

自伤等夺害, 地方人不准。如有此者, 众等将贼逐, 送官究治, 出罪入罪, 依律例办, 众等将贼割耳挖目, 预白。"[1]

虽然从此碑文中看不出诸如"将贼等割耳挖目"等规定是否经过报官认可程序, 但文中的"国家命民, 民依国法"、"出入人罪, 依律例办"等行文, 可知立约设禁者并非"法盲"。陕西宁陕县同治三年 (1864)《公和兴会公议条规碑》有类似的规定: "境内如有不法之徒白昼黑夜持械枪夺者, 登时鸣团, 遵示格杀勿论。其小偷窃事犯, 不得擅行杀害。"[2]这些规定的内容是否能够兑现, 我们现在还不得而知。但可以确定的是, 民众将这些禁约刻载于碑石公于之众, 是经过慎重考虑的。

三、"亵渎神明罪"的世俗化

在明清禁碑中,《大清律例》有关"亵渎神明"的具体条文较难见到, 所能看到的往往是地方权威对"亵渎神明"的世俗化解释。山西高平市上董峰村圣姑庙内明正德元年 (1506)《大明宗室隰川王令旨碑》刻载道:

> 代府隰川王令旨。遣内史赍去禁约一应军民人等。照得高平县董峰乡仙姑万寿宫, 系本府香火院。命住持杨得真, 在内焚修香火, 祝延圣寿, 以图补报。访得居民有等无籍之徒, 不遵礼法, 亦不知是府中香火院, 诚恐在内游荡打搅, 亵渎神祇。除本府密差人役时常访察外, 令旨到日, 敢有似前凶徒军民入宫挠扰者, 许守宫住持上实赴府启闻, 轻则量情究治, 重则送问不恕。故谕。[3]

在此碑文中, 无籍之徒在寺观内游荡打搅, 便是亵渎神祇。在清代的地方禁碑中, 亵渎神明的行为也大致如此。嘉庆元年 (1796)《重建财帛司庙碑记》由江南苏州营中军守备任灿刻立。碑文中刊列禁约四条, 其中两条明示为禁亵渎神明: "寺僧毋得贪取赁资, 容留旅客, 以致出入无忌, 亵渎神明。设或犯此, 即行究办, 其居民有无故闯入滋扰者, 许住持僧禀。""庙□或容人擅开茶馆,

---

① 《广西少数民族地区石刻碑文集》, 第126页。
② 《安康碑石》, 第218页。
③ 《高平金石志》, 第670页。

昼夜喧呼,甚至弹唱说书,匪徒混迹,玩法渎神,莫此为甚。犯者定必惩。"①

按现在的法理看,禁碑中的禁止性规定是针对一般违法行为,社会危害较轻,《大清律例》等律典中的规定是针对危害较重者,即禁碑内容和律例条文当存在违法程度轻和重的不同指向。在道光十九年(1839)《苏州府永禁亵渎财神庙碑》中,诸如"在庙开张茶肆、容留匪类、聚赌、摆设测字命馆等事",均属"作践亵渎神祇"之举,自然应行禁止②。光绪二十八年(1902)《长洲县示谕保护第一天门地方建复玄坛神像等善举碑》的"亵渎神祇"指"空地反作尿坑,是属有渎神灵"③。清末江南等地官府出示的保护会馆善举碑数目极多,会馆呈请官府示禁立碑也多以上述"亵渎神祇"的表现为理由。

从上述被地方官所认可、批示的禁碑中,可以看到官员们对"亵渎神明"的理解往往是入乡随俗、因地制宜,并采取变通做法,对"亵渎神明"的行为按世俗的理解示禁,从而将法律规定的内容束之"高阁"。

在明清地方禁碑将法律规定的"亵渎神明"作世俗化扩大解释的同时,各地"非礼渎神"的现象也逐渐增多,最明显的例证是百姓对帝王封禅之地——泰山——的僭祀。

自秦汉以来,东岳泰山一直为帝王祭祀的对象。从宋元开始,百姓僭祀泰山的情形日渐增多。至元二十八年(1291)赵天麟的上书便反映了元代百姓僭祀妄渎之情形:"窃见方今小民不安常典,妄事神明,其类甚多,不可枚举。夫东岳者,太平天子告成之地,东方藩侯当祀之山。今乃有娼优戏谑之徒、货殖屠沽之子,每年春季四方云聚,有不远千里而来者,有提挈全家而至者。干越邦典,渫渎神明,停废产业,耗损食货,亦已甚矣。"并进而请求陛下"申明前诏","凡非典所当祀而祀者禁之,无令妄渎"④。

明朝的祀典政策,同样强化祭祀泰山的官方色彩,严禁民间的"非礼之渎"。弘治年间(1488—1505),户部尚书周经在《修庙记略》中强调国家"渎神祀有律"的同时,也注意到屡禁不绝的民间泰山进香活动:

---

① 《明清以来苏州社会史碑刻集》,第432—433页。

② 《明清以来苏州社会史碑刻集》,第469页。

③ 《明清以来苏州社会史碑刻集》,第542页。

④ 〔清〕孙承泽:《元朝典故编年考》卷4,文渊阁《四库全书》电子版。

尝闻之，神不享非礼，人不可以非礼渎。洪惟我太祖高皇帝光宅天下，以礼祀神，故复神号有诏，渎神祀有律，革前古之弊，垂万世之法。盖自当时民和物丰，靡有灾害，至于今益盛者，皆其景贶之答也。然则天下之人，所以捧香赍帛奔走山麓，仰观庙貌，果皆仰体圣祖之意，而极崇奉之道哉? 不过求生以受福，死以免罪，不赴所谓七十五司，以堕锉烧春磨之狱而已……①

文中记述了人们"奔走山麓，仰观庙貌"而致祭泰山的壮观场面，也暗示出对于百姓"僭礼犯义"致祭东岳的行为，虽曾不断立法严禁，但却一直不能禁绝。值得注意的是，周经指出当时人们"奔走山麓，仰观庙貌"，其目的"不过求生以受福，死以免罪，不赴所谓七十五司"，虽然言语中带有不屑的口吻，却反映了东岳阴司及冥罚的观念已在百姓中流布。而相信阴司冥罚，也是中国民间罪罚观念的重要特色之一。

由于百姓祀东岳有干国家禁令，而民众赴泰山进香又久禁不绝，与东岳信仰关系密切的碧霞元君信仰渐渐在国禁严厉与民祀狂热的矛盾中派生。

鉴于民众进香活动的热忱，正德十一年(1516)七月，镇守太监黎鉴提议征收泰山香税以便修葺碧霞元君祠庙，但遭到工科给事中石天柱等人的反对。石天柱反对的理由是："祀典惟东岳泰山之神，无所谓碧霞元君者，淫祀非礼，可更崇重之乎? 况收香钱耗民财，亏国典，启贪盗，崇邪慢，请毁之便。"②

以石天柱为代表的正统官员视碧霞元君信仰为淫祀，他们反对征收香税的主要理由是"耗民财，亏国典，启贪盗，崇邪慢"，但朝廷最终并未理会，依旧"收泰山碧霞元君祠香钱"③，使其成为国家正式赋税之一，也进而肯定了碧霞元君的正祠地位。

从明代法律禁百姓妄渎东岳，到现实中民众奉祀东岳香火的旺盛，明显感受到法律表达与现实的冲突和矛盾。而朝廷为修葺碧霞元君祠征收香税，是使百姓致祭泰山的"淫祀非礼"变身为合法的一个重要标志。此例说明，国家制度层面对罪与罚的设定和调整，不仅受制于政治、经济情势，有时也要顾及民众的需求。

---

① 〔明〕汪子卿:《泰山志校证》卷2，周郢校证，黄山书社2006年版，第224页。
② 《明实录·武宗实录》卷139"正德十一年七月甲申"。
③ 《明史》卷81《食货志五·商税条》，第1977页。

第二节　民间罚则特色

一、对阴司冥罚传统之认同

中国古代阴司冥罚传统的形成和发展与福德报应观有关。《淮南子》载："有阴德者必有阳报，有阴行者必有昭名。"①自汉代始，为官无冤狱可积阴德并惠及子孙的报应观逐渐流行，《汉书》载于定国的父亲于公言："我治狱多阴德，未尝有所冤，子孙必有兴者。"后定国为丞相，永为御史大夫，封侯传世②。

随着佛教在中国的流行，中国传统的福报、阴德观念甚至礼刑思想也在佛教信仰中有所拓展。晋代释道恒撰《释驳论》言："行恶必有累劫之殃，修善便有无穷之庆。论罪则有幽冥之伺，语福则有神明之祐。"③相似言论也见之于碑石。隋《诸葛子恒等造像颂》是为礼佛而做，文中却充斥着儒家的礼制政刑观。文载："明之以日月，节之以寒暑，有蒸民焉，有君长焉。别尊卑之位，著上下之礼，违之者祸，乱之者亡，是故制以刑书，不以征伐，殖善除恶，有斯之道久矣。"④

唐宋以后，福报观以及神道设教等内容，为佛、道、儒三家所共同宣扬，其社会影响力日益广泛。四川乐至县光化三年（900）所刻《招提净院施田记》碑文中有"后有无智弟、儿侄、外人侵夺者，须此生来世常受百牛之大疾"，"如有兄弟、伯叔、儿侄及外人心生贪认者，须当生来生常受百牛大病"⑤。碑文中咒语，反映此时信众深受佛教因果报应的影响。而官员们所强调的因果报应，更擅长从中国传统经典中汲取养分。北宋《司马温公家训》云："积金以遗子孙，子孙未必能守；积书以遗子孙，子孙未必能读；不如积阴德于冥冥之中以为子孙长久之计。"⑥宋代名碑《劝慎刑文》，也融中国传统经典与外来佛教思想于

---

① 〔汉〕刘安等：《淮南子》卷18，许匡译注，贵州人民出版社1993年版，第1066页。
② 《汉书》卷71《于定国传》。
③ 〔梁〕释僧祐：《弘明集》卷6《释驳论》。
④ 〔清〕陆增祥：《八琼室金石补正》卷25，载《隋唐五代石刻文献全编》第1册，第33页。
⑤ 〔清〕陆增祥：《八琼室金石补正》卷77，载《隋唐五代石刻文献全编》第1册，第593页。
⑥ 〔明〕韩雍：《襄毅文集》卷9《蓻溪草堂记》。

一体①。

明清时,道家经典内容频频出现于碑文中。《文昌帝君阴骘文》奉劝人们"广行阴骘"(阴骘即阴德),凡有阴功者,"永无恶曜加临,常有吉神拥护"②。《关圣帝君觉世真经》告诫世人:"神明鉴察,毫发不爽。善恶两途,祸福攸分。行善福报,作恶祸临。"③北京东岳庙康熙三十一年(1692)《西顶进香碑记》称:"善恶虽有巨细,事迹亦有明暗。明则王纲可化,暗则鬼神可察。《太上》曰:'祸福无门,惟人自招。善恶之报,如影随形。'信哉斯言,诚不诬也。"④北京东岳庙光绪二十二年(1896)《白纸献花会碑》所述东岳大帝"本泰山之神,古典所崇,兹不具论。惟兹庙配祀,皆阴曹鬼府之灵,玉历所称十殿阎罗、一切地狱之说,图像甚炯,见者莫不怵然,知恶今之不可偶萌"⑤之文,也反映出阴司冥罚观念来源的复杂性。

明清由各阶层信众组成的香会对北京东岳庙的诸种进献中,不乏专为阴司判曹所用的笔墨纸砚和簿籍刑绳及笞杖用具等。乾隆二年(1737)《东岳白纸老会碑记》解释信众奉献之原因称:"东岳注人间生死,凡功过阴骘,一一录记,以彰果报。有曹司簿书,掌之如人世官府,案牍爰书所为者,于是创为白纸老会。每于岁三月,预敛钱物,敬谨装订纸簿若干本,及笔墨诸物,楪而焚之庙,以散诸曹事。"⑥碑文中的内容,当是阴司冥罚传统的细化再现。

如果说由对神灵的敬畏进而约束自己的行为是出于信仰者的主观动机,那么从客观角度看,"神"所具有的威力无穷、职涉生死、赏罚分明及公正宽厚等特性,均强化了阴司冥罚的威慑力。万历十八年(1590)施茶万人会所立《东岳庙

① 碑现存陕西西安碑林。相关解释可参见冯卓慧:《中国古代关于慎刑的两篇稀有法律文献——〈劝慎刑文〉(并序)及〈慎刑箴〉碑铭注译》,《法律科学》2005年第3期;李雪梅:《论"镂之金石"传统与中国古代司法文化》,载《"宋代司法文化与现代法治文明建设"学术研究会论文集》,2013年12月河南开封,第67—88页。

② 笔者所见清代《文昌帝君阴骘文》碑文,有杭州孔庙乾隆三十年刻、西安碑林乾隆四十八年刻、北京五塔寺嘉庆四年刻、宁波博物馆道光年间林则徐手书拓片等。

③ 笔者所见清代《关圣帝君觉世真经》碑文,有北京法源寺乾隆五十九年刻、苏州灵鹫禅寺嘉庆六年刻等。

④ 《北京东岳庙与北京泰山信仰碑刻辑录》,第369页。

⑤ 《北京东岳庙与北京泰山信仰碑刻辑录》,第248页。

⑥ 《北京东岳庙与北京泰山信仰碑刻辑录》,第148页。

碑记》强调"神之所罚，虽伏圹远重□石室，无所逃之，亦明矣"①。崇祯十三年（1640）《六顶进供白纸圣会碑记》认为东岳"七十二司主管纠察阴阳，赏善罚恶，如影随形"②。康熙十三年（1674）《万善重整白纸老会碑》强调人们之所以对东岳大帝"奔趋如云，诚敬而奉祀"，乃是因为他"掌人间之福禄，操生死之大权"，"不独理幽，兼且治明纠察功过，洞鉴如火。见一善者从而赏之，又从而咏歌欣慕之，所以令人乐始勉终。见不善者从而罚之，又从而哀矜惩创之，所以使人弃旧开新，至仁至圣，无以加兹"③。均凸显了东岳大帝跨阴阳、涉生死的无穷威力。

上述东岳大帝治明理幽"赏善罚恶，如影随形"的功能，与现实社会存在的冤抑不公形成鲜明对比。也正是由于冥罚足以弥补世间法律制度的缺陷，能满足人们赏善罚恶、因果必报的心理期冀，故对普通民众具有极强的折服力。正如乾隆二年（1737）《东岳白纸老会碑记》所言："纸簿之说，善恶具载，纤毫必报，信其事者真如目击，明可以舞文法而不可以欺鬼神，能免脱网于生前而不能贿免遁逃于死后。警心慑志，不敢为孽，足以补刑赏之所不及。"④

从社会治理与规范效力的角度看，基于人们内心崇奉的阴德、福报及阴司冥罚而产生的精神钳制力，较之法律禁令的约束，效果更为明显。康熙三年（1664）北京《中顶泰山行宫都人香贡碑》便阐述了这个道理："岳帝元君十王冥官临之，凡所谓不孝、不弟、不忠信、贪残凶悖、奸邪诈伪之念，有不待法制禁令之加而自远矣。"⑤

尽管阴司冥罚、鬼谴神诛等信仰传承难以进入国家制定法层面，但在民间却有广泛认同。它不仅广泛存在于各类民间禁碑中，也根深蒂固于民众的世俗生活中。

二、罚戏敬神之寓惩于教

在非正式法的罚则中，无论是族规乡禁还是行业规则，罚戏都具有一定的

①　《北京东岳庙与北京泰山信仰碑刻辑录》，第24页。

②　《北京东岳庙与北京泰山信仰碑刻辑录》，第65页。

③　《北京东岳庙与北京泰山信仰碑刻辑录》，第87页。

④　《北京东岳庙与北京泰山信仰碑刻辑录》，第148页。

⑤　《北京东岳庙与北京泰山信仰碑刻辑录》，第352页。

普遍性。明清碑文所载罚戏主要适用于：

一是有损神灵尊严的行为，如在祭神祭祖场所嬉戏赌博以及置放杂物或做工等。在庙中赌钱是对神灵的不敬，立为禁约理所当然。山西平顺东河乾隆三十八年（1773）《重修九天圣母庙记》载："合社公议，庙内永不许赌钱，不遵命者罚戏三日。"①广东海丰县马宫浪清村徐氏祖祠乾隆四十四年（1779）《浪清乡徐氏族规碑》为该乡徐氏三大房公议族规，其中一条规定："不许本姓人户雇请之各工匠在祠内做工，致损坏砖地，坏祠内清规，违者罚戏二本，不宥。"②

二是有碍正常生产经营和生活秩序的行为。有碍工商业活动的多与收徒和工价有关，光绪三十四年（1908）北京《糖饼行永远长久碑记》规定："收徒弟者，永远三年后各家收徒弟一名。如要各家不到三年后收徒弟者，阖行诸位伙友，立罚柜上掌案神戏一台。"③

在乡村林寨，多针对偷盗砍伐等行为。福建晋江深沪湾临海处崖刻上镌文："澳规：宫仔口系泊船之所，凡□□石块不许丢入澳内，诚恐船只出入有碍，违者罚戏壹台。嘉庆己卯年花月三乡公禁。"④山西高平道光二十六年（1846）《补修紫峰山暨白马寺碑记》载道光二十五年（1845）仲夏，"有犯山界二次起石者，公议罚戏。演戏之后，事有蹭蹬，因酿成讼词。后经邻庄处和，着伊仍还戏价，优礼妥神，又照禁碑罚银五两入社"⑤陕西平利县道光三十年（1850）吴氏公立《禁山碑》内容简明扼要，直指关键。碑载："禁止：此地不许砍伐盗窃、放火烧山。倘不遵依，故违犯者，罚戏一台、酒三席，其树木柴草，依然赔价。特此刊石勒碑告白。"⑥陕西岚皋县道光三十年（1850）《双丰桥组碑》规定："每岁秋收，五谷瓜菜成熟之际，有无耻之辈偷窃被获者，拟其轻重，置酒罚戏，赔赃出境。如不遵者，公同送官。"⑦

---

① 《山西戏曲碑刻辑考》"前言"，第18页。
② 《广东碑刻集》，第837页。
③ 《明清以来北京工商会馆碑刻选编》，第150页。
④ 《晋江碑刻选》，第71页。
⑤ 《高平金石志》，第314页。
⑥ 《安康碑石》，第177页。
⑦ 《安康碑石》，第177页。

三是移风化俗及法令严禁之事。清代,随着赌博之风的蔓延及官禁赌博措施的加强,民间的禁赌罚戏规约也扩及祠庙之外。山西屯留县石室村乾隆五十五年(1790)《合村商议秉公禁赌志》先述赌博之害,接着引述县令明冉的禁赌示谕,再颁乡禁:"自禁之后,凡我族党各宜凛遵。举凡赌输望赢等事,皆在所禁之例。俾使村中长幼老少守土蒙业,各相安于无事,岂不善哉。倘敢藐视法纪,横行强赌,一被人知,罚戏三期。若豪强自恃,不遵罚例,该乡地保禀官究责,依律治罪,勿致悔焉。"①屯留县常珍村嘉庆十九年(1814)《禁赌博碑记》载明:"自禁之后,如有私开赌局、诱人作匪者,公议罚戏三本。其花费之钱,赌博者均摊,而开局者罚以倍。倘不遵罚,禀县太爷究治。因此勒石,以杜吾乡赌博之弊,以垂将来子弟之戒。"②屯留县辛庄村嘉庆二十年(1815)《三社禁赌碑记》为三社维首组织村人公议,强调"自禁之后,犯者鸣钟赴社,罚戏三天"③。此外,山西平顺县西青北村嘉庆八年(1803)《禁赌罚戏碑》,山西隰县诸正村玄都观同治元年(1862)《合村公议禁赌立约演戏碑铭》等,均突出了演戏、罚戏与禁赌规则的关联。

上述罚戏之类的处罚,兼财产性处罚和敬神娱众为一体,较之单纯的罚钱罚物,寓惩寓教于乐的意义明显。在城镇乡村,请人演戏的花费经常需要集资摊资,费用不是小数,故罚戏也成为法定处罚之外,民间所能设想的给违规者最有力度和教益的惩罚。

三、重惩重罚之罚则体系

基于民间公权④产生的非正式法,其所设定的一套与国法有别的惩罚方式,是其特立独行的标志。这一罚则体系的要点表现在以下方面:

一是强调公开公平。公开指处罚行为和标准事先公布,对违反者,集众按规则议罚。山西盂县道光八年(1828)三村合立的《严禁山林条约》在规定了具体的赏罚标准后强调:"是约也,彰明较著,不恕不私。用是勒之碑石,以示通

---

① 《三晋石刻大全·长治市屯留县卷》,第52页。

② 《三晋石刻大全·长治市屯留县卷》,第57页。

③ 《三晋石刻大全·长治市屯留县卷》,第59页。

④ 中国传统法制具有政府公权(国家权力)和民间公权(民间基于公议和认同形成的权威)两种运作传统。详见第五章第二节、第九章第二节及第十一章。

晓,俾临事无异议云。"①云南大理道光十七年(1837)《乡规民约碑记》在列明十条乡规后特别指明:"以上所议乡规数条,俱系有益,原无害于本里乡村。倘村里男女老幼人等所犯此规者,不论大小轻重,各村议定罚银五两,以为充公。临时不得抗傲此规,勿谓言之不先也。"②罚则强调禁约对男女老幼的一视同仁,且违禁程度"不论大小轻重",表现出以重罚止犯的用意。

由于禁约罚则是在公议和相互认同的基础上形成的,基于这种自发性,人们共同遵守、相互监督。而对违禁者施以处罚,代表的是民间的公权公正,故可以做到罚则面前人人平等。

二是实行复合处罚和重惩重罚。在禁碑罚则中,罚钱、罚物、罚酒席、罚戏、体罚、诅咒、送官纠治、驱逐等惩罚措施较为常见,一般是两种或几种兼用,其中罚钱兼罚物最为常用。山西隰县咸丰元年(1851)《禁山碑记》规定:"纵火焚烧林木者罚钱十千文、猪一只。"③四川通江光绪五年(1879)《护林木碑》称:"违榜示言者,先宰一猪,然后再议罚项。"④

复合性处罚也体现在民间罚则多特意强调与国家法令惩罚的衔接上,"公同送官"、"鸣官究治"等规定是重要标志。广东和平县乾隆年间《五乡合禁碑》载文:

> 迩年来,近有无耻之徒,日则潜迹各乡,夜则成群偷窃,将见地方不靖,乡间未宁。予等目睹心伤,是以集五乡袷耆,设立禁条。自合禁之后,如有仍蹈前辙,不遵禁条,小则通众公罚,大则鸣官究治。务使地方之必靖,囷今风化之有坏。⑤

碑文中的"小则通众公罚,大则鸣官究治"是民间禁约中的常见表述。而这一规定其实也体现出基于民间公权而设定的乡规民禁的天然局限性。由于民间禁约是在公议和相互认同的基础上形成的,基于这种自发性,人们共同遵守、

---

① 《三晋石刻大全·阳泉市盂县卷》,第386页。
② 《大理历代名碑》,第541页。
③ 《山西通志》第9卷《林业志》,第128页。
④ 《绿色史料札记——巴山林木碑碣文集》,第34页。
⑤ 《广东碑刻集》,第821页。

相互监督。但这种认同感多适用于较稳定的同乡同行等熟人社会,范围有限。在人员流动性强或社会结构较复杂的地区,民间禁约的效力,会频繁遭到质疑和挑战。

民间禁碑中的重惩重罚倾向也比较明显。前述《谭氏族规碑》中规定的"族间有忤逆不孝抵触父母者,杖五百,罚香火钱贰仟文",《徐氏族规碑》规定的"打骂父母,重责二百板,议革出族,决不宽容",《众立乡约碑》规定的秋收时"如有乱偷,炮火石头打死,预白莫怪"、"众等将贼割耳挖目,预白"等,均显示了民间公权重视利用预警和重惩的方式。而这些重惩重罚措施的设立和实施,多强调是为公利公益,并规定对男女老幼一视同仁。云南大理云龙县长新乡道光十七年(1837)《乡规民约碑记》宣称:"倘村里男女老幼人等所犯此规者,不论大小轻重,各村议定罚银五两,以为充公。临时不得抗傲此规,勿谓言之不先也。"①表现出以重惩止犯的用意。

上述民间禁碑中的罚则规定,与《大清律例》等国家制定法及敕禁碑、官禁碑中的处罚方式明显不同。其惩罚方式多样,但以经济处罚为主,数额具体,便于执行;而且以奖促罚,寓惩于教于乐(如罚戏罚酒席)。其中寓惩于教的方式既可避免一味惩罚对乡邻亲和力或行业凝聚力的削弱,同时更具有教育和示范性,也是公用经费的重要来源。

这些基层社会所"喜闻乐见"的违禁处罚,由于出自乡邻或同行的公议,且事先勒碑公示甚至演戏告之,并强调"不恕不私"、一视同仁,故较之国法官禁,民禁碑更具有群众基础,实施效果也更为明显。

当然非正式法中的独立罚则、细致具体的惩处规定和重惩重罚倾向,显示了民间公权的行使主要是通过惩罚违禁者实现的。这是一种最简单、有效的社会管理方式,同时也符合民间公权的权力构成和特性。我们在众多碑文及文献中看到会馆、香会、村社等公产公款来源中,罚款占有一定比重;诸多处罚纪事碑,也明确记载了罚则的实施情况。借着罚则的实施,民间公权的威望和公信力也逐步确立,同时也给人们造成了"以罚代管"的思维定式。

---

① 　《大理历代名碑》,第541页。

下　篇
"金石纪法"与中国传统法制

第九章

中国法制"镂之金石"传统及特质

　　将法律规范、公文、契约和讼案等铭刻于青铜器或石碑上，公布彰显，以备查考，以垂久远，是中国古代法制文明的一个重要传统，即"镂之金石"法律纪事传统，简称法制"镂之金石"传统。

　　法制"镂之金石"传统由"铭金"和"刻石"组成，合称为"金石纪法"①。"铭金"是中国秦汉以前法制传承的重要方式，主要体现为西周时的"器以藏礼"、春秋时的"器以布法"、战国时的"物勒工名"、秦汉时的"刻诏行法"等。"刻石"经历了先秦金石并重、秦汉"铭功纪法"和"碑以明礼"、唐宋金元"碑以载政"、明清"碑以示禁"等重要发展阶段。古代中国法制"镂之金石"传统的核心可大致概括为"礼制"和"公政"②，其在不同发展时段表现出的"器以藏礼"、"铭功颂德"、"碑以明礼"、"碑以载政"、"碑以示禁"等，均是基于两个核心而展开。

---

　　①　"金石纪法"是对法律"镂之金石"传统表述的提炼，"铭金纪法"和"刻石纪法"分别是对商周至秦汉青铜法律纪事传统和秦汉至民国碑石法律纪事传统的概括。对相关概念和内容分析可参见拙作：《古代中国"铭金纪法"传统初探》，《天津师范大学学报》2010年1期；《古代中国"刻石纪法"传统初探》，载《法律文化研究》第6辑，中国人民大学出版社2011年版，第43—72页。

　　②　"公政"一词是一个合成概念，含有公器与政令和公权与政治相组合的含义。详见后文介绍。

第一节　法制"镂之金石"传统之"礼制"特质

在"镂之金石"法律纪事传承中,"器以藏礼"具有特别重要的意义。"器以藏礼"中"器"指青铜器,即金石中的"金"。礼的内涵丰富,既是祭祀祖先神灵的仪式,也是等级秩序,更是王道教化。清代龚自珍《说宗彝》一文中对青铜器及铭文的功用有详细阐释:

> 史佚之裔官曰:彝者,常也,宗者,宗庙也。彝者,百器之总名也,宗彝也者,宗庙之器。然而暨于百器,皆以宗名,何也?事莫始于宗庙,地莫严于宗庙。然则宗彝者何?古之祭器也。君公有国,大夫有家,造祭器为先。祭器具则为孝,祭器不具为不孝。宗彝者何?古之养器也。所以羞耇老,受禄社,养器具则为敬,养器不具为不敬。宗彝者何?古之享器也。古者宾师亚祭祀,君公大夫享器具则为富,享器不具为不富。宗彝者何?古之藏器也。国而既世矣,家而既世矣,富贵而既久长矣,于是乎有府库以置重器,所以鸣世守,侈祖祢,矜伐阅也。宗彝者何?古之陈器也。出之府库,登之房序,无事则藏之,有事则陈之,其义一也。宗彝者何?古之好器也。享之日,于是有宾,于是有好货。宗彝者何?古之征器也。征器也者,亦谓之从器;从器也者,以别于居器。宗彝者何?古之旌器也。君公大夫有功烈,则刻之吉金以矜子孙。宗彝者何?古之约剂器也。有大讼,则书其辞,与其曲直而刻之,以传信子孙。宗彝者何?古之分器也。三王之盛,封支庶以土田,必以大器从。宗彝者何?古之赂器也。三王之衰,割土田以予敌国,必以大器从。宗彝者何?古之献器也。小事大,卑事尊,则有之。宗彝者何?古之媵器也。君公以嫁子,以镇抚异姓。宗彝者何?古之服器也。大者以御,次者以服,小者以佩。宗彝者何?古之抱器也。国亡则抱之以奔人之国,身丧则抱之以奔人之国。宗彝者何?古之殉器也。禭之外,棺之中;棺之外,椁之中;椁之外,冢之中;于是乎有之,起于中古。宗彝者何?古之乐器也。八音金为尊,故铭之,衍神人也。宗彝者何?古之徽器也。或取之象,或刻之铭,以自教戒,以教戒子孙。宗彝者何?古之瑞命也。有天下者,得古之重器,以为有天下之祥;有土者,得古之重器,以为有土之祥;有爵邑者,得古之重器,以为有爵邑之祥。凡有征于先史之籍,有此十九说者,皆不可以不识也,

不可以不类识也。[①]

　　所谓"宗彝",即是青铜礼器,龚自珍总结出它兼有祭器、养器、享器、藏器、陈器、好器、征器、从器、旌器、约剂器、分器、赂器、献器、媵器、服器、抱器、殉器、乐器、儆器等19种用途,其中与"铭金"法律纪事关系密切者约占半数。

　　在龚自珍看来,祭器、养器是礼器的根本属性,也是尊祖敬宗等忠孝思想和传统礼法观的源头。所谓"君公有国,大夫有家,造祭器为先。祭器具则为孝,祭器不具为不孝"。此处不仅指明礼器铸造和使用具有家国一体的特性,更是孝道的具体表现。而不忠不孝的行为也一直受到传统文化的贬斥,谋反、谋叛、不孝均属"十恶"重罪。"养器具则为敬,养器不具为不敬",此当是对十恶中"大不敬"罪的法源性解读。

　　青铜礼器是宗族、家国之重器,用于铭刻王室分封和国土割让。"宗彝者何? 古之分器也。三王之盛,封支庶以土田,必以大器从。宗彝者何? 古之赂器也。三王之衰,割土田以予敌国,必以大器从。"分器、赂器上的铭文是身份地位和权利的凭证与保障,无疑具有重要法律意义。

　　青铜礼器也蕴含着社会等级秩序。"宗彝者何? 古之献器也。小事大,卑事尊,则有之。宗彝者何? 古之媵器也。君公以嫁子,以镇抚异姓。宗彝者何? 古之服器也。大者以御,次者以服,小者以佩。"而强调尊卑贵贱、血缘亲疏,也是中国古代法律传统的一个显著特征。

　　最值得铭刻载录以传示子孙的为旌器和约剂器。前者所载是要子孙牢记的丰功伟绩,后者所刻是要子孙了然于心的权益格局。"君公大夫有功烈,则刻之吉金以矜子孙。""有大讼,则书其辞,与其曲直而刻之,以传信子孙。"这两项内容在"镂之金石"法律传承中具有明显的一贯性,且在"铭金"和"刻石"法律纪事中,均占有重要比重。

　　训诫、儆语、箴言等也具有一定的法律属性,见载于青铜礼器。"宗彝者何? 古之儆器也。或取之象,或刻之铭,以自教戒,以教戒子孙。"据此,我们可以找到日渐增多的官箴、族规等刻石的发展源头。

---

① 《龚自珍全集》,第261—262页。

三代青铜礼器的19种用途,说明礼制在青铜时代政治生活中的重要性。"器以藏礼"盛行于西周,但礼的影响却波及深远,并赋予传统中华法系"礼法合一"的鲜明特色。

秦汉初兴的刻石,重复着"铭金"的发展历程,以"碑以明礼"为发展的起点。东汉时,在独尊儒术、举孝廉等政治举措和重丧葬等社会风气的共同影响下,社会中坚通过"树碑立传"和"歌功颂德"刻石,彰显儒家礼仪孝道。

汉代统治者崇扬儒学,不仅将儒家经典刊石立于太学作为学士校勘抄本的标准,而且大力提倡名节孝道。"汉制使天下诵《孝经》,选吏举孝廉。"[1]检之《后汉书》人物列传,以"举孝廉"为官者有上百处之多,可见这一制度推行之广。从存世汉碑可以看出,儒家经典对碑文写作也产生了直接影响。清人匡源评述称:"碑碣之兴莫盛于汉,其时崇尚经术,上下同风,操觚之士类皆有典有则,文质相宣。"[2]汉代尊崇儒术的一系列举措,成为东汉碑石迅猛发展的助推剂。

在东汉"树碑立传"风行之时,刻碑也反作用于社会。追述死者的功德,目的是为生者树立典范,所谓"褒功述德,政之大经"[3]。青铜器的"器以藏礼"功能转换于碑石之上,"碑以明礼"成为迎合朝廷释孝明礼、推行社会教化的重要手段,此功能在之后的历代王朝延续不替。正如元代王思明所说:"后世之文,莫重于金石,盖所以发潜德、诛奸谀、著当今、示方来者也。"[4]这种独特的社会教化功能,赋予碑石以持久的政治生命力。

唐宋律有关"长吏立碑"的法律规定,是朝廷对东汉以来流行的"树碑立传"风尚进行法律调控的创制,并将"碑以明礼"功能法制化,意图借助法律规定的严格审核程式,树立官员为政标准,并借此强调伦理道德教化在社会管理中的重要性。此举迎合了古代中国强调以礼为防、德刑兼备的立法精神和社会治理需求,同时也为"刻石纪法"传统的发展和巩固,开辟了广阔空间。

需要重视的是,宋代金石学的萌生及兴盛,一个重要背景是为满足"礼家明其制度"的政治需求。刘敞(1019—1068)为宋仁宗时的礼学专家,所撰《疑

---

① 《后汉书》卷62《荀淑传》,第2051页。
② 〔清〕刘宝楠:《汉石例》"汉石例序",载《石刻史料新编》第三辑40册,第109页。
③ 《蔡中郎集》卷5《陈太丘庙碑铭》。
④ 〔元〕潘昂霄:《金石例》"王思明序",载《石刻史料新编》第三辑39册,第510页。

礼》一文认为："今之礼,非醇经也。周道衰,孔子没,圣人之徒合百说而杂编之,至汉而始备,其间多六国秦汉之制,离文断句,统一不明。"故作为原始素材的先秦古器物和铭文遂成为礼学家恢复古礼的依据。刘敞在《先秦古器记》一文中明确提出研究古器可使"礼家明其制度,小学正其文字,谱牒次其世谥"①。吕大临著《考古图》,也带有"探其制作之原,以补经传之阙亡,正诸儒之谬误"②的目的。后来的金石学研究,对经史礼制的考释探源一直是重要内容。

从"器以藏礼"到"碑以明礼",表面上是"刻石"对"铭金"的复制翻版,却揭示了中国礼制文化在商周、两汉及唐宋以后国家政治生活中的重要性。这是因为在中国古代社会,儒家思想长期占主导地位。西周的"器以藏礼",蕴含着等级规范、尊祖敬宗及德治教化,这是后来儒家所极力推崇的;东汉碑石勃兴,是"独尊儒术"、举孝廉等政治举措的结果,"树碑立传"成为迎合朝廷释孝明礼的重要手段。在以儒学为正统的王朝,无不强调德礼政刑的相辅相成。

通过前述章节对"铭金"与"刻石"法律纪事的梳理,可以看到西周时将大约剂"书于宗庙之六彝,欲神监焉"等盟诅、神鉴传统,在秦汉以后的历代墓葬刻石、唐宋外交会盟碑、明清契证碑和民禁碑中充满活力;传统经典中的礼制、教化以及传统和外来的因果福报等内容,也颇富张力。故礼制主导"刻石"法律纪事的发展走势并成为"刻石纪法"的核心,乃理所当然。

第二节　法制"镂之金石"传统之"公政"特质

与"礼制"的固有概念不同,本书使用的"公政"一词具有时段性和组合性。在"铭金纪法"阶段,"公政"是公器和政令的组合;在"刻石纪法"阶段,"公政"是公权和政事的组合。

"铭金纪法"自西周至秦汉持续时间达1260多年,其发展变化的角度是多重的。就载体青铜器本身而言,经历了从尊处庙堂密室的礼乐重器,到关乎法

---

① 〔宋〕刘敞:《公是集》卷46、36,文渊阁《四库全书》电子版。
② 〔宋〕吕大临编:《考古图》"考古图后记",《四库艺术丛书》,上海古籍出版社1991年版,第270页。

制、军事、经济等国家强弱的实用器,乃至后来的生活用器的转化;作器铸铭者,经历了从贵族、执政者到监造者和制造者的推进;从铭刻内容看,随着铭文载体由西周时鼎、簋等大型祭祀礼器变为战国秦汉时的小型度量衡器,铭文字数经历了由数百字到数十字的退化;从功能看,也经历了由奉祀先祖的宗族祭器到推行法令的国之"公器"的转化,等等。而唯一不变的是"金石"永存的特性,即以铭刻的形式公开、推行、保存重要事项以求恒久的传统,并未随青铜时代的远去而消散。

在上述诸多变化中,春秋战国时期的社会大变革,促发了青铜器功能的转变。春秋时,宋国、郑国、晋国相继以铸刑书、刑鼎的方式公布成文法。《汉书·刑法志》载:"春秋之时,王道寖坏,教化不行,子产相郑而铸刑书。"①《晋书·郭璞传》称:"子产之铸刑书,非政事之善,然不得不作者,须以救弊故也。"②在古人看来,铸刑书、刑鼎是一种适应时代和社会变化的不得已之举。然这一举措,不仅是中国古代法律制度的一次重大变革,同时也是青铜礼器的一大转变,原本敬奉于宗邑庙堂的祭器,变身为国之"公器"。

"公器"指通行并具有规范社会作用的器物,如度量衡器、货币、契约等。《慎子·威德》言:"蓍龟,所以立公识也,权衡所以立公正也,书契所以立公信也,度量所以立公审也,法制礼籍所以立公义也。凡立公,所以弃私也。"③战国秦汉流行的在标准度量衡器上铭刻法令诏书的做法,尤能反映公器在国家治理和建立新的社会秩序中的作用。

战国初年的子禾子釜是一件量器,腹壁刻铭文9行,载该釜容量大小的参照标准,并警告:如关人舞弊,加大或减少其量,均当制止。如关人不从命,则论其事之轻重,施以相当刑罚。子禾子即田和子,是他当大夫时的称呼。此釜是他当齐侯之前铸造的"家量",与诸侯王制作的"公量"有别。然而这件量器与陈纯釜、左关鈉均置于关卡,当与征收关税有关,并对"关人"的行为做出明确规范。这些量器的意义,正如邱光明所言:"度量衡一旦从殿堂走向民间,也就必须具备一定的法制性。"④

---

① 《汉书》卷23《刑法志》,第1093页。
② 《晋书》卷72《郭璞传》,第1904页。
③ 高流水译注:《慎子全译》,第26页。
④ 邱光明:《中国古代计量史》,第27页。

流传至今的秦孝公十八年(前344)商鞅铜方升是商鞅督造的标准量器。秦统一后,在商鞅铜方升底部加刻了秦始皇二十六年(前221)的诏书和秦二世的诏书。诏文强调统一度量衡是秦始皇的功绩,并明示将统一度量衡的法令继续推行下去。

除商鞅铜方升外,美阳铜权、旬邑权、大魏权、两诏大权等也均载刻秦始皇和秦二世的诏书[1]。

汉承秦制。汉代大司农平斛中的"平"具有公平、均等之义,是由大司农监制、校量的国家标准器[2]。大司农铜权载明要达到"均长短、轻重、大小,用齐七政,令海内都同"的目的[3]。从诏书内容看,统一度量衡被视为是政权更新、法令一统的标志,是一项伟大功业,故要"万国永遵",传子孙"亿年"[4]。此时,度量衡铭刻的内容,既是法律,也是国之大政,公器和政令相得益彰。

"公政"在"刻石纪法"上的表现与"铭金纪法"有所不同。由于碑石本身不具有公器的特性,只是基于公权和政治的施加,碑石载体才具有法律意义。故"公政"在"刻石纪法"上的表现,是公权和政治的组合。

清人龚自珍在《说刻石》一文中引述他人之言总结出"古者刻石之事有九":

> 帝王有巡狩则纪,因颂功德,一也。有畋猎游幸则纪,因颂功德,二也。有大讨伐则纪,主于言劳,三也。有大宪令则纪,主于言禁,四也。有大约剂大诅则纪,主于言信,五也。所战,所守,所输粮,所瞭敌则纪,主于言要害,六也。决大川,浚大泽,筑大防则纪,主于形方,七也。大治城郭宫室则纪,主于考工,八也。遭经籍溃丧,学术岐出则刻石,主于考文,九也。九者,国之大政也,史之大支也。[5]

文中所总结的刻石九事,主要为帝王功德、国家征战、工程建造,与法律纪

---

①　孙慰祖等编著:《秦汉金文汇编》,第4—20页。
②　邱光明:《中国古代计量史》,第78页。
③　吴小平:《汉代青铜容器的考古学研究》,第290页。
④　邱光明:《中国古代计量史》,第74页。
⑤　《龚自珍全集》,第261页。

事关联密切的有二,即主于言禁的"大宪令"和主于言信的"大约剂大诅"。较之宗彝器的19种用途,刻石之事锐减为9种,乃是因为此九者为"国之大政也,史之大支也",也即主要从国家纪事的角度来总结古代刻石之事,国家法律纪事集中体现为法规禁令和外交盟约。至于乡里、家族等民间层面的世俗刻石,非国之大政,所谓"祠墓之碑,一家之事,又非刻石伦也",但"宜更专以言者也"①。

　　尽管在龚自珍眼里,刻石中的"一家之事"和"国之大事"不可相提并论,但这种二分法,却揭示了刻石纪事客观存在的两条并行发展路径。这是"刻石纪法"与单线发展的"铭金纪法"的一个重要不同。

　　龚自珍所说的"国之大政"中的"政"主要指政治、政事。古有"八政"之说。《书·洪范》载:"八政:一曰食,二曰货,三曰祀,四曰司空,五曰司徒,六曰司寇,七曰宾,八曰师。"孔颖达疏:"'八政'者,人主施教于民有八事也。"②这里的"政",是从国家治理的角度而言。实施八政,必须借助政令、禁令。政令出自国家公权,体现为公文。执行公文即推行政事。唐元金元发达的公文石刻,便是"碑以载政"的直接体现。

　　但载之于碑石上的"政"不限于国家政事,还有地方政事和基层社会的村社家族政事。

　　古代儒家主张齐家、治国、平天下,家国一体观在古代中国有深厚的社会基础。在青铜器流行时代,"君公有国,大夫有家,造祭器为先。祭器具则为孝,祭器不具为不孝"③,指明礼器铸造和使用具有家国一体性。从刻石中,我们也可以看到家政与国政有相通的一面。

　　"分疆刊石"一直是国家和地方官府行政的重要内容。《晋书》载晋人杜预"修邵信臣遗迹,激用滍淯诸水以浸原田万余顷,分疆刊石,使有定分,公私同利"④。民间社会,立界域四至碑的传统也源远流长。马衡说:"界至者,记疆界之四至也。《元和郡县图志》又称为八到。其俗自汉已然。"⑤

---

　　①　《龚自珍全集》,第264页。

　　②　《十三经注疏·尚书正义》卷12,第305页。

　　③　《龚自珍全集》,第261页。

　　④　《晋书》卷34《杜预传》,第1031页。

　　⑤　马衡:《凡将斋金石丛稿》,第92—93页。

　　但家政与国政的侧重点不同。国家政事以统一法令、度量衡及外交会盟为主，秦汉的帝王诏书刻石、唐长庆三年（823）的《唐蕃会盟碑》等均是代表。地方政事多刻载于公文碑、禁令碑和讼案碑中。有关赋税徭役的公文碑，从东汉光和二年（179）的《樊毅复华下民租田口算碑》，到明洪武十九年（1386）《税缆碑文》、嘉靖十三年（1534）《优免徭役碑》等，绵延不断，可以看到古代地方官征收赋税职责的重要性和延续性。在最基层的社会，乡里大事有修庙祭祀、兴修水利、支付杂役，是故汉代有《侍廷里父老僤买田约束石券》，明代有《太平县长寿乡社碑》，清代有《北霍渠掌例》等代表性碑刻。家政大事为生老病死和财产处分，汉代有《大吉买山地记刻石》、《金广延母徐氏纪产碑》，明清更有捐产施舍碑等碑石群体。

　　"刻石纪法"所表现的家政和国政等不同层级，与社会权力尤其是"公权"的分属大体相应。

　　法律碑刻是公权力运作的结果。中国传统法制具有政府公权（国家权力）和民间公权（民间基于公议和认同形成的权威）两种运作传统。在政府公权的法制表达与实践中，君言皇权刻石始终占主导地位。与实施行政管理有关的公牍刻石在唐宋金元颇为发达，具有创制性内涵的禁令刻石在明清时期较具系统性。民间公权的法制表达与实践主要体现为村社、家族、行业、信众等公议的规范禁约，对田土、房屋等私产和公产买卖、捐施等处分的合同契约，明确权益界限的争讼纪事等。

　　以汉代为例。史载西汉元帝时（前48—前33），南阳太守召信臣"为民作均水约束，刻石立于田畔，以防分争"[①]。东汉建初八年（83），庐江太守王景"驱率吏民，修起芜废，教用犁耕，由是垦辟倍多，境内丰给。遂铭石刻誓，令民知常禁。又训令蚕织，为作法制，皆著于乡亭"[②]。立碑以定纷止争、令民知常禁，是社会治理的一种措施。而文中的"约束"、"常禁"，法律规范的含义极为明显。这是出于政府公权的"刻石纪法"。

　　基于民间公权形成的刻石，汉代以建初二年（77）《侍廷里父老僤买田约束

---

　　① 《汉书》卷89《召信臣传》，第3642页。施存蛰考证此碑至郦道元作《水经注》时已不存，参见施蛰存：《水经注碑录》卷8《晋六门碑》，第332—333页。

　　② 《后汉书》卷76《王景传》，第2466页。

石券》较具代表性。僤是汉代基层社会中负责沟通官方与民间事务的人物。他们接受官府差遣,但没有俸禄,故要承受一定的经济负担。"父老僤"正是为解决这一问题而由民间自发设立的一种互助组织。碑文载"侍廷里父老僤祭尊于季、主疏左巨等廿五人,共为约束石券",其约束内容,反映了民间社会存在一定程度的自治与管理功能。

如果说"铭金"法律纪事的核心"器以藏礼"体现了西周宗法血缘社会权贵纪事的单一发展主线的话,那么在"刻石"法律纪事中,则表现了治国与齐家、官僚政治与村务社事两条并行的纪事发展主线,并通过政府公文和民间规范类刻石,展示了秦汉以来中国社会存在的政府行政管理和民间自治的两种"政治"模式。从这一角度看,"刻石"较"铭金"的发展空间更为广阔,内容也更为丰富。

"铭金"的单向性和"刻石"的双向性发展当受制于器物材质本身。金文的载体青铜器主要是礼器,具有"礼不下庶人"的特性;同时青铜在古代属于重要战略资源,只能由国家掌控,成为国之"公器"。碑石作为文字载体,从秦汉初创时,使用者即无高低贵贱之分,官方和民间,公权和私权,或独立运行,或交互影响,不断累积递进。

第三节　法制"镂之金石"的权力属性和社会意义

由"铭金"向"刻石"的发展,我们可以清晰看到法制"镂之金石"传统所蕴含的权力标志属性。

殷商人喜欢以甲骨卜辞传达神的旨意,显示王权神授。商周铸造青铜器是宗法礼仪活动的一部分。青铜铭刻从商代简单的族徽、人名到西周时的长篇纪事,意味着青铜礼器功用的转变,即从族群的标志、祭礼中与神明沟通的器具,变身为宗法世袭特权的凭证。西周贵族在宗庙祭器上刻铭祖先和王的功德,同时也记录铭刻者的功绩,期以传示子孙,反映了宗法世袭制度背景中权利、地位和财富的血脉相传特色。春秋"铸刑鼎"、"铸刑书"是贵族旧礼体系崩溃、新的权力系统建立的标志。战国秦汉将法令诏书刻于"公器",说明在社会转型、政权更替中,它成为重新分配权力、财富以及建立新的社会秩序的有力工具。敬陈于庙堂中的礼器成为宣告于天下的公器,意在说明,权力需要展示,与新权力伴生的新法制, 更需要公开展示, 代代相传, 永垂不朽。

刻石立碑活动也展示着不同层级社会权力的运作方式。秦始皇将其统一六国的丰功伟业立于名山之巅, 以彰显一代帝王的威严、自信与长治天下的意愿, 这是政治专制的起始。东汉兴起的刻石高峰是社会政治运作的结果。借着"独尊儒术"政策的确立和推行, 社会中坚以树碑立传的方式释孝明礼, 春秋时孔子所津津乐道的"克己复礼"、"器以藏礼"等主张, 被汉代儒生以"碑以明礼"方式赋予生机。"礼制"在"刻石"法律纪事中, 重新获得主导地位。

与此同时, 刻石留名传世的欲求由君王独享变成官员学士共享, 并很快扩及社会各个层面, 载文内容也由礼制王政扩及世俗民政。公文碑和私文碑, 法令行政与规则契约, 均是适应社会发展的"分权"政治(政府公权和民间公权)的直接体现, "公政"在"刻石纪法"中, 较其在"铭金纪法"中, 有了更为丰满的内涵。

虽然简牍在很长一段时间内也曾满足了社会的需要, 但却不具有青铜、碑石的耐久性。在中国传统语汇中, "金石"除指镌刻文字、颂功纪事的钟鼎碑碣之属外, 还常比喻不易改变或不朽。马衡先生曾对"金石"二字的含义演变阐释道:

> 商周之时, 所谓金石者, 皆指乐器而言, 非今之所谓金石也。其以金与石并举, 而略同于今之定义者, 盖自秦始。《史记·秦始皇本纪》所载群臣奏议及始皇、二世诏书, 多曰金石刻, 或曰金石刻辞。其意盖欲以文辞托之不朽之物质, 以永其寿命, 故合金与石而称之曰金石刻或金石刻辞。[1]

汉代陆贾云"欲建金石之功, 终传不绝之世"[2]是取不朽之义。汉代贾谊说"若夫庆赏以劝善, 刑罚以惩恶, 先王执此之政, 坚如金石, 行此之令, 信如四时"[3], 也是取此义, 即主张法律应该像金石等坚硬材质一样不易毁灭改变。晋杜预说"古之刑书, 铭之钟鼎, 铸之金石, 所以远塞异端, 使无淫巧也"[4], 除了

---

① 马衡:《凡将斋金石丛稿》, 第1—2页。
② 王利器:《新语校注》"至德第八", 中华书局1986年版, 第121页。
③ 《汉书》卷48《贾谊传》, 第2252页。
④ 《晋书》卷34《杜预传》, 第1026页。

重申这样的意思之外, 还特别强调法律铭刻于金石是为了 "远塞异端, 使无淫巧", 即以庄严的不易改变的方式纪录公布法律条文, 防止有人隐藏、篡改和歪曲法律, 以徇私意。

秦汉以后, 碑石取代青铜, 使载文之器发生了质的改变, 载文内容也由礼制王政扩及世俗民间的琐碎之事。但 "镂之金石" 的中国文化和法律纪事传统, 并未因石盛金衰而发生异化。在汉代及以后朝代的碑石上, 铭刻的依旧是传承了数百上千年的 "镂之金石" 传之后世的社会使命和期望。无论是贾谊所言执政 "坚如金石", 还是东汉碑石如彰表孝烈的《曹孝女碑》载 "铭勒金石, 质之乾坤"①, 颂扬名士的《娄寿碑》曰 "绵之日月, 与金石存"②, 及唐韩愈《平淮西碑》载 "群臣请纪圣功, 被之金石"③, 反映的是同样的铭功永垂的期冀。

自西周秦汉以来, 虽然法律传承的形式发生了变化, 法制纪事的主体也经历了从执政者、贵族, 向中下层官吏乃至最基层的社会群体的转变, 但对法制威严与不朽的企盼与追求, 却一脉相承。碑石铭刻的纪功明礼、载政行法、申禁示威等功能, 以及其道器兼备、官民互动、现实救济等特色, 使其在古代法律传承和地方法律秩序的构建中, 发挥着广泛和积极的效用。这也是为什么历经改朝换代等剧烈的社会动荡和战乱后, 中国法制 "镂之金石" 的传统未曾中断的原因。

---

① 〔清〕杜春生:《越中金石记》卷3, 载《石刻史料新编》第二辑第10册, 第7174页。

② 高文:《汉碑集释》, 第412页。

③ 《新唐书》卷214《吴少诚传附元济传》, 第6007页。

第十章

法律碑刻：一种独立的存在

法律碑刻是一种独立的石刻类别，其独立的内容、外在形式和功效等，均强化了它自成一体的独立性，并使法律碑刻能与传统碑石中的大类——墓志、纪事碑、功德碑、题名碑等并列而存。当然这种独立性并非一蹴而就，明清碑禁体系的形成乃是法律碑刻取得独立地位的重要标志。

第一节　碑禁体系的标志意义

一、法律碑刻独立化的渐进过程①

法律碑刻的独立化是个漫长的过程。从传世和出土的古代碑刻内容看，隋唐以前，"纪功"刻石较"纪法"为多。铭功纪事是"镂之金石"的基本特性。今人施蛰存曾说："金石刻的最初作用，本是铭记功勋。"②在刻石初兴时，"歌功颂德"、"树碑立传"盛行，此时法律内容多作为陪衬记载于碑石中，著名的秦刻石便以"铭功"兼及"纪法"。汉代大部分功德碑，也主要起着"碑以明礼"的功用。

从唐宋金元开始，刻石中的"纪法"内容逐渐增多，内容以君言和公文为主，用现在的眼光看，多属行政命令和法规，具有"碑以载政"的特色。此时，碑

---

① 此标题内容可详见本书第二章，此处仅简略提示。
② 施蛰存：《金石丛话》，第33页。

石在国家机器运转和社会治理中的作用日趋重要,逐渐形成了以敕牒、公据、榜示等政务实践为主的"公文碑"体系和纪述争讼案件的"讼案碑"体系。这些碑刻的大量存世,也与法律碑刻所具有的政务公开和有案可稽的档案属性密不可分。

明清是"刻石"法律纪事的完备期。此时的法律刻石,既有彰显德礼教化、构建官府布政模式等正统性和规范性的一面,也有由官禁碑、民禁碑所展示的变通性和世俗化的一面。更重要的是,由敕禁碑、官禁碑、民禁碑等所构成的"碑禁体系"日益成熟,"碑以申禁"成为社会治理的重要手段。

此外,明确个人和家庭财产关系、明示财产处分权的"契证碑"也在明清时大量出现,将契券勒石备案成为一种社会常态行为,刻石法律纪事的内涵更为丰满,法律碑刻独立存在的意义日益彰显。

二、法律碑刻的形式特征

法律碑刻的独立性也表现在形式特征方面,带有倾向性的立碑地点和碑文的格式化特征,是法律碑刻的特有标志。

(一)指向明确的立碑地点

法律碑刻是指其内容能传递法律信息,并具有公开性和真实性等特征。公开性和真实性也是法律碑刻区别于墓志、买地券等石刻类别的重要标志[①]。

就内容和效力而言,法律碑刻有敕禁碑、官禁碑、民禁碑、讼案碑、契证碑之分。不同内容的碑刻,会集中于不同的地点。如立于城门、街衢、渡口、桥头等处的碑刻,内容多涉及社会治安和除弊安民;官衙是法律碑刻的集中地,以自警为主的官箴碑和具有档案功效的讼案碑多刻立于官衙内,示谕诸色人等的告示碑、禁令碑多立于官衙大门外;地方教育中心,如府、县儒学及各地书院,是御制学规碑、题名碑、建置沿革碑、学田碑等的集聚地;寺观、祠堂、会馆之内,是规约、契证或争讼纪事碑刻的荟萃地;其他如涉及水利纠纷、山林界址、生态环保和义冢等方面的纪事和凭证碑刻,多立于碑文所及纠纷或事项发生地近旁,碑文权利义务关系的特指性明确。

明末清初以来,禁碑的刻立地点更为集中明确。在明代以前,法律碑刻主要立于官衙、学校、寺院之内,在衙署门口刻立禁碑出现较晚,自明末清初才开

---

① 有关法律碑刻之界定原则,可参见拙作:《碑刻法律史料考》,第37—40页。

始流行。

清康熙年间（1662—1722），江南地区"禁当行碑"①数量最多的是苏州府常熟县。常熟县现存明万历到清乾隆年间的禁铺户当行碑为21份，仅康熙年间即有14份。这14份碑刻，除1份立于寺院外，其余均立于县署门外。

当时各地陆续出现的工商禁碑，或强调立碑地点的权威性，或突显立碑地点的人员流动与聚集。万历四十四年（1616）《禁止木铺供给碑》要求"立石县门"②；康熙五十九年（1720）《长吴二县饬禁着犯之弊碑》要求"勒石署前，以昭永禁"③；乾隆五十八年（1793）陕西汉中《州衙告示碑》规定"右示刊刻石碑，竖立四门，永远遵守。竖立署前"④。此外，人员往来频繁的关口要津以及官民经常祭拜的城隍庙、关帝庙等地，也是禁碑的主要刊刻地点。如康熙三十七年（1698）《娄县为禁踹匠倡聚抄抢告示碑》立于松江府枫泾镇城隍庙；康熙五十四年（1715）嘉定县《禁踹匠齐行勒索告示碑》立石于嘉定县南翔关庙。这些具有明确指向性的刻立地点，强化了法律碑刻的特有属性。立于官衙门前的禁碑，除便于禁令的公开和传播外，其针对官吏衙役违禁必罚的警示用意颇为明显。

法律碑刻较集中的官衙、街衢、城门、渡口、寺观、文庙、会馆等处，均是人员往来频繁或易于聚集之地。立碑于此固然是为便于禁令的传播周知，同时也益于昭示地方官为政清明，是地方官善履职责的明证。

（二）碑额、碑身的标志

碑石由碑首、碑身及碑座三部分构成，文字主要刻于碑首和碑身。一般碑额上的文字不多，却有关键的点题作用，昭示立碑意图。

凡是与法律纪事相关的碑文，碑额多使用蕴含公示、永禁、治理、改革等意义的词语。山西蒲县下柏村三官庙乾隆四十六年（1781）《合社公立禁赌碑志》额题为"力扶村纲"，山西屯留县石室村玉皇庙乾隆五十五年（1790）《合村商议

---

① "禁当行碑"指载有禁止官吏、衙役、兵丁强迫工商行户无偿或低价提供劳役和物资以勒索滋扰工商业者的碑刻，详细内容参见拙作：《明末清初工商禁碑与地方法律秩序——以江南地区"禁当行碑"为中心》，台湾《法制史研究》第15期（2009）。也可参见本书第四章内容。

② 《江苏省明清以来碑刻资料选集》，第558页。

③ 《明清以来苏州社会史碑刻集》，第566页。

④ 《汉中碑石》，第46页。

秉公禁赌志》的额题是"仪型后世",山西潞城市侯家庄村三峻庙嘉庆二十四年（1819）《北庄村禁赌碑记》额题"维风正俗"。在为数众多的明清工商禁碑中，"勒石永禁"、"奉宪示禁"是碑额上频繁出现的标识，简明的词语昭示出立碑的目的及人们对禁碑的期望。

一般同一碑石的碑阳、碑阴额题不同，但所刻内容多有一定关联性。山西蒲县柏山东岳庙乾隆十七年（1752）《昭兹来许碑》，碑阳额题"昭兹来许"，碑阴额题"东山置地碑记"，碑文记述了社首因违背戏规而自罚银两置地归公之事，社首等人特立碑为例，昭示后人①。山西介休源神庙《碗窑行公议规条碑》，碑阳额书"永远遵守"，碑文为光绪二十八年（1902）碗窑行15家"演戏议定"的14条行规；碑阴额书"安业除患"，碑文为民国五年19家窑商增议的4条行规，以及同行据理力争而取得的免除贩卖粗瓷碗具落地税的批文②。介休源神庙光绪二十九年（1903）刻《源泉平讼记》，碑阳额书"率循罔越"，碑文记介休县知事审理水利讼案之经过，以及要求利害方"久远遵守"的4条判词；碑阴额书"永垂不朽"，碑文是各村渠长及值年水老之题名，意表对讼案处理结果的认同③。上述额题文字，均表达出立碑者对碑文内容权威性和永久效力的寄托。

除碑额外，法律碑刻的形式特征也表现在碑文中的职衔、落款等处。凡官府颁刻的示禁碑，碑文前多开列官衔、级别、嘉奖及官员姓氏等，并将字体加大、加重，醒目异常。如陕西安康同治六年（1867）《严禁埠头讹索过往船户告示碑》，首行大书"候选分府洵阳县正堂加五级纪录十次孙"等字；陕西安康光绪十五年（1889）三月六日立《秋河义仓条规牌示碑》额镌"永遵良规"，右首行大书"特授平利县正堂加五级纪录十次寻常加一级杨"等字，公文格式明显。

民间所立的碑石，标志性特征主要通过碑额、碑文内容和碑石刻立者来体现。陕西安康《天柱山庙公议戒律条规碑》，结尾处"光绪十六年十二月初一日首士、山主、住持同立"④，字体较前面碑文字体更大，更为醒目，点明民间权威的构成及公议特性。

---

① 《山西戏曲碑刻辑考》，第395—396页。
② 《洪洞介休水利碑刻辑录》，第246—248页。
③ 《洪洞介休水利碑刻辑录》，第257—258页。
④ 《安康碑石》，第294页。

三、碑禁体系的标志意义

碑禁体系的形成是法律碑刻取得实质性独立地位的标志。碑禁体系在明代晚期开始酝酿，在清代逐步发展和完善。与明代地方禁令告示多以文集的形式保存下来不同的是，清代地方禁令被大量刻于碑石而流传于世，这一现象本身即值得特别关注。

禁令在明代以前已得到充分发展。明清时期，地方禁令和禁碑相互促进，使两者在内容和结构上重叠发展，但两者的不同之处也开始显现，即禁碑所体现的官民互动和官主民辅的地方法律秩序建构作用更为突出。

至少在明代中晚期，各级地方官员已颇为重视发挥碑石在治理地方中的作用。山西介休万历十九年（1591）《介邑王侯均水碑》记载地方官针对当地"卖地不卖水，卖水不卖地"而至"纷争聚讼，簿牒盈几，且上官严督，不胜厌苦"的情况，采取了一系列均水改革措施，并"通呈按抚两院、守巡二道及本州，允行出榜晓谕，仍镌石以垂不朽"[①]。

地方官员衔君命宰治一方，可在地方发号施令，设范立禁。然而大多数禁令尤其是禁碑并非地方官主动出示，而主要是应地方士绅等公议请求而示禁。绅民们提出请求，往往是立规兼及设禁。绅民所报呈官府的请求一旦批准，这些规则、禁约就成为地方法律规范体系的一部分。

由于禁碑是禁令存在和有效的一种标志，故而毁坏禁碑本身也是一种违法行为，要承担一定的法律责任。明代隆庆二年（1568）《苏州府示禁挟妓游山碑》解释立碑的理由是"虎丘山寺往昔游人喧杂，流荡淫佚，今虽禁止，恐后复开，合立石以垂永久"，碑中除规定违禁的惩处措施外，也强调"日后将此石毁坏者，本府一体追究"[②]。

清代，"勒碑示禁"、"禁令永垂"是地方禁令公布和实施中的常见标志，也是会典则例等法规中的惯用语。在《钦定大清会典则例》所载各部禁例中，"勒石严禁"出现的频率颇高。在清代的人物传记和地方志记载中，地方官以"勒石

---

① 《黄河金石录》，第115—116页。
② 《明清以来苏州社会史碑刻集》，第565页。

永禁"的方式革除弊政,几成通行的社会风气。

在"勒石永禁"成为地方官员刻石布政的常态后,官禁碑的模式已基本稳定。在许多碑文中,我们可以看到大同小异的立碑程序描述和套语。如康熙五十九年(1720)《长吴二县饬禁着犯之弊碑》载:"如详通饬,并移上江臬司三俸,通行饬令各该州县,勒石署前,以昭永禁,取碑摹送查。"康熙六十一年(1722)《长洲县谕禁捕盗诈民大害碑》载:"除开明府属各州县一体遵照立碑署前外,合行勒石永禁。……须至碑者。"①类似的"官样"文章及其所传达的立碑过程中申详转批等繁复程序,表明官禁碑颁刻的谨慎和规范。

禁碑有明显的示范效应。明清工商禁碑的一个重要作用是公布先例或成例,以便作为商民保护正当权益、抵制吏役苛索滋扰的依据。明清许多工商禁碑,一般都不是泛泛发布禁令条款,而是与非常具体的案件及处理结果联系在一起。据嘉定县顺治十三年(1656)《抚按道禁革铺户当官告示碑》记载,当地铺民呈控吏役勒索时,发现苏州长、吴两县已立有禁碑,于是绅商遂联名"吁宪请照长、吴禁饬事例"同样立碑,"严禁出票差扰行铺"。道院据此批示:"造舡物料俱用公帑购买,不许骚扰商民,著为成令。"这是援引同府境内其他县的先例要求刻石立禁②。康熙二十三年(1684)《苏州府为禁官匠熔锭派累散匠告示碑》提到康熙七年(1668)和康熙十七年(1678)间立碑示禁之事。至康熙二十三年(1684),嘉定县商民罗甫等联名指控官匠勒索,督抚再次批示"一例勒石永禁"③。此碑可证明,之前的刻碑示禁,亦即从前某个特定案件处理后正式公示的结果,可以成为后来援引以保护权益的先例和依据。

基于禁碑的实用性,也基于禁碑示范作用所带来的连锁反应,我们看到类似主题的禁碑在一个地区不断增多,并不断辐射到更广的地区。

如果我们孤立地看一块禁碑,似乎其价值并不是很大。然而在由敕谕禁碑、官禁碑和以"奉宪"名义颁布的地方自治禁碑所构成的碑禁体系中,每一块禁碑,无论其形式还是内容,都具有特殊的意义。

明清时期的三类禁碑,即颁示圣旨敕谕的敕禁碑、传布地方公文的官禁碑

---

① 《明清以来苏州社会史碑刻集》,第565—567页。

② 《上海碑刻资料选辑》,第114—115页。

③ 《上海碑刻资料选辑》,第127—138页。

以及公示乡约行规的民禁碑，在地方法律秩序建构中各有特定的功用。敕禁碑象征皇权和国法在地方的存在；官禁碑体现"官府公权"在地方的实际运作；民禁碑反映民间公权在基层社会的独立自治，同时也以"奉宪"形式推动民禁碑向官禁碑的转化。三类禁碑相辅相成，构成了一个较完整的体系，并呈较明显的"金字塔"式布局。

在明清碑禁体系中，应该说三者缺一不可，但在碑禁体系中起承上启下作用的官禁碑，作用似乎更为重要。这不仅体现在清代官禁碑的数量远远超过敕禁碑和民禁碑，更在于其对碑禁制度的直接催生作用。此外，官禁碑的刻立地点，也隐含着一定的制度追求。

敕禁碑多立于学宫和寺庙之内。这种内外有别的畛域界限，表明圣旨碑、敕禁碑的特权性，及其与民众的距离。民禁碑与百姓日常生活关系密切，但其刻立的地点也反映出自身的局限性。族禁碑多置于宗祠内，行业禁碑多立于会馆内，受众有限；乡约禁碑或立于村庙，或竖于田间地旁、池畔林边，受众分散。而立于衙署门外的官禁碑，其所显示的警示、防范和社会监督的用意，较敕禁碑和民禁碑更明显直接。防范、警示应是各类禁碑的共同目标，但在官禁碑上体现得更为突出。

将禁令刻之于碑，无论是禁碑本身所具有的传诸久远的基本功能，抑或是为了"触目儆心"、"防患于未然"，或者是为了体现官员的为政清明、便于民众监督，均是中国传统法文化精神的体现。当然禁碑也承载着中国传统社会对法律公开和持久的一贯追求，体现着地方社会对关乎本土秩序的法律禁令的期望。而明清禁碑被大量保存下来的事实，也在一定程度上说明了这个问题。

第二节　法律碑刻之独特功能和作用

一、神圣庄重，触目儆心

法制关乎权力分配和秩序确定，这一重大事项，需要广为公示并持久有效。由于刻碑载记公文、禁令、契券等通常要经过一定的程序，因此，就同样的法律事项而言，是以书写的形式还是以刻碑的形式公示，其意义不尽相同。是否采用刻碑形式，也一定程度上显示着国家权力机构的重视程度和地方民间权威的认同度。因此,刻在碑石上的公文、禁令、契券,较之写于纸本上的内容,更具有权威性和执行力。乾隆三十四年(1769)《禁止当官借用彩绸碑》即认为刻碑较白纸黑字更能起到"触目儆心"的威慑作用①。乾隆四十二年(1777)《磁器铁锅缸瓦铺永禁碑记》载肇庆府高要县铺户们联名呈请刻立禁碑的理由是:"伏思楮墨告示,一经风雨,只字难存;日复一日,不有触目,弊端易致复生。是宪法虽严,然徒留案牍,隐而不彰,无以昭示将来。且凡地方弊端,奉行禁革,俱皆勒碑以垂久远。"②文中除表达了石碑不易毁灭的意思外,还表达出石碑最利于昭示法令于大众的内涵。

山西盂县嘉庆二年(1797)《重修天子庙碑记》记录了众村在祭祀活动中各种权利和义务的形成过程,同时也反映了村民的一个普遍观念,即涉及权利义务的合同惯例,需要一种有目共睹的存在形式,碑存即例存。勒诸碑石,是使规则能长久执行的保障③。

类似的看法也反映在清代的工商禁碑中。基于人们看重禁碑存在的形式感,立碑防患于未然遂成为一种符合逻辑的选择。乾隆四十三年(1778)《无锡县永禁书差借称官买派累米商碑》记述,官府颁示的"严禁派累牙铺人民"的禁令在康熙年间已刻于碑石,"数十年来,得沾宪泽,永禁派买"。后来"碑因年久漶漫,竟致遗失,无可查考","但念世事更翻不一,碑存可执定准,碑法有失稽考,未免别起纷繁",于是铺商们再次联名呈请仿照前例立碑。碑文反映出商民百姓对法律的认知是:法律禁令的公布是其存在的标志;"勒石永禁"乃是保证法令威严和持久震慑力的重要途径④。

二、创制惯例,率由旧章

日本学者寺田浩明在《清代土地法秩序"惯例"的结构》一文中特别关注到碑刻的功用。他注意到奏折、方志中屡屡提及的"勒碑县门"、以立碑来确立规则的一些现象,并得出"清代的民事惯例,无论对于当时地方社会的

---

① 《明清苏州工商业碑刻集》,第18—19页。
② 《广东碑刻集》,第632—633页。
③ 《三晋石刻大全·阳泉市盂县卷》,第331页。
④ 《明清苏州工商业碑刻集》,第529页。

官员还是民众来说，都不是一种包含着稳定结构的或客观存在的规范样式"[①]的结论。

但以笔者所看到的丰富碑刻材料，这一结论并不完全准确。虽然有一些事例可以支撑寺田浩明的观点，如笔者曾对特定时段——明末清初江南工商禁碑的局限性的总结："我们现在所能见到的上百份明末清初工商禁碑，应铺户商民联名呈请而颁刻者占绝对多数，官府主动出示者不及5%。这一事实，其实也说明了禁碑实施效果不佳，所以才要反复申明禁令。另外，官府出示禁碑是应商民之请或受上司之责的被动之举，说明他们很少主动积极贯彻禁令。"[②]

然而这仅是事情表现的一个方面。实施效果不佳不仅是禁碑面临的问题，国家律例法条也面临同样的难题。

事情的另一面是，早在宋代，有关学田免税的"公堂石刻"便具有一定的制度创设意义。嘉定十三年（1220）《平江府添助学田记》有这样一段记述："本学照得，自来应干拨下养士田亩并无官物，及昨于嘉泰四年（1204）置到民产，亦蒙前政判府李尚书特赐蠲免官赋，见有公堂石刻存照。所有今来拨下田亩数内，除陈谦昆山县园田捌拾亩系属安边所每年送纳官钱肆拾捌贯文，本学已绍纳外，其余田上官物，申乞蠲免施行。"上级对此申请颇为谨慎，特索到府学碑刻，"检对元来前政府张参政、李尚书任内，皆于所拨之田蠲免二税，判语甚详，勒之坚珉可考"，故同意取消税赋，并下文示昆山、常熟两县[③]。文中提到的"公堂石刻"，既是地方长官就学田免除赋税义务之事而作出的判决或裁定，也是官府颁发给府州县学的权利凭据。而在追讨流失学田时，公堂石刻是重要的依凭。在绍定元年（1228）《给复学田公牒》等碑文中也可看到，"载之砧基，刊之

①　寺田浩明所列举的事例如：同治《瑞金县志》记载康熙年间，地主招承佃户时征收各种附带性的费用，但佃户拒交，因此经常发生诉讼，地方官"严加惩创，煌煌明示，勒碑县门，谓可永守勿失"，从此立下了佃户承佃时要交费用的惯例；同治《兴国县志》卷46记载了有关田骨、田皮的土地权属惯例，一部分佃户倡导允许佃户退佃、不许田主夺佃之"说"，集结数千人来到县衙门，挟持地方官，要求把他们的主张刻在石碑上，定为"例"；以及乾隆江西《石城县志》卷7所载抗租者"撞碑直竖县门"等事例。参见寺田浩明：《清代土地法秩序"惯例"的结构》，原载《东洋史研究》第48卷第2号（1989），现收入氏著：《权利与冤抑——寺田浩明中国法制史论集》，王亚新等译，清华大学出版社2012年版，第89—112页。

②　参见拙作：《明末清初工商禁碑与地方法律秩序——以江南地区"禁当行碑"为中心》，载台湾《法制史研究》第15期（2009）。

③　《江苏省通志稿·艺文志三·金石十五》，载《宋代石刻文献全编》第2册，第324—327页。

石刻"似已成为江南地方学田管理和制度建设的一种常态①。

在宋代土地权属转换频繁、学田管理漏洞较多的情况下,以"公堂石刻"方式确认学田的来源、权属及免税权利等,是地方官所认可的一种制度范式,这也是自南宋始学田碑日渐增多的原因之所在。在绍定六年(1233)所刻《平江府增置常熟县学新田记》碑中,平江府明示常熟知县,"立便督促主学众职事,将已交管本府官会三十贯文添置养士田亩,遵从台判刻石,限七日取已刻记碑石纳本府了办状申,不得有违"②。当然,宋代学田公堂石刻不仅可以公示田产权属并存世久远,同时也能起到传扬官员政绩之功效。

在明代,"刻石布政"、"勒石永禁"也是一种广泛的社会实践。明代后期开始流行的有关丈地均粮及税赋格式的公示碑,是中央和地方政府推行"一条鞭法"税赋改革的重要措施,同时也确立了以刻石公示国家政务、明确百姓义务并防止官吏贪弊的范式。

同样自明末开始,中央或地方官府在进行社会治理时,如果发现某一个案具有典型性,就经常以立碑的方式将处置结果或解决措施颁之于众以昭公信,以儆效尤,并旨在为此后同类问题的处理确立长久规范,此即"勒石永禁"。至清代,"勒碑永禁"得到国家法律的认可,形成一种制度化的理政模式。

在古代中国,无论是石刻官禁法令还是民制规范,无不强调"永垂不朽"。这一特性也与中国社会长期遵循的尊古复古传统有关。据此我们不难理解,为何在中国最广大的基层社会,几乎是村村有祠庙有碑石,因为民间一直践行这样的实践:"凡置一庄、建一祠,敬宗赡族之规,必刻石以诏后来……诗云:不愆不忘,率由旧章。"③

三、报官备考,有案可稽

按照现代对档案的界定,档案材料应具备三要素,即查考使用价值、经过立卷归档集中保管、文件材料的形式。而古代法律碑刻,也多具有这些要素。

刻碑以备查考刻的档案属性,表现为碑文上有明确的撰者、书者、刻立者,

---

① 《江苏省通志稿·艺文志三·金石十五》,载《宋代石刻文献全编》第2册,第345—348页。
② 《江苏省通志稿·艺文志三·金石十六》,载《宋代石刻文献全编》第2册,第351页。
③ 《语石·语石异同评》,第211页。

确切的立碑地点和时间，以及立碑时溯本求源的情景和程序交待。而碑石损毁佚失，其查考的功能随即消失。如明朝创建的北京上湖南会馆，在清朝初年因"被人横踞，尽匿旧碑，始事年月、姓名无可考"①。

古代官衙、学校、寺庙、宗祠、会馆多有将碑石集中刻立保管的传统，重要的碑刻还修建碑亭、碑廊以示珍重。严格来讲，作为归档集中保管的一般是碑拓而不是碑刻本身，但碑拓依碑刻而存在。是故碑文档案以两种方式存在，一是官府立卷归档集中保管的碑文拓片，另一是被集中保管于古代衙署、学校、寺院、会馆、宗祠之内的碑刻原物。

另刻载于碑石上的契证、讼案、规章等文字，一般会经过向官府报批、备案存档等程序，以保证所刻内容的合法和有效。而这一点也符合法律的要求。《大清律例·户律》"盗卖田宅第六条例文"规定："凡子孙盗卖祖遗祀产……，其祠产义田令勒石报官，或族党自立议单公据，方准按例治罪。如无公私确据，借端生事者，照误告律治罪。"②对于行业公产，将契券备案勒石并由官府示禁保护，不仅符合法律规定，也是防止公产流失最有力度的保全方式。苏州潮州会馆在乾隆四十九年（1784）将自康熙年间始"前后置买祀产，一概详镌于石，以当契据"。对勒石备案的原因，碑文交待系因"商民偶聚萍踪，往来无定，诚恐印契历久朽烂，且或流传失落，难保无失管被占情事"，特于嘉庆九年（1804）向上海县正堂呈请将契买市房以充祭业准予备案③。这种将公产契券以勒石备案进行保全的方式，是清代江南众多会馆的普遍选择④。

另将讼案判词刻载于碑石也不失为保存司法档案的重要途径。碑石上的判词一般会如实记载争讼事实、裁断情由及重新确定的权利义务关系，同时也兼有对背约侵权者的威慑和警告之词。云南隆阳道光十三年（1833）《安乐寺永垂万古碑》所载永昌府保山县正堂裁决寺产盗典转典讼案的判词，将信众施舍安乐寺荒山田发生纠纷的经过、原告安乐寺管事呈讼厅主、提交物证、厅主判

---

① 康熙五十二年《重修上湖南会馆碑记》，载北京市档案馆编：《北京会馆档案史料》，北京出版社1997年版，第1356页。

② 《大清律例通考校注》卷9《户律·田宅》，第433页。

③ 《上海碑刻资料选辑》，第249页。

④ 邱澎生：《市场、法律与人情——明清苏州商人团体提供"交易服务"的制度变迁》，《开放时代》2004年第5期。

决、被告不遵讯断、二审程序、县主委派乡约调查取证、判决事实及理由、新定田地权益归属并饬准立碑等过程,交待得扼要清晰。文中也屡次提到碑文的作用[①]。

上述法律碑石所具备的触目儆心、创制惯例、有案可稽等功能,相辅相成,难以分割。当然有些法律碑刻也兼具铭功纪事等功能。清乾隆四十年(1775),北京惠州会馆将三次购进房产的坐落界址、卖主、价银及税契登记号详细刻于碑上,其目的是:"恐日久契券遗失,因商之会馆诸公,将契券开明勒石,以垂久远,以俾入馆者知前人缔造之艰、后人安居之乐,踊跃照例输捐,斯修理有资,会馆永固矣。"[②]碑文兼而表达了保存契卷以备查考、遵循输捐旧例、铭记功德等多重功效。

长久存留、不易灭失是碑石的基本属性。法律碑刻在此基础上形成的触目儆心、创制惯例、有案可稽等独特功能,带有标志性的额题、碑文格式,彰显权威性和传播性的立碑地点,加之其所特有的对公权、公益、秩序等的追求,均使它与墓志、功德碑、纪事碑、题名碑等,判然有别。

①　《隆阳碑铭石刻》,第359—360页。
②　《北京会馆档案史料》,第1374—1375页。

第十一章

"刻石纪法"：两种法制表达和实践系统

　　法律的表达和实践是近年来中国古代法律制度研究的一个热点①。丰富的石刻法律文献，可以为我们检讨这一学术热点，提供新的视角。

　　与黄宗智研究清代民法表达与实践相背离情况较突出不同的是，从"刻石纪法"尤其是明清碑禁体系的两大分支——代表政府公权的官禁碑和体现民间公权的民禁碑各自的层面看，其表达与实践契合度较高。大体而言，它们既重视禁令规约的制定和公示，也措意于告示禁约的效力与实施。但如果打破各自的系统做交叉性验证，以官方的表达对应非官方的实践，或以民间公权的表达对应政府公权的实践，其背离性较为明显。这提醒我们，在关注制定法和非制定法并存的同时，也要关注这两种法制产生的不同权力基础——政府公权与民间公权的运作方式，以及这两种法制的实施与效果、相互间的影响乃至默契。

第一节　政府公权的"刻石纪法"

　　古代碑文中政府公权的法制表达与实践，具有皇权至上、法律制度健全、

---

　　①　自黄宗智《民事审判与民间调解：清代的表达与实践》（中国社会科学出版社1998年版）、《清代的法律、社会与文化：民法的表达与实践》（上海书店出版社2001年版）、《法典、习俗与司法实践：清代与民国的比较》（上海书店出版社2003年版）等成果发表以来，有关法律的表达与实践即法律文本与法律实施之间关系的探讨日益引起学界关注。相关成果可参见：马小红：《法律的表达与实践》，《政法论丛》2009年第3期；郑牧民：《中国古代诉讼证明标准的表达与实践》，《文史博览（理论）》2011年第4期；等等。

行政管理系统化及自上而下的执行路径等特色。总体而言,在这一体系的法制表达与实践中,君言皇权刻石始终占主导地位;与实施行政管理有关的公牍刻石在唐宋金元较为发达,具有创制性内涵的禁令刻石在明清时期制度化,并促成法律碑石成为一种独立的石刻形式。

一、君言刻石发达

在封建专制日益强化的古代中国,君言即是法律。以石刻载君言乃至皇帝颁布的制、诏,其源头可追溯至秦始皇的纪功刻石和秦二世的诏书刻石。历经汉代以来的长期发展,至唐宋时期,刻石立碑成为法律规范的对象,《唐律疏议·职制律》以及隋、唐、宋《丧葬令》,对立碑之事均有涉及。此时,刻石颁布诏书、法规也成为国家权力机构的常用手段,从而出现了大量的皇帝御撰诏书碑、官箴碑等。诏书刻石,唐代有《武德二年诏》、《武德九年诏》、《贞观诏》、《乾封元年诏》以及册封诏书等,宋代有徽宗的《辟雍诏》及高宗的《藉田诏》等;官箴类刻石随着时代发展而逐渐增多,唐有《令长新诫》(也称《敕处分县令》),宋有《御制七条》、《戒石铭》、《戒谕军帅五事》、《手诏戒谕漕臣》、《戒饬士习诏》、《戒贪吏手诏》等。较官箴刻石法制性更强的是御制学规,宋代广为刊刻的《大观圣作碑》(亦称《八行诏》、《御制学校八行八刑条》),垂范深远。

元代,君言刻石以立于寺观、儒学中的圣旨碑为常见。在宋、金以敕牒碑的形式标示寺院资格合法化的基础上,元朝惯用法律效力更高、保护方式更具体、处罚措施更明确的圣旨碑。元代圣旨碑或载有圣旨的公文碑,其颁刻程序和形式特征较为完备,表现为碑体高大,刻文规整,且多在显著位置摹刻蒙文及御印,同时在碑尾刻明出资立石者、书写者及碑文镌刻者。君言刻石的受众较以往更为广泛。

明清时期,君言刻石承继传统的特征较为明显,御制官箴、学规等通敕碑和各类专敕碑均较发达,但以御制学规碑为数最多。以明洪武年间为例,仅北京国子监和府学胡同即遗存有洪武二年(1369)《国子监学制碑》、洪武六年(1373)《礼部榜谕郡邑学校生员卧碑》、洪武八年(1375)《国子监学制碑》、《洪武十五年二月敕谕碑》、《洪武十五年学规》等,至于各地孔庙、文庙,也多有洪武年间的卧碑、学制碑。清代御制学规碑以顺治九年(1652)《礼部晓谕生员卧碑》为代表。碑文内容系仿明朝学规而制定，当时礼部奉旨通令全国各儒学和书院将8条学规刊碑立石，现在存世者，仍有数十通之多。

自秦汉至唐宋明清，君言皇权法制刻石存在于"刻石纪法"的初兴、发展和完备各个阶段。从唐宋的官箴诏敕碑、元代的白话圣旨碑，到明清的御制学规碑，皇权独尊在刻石法律纪事中得到充分体现。而刻载君言敕禁的碑石多形体高大，格式整齐划一，权威性、象征性明显，碑石在国家行政运转、法律实施和社会治理中的作用日益强化。

二、公文刻石普及

奏章等行政文书刻石始自汉代，现所见汉代公文碑计有元初六年（119）汉安帝《赐豫州刺史冯焕诏》、元嘉三年（153）《孔庙百石卒史碑》、建宁二年（169）《史晨碑》、熹平四年（175）《闻喜长韩仁铭》、光和二年（179）《樊毅复华下民租田口算碑》、光和四年（181）《无极山碑》等。其"所载文书，或为天子下郡国，或为三公上天子，或为郡国上三公，或为郡国下属官，种种形式，犹可考见汉制之一班"[1]。

唐宋是公文碑的充分发展期，公牍刻石在国家政治活动中扮演重要角色。当时常见的公文碑有符牒、公据、省札、部符、使帖、札子等形式。"其自中书以下下行之文书，曰牒，曰札子，曰帖，曰公据。……盖牒与札子皆给自中书门下，或尚书省，或礼部，帖给自常平茶盐诸司，公据则给自所在官司也。"[2]载于碑石上的各类公文也有严格的使用规范和格式。"唐代应制碑文，书撰皆称臣、称奉敕。……高丽碑皆称奉教，南诏碑皆称奉命，所以别于中国，示不敢僭。"[3]而碑石所刻与公务相关的内容越复杂，愈能反映"刻石纪法"的常态化和规范化。

宋代，刻石与榜文并列而行，用于传布政令法规，甚至有不少告示碑径称榜示碑。《绍兴府学榜示碑》叙说了府学和佃户之间的纠葛和绍兴府的处理办法，并强调"右榜府学前张挂，各令通知"[4]。

宋代敕牒碑多涉及佛教管理，存世者有至道元年（995）《栖岩寺禁牒》、

---

① 马衡：《凡将斋金石丛稿》，第88页。
② 马衡：《凡将斋金石丛稿》，第88页。
③ 《语石·语石异同评》，第401页。
④ 《北京图书馆藏中国历代石刻拓本汇编》44册，第108页。

熙宁三年（1070）《灵岩寺敕牒碑》、元丰八年（1085）《敕赐陕州夏县余庆禅院牒》、崇宁二年（1103）《福昌院牒》、崇宁三年（1104）《敕赐静应庙牒》等等。许多敕牒碑都记述了公文上申下达的程序以及政务处理结果，而后者乃是刻立公文碑所要传示的关键。

元代公文碑多以公据或执照碑形式出现，它们为官府发出的凭据，以给付寺观者为多。从现存诸多碑文如《凤翔长春观公据碑》、《永寿吴山寺执照碑》等可以看出，寺观公据使用的时间较长，其法律效力在社会上得到普遍认可。

明清布政性公文碑刻涉及内容较广。在刻石布政中，地方官员成为主导力量，以他们名义颁刻的法规碑和官禁碑等如雨后春笋般快速增长，且多以公文碑形式出现，一改元朝圣旨碑风行天下的面貌。明代后期开始流行的有关丈地均粮及税赋格式的公示碑，是中央和地方政府推行"一条鞭法"税赋改革的重要措施，同时也确立了以刻石公示国家政务、明确百姓义务并防止官吏贪弊的范式。万历十六年（1588）《抚院明文碑》系常熟县署遵照抚院指示，将该县田地应纳税粮银米数目及税粮本折法则等，"立石刻碑遵守施行"[①]。这种政务公示碑具有明显的强制性和约束性。

类似碑刻在清代也比较流行，如康熙三十年（1691）"令直省州县卫所照赋役全书科则输纳数目，勒石署门外"[②]，以及道光年间，湖南华容知县徐台英"清田册，注花户粮数、姓名、住址，立碑垛上，使册不能改"[③]等，均是中央和地方政府以碑石布政为常态的实证。

综而观之，唐宋以公文刻石传达政令、宣示政务处理结果，明清地方官推行布政刻石，反映了公文碑流行的广度和深度。中央和地方并存的政府公权"刻石纪法"，决定了中国古代官方的刻石法律纪事具有鲜明的行政管理特色，而判罪定刑等刑事法律内容微乎其微。

---

① 《江苏省明清以来碑刻资料选集》，第543—546页。

② 《清史稿》卷121《食货志二》"赋役条"，第3531页。

③ 《清史稿》卷479《循吏传四·徐台英传》，第13068页。

第二节 民间公权的"刻石纪法"

民间公权的"刻石纪法"是中国法制"镂之金石"传统中富有活力和生机的部分,其法制表达与实践,具有自下而上的形成途径,注重仪式、效力与罚则,强调公平、监督、制约的制度设计等特色。

一、非正式法的效力基础

(一)民间权威的构成

民间权威主要以公议规则的方式表达其存在。在中国传统基层社会,无论乡村还是城镇,发起公议者多是地方活跃人物,他们以公议或公众认可的方式形成民间权威并议定规则。一般而言,参与立约的人越多,其所代表的利益越广,基于这种权威所制定的规则的影响力越大。同治十一年(1872)陕西石泉县《公选约保禁娼禁赌碑》是由绅粮90余人共同商议确立的,而光绪十一年(1885)广东番禺县沙湾镇的《四姓公禁碑》仅由王、何、黎、李四姓所立。

立碑示禁,是民间公权运作的结果。表达民间权威的碑刻有乡立、村立、姓立、合族及同行公立等多种形式。尽管内容详略或表达方式各有不同,但在碑身显要位置,会特别标明"各村绅老仝立"、"集众商议勒碑严禁"、"合族绅耆仝立"、"集绅粮公议"、"众商铺仝立" 等类的字句,意在表示所立规则是出自民间公权,同时也表明设立规则是出于公益而非私利。有的也在碑文中直接强调族众的权威,如四川《禁止赌博碑》表述:"今与阖族约:自垂碑禁止后,倘族人仍有窝赌、邀赌、诱赌种种赌局,我祖宗定不愿有此子孙。世世族长、族正,重则要禀官,照例究治;轻则入祠,以家法从事。"①

行业性规约也同样强调集众公议和利益均沾。道光七年(1827)《上海县为商行船集议关山东各口贸易规条告示碑》系西帮、胶帮、登帮、文莱帮、诸城帮商人及税行共同议定后呈禀官府,松江府上海县正堂特批示:"遵照后开所议规条,刊勒石碑,竖立萃秀堂,永远遵守毋违! 须至碑者。"②

民间权威的具体构成和他们在基层社会中的作用,在许多碑文中都有或

---

① 高文等编:《四川历代碑刻》,四川大学出版社1990年版,第316页。

② 《上海碑刻资料选辑》,第72—73页。

多或少的体现。以清代浙江永嘉县和瑞安县为例。永嘉县现存清代禁碑26通，其中奉上谕圣旨刻立者有3例，知县自立者3例，乡民、僧人和身份不明者各1例，其他17例均为由耆民、老民、族长、乡宾、职员、监生、生员、贡生、地保等所组成的地方绅士呈请示禁。后者约占该县清代禁碑比例的65%。瑞安县有清代禁碑32通，其中奉总督部院指示刻立者1例，知县自立者1例，民人（都民、地民、居民）呈请官府刻立者6例，僧人呈请者2例，其他22例均基于绅耆呈请。后者占该县禁碑比例的68.75%[①]。

在自治禁碑中，耆民、职员、监生、军功、地保等的身份比比皆是。他们不仅是"立碑申禁"的提议者即地方基层社会秩序的建立者，也是秩序的维护者，对破坏秩序的违禁者"通众公罚"、"鸣官究治"的，依旧是这些权威力量。故那些特别标明"合族绅耆仝立"、"集绅粮公议"的碑文，正是强调这种权威对于秩序建立和维护的作用。这种依赖基层社会自然形成的权威建构地方秩序、控制地方社会、解决民间纠纷，当也是最合乎乡情民意的选择。

但民间公权有明显的局限性，即它仅适用于较稳定的同乡同行等熟人社会。在人员流动性强或以新移民为主的社会，由于缺乏对地方权威和公益的认同，民间公权会频繁遭到质疑和挑战。

（二）非正式法的生成路径

基于民间公权而形成的非正式法，其效力来源与执行力的保障，往往被格外强调，这说明其存在的关键，是权威和服众问题。

民间公权标榜其权威的方式之一是强调"神授"，即借助神明的力量，通过酬神议事、演戏立碑等敬神仪式，表示民间权威及其所立规则的合理和神圣。这主要适用于相对稳定、共同认知性强的社会环境，属于非正式法的原生路径。

方式之二是争取官府的支持，以报官备案、府县核准、奉宪示禁等方式为授权依据。在民众心目中，州县官是父母官，得到他们的认可，民间公议的自治性规范便披上了"合法化"的外衣。所以得到官府的批示行文，或借助官府权力立碑示禁，成为民间权威努力争取的一个方向，而这也是将民间自治规范与官规禁令接轨并合法化的必由之途。这主要适用于社会关系复杂、人员流动性大

---

① 　数据依据《温州历代碑刻二集》统计。

的社会环境，属于非正式法的次生路径。

由于生成途径的不同，禁碑上的标志——额题，以及碑文的主导内容——罚则，都有明显差异。

通过"神授"路径刻立的禁碑，额题多为"大公无私"、"永远禁止"、"合社公议永禁"、"永以为训"、"流芳百世"、"万善同归"之类，或直接标明"禁赌碑"、"永禁匪类"等碑文主题。罚则中，除列明罚款、罚物外，"神罚"的特征较为鲜明，常见有神前罚香、罚跪、罚戏和罚银修庙，兼之以诅咒、驱逐等精神处罚方式。清代北京《靛行规约》载明："如犯罚约者，在行馆神前跪叩，高香一封，罚钱九十千文，以备办酒席三桌公用；罚戏一天，请开行大家在戏园恭候。罚香银廿五两，存行馆以备祀神、修理行馆使用。"①

通过次生途径即官府授权而刻立的禁碑，额题多标示"奉宪示禁"、"奉示永禁"、"政教常存"、"恩泽普占"等，罚则除强调议罚外，多明确对不服议罚者以及严重违禁者如盗贼窝匪等，须"禀官究治"、"公同送官"，以强调非正式法与政府公权力的衔接。

二、非正式法的罚则体系

基于民间公权产生的非正式法，其所设定的一套与国法有别的惩罚方式，是其特立独行的标志。这一罚则体系的要点表现在以下三个方面：

一是强调公开公平。公开指处罚行为和标准事先公布，对违反者，集众按规则议罚。山西盂县道光八年（1828）三村合立的《严禁山林条约》在规定了具体的赏罚标准后强调："是约也，彰明较著，不恕不私。用是勒之碑石，以示通晓，俾临事无异议云。"②云南大理道光十七年（1837）《乡规民约碑记》在列明十条乡规后特别指明："倘村里男女老幼人等所犯此规者，不论大小轻重，各村议定罚银五两，以为充公。临时不得抗傲此规，勿谓言之不先也。"③

为保证处罚的有效性、权威性和执行力，有些罚则设定了变通性的内容。陕西汉中同治十二年（1873）《金洋堰禁止砍树捕鱼碑》规定对违禁者依据家

---

① 《清代工商行业碑文集粹》，第19页。
② 《三晋石刻大全·阳泉市盂县卷》，第386页。
③ 《大理历代名碑》，第537页。

境贫富而实施不同的处罚:"嗣后富者捕鱼,罚钱拾串文;贫者捕鱼,送案究治。"①光绪二十年(1894)广西《义宁县上北团禁约碑》规定对初犯和惯犯的处罚要轻重有别:"偷牛拿获,初犯经里处罚,重则送官究治;偷鸡鸭鹅犬,拿获者,本村里处罚,惯盗送官;偷山内芋头豆麦,拿获者,初犯本处处罚,如不遵者送官。"②

针对现实中存在着违禁者因家贫承担不起罚款、罚戏的情况,有的禁碑规定以罚跪兼驱逐的方式替代。为了促使罚则能落到实处,一些禁碑还特别规定了奖惩结合的办法。陕西岚皋县宣统元年(1909)《洋溪护漆戒碑》载绅粮、乡保、牌甲公议禁约称:"嗣后如有放火烧山,一被拿获,或被查出,拿者赏工钱八百文,所烧漆树凭人点数,大树一株赔钱八百文,小者赔钱四百文,罚戏一本,公所示众。如赔不起者,跪台一日,离庄出境,决不徇情。"③

由于这些禁约罚则是在公议和相互认同的基础上形成的,基于这种自觉性,人们共同遵守、相互监督。而对违禁者施以处罚,代表的是民间的公权公正,故可以做到罚则面前人人平等。

二是实行复合处罚。在禁碑罚则中,罚钱、罚物、罚酒席、罚戏、体罚、诅咒、送官纠治、驱逐等惩罚措施较为常见,一般是两种或几种兼用,其中罚钱兼罚物较为常用。山西隰县咸丰元年(1851)《禁山碑记》规定:"纵火焚烧林木者罚钱十千文、猪一只。"④四川通江光绪五年(1879)《护林木碑》称:"违榜示言者,先宰一猪,然后再议罚项。"⑤

清代工商行业禁碑中的处罚方式有罚银、罚办酒席、罚请唱戏乃至体罚等数种,以经济处罚为主,各行业所定罚款数额差别较大,从"罚钱二吊"到"罚银千两入公"不等,最严重的处罚是开除行籍。北京《正乙祠公议条规》规定:"诚恐不肖之徒,非义图利,不循本分营谋,身干法纪,辱及同行。此等甚为可恶。吾辈务要留心查访,察出真迹,会同本行,鸣鼓立逐。切勿容隐,以坏行中颜

①　《汉中碑石》,第78页。

②　《广西少数民族地区石刻碑文集》,第158页。

③　《安康碑石》,第356页。

④　《山西通志》第9卷《林业志》,第128页。

⑤　《绿色史料札记——巴山林木碑碣文集》,第34页。

面也。"①北京猪行在道光年间议定的行规是"自议之后，如有半途废弛，不遵公议者，公中不准其生理"②。

三是强调寓惩寓教于罚。在非正式法的诸多处罚方式中，普遍施行的罚戏具有多重用意。罚戏是令违禁者出钱请戏班子唱戏，如福建长泰县乾隆八年（1743）《护林碑》规定："不许放火焚山，不许盗砍杂木，不许塞山挑土并割茅草，不许盗买杂木。如违者，罚戏一台。"③

罚戏适用的违禁行为主要有以下三种：一是有损神灵尊严的行为，如在祭神祭祖场所嬉戏、赌博以及置放杂物、做工等。二是有碍正常生产经营和生活秩序的行为。在乡村和林寨，罚戏多针对偷盗砍伐等行为。三是移风化俗及国家法令严禁之事。

当然罚戏也是一种复合性处罚，较之单纯的罚钱罚物，寓惩于教的意义更强。而在城镇乡村，请人演戏的花费经常需要集资摊派，费用不是小数，故罚戏也成为"禀官究责"之外，民间所能设想的对违禁者最有力度和教益的惩罚。

颇能彰显"刻石纪法"立意同时也符合乡禁民情的处罚，是罚碑立誓。咸丰三年（1853），四川通江一赵姓村民盗木被乡民抓获后，被公议处罚刻立认错警示碑。据此，赵姓村民刻碑示众道："自古边界，各有塝塌。有等贱人，乘机斫伐。雷姓拿获，警牌严查。合同公议，免打议罚。出钱一千，永不再伐。如蹈前辙，愿动宰杀。固立碑记，记定成化。"④

这种"刊碑示众"的处罚，既让违禁者承受了一定的经济制裁，也让其公开认错并保证永不再犯，同时对其他可能犯禁者起"以儆效尤"的作用，可谓一举多得。

此外，民间禁碑的罚则中还常见一些带有侮辱性的惩罚措施。咸丰四年（1854）陕西陇县一众村合立禁碑规定："一禁偷人五谷，二禁拔人麻禾，三禁割人苜蓿，四禁伐人树株，五禁牲口践食田禾。每年各庄议一巡查之人，轮流看顾，但见犯此五禁者，无论男妇，罚戴铁项圈一个，上挂铁牌一面，以羞辱之，令

---

① 《清代工商行业碑文集粹》，第36页。

② 《清代工商行业碑文集粹》，第34页。

③ 金其桢：《中国碑文化》，第903页。

④ 《绿色史料札记——巴山林木碑碣文集》，第28页。

其悔过自新。徇私纵放者,亦应以铁圈罚戴。"[1]在封闭的乡村,侮辱性惩罚的力度相对是比较强的。在熟人社会,以羞辱方式造成信誉减等(丢面子),要比罚钱罚物更为严厉,也更为有效。

上述民间禁碑中的罚则规定,与《大清律例》等国家制定法及敕禁碑、官禁碑中的处罚方式明显不同。其惩罚方式多样,但以经济处罚为主,数额具体,便于执行;而且以奖促罚,寓惩于教于乐(如罚戏罚酒席)。其中寓惩于教的方式既可避免一味惩罚对乡邻亲和力或行业凝聚力的削弱,同时更具有教育和示范性,也是公用经费的重要来源。

这些基层社会所"喜闻乐见"的违禁处罚,由于出自乡邻或同行的公议,且事先勒碑公示甚至演戏告之,并强调"不恕不私"、一视同仁,故较之国法官禁,民禁碑更具有群众基础,实施效果也更为明显。

当然非正式法中的独立罚则、细致具体的惩处规定和重惩重罚倾向,显示了民间公权的行使主要是通过惩罚违禁者实现的。这是一种最简单、有效的社会管理方式,同时也符合民间公权的权力构成和特性。我们在众多碑文及文献中看到会馆、香会、村社等公产公款来源中,罚款占有一定比重;诸多处罚纪事碑,也明确记载了罚则的实施情况。借着罚则的实施,民间公权的威望和公信力也逐步确立,同时也给人们造成了"以罚代管"的思维定式。

第三节　非正式法与正式法的互补性

如果把中国古代法律比作一棵枝繁叶茂的大树,正式法是大树的主干,非正式法是大树的旁枝。没有主干,旁枝失去依托;去掉旁枝,主干也无茁壮丰满之貌。主干和旁枝相互依存,才是中华法系之原貌。然无论主干还是旁枝,它们有共同的根系,汲取相同的养分,是故,信仰与仪式、礼制与教化、公益与权力,成为它们共同的标迹。

一、互补根基:公权、秩序、礼制

非正式法能得以长期存在,在于政府公权和民间公权的关注点不同。国家

---

[1]　张思让:《关山林区两座石碑的联想》,《陕西林业》1987年第3期。

法律一般规定危及统治安全和社会秩序的严重犯罪行为，民间规范更关注局部
的生活秩序。如清代族规禁碑以禁不孝、禁异姓乱宗等内容为主，乡约禁碑以
禁偷、禁赌、禁伐等内容为常见。偷盗庄稼牲畜等表面事小，但对乡村社会秩序
的稳定却至关重要。而这些内容，国家法律条文虽有涉及，但与"十恶"重罪及
官员犯罪相比，多属细枝末节，地方官也多将惩罚权下放至乡耆、里老等。这些
人正是民间权威的主要构成，在他们的积极运作下，非正式法层出不穷。非正式
法因可以弥补正式法的"漏洞"而显现了存在的价值。

　　法律规范来自公权，禁碑是公权力的象征。所谓的公权力，既包括中央国
家权力机构如皇权及各级政府所拥有的官权力即"政府公权"，也包括非国家
权力机构，如士绅、乡耆、商户等民间力量所形成的"民间公权"。而明清大量
存在的禁碑，清代由各种禁碑所构成的碑禁体系，也是"政府公权"和"民间公
权"相互作用的结果。是故无论代表至高权威的敕禁碑、反映"政府公权"的官
禁碑，还是体现"民间公权"的民禁碑，均具有一定的共性，即强调公益高于私
利，同时也均有明确的禁止性规定和违禁罚则，体现出权威性、公正性、约束性
等特征。这说明国家权力机构与非权力机构对规则与禁令需求的趋同性。而它
们的不同之处，则表现为两者的不同形成路径和表达方式。

　　"政府公权"是一种合法有效的存在。对社会稳定和秩序追求，是政府公
权实施行政管理的主要目的。宋代学田管理的"载之砧基，刊之石刻"的双重保
险制度主要源自官方的实践。在宋代土地权属转换频繁、学田管理漏洞较多的
情况下，以"公堂石刻"方式确认学田的来源、权属及免税权利等自然成为地方
官所认可的一种制度范式，这也是自南宋以来学田碑日渐增多的原因所在[①]。明
末清初"勒石永禁"制度范式的确立，意在缓解民与官之间的冲突和矛盾，力求
形成一种较为稳定的社会经济和法律秩序。官禁碑在清代的流行，一定程度反
映出清朝社会治理中的政治和法律导向。

　　"民间公权"是一种契约合成，它形成的基础是对公益秩序的认同。由乡
村民间权威公议制定的乡规民约，内容以导风化俗、除弊害，以及严禁盗窃、贼
匪、赌博等为害乡里为主。城市工商业权威所制定的行规碑，则力求建立一套
对行业发展同时对自身经营有利的行业规则，以公平交易、避免无序竞争、抵

---

① 详见拙作：《学田碑与宋元学田制度化构建之努力》，韩国《中国史研究》第69辑（2010年12月）。

制牙侩为奸及吏役勒索滋扰等为规则的主体内容。而手工业的行规碑则偏重于对学徒的管理及对工价的规定。北京《新立皮行碑记》对学徒的要求是：“有未学满徒出柜，不准用，手艺人不入行，不准用。恐其有不法之人，多出事端。因不用者，整齐而已。”①北京《老羊皮会馆匾额》载：“学手艺者，徒也，以三年为满，不许重学，不许包年。谁要重学包年者，男盗女娼。……不遵行规，男盗女娼。”②

非正式法能够与正式法相通互补，礼制和信仰是重要媒介。政府公权和民间公权对儒家礼制教化等正统思想有共同追求。中国古代传统教育所熏陶培养的是一种儒家正统观。由于儒家纲常伦理孝道的潜移默化，在中国古代民众信仰中，道德化倾向非常明显。崇祯九年（1636）北京《西顶香会碑记》认为碧霞元君信仰“可以助礼乐之化，而参刑威之权”，与“圣贤之所范，帝王之所旌，不过助子以孝其亲，臣以忠其君而已”③正相谋合。

在传统治世观念中，礼乐与刑政相辅相成，同时神道设教对礼乐刑政的辅助作用也不可或缺，所谓“明则有礼乐，幽则有鬼神。礼乐，形而下者也；鬼神，形而上者也。上下无异形，幽明无二理，是以自古圣人之制作礼乐，于昭昭之表，所以妙契鬼神于冥冥之中。无愧于此，即无愧于彼也”④。

基于对神灵的敬畏而约束自己，并使人弃恶从善，正是“幽有鬼神”所能起到的社会治理功效。而这种功效，能弥补礼乐刑政之失。正如康熙二十八年（1869）《妙峰山香会序》所述：“尝思朝廷之赏罚，明兹日月，信若四时，非如鬼神之不可知也。而人之毋蹈法网、自取罪戾者，比比皆是，乌在所谓求福也者。今公等于鬼神不可知之事犹且若见若闻，小心敬事如此，况乎悬诸令申昭然在人耳目之间者哉。则由此求福之一念，推之其为家之孝子悌弟、国之良民善士，无疑矣。”⑤

在古代中国，敬神信神是一种集体意识传承。对于古人而言，与其说人们生活在法律中，毋宁说是生活在信仰中，生活在民间权威创立的行为规范中。

---

①　《清代工商行业碑文集粹》，第25页。

②　《清代工商行业碑文集粹》，第23页。

③　《北京东岳庙与北京泰山信仰碑刻辑录》，第348页。

④　〔明〕邱浚：《大学衍义补》卷36，第328页。

⑤　《北京东岳庙与北京泰山信仰碑刻辑录》，第271页。

人们的祭祖祀神等信仰活动，在家族中培养，在故土上践行。通过比较可以发现，宗族祠堂的规范，与村庙中的禁约，其实并无二致；推之更大的范围，也是如此。所谓"国之大事在祀，惟家亦然"①；"祀典与宪典并重，家法与国法两惟"②。

二、互补方式：利益关切，官民互动

明清"勒石永禁"、"奉宪示禁"等禁碑的刻立，是官民互动、官绅合作建构地方法律秩序的一种颇具代表性的模式。在清代，虽然许多禁碑是以官府名义颁刻的，但前序一般特别声明是绅民向官府呈请呼吁的结果。以监生、乡耆、绅商为代表的民间精英力量，在地方法律秩序构建中具有重要影响力，并得到官府的重视和认可。

在中国传统乡村和城镇，绅士、耆老等是地方社会的权威，也是官府治理地方的重要依托。而明清榜文卧碑也以法律形式赋予了生员某种监管地方的职责，对诸如"卖富差贫、重科厚敛、巧取民财"等危害地方之事，有权向地方官建言③。这使得耆老士绅有机会成为地方尤其是乡村社会秩序的建立者和维护者。而地方长官也同样喜欢以官绅、官民合作的方式为地方事务"设范立禁"。这种方式既体现了官府"为民父母"的权威，又调动了地方绅民"自治"的积极性。"奉宪"的形式、"乡禁"的内涵，使自治禁碑更有群众基础，更符合地方实际，也更有可行性。

广东恩平县《奉宪严禁碑记》系由生员等16人于道光二十五年（1845）十一月"节经列款呈请"，所列条款是乡绅们公共商定的除弊措施。历经10个多月公文批复审核，终于得到官府"谕生等善为办理，勒石永禁"的批示④。乡绅们之所以不惧繁琐呈请官府批准"勒石永禁"，是因为他们"节经列款呈请"的自治方案比官府制定的法令更为细致严密。但如果没有官府的首肯和官权威的保障，乡绅们议定的禁约自然没有约束力。而大部分条款中的"禀究"规定，既使

---

① 乾隆二十五年（1760）《黄氏八房祀业记》，载《福建宗教碑铭汇编·泉州府分册》（中），第617页。

② 光绪二十六年（1900）《涧池王氏后裔增补族规禀词及汉阴抚民分府批示与告示碑》，载《安康碑石》，第328页。

③ 《敕旨榜文卧碑》，载《户县碑刻》，第345—348页。

④ 《广东碑刻集》，第440—442页。

乡禁乡规与官禁衔接,使地方法律体系更丰满,同时也赋予了乡绅们参与和监管地方事务的权利。

从另一角度看,官府同意乡绅们的勒石要求并 "谕生等善为办理",也表明官府有意通过乡绅等的社会力量,制约不法吏役的敲诈勒索,除弊安民。

"勒碑示禁" 和 "奉宪示禁" 在清代的流行,从官方看来,是政治清明和爱民恤商的重要举措。禁碑主要为矫正地方弊端而刻立,是中央化解地方矛盾的重要手段。清初为澄清吏治,避免税吏扰商,于康熙五年(1666)下令将《关税则例》榜示于直隶省关口外道,以晓谕商民,强调按则例课税。依据中央政府的要求,地方政府多立榜或刻碑使上政下达。地方官在传达、申明中央禁令条例的同时,也经常以禁碑形式贯彻中央禁令,起到类似于今天的 "实施细则" 的作用。如同治三年(1864)《奉宪勒碑》系闽浙总督部堂兼署浙江巡抚部院左宗棠 "钦奉谕旨酌议核减" 而制定规约,严禁浮勒,核减征收以苏积困。"自示之后,准尔等地方刊碑泐石,永为定则。无论大户小户,一律照章完纳。如有奸胥蠹役,仍前勒折浮收或藉代垫及各项目需索加费,许赴该管地方官控诉申理。"[1]

明清大量禁碑均反映出,在社会治理和地方法律秩序建设中,是官与民在各取所需和相互扶持中,通过 "勒石永禁" 等官禁碑,以及以 "奉宪示禁" 等形式刻立的乡禁碑,达到官民携手治理地方的目的。而清代碑禁体系的形成,也是建立在官绅合作的共识基础上。

三、互补特征:依附政权,官主民辅

民禁碑的两极性特征比较明显。一方面,民间公议自治自罚的特色鲜明;另一方面,又积极表现出对政府公权的依附性。

依附的方式之一是通过向官府的呈请,以期得到官府的批示认可。为了获得 "奉宪示禁" 的合法性标志,合绅众姓将乡规民禁报官备案时,或强调其与国法礼制相融,或标榜系维护乡村社会的稳定与公益,总之,其内容和价值取向要尽量向正式法和正统观念靠拢。

山西屯留嘉庆二十年(1815)《禁赌碑文》前半为屯留县正堂的禁令,后半

---

[1] 《温州历代碑刻二集》(上),第183—184页。

为同乡公议条规和纪事。碑文述示禁缘由称："此禁之设，原为端风化改习俗，诚恐村众不服，故遵此告示，以谕众人：日后倘有犯者，许该村捣约合祀演戏警众；如不演，拘人执示禀官究治。"①碑文交待之所以将罚戏禁赌措施呈官批示，是因为"诚恐村众不服"，故采取仰仗官威的途径。

经过呈请及官府批准等程序，一些民间社会特有的惩罚形式如罚戏文、罚酒食等，也披上"合法"的外衣。同治十二年（1873）浙江永嘉县《奉宪谕禁碑》系因老民呈请禁偷砍竹木等而立，碑文记载了知县对乡禁以及乡禁处罚措施的认可。知县对"居民地保人等"宣称："尔等须知该处山场栽样竹木，完粮山产诸物，应归业主经管，毋得私自砍斫。严禁以后，如若犯者，会众公罚钱文、酒食、戏文，不依者，协保扭送到县，从重究惩，不稍宽贷。"②而众多"奉宪示禁"碑文中载明的"禀官究治"、"公同送官"等，也说明地方官对民间禁约的承认。

值得留意的是，凡呈请官府所立禁碑，一般由呈请人出资刻立，但碑文内容须遵循原批示公文格式，官府通常以上缴碑拓的形式进行监管。如崇祯九年（1636）《长洲县奉宪禁占佃湖荡碑》系长洲县遵奉"钦差巡抚都御史"的批示，"谕令原呈里排地方渔户俞乔等自立石碑，示禁于朝天、独墅等湖口，永为遵守，违者协拿解院重究，仍将石碑刷印二张申报"③。

依附的方式之二是采用一些变通的方式，如文体模仿、惩罚衔接、移花接木等手段，表达对官府权力的仰仗或依赖。四川西昌南海乡同治十三年（1874）《西昌县禁伐树木告示碑》采用官禁和乡禁合刻形式，将民禁依附官禁的意图表现得直截了当。碑前部为四川宁远府西昌县正堂据文生马骥才等具控洪顺泽等欲砍伐风水树株一案所发布的封禁晓谕，后半为马姓合族在官府封禁晓谕基础上形成的族禁规约，表明立碑封禁为官府批准，而非擅自为之④。

民间公权对政府公权的依附，表现出单向性的民禁碑向官禁碑的转换，即民间规约以各种方式向官府权力和国家法律禁令主动靠拢，而非相反的过程；同时，从民禁碑的内容看，其所强调的"自治"是为弥补官府统治之不足，而非

---

① 《三晋石刻大全·长治市屯留县卷》，第58页。
② 《温州历代碑刻二集》（上），第202页。
③ 《明清以来苏州社会史碑刻集》，第583—584页。
④ 《北京图书馆藏中国历代石刻拓本汇编》84册，第77页。

要取而代之，表现出这一转换过程的 "官主民辅" 格局。

当然，民间力量依附政府公权，在许多情况下，是不得已而为之，这在传统工商业领域表现得尤为明显。

明末清初工商禁碑特别是 "禁当行碑" 的出台，大约经过商户联名呈请申控、官吏调查处理批示禁令、官民共同立碑公布三个阶段才告完成。我们现在所能见到的上百份明末清初工商禁碑，官府主动出示者为数有限，应铺户商民联名呈请而颁刻者占绝对多数。这一事实说明工商业者在保护自身权益方面有较强的主动性，同时也揭示出他们所面临的窘境。面对那些妨碍商品经济发展、损害工商业者权益、危害社会治安和秩序的各种弊害，工商业者因感同身受而格外痛切，遂成为推动与官府合作建构地方法律秩序的先锋。在刻石立禁的呈请、审批、转详等等的过程中，工商业者的权利意识和法律素养也大大提高。

在官民互动的过程中，地方官习惯用刻碑申禁的形式，其原因有多重：一碑之立，官可立决，程序简单；立于通衢、市井、官衙之禁碑，有典有据，便于周知，威慑作用立竿见影；甚至，不管禁令公布后实施结果如何，只要 "例行公事" 立碑示禁了，一旦遇到上级检查追责，官员们也可以此搪塞。

无论是官员主动刊刻还是基于商民呈请而刻立的禁碑，碑额上醒目的 "永示严禁"、"刊碑永示"、"立石永禁"、"奉宪示禁" 等表述，不仅包含着禁令刻石的公开、永恒与权威用意，也提示着禁约对维护现实生活秩序的重要性。

2000余年来，"刻石纪法" 传统在政府和民间、正式法和非正式法的互动中，不断发展完备。如今我们对每一块碑石的解读，其实都是对这一传统的阐发。而每一块刻载法律内容的碑石，其颁刻过程，其刻写的内容，其竖立的地点，都传达着一种精神诉求，也都承载着一份希望。人们期望 "永远遵照，不枯不朽"[①] 的，其实不仅仅是刻在碑石上的文字，也包含 "镂之金石" 的纪事传统。

---

① 海南乐东县嘉庆十四年《度量衡碑》，载《广东碑刻集》，第996页。

结　语

　　将禁令、规范、公文、契约和讼案等"镂之金石"即铭刻于青铜器或石碑上,公布彰显,以备查考,以垂久远,是中国古代法制文明的一个重要传统。用坚实恒久的材料铭刻法律事项,所追求的当是被刻载之事的庄严、永恒、公开、权威、警示,而这也正是一个稳定的社会秩序和法律秩序的根本。

　　本书以丰富的古代金石铭刻为基础史料,采用有别于国家法律或制定法的视角,透过对文字载体从铭金到刻石,亦通过从偶见的禁碑到碑禁体系的发展演变的梳理,通过对铭刻文字法律内涵的不断扩充发展的现象分析,以及对碑石中非正式法的表现方式、生成路径、处罚措施、效力保障,非正式法与正式法并存、互补和转化机制的研究,总结中华民族法律传承中的有益成分,阐释中华法制文明的多元构成,旨在为当今基层社会法制建设进而为本土化的法律秩序建设提供借鉴。

　　以下再就本书的主要内容、重要观点做一简短的梳理和总结。

　　本书由导论、上篇、中篇、下篇和附录等部分组成。

　　导论就研究主旨、全书框架、相关成果、研究方法、关键概念等进行阐释,以导引出本书所针对的焦点和依据丰富金石材料而总结出的主要观点。

　　在当代研究中,金文和石刻文字是不同学科的关注对象。基于中国传统金石学的深厚积累,本书既关注金石法律文献的整体性,在法制"镂之金石"的发展传承中探讨"铭金"和"刻石"法律纪事的关联和同异,同时也基于丰富的石刻文献,探讨"刻石"法律纪事的发展规律及明清碑禁制度形成的社会基础,为丰富对中国法制文明的认知,也为传统金石学和石刻学在当代的发展,尽绵薄之力。

上篇《法制"镂之金石"之传承与发展》由两章内容组成。通过对"铭金"和"刻石"法律纪事发展历程的梳理,意在探寻文字"镂之金石"传统与法律纪事发展演进的关系,展现刻石法律纪事中的国家公权和民间公权、正式法与非正式法的并行发展和相互影响,阐发相对独立的"刻石"法律纪事和明清碑禁体系得以发展的深厚根基。

"铭金"是中国秦汉以前法制传承的重要方式,历经西周时的"器以藏礼"、春秋时的"器以布法"、战国时的"物勒工名"、秦汉时的"刻诏行法"等发展阶段;"刻石"法律纪事是在先秦、秦汉"铭金"基础上对"镂之金石"法律传承方式的进一步发展,经历了秦汉"铭功纪法"和"碑以明礼"、唐宋金元"碑以载政"、明清"碑以示禁"等几个重要发展阶段。

"铭金"和"刻石"法律纪事既相对独立又相辅相成。相对独立指青铜和碑石铭刻分别处于大致以秦汉为界的不同时段,两者所处的社会背景不同,所用材质贵重程度及制作成本不一,发展路径也不尽相同。"铭金"是权贵的专利,"刻石"则由权贵向世俗普及,具有官与民、公与私并行发展的趋势。相辅相成表现为两者在战国秦汉时重叠并存,纪事内容有一定相仿;关键是两者展现了法律纪事中的人神共鉴、有案可稽、永垂不朽等的共同目标和追求。

对"刻石纪法"发展历程的梳理,是本书的重点内容。

秦汉开创了中国大一统的帝国时代,"刻石纪法"在帝国政治与法制创立过程中发挥了积极作用。秦刻石融"铭功"与"纪法"为一体;东汉时,在独尊儒术、举孝廉等政治举措的带动和重丧葬等社会风气的影响下,社会中坚通过"树碑立传"彰显儒家礼仪孝道。这种独特的社会教化功能,赋予碑石以持久的政治生命力。同样在汉代,世俗性法律纪事在刻石中得到初步发展。务实性的刻石定界纪产和申约明禁,满足了社会各个层面的现实需求,展示了非正式法生存的广阔空间。

唐宋金元,君言刻石和公文刻石得到充分发展,"碑以载政"是此阶段"刻石纪法"的主要特色。自秦汉至唐宋明清,君言刻石在碑石群体中一直占有举足轻重的地位,它对国家治理和朝廷施政,具有垂范与指引功能。从唐代官箴碑、诏敕碑到宋明清的御制学规碑、元明的白话圣旨碑,皇权独尊在刻石纪事中的至高无上和事无巨细得到充分展现。唐宋律有关"长吏立碑"的法律规定，是朝廷对东汉以来"树碑立传"风尚进行法律调控的结果，是对"碑以明礼"功能的法制化提升。同样在这一时期，碑石在国家机器运转和社会治理中逐渐形成了以敕牒、公据、榜示等政务实践为主的"公文碑"体系。这些碑刻的大量存世，与碑石所具有的政务公开和有案可稽等档案属性密不可分。

明清是"刻石纪法"的完备期。此时的法律刻石，既有彰显德礼教化、构建官府布政模式等正统性和规范性的一面，也有由官禁碑、民禁碑所展示的变通性和世俗化的一面。各地大量涌现的"勒石永禁"等官禁碑，基层社会以"奉官示禁"等名义刻立的民禁碑，展示了官民互动、官主民辅、现实救济等地方法律秩序的建构模式。更重要的是，明清由敕禁碑、官禁碑、民禁碑所构成的碑禁体系，展示出禁碑在地方法律创制与实施方面具有重要的实用功能，同时它也使法律碑刻成为有别于墓志、功德碑、题名碑的一种独立存在。

中篇《明清碑禁体系与非正式法》凡六章，从不同角度思考和探讨明清碑刻中的法禁、官禁、民禁、神禁（神授仪式与神罚）等内容、特色和功效，以及它们间的相互影响，并进而阐明禁碑及碑禁体系在中国古代法制文明发展传承中的重要作用。

前两章内容（《明清地方禁令与词讼禁碑》、《江南"禁当行碑"与地方法律秩序的构建》）聚焦于明清词讼禁碑和江南"禁当行碑"等相对具体的内容，分析禁令和禁碑的关系，禁碑颁刻缘由、主要内容和功效，初步指明禁碑和碑禁体系在明清地方法律秩序构建中的作用。

接下来的一章（《明清碑禁体系及其特征》）是对明清碑禁制度形成和特色的全面梳理，系统阐述明清时期由敕禁碑、官禁碑、民禁碑所构成的碑禁体系在地方法律秩序建构中的功用，以及三类禁碑之间的内在关联。其关联性表现在：敕禁碑以对碑石功用的推崇和强化，起到对官禁碑和民禁碑的示范效用；官禁碑通过对皇禁国法的贯彻、落实，通过"勒石永禁"由范例到惯例及重惩严责的法律实践，通过对乡约行规等民禁的审核与认可，使皇禁国法与民禁乡规和谐相处；民禁碑则以明确具体的赏罚奖惩及公开、公平、监督、制衡等民间智慧，通过"神授"仪式和对政府权威的模仿，表现出对规则、秩序、公权的追逐。对明清碑禁体系及其特征的阐释，是认识古代中国"刻石纪法"传统的关键，也是深入认识中国传统法律文化在地方社会实际存在形态的关键。

探讨非正式的生成途径、运作机制和效力来源的内容,集中在《清代工商会馆碑刻与非正式法》和《信仰·仪式·权威:非正式法的生成路径》两章。前者透过数百通工商业会馆碑刻,总结了清代城市社会中"非正式法"的形成与运作机制,以及工商行业和社会、工商组织和业者个体、非正式法和正式法之间,相互依存、冲突、妥协的动态演进规律。后者依据数量庞大的民间石刻文献和载于碑石上的乡规民禁,指明地方活跃人物以公议或公众认可的方式形成民间权威并议定规则,是民规民禁等非正式法产生的前提。由于公议规则缺乏国家制度保障,故主要采取借助神明的力量和争取官府支持的方式提升其效力。非正式法能得以长期存在,还在于它与正式法有相通互补之处,礼制与神罚等神道设教的内容是重要媒介。

非正式法在与正式法的长期并存发展中,形成了一套相对独立的表达和运作体制,本篇最后一章(《非正式法中的"罪"与"罚"》)即着重探讨此问题。通过地方权威对"不孝"、"窃盗"、"亵渎神明"等罪名的世俗化解释,通过对非正式法的独立性罚则及其寓惩于教等特征的分析,意在表明,罪与罚不仅是国家律典中的规范性条文,也是村规乡禁中的世俗约定。非正式法中的罚则也有鲜明特色,主要表现为对阴司冥罚传统的认同,强调罚戏敬神以寓惩于教,以及较明显的重惩重罚倾向。借着罚则的实施,民间公权的威望和公信力也逐步确立,同时也给人们造成了"以罚代管"的思维定式。

下篇《"金石纪法"与中国传统法制》是总结篇,通过《中国法制"镂之金石"传统及特质》、《法律碑刻:一种独立的存在》、《"刻石纪法":两种法制表达和实践系统》三章,总结法制"镂之金石"传统的规律性内容,并对全书的主要观点进行归纳、提炼,指明古代中国法律铭刻具有深厚的传统和广泛的适用性,法制"镂之金石"传统是中华法制文明的有机组成。

法制"镂之金石"传统在中华法制文明发展传承中的重要性,可通过以下观点得到展现:

1.中国法制"镂之金石"传统的核心是彰显"礼制"和布行"公政"。从西周青铜铭刻的"器以藏礼",到汉代碑石初兴时的"碑以明礼",表面上是"刻石"对"铭金"的复制翻版,却深刻揭示了中国礼制文化在周代(西周和东周)、两汉及唐宋以后国家政治生活中的重要性。西周的"器以藏礼"蕴含着等级规范、尊祖敬宗及德治教化,这是后来儒家所极力推崇的;东汉碑石勃兴,是"独尊儒术"、举孝廉等政治举措的结果,"树碑立传"成为迎合朝廷释孝明礼的重要手段。唐宋律有关"长吏立碑"的法律规定是对"碑以明礼"功能的法制化,也是"碑以载政"的重要表现。明清碑文中大量存在的"神道设教"内容,是传统礼制影响民间的见证,也是非正式法据以在正式法占主导地位的环境中存续发展的策略。

"公政"的涵义具有时段性和组合性。在"铭金纪法"阶段,"公政"是公器和政令的组合;在"刻石纪法"阶段,"公政"是公权和政事的组合。

"公器"指具有规范社会作用的公用器,法令和度量衡器均属之。战国秦汉流行的在标准度量衡器上铭刻法令诏书的做法,尤能反映公器在国家治理和建立新的社会秩序中的作用。"刻石"取代"铭金"后,由于碑石本身不具有公器的属性,只是基于公权(包括政府公权和民间公权)和政治(包括国家政治、地方政治、基层政治)的施加作用,碑石载体才具有法律意义,故立碑程序和仪式,对"刻石纪法"特色的彰显至为重要。

2."刻石纪法"是一种独立的法律纪事体系或法律铭传形式,与之伴生的是,法律碑刻也逐渐成为一种独立的石刻类别。法制"镂之金石"传统尤其是其中的"刻石"法律纪事,是一种有别于简牍及纸本文献的相对独立的法律纪事传统。这一传统更具有庄严、永恒、公开、权威、警示等特性。

长久存留、不易灭失是碑石的基本属性。法律碑刻在此基础上形成的触目儆心、创制惯例、有案可稽等独特功能,带有标志性的额题、碑文格式,彰显权威性和传播性的立碑地点,以及其所特有的对公权、公益、秩序的重视和追求,均强化了法律碑刻的独立属性,使法律碑刻能与传统碑石中的大类——墓志、功德碑、题名碑等并列而存。当然法律碑刻的独立性并非一蹴而就。经过初创期的"碑以明礼"、发展期的"碑以载政"及完备期的"碑以申禁",法律碑刻的独立化历程才基本完成。而明清碑禁体系的形成,是法律碑刻取得实质性独立的关键。

3.古代"刻石纪法"存在官方与民间两种法制表达和实践系统。法律的表达和实践是近年来中国法制史研究中的一个热点。丰富的石刻法律文献,可以为我们检讨这一学术热点提供新的视角。

在法制"镂之金石"传统中,相对而言,"铭金"法律纪事的正统性、公权性更明显,法律的表达与实践以单线条发展为主;"刻石"法律纪事自秦汉初创以来,大致形成了两个相对独立的发展路径,即政府公权和民间公权两种运作系统,其大致与正式法和非正式法的生成相对应。这两个系统时而独立并行,时而交互影响。无疑,具有国家强制力保障的制定法系统始终占据主导地位,其社会影响力更强大,但后者的客观存在与实际功效,也不容忽视。另,民间公权对政府公权的依附和借力,也显而易见。

在古代碑文中,政府公权的法制表达与实践,具有皇权至上、法律制度健全、行政管理系统化及自上而下的执行路径等特色。民间公权的"刻石纪法"是中国法制"镂之金石"传统中富有活力和生机的部分。民间权威主要以公议规则的方式表达其存在。其法制表达与实践,具有自下而上的形成途径,表面注重仪式、效力与罚则,内容强调公平、监督、制约等制度设计特色。

4."刻石纪法"展现了非正式法的原生路径和次生路径。非正式法存在的关键,是权威和服众问题。非正式法产生的前提是地方活跃人物以公议或公众认可的方式形成民间权威并议定规则。由于公议规则缺乏国家制度保障,故主要采取两种方式提升其效力:一是强调"神授",即借助神明的力量,通过酬神议事、演戏立碑等敬神仪式,展示民间权威及其所立规则的合理和神圣。这主要适用于相对稳定、共同认知性强的社会环境,属于非正式法的原生路径。二是争取官府的支持,以报官备案、府县核准、奉宪示禁等方式为授权依据。在民众心目中,州县官是父母官,得到他们的认可,民间公议的自治性规范就披上了"合法化"的外衣。这也是将民间自治规范与官规禁令接轨的必由之途。这主要适用于社会关系复杂、人员流动性大的社会环境,属于非正式法的次生路径。

5.碑禁制度展示了非正式法的罚则体系及"以罚代管"的社会基础。在明清碑禁体系中,民禁碑的内容几可与非正式法画等号。非正式法中的"罪"与"罚"与正式法中的规定有明显不同。地方权威对"不孝"、"窃盗"、"亵渎神明"等罪名的"设定"及相应的处罚,多与地方实情和人们的切身利益相关。是故,罪与罚不仅仅是国家律典中的规范性条文。基于民间公权产生的非正式法,其所设定的一套与国法有别的惩罚方式,也是其特立独行的标志。这一罚则体系的要点有三:一是强调公开公平。公开指处罚行为和标准事先公布,对违禁犯约者,集众按规则公同议罚。由于禁约罚则是在公议和相互认同的基础上形成的,基于这种自觉性,人们共同遵守、相互监督。而对违禁者施以处罚,代表的是民间共同认可的公权和公正，故可以做到罚则面前人人平等。二是实行复合处罚，在常见的罚钱、罚物、罚酒席、罚戏、体罚、诅咒、驱逐等惩罚措施中，一般是两种或几种兼用，其中罚钱兼罚物较为常用，体现出重惩重罚倾向。三是强调寓惩教于罚，主要表现为罚戏、刊碑示众、罚碑立誓等方式。

当然非正式法中的独立罚则、细致具体的惩处规定和重惩重罚倾向，也显示了民间公权的行使主要是通过惩罚违禁者而实现的。这是一种简单、有效的社会管理方式，同时也符合民间公权的权力构成和特性。借着罚则的实施，民间公权的威望和公信力逐步确立，但也逐渐培养了"以罚代管"的思维定式。

6. "刻石纪法"体现了非正式法与正式法的互补性。非正式法能够长期存在，在于政府公权和民间公权的关注点不同。国家法律一般规定危及统治安全和社会稳定的严重犯罪行为，民间规范更关注局部的现实生活秩序。

非正式法能够与正式法互补，礼制和信仰是重要基础。政府公权和民间公权对儒家礼制教化等正统思想有共同追求。在传统治世理念中，礼乐与刑政相辅相成，同时神道设教对礼乐刑政的辅助作用也不可或缺。基于对神灵的敬畏而约束自己，并使人改恶从善，正是"幽有鬼神"所能起到的社会治理功效。而这种功效，能弥补礼乐刑政之失。

明清"勒石永禁"、"奉宪示禁"等禁碑的刻立，是官民互动、官绅合作建构地方法律秩序的常见模式，也是非正式法和正式法互补的体现。

官民互动的基础是利益关切。禁碑主要为矫正地方弊端而刻立，是各级官府化解地方矛盾的重要手段。明清大量存在的禁碑、清代由各种禁碑构成的碑禁体系，是政府公权和民间公权相互作用的结果。无论代表至高权威的敕禁碑、体现政府公权的官禁碑，还是展示民间公权的民禁碑，均具有一定的共性，即强调公益高于私利，同时也均体现出权威性、公正性、约束性等特征。这说明国家权力机构与非权力机构对规则与禁令需求的趋同性。

从官方的视角看，"勒碑示禁"是政治清明和爱民恤商的重要举措；从民间的角度看，"奉宪示禁"是维护自身权益的法宝。在社会治理和地方法律秩序建设中，通过禁碑的形式，官与民各取所需，从而达到官民携手治理地方的目的。

非正式法与正式法互补的特征是官主民辅。在现实生活中，政府公权更具主导性和权威性，民间公权则以其自治性和"拟官性"而拓展发展空间。"拟官性"表现为民间公权对政府公权的依附，即民间规约以各种方式向政府权力和国家法律禁令主动靠拢,这是一种单向的民禁碑向官禁碑的转换,而非相反的过程;同时,民禁碑所强调的"自治"是为弥补官府统治之不足,而非取而代之,也表现出这一转换过程的"官主民辅"格局。

非正式法与正式法的并行、互补和转换,说明社会治理和调控的手段是多元的。法律、道德、民间规范乃至鬼神信仰,在社会治理中都有不可忽视的作用。

* * *

对古人而言,值得"镂之金石"的事项是重大且神圣的,是值得子孙后代永远铭记的。对当下而言,我们除了对这一传统加以解读、阐释、研究、总结之外,更多的当是感念。

我们的先人,累朝累代,日积月累,锲而不舍,将他们所处生活中的法律事项,包括官方的法律颁布与实施,也包括民间对法律的理解与期冀,凿刻于金石之上,使得古人与法制有关的言谈行事,得以穿越时空,与我们谋面。这是祖辈留给我们的宝贵财富。

我们比古代学者更幸运的是,可以看到时段更久、数量更多的金石铭刻。对于这些历经劫难而保存下来的古代遗物,无论是属于国之重宝的三代彝器,还是遗落于荒野的残碑断石,我们无不深怀敬意。正是基于历代遗存的为数庞大的青铜和碑石铭刻,我们才有幸看到中国古代法制传承的别样风景。

附录一　主要参考文献

一、基础史料典籍类

文渊阁《四库全书》电子版，上海人民出版社。

《十三经注疏》，北京大学出版社1999年版。

〔汉〕司马迁：《史记》，中华书局1959年版。

〔汉〕班固：《汉书》，中华书局1962年版。

〔南朝宋〕范晔：《后汉书》，中华书局1965年版。

〔晋〕陈寿：《三国志》，中华书局1971年版。

〔北齐〕魏收：《魏书》，中华书局1974年版。

〔唐〕房玄龄等：《晋书》，中华书局1974年版。

〔南朝梁〕沈约：《宋书》，中华书局1974年版。

〔南朝梁〕萧子显：《南齐书》，中华书局1972年版。

〔唐〕魏徵等：《隋书》，中华书局1973年版。

〔五代后晋〕刘昫等：《旧唐书》，中华书局1975年版。

〔宋〕欧阳修、〔宋〕宋祁：《新唐书》，中华书局1975年版。

〔宋〕薛居正等：《旧五代书》，中华书局1976年版。

〔元〕脱脱等：《宋史》，中华书局1977年版。

〔明〕宋濂等：《元史》，中华书局1976年版。

〔清〕张廷玉等：《明史》，中华书局1974年版。

赵尔巽等：《清史稿》，中华书局1977年版。

《清实录》,中华书局1985年版。

〔汉〕刘安等:《淮南子》,许匡译注,贵州人民出版社1993年版。

〔魏〕王肃注:《孔子家语》,文渊阁《四库全书》电子版。

〔晋〕常璩:《华阳国志校补图注》,任乃强校注,上海古籍出版社1987年版。

〔北魏〕郦道元:《水经注校证》,陈桥驿校证,中华书局2007年版。

〔梁〕刘勰:《增订文心雕龙校注》,黄叔琳注、李详补注、杨明照校注拾遗,中华书局2012年版。

〔梁〕释僧祐:《弘明集》,文渊阁《四库全书》电子版。

〔南朝陈〕虞荔:《鼎录》,载《考古图(外六种)》,《四库艺术全书》,上海古籍出版社1991年版。

〔唐〕长孙无忌等:《唐律疏议》,刘俊文点校,中华书局1983年版。

〔唐〕刘禹锡著、瞿蜕园笺证:《刘禹锡集笺证》,上海古籍出版社1989年版。

〔唐〕李林甫等:《唐六典》,陈仲夫点校,中华书局1992年版。

〔唐〕封演:《封氏见闻记》,张耕注评,学苑出版社2001年版。

〔五代〕王仁裕等:《开元天宝遗事十种》,丁如明辑校,上海古籍出版社1985年版。

〔宋〕周应和:《景定建康志》,《中国方志丛书·华中地方》第416号,台湾成文出版有限公司1983年版。

〔宋〕窦仪等:《宋刑统》,吴翊如点校,中华书局1984年版。

〔宋〕陈槱:《负暄野录》,载《洞天清录(外五种)》,《四库笔记小说丛书》,上海古籍出版社1993年版。

〔宋〕郑樵:《通志二十略·金石略》,王树民点校,中华书局1995年版。

〔宋〕谢深甫等纂修:《庆元条法事类》,上海古籍出版社2002年版。

〔宋〕宋敏求编:《唐大诏令集》,中华书局2008年版。

〔宋〕魏了翁:《鹤山集》,文渊阁《四库全书》电子版。

〔宋〕刘敞:《公是集》,文渊阁《四库全书》电子版。

〔宋〕刘攽:《彭城集》,文渊阁《四库全书》电子版。

〔元〕马端临:《文献通考》,文渊阁《四库全书》电子版。

〔元〕张养浩:《归田类稿》,文渊阁《四库全书》电子版。

〔明〕刘侗、〔明〕于奕正:《帝京景物略》,北京古籍出版社1963年版。

〔明〕沈榜:《宛署杂记》,北京古籍出版社1980年版。

〔明〕邱浚:《大学衍义补》,林冠群等校点,京华出版社1999年版。

〔明〕雷梦麟:《读律琐言》,怀效锋等点校,法律出版社2000年版。

〔明〕颜俊彦:《盟水斋存牍》,中国政法大学出版社2002年版。

〔明〕汪子卿:《泰山志校证》,周郢校证,黄山书社2006年版。

〔明〕归有光:《震川先生别集》,周本淳校点,上海古籍出版社2007年8月版。

〔明〕葛寅亮:《金陵梵刹志》,何孝荣点校,天津人民出版社2007年9月版。

〔明〕梅鼎祚编:《西汉文纪》,文渊阁《四库全书》电子版。

〔明〕梅鼎祚编:《东汉文纪》,文渊阁《四库全书》电子版。

〔明〕马文升:《端肃奏议》,文渊阁《四库全书》电子版。

〔明〕王恕:《王端毅奏议》,文渊阁《四库全书》电子版。

〔明〕张永明:《张庄僖文集》,文渊阁《四库全书》电子版。

〔明〕俞汝楫:《礼部志稿》,文渊阁《四库全书》电子版。

〔明〕韩雍:《襄毅文集》,文渊阁《四库全书》电子版。

〔清〕允裪纂修:《钦定大清会典则例》,文渊阁《四库全书》电子版。

〔清〕黄生撰、〔清〕黄承吉合按:《字诂义府合按》,包殿淑点校,中华书局1984年版。

〔清〕吴坛著、马建石等校注:《大清律例通考校注》,中国政法大学出版社1992年版。

〔清〕顾炎武著、陈垣校注:《日知录校注》,安徽大学出版社2007年版。

〔清〕董晧等:《全唐文》,中华书局2013年版。

〔清〕严可均校辑:《蔡中郎集》,日本京都大学人文科学研究所藏抄本。

《蔡中郎集》,文渊阁《四库全书》电子版。

〔清〕李卫等监修:《畿辅通志》,文渊阁《四库全书》电子版。

〔清〕黄士俊等监修:《河南通志》,文渊阁《四库全书》电子版。

《山东通志》，文渊阁《四库全书》电子版。

〔清〕郭琇：《华野疏稿》，文渊阁《四库全书》电子版。

〔清〕孙承泽：《元朝典故编年考》，文渊阁《四库全书》电子版。

《宋大诏令集》，司义祖整理，中华书局1962年版。

《龚自珍全集》，上海人民出版社1975年版。

孙殿起辑：《琉璃厂小志》，北京古籍出版社1982年版。

周振甫：《文心雕龙今译》，中华书局1986年4月版。

王利器：《新语校注》，中华书局1986年5月版。

《欧阳修全集》，中国书店1986年6月版（据世界书局1936年版影印）。

《戴名世集》，王树民编校，中华书局1986年9月版。

《名公书判清明集》，中国社会科学院历史研究所宋辽金元史研究室点校，中华书局1987年版。

山西省史志研究院编：《山西通志》，中华书局1992年版。

李国祥、杨昶主编：《明实录类纂》（经济史料卷），武汉出版社1993年6月版。

吴毓江：《墨子校注》，孙启治点校，中华书局1993年10月版。

彭泽益主编：《中国工商行会史料集》，中华书局1995年1月版。

建瓯市林业委员会编：《建瓯林业志》，鹭江出版社1995年9月版。

高流水译注：《慎子全译》，贵州人民出版社1996年版。

北京市档案馆编：《北京会馆档案史料》，北京出版社1997年版。

李养正编著：《新编北京白云观志》，宗教文化出版社2002年版。

《海瑞集》，李锦全等点校，海南出版社2003年1月版。

［美］伯尔曼：《法律与宗教》，梁治平译，中国政法大学出版社2003年8月版。

南京国民政府司法行政部编：《民事习惯调查报告录》，中国政法大学出版社2005年1月版。

杨一凡主编：《古代乡约及乡治法律文献十种》，黑龙江人民出版社2005年12版。

李金龙、孙兴亚主编：《北京会馆资料集成》，学苑出版社2007年3月版。

汪庆祺编：《各省审判厅判牍》，李启成点校，北京大学出版社2007年4月版。

徐世虹等主编：《沈家本全集》（8册），中国政法大学出版社2010年1月版。

杨一凡、王旭编：《古代榜文告示汇存》，社会科学文献出版社2010年10月版。

《元典章》，陈高华等点校，中华书局2011年3月版。

二、石刻文献类

林荣华校编：《石刻史料新编》第一辑，台湾新文丰出版公司1982年第2版。

林荣华校编：《石刻史料新编》第二辑，台湾新文丰出版公司1979年版。

林荣华校编：《石刻史料新编》第三辑，台湾新文丰出版公司1986年版。

北京图书馆金石组编：《北京图书馆藏中国历代石刻拓本汇编》（101册），中州古籍出版社1997年版。

《历代碑志丛书》，江苏古籍出版社1998年版。

国家图书馆善本金石组编：《历代石刻文献全编》（16册），北京图书馆出版社2003年版。包括：

《先秦秦汉魏晋南北朝石刻文献全编》（2册）

《隋唐五代石刻文献全编》（4册）

《宋代石刻文献全编》（4册）

《辽金元石刻文献全编》（3册）

《明清石刻文献全编》（3册）

〔宋〕洪适：《隶释·隶续》，中华书局1986年版。

〔宋〕吕大临编：《考古图》，《四库艺术丛书》，上海古籍出版社1991年版。

〔宋〕郑樵：《通志二十略·金石略》，王树民点校，中华书局1995年版。

〔宋〕赵明诚撰、金文明校证：《金石录校证》，广西师范大学出版社2005年版。

〔宋〕欧阳修：《集古录跋尾》，邓宝剑等笺注，人民美术出版社2010年版。

〔宋〕陈思编著：《宝刻丛编》，江苏古籍出版社2012年版。

〔元〕潘昂霄：《金石例》，《石刻史料新编》第三辑第39册，台湾新文丰出版公司1986年版。

〔清〕王昶:《金石萃编》,中国书店1985、1991年版;《历代碑志丛书》第4—7册,江苏古籍出版社1998年版。

〔清〕冯登府:《金石综例》,《石刻史料新编》第三辑第39册,台湾新文丰出版公司1986年版。

〔清〕刘宝楠:《汉石例》,《石刻史料新编》第三辑第40册,台湾新文丰出版公司1986年版。

〔清〕叶昌炽撰、柯昌泗评:《语石·语石异同评》,陈公柔等点校,中华书局1994年版。

〔清〕叶昌炽撰、韩锐校注:《语石校注》,今日中国出版社1995年版。

〔清〕赵钺、〔清〕劳格:《唐御史台精舍题名考》,张忱石点校,中华书局1997年版。

〔清〕钱大昕:《潜研堂金石文跋尾》,《历代碑志丛书》第3册,江苏古籍出版社1998年版;陈文和主编:《嘉定钱大昕全集》(陆),江苏古籍出版社1997年版。

〔清〕朱记荣编:《金石全例》,北京图书馆出版社2008年版。

杨殿珣:《石刻题跋索引》,《石刻史料新编》第一辑第30册,台湾新文丰出版公司1982年版。

容媛辑录、胡海帆整理:《秦汉石刻题跋辑录》,上海古籍出版社2009年版。

冯承钧:《元代白话碑》,上海商务印书馆1933年版。

蔡美彪编:《元代白话碑集录》,科学出版社1955年版。

赵万里:《汉魏南北朝墓志集释》,科学出版社1956年版。

吴文良:《泉州宗教石刻》,科学出版社1957年版。

江苏省博物馆编:《江苏省明清以来碑刻资料选集》,三联书店1959年版。

李华编:《明清以来北京工商会馆碑刻选编》,文物出版社1980年6月版。

上海博物馆图书资料室编:《上海碑刻资料选辑》,上海人民出版社1980年6月版。

苏州历史博物馆等合编:《明清苏州工商业碑刻集》,江苏人民出版社1981

年版。

　　广西民族研究所编：《广西少数民族地区石刻碑文集》，广西人民出版社1982年版。

　　[日]仁井田陞辑、[日]佐伯有一等编注：《北京工商ギルド资料集》，《东洋学文献丛刊》第23、25、28、30、33、39辑，东京大学东洋文化研究所附属东洋学文献センター，1975—1983年版。

　　王壮弘等：《六朝墓志检要》，上海书画出版社1985年2月版。

　　毛汉光：《中研院历史语言研究所藏历代墓志铭拓片目录》，台北中研院历史语言研究所1985年5月版。

　　广东省社会科学院历史研究所中国古代史研究室编：《明清佛山碑刻文献经济资料》，广东人民出版社1987年版。

　　施蛰存：《水经注碑录》，天津古籍出版社1987年6月版。

　　陈垣编纂，陈智超、曾庆瑛校补：《道家金石略》，文物出版社1988年版。

　　叶国良：《石学蠡探》，台湾大安出版社1989年版。

　　张浩良编：《绿色史料札记——巴山林木碑碣文集》，云南大学出版社1990年1月版。

　　徐自强等：《北京图书馆藏墓志拓片目录》，中华书局1990年3月版。

　　高文等编：《四川历代碑刻》，四川大学出版社1990年12月版。

　　张华鹏等编著：《武当山金石录》第一册，内部印本1990年。

　　张沛编著：《安康碑石》，三秦出版社1991年5月版。

　　王智民编注：《历代引泾碑文集》，陕西旅游出版社1992年4月版。

　　谢佐等辑：《青海金石录》，青海人民出版社1993年7月版。

　　荣丽华编集、王世民校订：《1949—1989四十年出土墓志目录》，中华书局1993年8月版。

　　湖南省文物事业管理局等编：《浯溪碑林》，湖南美术出版社1992年10月版。

　　周绍良、赵超主编：《唐代墓志汇编》，上海古籍出版社1992年11月版。

　　姜丰荣编注：《泰山历代石刻选注》，青岛海洋大学出版社1993年10月版。

　　董国柱编著：《高陵碑石》，三秦出版社1993年12月版。

　　[日]永田英正编：《汉代石刻集成：图版·释文篇》，日本同朋舍1994年2

月版。

　　李百勤执笔:《河东出土墓志录》,山西人民出版社1994年4月版。

　　陈长安主编:《关林》,中州中籍出版社1994年9月版。

　　孙家骅等主编:《白鹿洞书院碑刻摩崖选集》,北京燕山出版社1994年10月版。

　　向南编:《辽代石刻文编》,河北教育出版社1995年4月版。

　　何培夫主编:《台湾地区现存碑碣图志:高雄市·高雄县篇》,台北市"中央图书馆"台湾分馆1995年6月版。

　　吴景山:《丝绸之路交通碑铭》,民族出版社1995年9月版。

　　张江涛编著:《华山碑石》,三秦出版社1995年12月版。

　　西安碑林博物馆编:《陕西碑石墓志资料汇编》,西北大学出版社1995年8月版。

　　张燕编:《北朝佛道造像碑精选》,天津古籍出版社1996年1月版。

　　袁道俊编著:《焦山石刻研究》,江苏美术出版社1996年1月版。

　　陈显远编著:《汉中碑石》,三秦出版社1996年4月版。

　　大理市文化丛书编辑委员会编:《大理古碑存文录》,云南民族出版社1996年8月版。

　　彭泽益选编:《清代工商行业碑文集粹》,中州古籍出版社1997年5月版。

　　高文:《汉碑集释》(修订本),河南大学出版社1997年11月版。

　　龙显昭、黄海德主编:《巴蜀道教碑文集成》,四川大学出版社1997年12月版。

　　李启良等编著:《安康碑版钩沉》,陕西人民出版社1998年2月版。

　　山东省政协文史资料委员会编:《齐鲁百年名碑集》,山东美术出版社1998年3月版。

　　吴均:《三晋石刻总目·运城地区卷》,山西古籍出版社1998年7月版。

　　路远:《西安碑林史》,西安出版社1998年8月版。

　　王国平等主编:《明清以来苏州社会史碑刻集》,苏州大学出版社1998年8月版。

　　刘兰芳等编著:《潼关碑石》,三秦出版社1999年1月版。

　　岳飞研究会编:《岳飞墓庙碑刻》,当代中国出版社1999年8月版。

黄挺等：《潮汕金石文征》（宋元卷），广东人民出版社1999年9月版。

李改、张光溥编：《药王山北朝碑石研究》，陕西旅游出版社1999年10月版。

左慧元编：《黄河金石录》，黄河水利出版社1999年11月版。

答振益、安永权主编：《中国南方回族碑刻匾联选编》，宁夏人民出版社1999年11月版。

都江堰市地方志委员会编：《都江堰市金石录》，四川人民出版社1999年12月版。

李楚荣主编：《宜州碑刻集》，广西美术出版社2000年3月版。

段金录等主编：《大理历代名碑》，云南民族出版社2000年3月版。

吴钧编：《河东盐池碑汇》，山西古籍出版社2000年11月版。

性空编：《寒山寺碑刻集》，古吴轩出版社2000年12月版。

谭棣华等编：《广东碑刻集》，广东高等教育出版社2001年1月版。

李振翼：《甘南藏区考古集萃》，民族出版社2001年1月版。

骆承烈汇编：《石头上的儒家文献——曲阜碑文录》，齐鲁书社2001年4月版。

张晋平编著：《晋中碑刻选粹》，山西古籍出版社2001年6月版。

余振贵等主编：《中国回族金石录》，宁夏人民出版社2001年7月版。

王西平等编著：《澄城碑石》，三秦出版社2001年9月版。

范天平等编注：《豫西水碑钩沉》，陕西人民出版社2001年9月版。

吴景山：《西北民族碑文》，甘肃人民出版社2001年10月版。

吴景山：《甘南藏族自治州金石录》，甘肃人民出版社2001年10月版。

刘昭瑞：《汉魏石刻文字系年》，台湾新文丰出版公司2001年9月版。

周绍良、赵超主编：《唐代墓志汇编续集》，上海古籍出版社2001年12月版。

晋祠博物馆选注：《晋祠碑碣》，山西人民出版社2001年12月版。

冯俊杰等编著：《山西戏曲碑刻辑考》，中华书局2002年1月版。

金其祯：《中国碑文化》，重庆出版集团2002年1月版。

侯璐主编：《保定名碑》，河北美术出版社2002年1月版。

吕宏军：《嵩山少林寺》，河南人民出版社2002年5月版。

粘良图选注、吴幼雄审校：《晋江碑刻选》，厦门大学出版社2002年5月版。

吴光田、李强编：《邯郸碑刻》，天津人民出版社2002年6月版。

王大高主编:《河东百通名碑赏析》,山西人民出版社2002年10月版。

王小圣编注:《海会寺碑碣诗文选》,山西人民出版社2002年12月版。

金柏东主编:《温州历代碑刻集》,上海社会科学出版社2002年12月版。

秦建明、[法]吕敏编著:《尧山圣母庙与神社》,中华书局2003年1月版。

白尔恒等编著:《沟洫佚闻杂录》,中华书局2003年4月版。

李慧、曹发展注考:《咸阳碑刻》(上下册),三秦出版社2003年7月版。

黄竹三等编著:《洪洞介休水利碑刻辑录》,中华书局2003年7月版。

董晓萍、[法]蓝克利:《不灌而治——山西四社五村水利文献与民俗》,中华书局2003年10月版。

王汝鹏编著:《山西地震碑文集》,北岳文艺出版社2003年9月版。

康兰英主编:《榆林碑石》,三秦出版社2003年10月版。

郑振满、[美]丁荷生编纂:《福建宗教碑铭汇编·泉州府分册》(3册),福建人民出版社2003年12月版。

政协北京市门头沟区文史资料委员会编:《京西碑石纪事》,香港银河出版社2003年12月版。

东岳庙北京民俗博物馆编:《北京东岳庙与北京泰山信仰碑刻辑录》,中国书店出版社2004年1月版。

吴绍田主编:《源远流长的东莱文明——平度历史碑刻研究》,山东人民出版社2004年3月版。

柴志光等主编:《上海佛教碑刻文献集》,上海古籍出版社2004年4月版。

龙显昭主编:《巴蜀佛教碑文集成》,巴蜀书社2004年5月版。

王树新主编:《高平金石志》,中华书局2004年10月版。

米祯祥主编、王雪宝编著:《嵩山、少林寺石刻艺术大全》,光明日报出版社2004年版。

刘兆鹤、吴敏霞编著:《户县碑刻》,三秦出版社2005年1月版。

王小圣等编:《古村郭峪碑文集》,中华书局2005年1月版。

王福才编著:《山西师范大学戏曲博物馆馆藏拓本目录》,山西古籍出版社2005年3月版。

罗新、叶炜:《新出魏晋南北朝墓志疏证》,中华书局2005年3月版。

王宗昱编:《金元全真教石刻新编》,北京大学出版社2005年7月版。

徐鸿芹点校：《隆阳碑铭石刻》，云南美术出版社2005年年7月版。

刘培桂编著：《孟子林庙历代石刻集》，齐鲁书社2005年9月版。

张方玉主编：《楚雄历代碑刻》，云南民族出版社2005年10月版。

曹善寿主编：《云南林业文化碑刻》，德宏民族出版社2005年10月版。

莎日娜主编：《蒙古学金石文编题录》，内蒙古大学出版社2005年12月版。

吴哲明编：《温州历代碑刻二集》，上海社会科学院出版社2006年3月版。

龚烈沸编著：《宁波现存碑刻碑文所见录》，宁波人民出版社2006年3月版。

余华青、张廷皓主编：《陕西碑石精华》，三秦出版社2006年6月版。

高立人主编：《庐陵古碑录》，江西人民出版社2007年11月版。

章国庆编著：《天一阁明州碑林集录》，上海古籍出版社2008年3月版。

云居寺文物管理处编：《云居寺贞石录》，北京燕山出版社2008年11月版。

[日]高桥继男编：《中国石刻关系图书目录（1949—2007）》，东京汲古书院2009年2月版。

李楷：《秦汉刻石选译》，文物出版社2009年4月版。

李雪梅：《碑刻法律史料考》，社会科学文献出版社2009年8月版。

汪学文主编：《三晋石刻大全·临汾市洪洞县卷》（上下册），三晋出版社2009年8月版。

泉州府文庙文物保护管理处编：《泉州府文庙碑文录》，海潮摄影艺术出版社2009年8月版。

曾燕娟：《追溯千年：石刻永流芳》，广西人民出版社2009年8月版。

杜正贤主编：《杭州孔庙》，西泠印社出版社2009年12月版。

孔伟：《曲阜历代著名碑文校注》，中国图书出版社2010年1月第2版。

任宁虎、郭宝厚主编：《三晋石刻大全·忻州市宁武县卷》，三晋出版社2010年1月版。

故宫博物院编：《故宫博物院藏历代墓志汇编》3册，紫禁城出版社2010年7月版。

李晶明主编：《三晋石刻大全·阳泉市盂县卷》，三晋出版社2010年9月版。

刘序勤编著：《青州碑刻文化》，青岛出版社2010年10月版。

刘泽民、李玉明主编：《三晋石刻大全·运城市盐湖区卷》，三晋出版社

2010年10月版。

赵卫东等编:《山东道教碑刻集·青州昌乐卷》,齐鲁书社2010年11月版。

周亚整理点校:《山西临汾龙祠水利碑刻辑录》,载山西大学中国社会史研究中心编:《中国社会史研究的理论与方法》,北京大学出版社2011年1月版,第144—214页。

蔡美彪:《八思巴字碑刻文物集释》,中国社会科学出版社2011年2月版。

赵卫东等编:《山东道教碑刻集·临朐卷》,齐鲁书社2011年7月版。

汪楷主编:《陇西金石录》,甘肃人民出版社2011年8月版。

凉山彝族自治州博物馆编著:《凉山历史碑刻注评》,文物出版社2011年8月版。

董晓萍、[法]吕敏主编:《北京内城寺庙碑刻志》,国家图书馆出版社2011年10月版。

刘泽民、李玉明主编:《三晋石刻大全·长治市沁源县卷》,三晋出版社2011年12月版。

刘南陔等编著:《荆门古迹碑文抄注》,华中师范大学出版社2011年12月版。

洪金富主编:《中研院历史语言研究所藏辽金石刻拓本目录》,台湾中研院历史语言研究所2012年2月版。

车国梁主编:《三晋石刻大全·晋城市沁水县卷》,三晋出版社2012年4月版。

施蛰存:《北山金石录》,华东师范大学出版社2012年6月版。

王新英辑校:《全金石刻文辑校》,吉林文史出版社2012年12月版。

冯贵兴、徐松林主编:《三晋石刻大全·长治市屯留县卷》,三晋出版社2012年12月版。

胡海帆、汤燕:《北京大学图书馆新藏金石拓本菁华(1996—2012)》,北京大学出版社2012年12月版。

戴良佐编著:《西域碑铭录》,新疆人民出版社2013年2月版。

杜海军辑校:《桂林石刻总集辑校》,中华书局2013年5月版。

杨向奎:《唐代墓志义例研究》,岳麓书社2013年7月版。

吴景山:《庆阳金石碑铭菁华》,甘肃文化出版社2013年9月版。

王大方、张文芳编著：《草原金石录》，文物出版社2013年10月版。

许檀编：《清代河南、山东等省商人会馆碑刻资料选辑》，天津古籍出版社2013年12月版。

三、出土文献类

容庚：《秦汉金文录》，《中央研究院历史语言研究所专刊》之五，1931年版，1992年影印。

容庚：《殷周青铜器通论》，北京科学出版社1958年版。

容庚：《金文编》，北京科学出版社1959年版。

郭沫若：《金文丛考》，人民出版社1954年版。

郭沫若：《殷周青铜器铭文研究》，北京科学出版社1961年版。

马衡：《凡将斋金石丛稿》，中华书局1977年版。

睡虎地秦墓竹简整理小组：《睡虎地秦墓竹简》，文物出版社1978年版。

中国社会科学院考古研究所编：《居延汉简甲乙编》，中华书局1980年版。

朱剑心：《金石学》，文物出版社1981年版。

俞伟超：《中国古代公社制度的考察——论先秦两汉的单、弹、僤》，文物出版社1988年版。

［日］白川静：《金文的世界：殷周社会史》，温天河、蔡哲茂合译，台湾联经出版事业公司1989年版。

施蛰存：《金石丛话》，中华书局1984年版、1991年版。

杨宽：《中国古代陵寝制度史研究》，上海古籍出版社1985年版。

张亚初、刘雨：《西周金文官制研究》，中华书局1986年版。

胡留元、冯卓慧：《西周法制史》，陕西人民出版社1988年版。

胡留元、冯卓慧：《长安文物与古代法制》，法律出版社1989年版。

北京大学考古系资料室编：《中国考古学文献目录（1900—1949）》，文物出版社1991年版。

中国社会科学院考古研究所编：《殷周金文集成》（18册），中华书局1994年版；修订增补本8册，中华书局2007年版。

杨升南等：《金文法律文献译注》，刘海年等主编：《中国珍稀法律典籍集成》甲编第一册,科学出版社1994年版。

孙慰祖等编:《秦汉金文汇编》,上海书店出版社1997年4月版。

李力:《出土文物与先秦法制》,大象出版社1997年12月版。

王世民等:《西周青铜器分期断代研究》,文物出版社1999年版。

李发林:《汉画考释和研究》,中国文联出版社2000年7月版。

中国社会科学院考古研究所编:《殷周金文集成释文》(6册),香港中文大学出版社2000年12月版。

赵诚:《二十世纪金文研究述要》,书海出版社2003年1月版。

《金文今译类检》编写组:《金文今译类检(殷商西周卷)》,广西教育出版社2003年11月版。

徐蜀选编:《国家图书馆藏金文研究资料丛刊》(22册),北京图书馆出版社2004年3月版。

陈梦家:《西周铜器断代》,中华书局2004年4月版。

陈公柔:《先秦两汉考古学论丛》,文物出版社2005年5月版。

吕思勉:《秦汉史》,上海古籍出版社2005年7月版。

吴小平:《汉代青铜容器的考古学研究》,岳麓书社2005年7月版。

陈絜:《商周金文》,文物出版社2006年版。

邹芙都:《楚系铭文综合研究》,巴蜀书社2007年11月版。

徐正考:《汉代铜器铭文综合研究》,作家出版社2007年12月版。

刘雨等编著:《商周金文总著录表》,中华书局2008年版。

白冰:《中国金文学史》,学林出版社2009年版。

邢义田:《天下一家:皇帝、官僚与社会》,中华书局2011年1月版。

王美盛:《诅楚文考略》,齐鲁书社2011年12版。

邱光明:《中国古代计量史》,安徽科学技术出版社2012年2月版。

王沛:《金文法律资料考释》,上海人民出版社2012年11月版。

四、相关研究著述类

程树德:《九朝律考》,中华书局1963年版。

朱勇:《清代宗族法研究》,湖南教育出版社1988年版。

［日］仁井田陞:《唐令拾遗》,栗劲等译,长春出版社1989年版。

高道蕴等:《美国学者论中国法律传统》,中国政法大学出版社1994年版。

高其才:《中国习惯法论》,湖南人民出版社1995年版。

梁治平:《清代习惯法:国家与社会》,中国政法大学出版社1996年6月版。

苏力:《法治及其本土资源》,中国政法大学出版社1996年10月版。

王铭铭等主编:《乡土社会的秩序、公正与权威》,中国政法大学出版社1997年12月版。

郝铁川:《中华法系研究》,复旦大学出版社1997年版。

徐中起:《少数民族习惯法研究》,云南大学出版社1998年5月版。

黄宗智《民事审判与民间调解:清代的表达与实践》,中国社会科学出版社1998年5月版。

王学辉:《从习惯禁忌到法的起源运动》,法律出版社1998年9月版。

［日］滋贺秀三等:《明清时期的民间审判与民间契约》,王亚新等译,法律出版社1998年9月版。

侯旭东:《五、六世纪北方民众佛教信仰》,中国社会科学出版社1998年10月版。

俞荣根:《羌族习惯法》,重庆出版社2000年版。

黄宗智:《清代的法律、社会与文化:民法的表达与实践》,上海书店出版社2001年8月版。

金其祯:《中国碑文化》,重庆出版集团2002年版。

黄宗智:《法典、习俗与司法实践:清代与民国的比较》,上海书店出版社2003年2月版。

陈亚平:《清代法律视野中的商人社会角色》,中国社会科学出版社2004年版。

孙丽娟:《清代商业社会的规则与秩序——从碑刻资料解读清代中国商事习惯法》,中国社会科学出版社2005年版。

陈登武:《从人间世到幽冥界——唐代的法制、社会与国家》,北京大学出版社2007年7月版。

梅莉:《明清时期武当山朝山进香研究》,华中师范大学出版社2007年10月版。

邱澎生:《当法律遇上经济:明清中国的商业法律》,台北五南图书出版公司2008年2月版。

周伟民、唐玲玲:《海南金石概说》,海南出版社2008年4月版。

梁聪:《清代清水江下游村寨的契约规范与秩序》,人民出版社2008年7月版。

张传玺:《契约史买地券研究》,中华书局2008年8月版。

刘淑芬:《灭罪与度亡——佛顶尊胜陀罗尼经幢之研究》,上海古籍出版社2008年9月版。

陈金全等主编:《凉山彝族习惯法田野调查报告》,人民出版社2008年10月版。

邱澎生、陈熙远编:《明清法律运作中的权力与文化》,台北联经出版公司2009年4月版。

叶涛:《泰山香社研究》,上海古籍出版社2009年5月版。

[美]韩森:《传统中国日常生活中的协商——中古契约研究》,鲁西奇译,江苏人民出版社2009年5月版。

杨一凡主编:《中国法制史考证续编》(13册),社会科学文献出版社2009年8月版。

陈登武:《地狱·法律·人间秩序——中古中国宗教、社会与国家》,台北五南图书出版公司2009年9月版。

[美]康豹:《多面相的神仙——永乐宫的吕洞宾信仰》,吴光正等校,齐鲁书社2010年1月版。

荣新江主编:《唐研究》第17卷《中古碑志与社会文化研究专号》,北京大学出版社2011年12月版。

[日]沟口雄三:《中国的公与私·公私》,郑静译、孙歌校,三联书店2011年版。

[日]寺田浩明《权利与冤抑——寺田浩明中国法制史论集》,王亚新等译,清华大学出版社2012年版。

邓小南等主编:《文书·政令·信息沟通:以唐宋时期为主》,北京大学出版社2012年1月版。

何小平:《清代习惯法:墓地所有权研究》,人民出版社2012年2月版。

五、相关研究论文类

易培基:《散氏盘释文》,《国学丛刊》第1期,1923年3月。

李淑:《吴氏散氏盘释文补正》,《国学丛刊》第1期,1923年3月。

章炳麟:《论散氏盘书二札》,《国学丛刊》第1期,1923年3月。

王国维:《散氏盘铭考释》,《国学月报》2卷第8—10期,1927年10月。

夏清贻:《散盘释汇》,《东北丛镌》第1期,1930年1月。

方国瑜:《散盘句读》第5期,1930年5月。

郭沫若:《毛公鼎之年代》,《东方杂志》28卷第13期,1931年7月。

郭沫若:《毛公鼎之研究追究》,《东方杂志》28卷第16期,1931年8月。

吴其昌:《驳郭鼎堂先生毛公鼎之年代》,《东方杂志》30卷第23期。

何健民:《井田论考》,《中国经济》3卷第3期,1935年3月。

曾謇:《周金文中的宗法纪录》,《食货半月刊》2卷第3期,1935年7月。

徐中舒:《井田制度探源》,《中国文化研究汇刊》4卷上,1944年9月。

陈小松:《释扬殷"讯讼取徵五寽"》、《释趞殷"取徵五寽"》、《释牧殷"取徵五寽"》、《释戠殷"取徵五寽"》、《释敦甗"取徵十寽"》、《释番生殷"取徵廿寽"》、《释毛公鼎"取徵卅寽"》——《周礼"以两剂禁民狱入钧金"新证》之一至七,上海市博物馆研究室辑《文物周刊》第40—46期(《中央日报》第7版),1947年6—8月。

斯维至:《两周金文所见职官考》,《中国文化研究汇刊》第7期,1947年9月。

陈梦家:《宜侯夨簋和它的意义》,《文物参考资料》1955年第5期。

陈邦福:《夨簋考释》,《文物参考资料》1955年第5期。

郭沫若:《夨簋铭考释》,《考古学报》1956年第1期。

谭戒甫:《周初夨器铭文综合研究》,《武汉大学学报》1956年第1期。

唐兰:《宜侯夨簋考释》,《考古学报》1956年第2期。

李学勤:《战国时代的秦国铜器》,《文物参考资料》1957年第8期。

郭沫若:《关于鄂君启节的研究》,《文物参考资料》1958年第4期。

殷涤非、罗长铭:《寿县出土的鄂君启金节》,《文物参考资料》1958年第4期。

李学勤：《战国题铭概述》（上中下），《文物》1959年第7—9期。

于省吾：《 "鄂君启节" 考释》，《考古》1963年第8期。

黄盛璋：《关于鄂君启节交通路线的复原问题》，《中华文史论丛》第5辑，上海古籍出版社1964年版，第134—168页。

郝本性：《新郑 "郑韩故城" 发现一批战国铜兵器》，《文物》1972年第10期。

谢雁翔：《四川郫县犀浦出土的东汉残碑》，《文物》1974年第4期。

庞怀清等：《陕西省岐山县董家村西周铜器窖穴发掘简报》，《文物》1976年第5期。

林甘泉：《对西周土地关系的几点新认识——读岐山董家村出土铜器铭文》，《文物》1976年第5期。

程武：《一篇重要的法律史文献——读倗匜铭文札记》，《文物》1976年第5期。

唐兰：《陕西省岐山县董家村新出西周重要铜器铭辞的译文和注释》，《文物》1976年第5期。

唐兰：《用青铜器铭文来研究西周史——综论宝鸡市近年发现的一批青铜器的重要历史价值》，《文物》1976年第6期。

盛张：《岐山新出倗匜若干问题探索》，《文物》1976年第6期。

云希正：《西汉平都犁斛》，《文物》1977年第3期。

河北省文物管理处：《河北省平山县战国时期中山国墓葬发掘简报》，《文物》1979年第1期。

朱德熙、裘锡圭：《平山中山王墓铜器铭文的初步研究》，《文物》1979年第1期。

赵光贤：《从裘卫诸器铭看西周的土地交易》，《北京师范大学学报》1979年第6期。

黑光：《西安市郊发现秦国杜虎符》，《文物》1979年第9期。

杨鸿勋：《战国中山王陵与兆域图研究》，《考古学报》1980年第1期。

蒙默：《犀浦出土东汉残碑是渳石 "资簿" 说》，《文物》1980年第4期。

张勋燎、刘磐石：《四川郫县东汉残碑的性质和年代》，《文物》1980年第4期。

蒋华：《扬州甘泉山出土东汉刘元台买地砖券》，《文物》1980年第6期。

林沄：《琱生簋新释》，《古文字研究》第3辑，中华书局1980年11月版，第120—135页。

黄盛璋：《卫盉、鼎中"贮"与"贮田"及其所牵涉的西周田制问题》，《文物》1981年第9期。

孙仲明：《战国中山王墓〈兆域图〉的初步探讨》，《地理研究》1982年第1期。

牟志安：《谈"信阳家"铜器》，《文物》1982年第9期。

马非百：《关于秦国杜虎符之铸造年代》，《文物》1982年第11期。

丰州：《汉茂陵"信阳家"铜器所有者的问题》，《文物》1983年第6期。

秦进才：《"信阳家"铜器铭文考订》，《文物》1984年第9期。

黄士斌：《河南偃师县发现汉代买田约束石券》，《文物》1982年第12期。

宁可：《关于〈汉侍廷里父老僤买田约束石券〉》，《文物》1982年第12期。

胡留元、冯卓慧：《唐〈御史台精舍碑〉初探》，《人文杂志》1983年第2期。

唐文基：《明代的铺户及其买办制度》，《历史研究》1983年第5期。

胡留元、冯卓慧：《从陕西金文看西周民法规范及民事诉讼制度》，《考古与文物》1983年第6期。

李学勤：《论曶鼎及其反映的西周制度》，《中国史研究》1985年第1期。

赵毅：《铺户、商役与明代城市经济》，《东北师范大学学报》（哲学社会科学版）1985年第4期。

李学勤：《宜侯夨簋与吴国》，《文物》1985年第7期。

张思让：《关山林区两座石碑的联想》，《陕西林业》1987年第3期。

朱凤瀚：《琱生簋铭新探》，《中华文史论丛》1989年第1期，第79—96页。

朱德熙、李家浩：《鄂君启节考释（八篇）》，《纪念陈寅恪先生诞辰百年学术论文集》，北京大学出版社1989年版，第61—70页。

[日]寺田浩明：《清代土地法秩序"惯例"的结构》，《东洋史研究》第48卷第2号，1989年。

林甘泉：《"侍廷里父老僤"与古代公社组织残余问题》，《文物》1991年第7期。

刘来成：《战国时期中山王礐兆域图铜版释析》，《文物春秋》1992年（增刊），第25—34页。

刘淑芬：《北齐标异乡义慈惠石柱——中古佛教救济的个案研究》，台湾《新史学》5卷4期，1994年。

李力：《东周盟书与春秋战国法制的变化》，《法学研究》1995年第4期。

赵世瑜：《国家正祀与民间信仰的互动——以明清京师的"顶"与东岳庙的关系为例》，《北京师范大学学报》1998年第6期。

曹锦炎：《再论"能原镈"》，《故宫博物院院刊》1999年第3期。

李雪梅：《石刻铭文与法律史料》，《中外法学》1999年第4期。

李雪梅：《碑刻法律史料初析》，《中国古代法律文献研究》第1辑，巴蜀书社1999年版，第259—285页。

张总：《初唐阎罗图像及经刻——以齐士员献陵造像碑拓本为中心》，《唐研究》第6卷，北京大学出版社2000年版，第1—17页。

孙亮：《连云港东连岛东海郡琅邪郡界域刻石调查报告》，《文物》2001年第8期。

郝本性：《从温县盟书谈中国古代盟誓制度》，《华夏考古》2002年第2期。

连邵名：《金文所见西周时代的刑典》，《华夏考古》2003年第1期。

刘小萌：《清代北京旗人舍地现象研究——根据碑刻进行的考察》，《清史研究》2003年第1期。

赵世瑜：《一般的思想及其背后：庙会中的行善积功——以明清京师泰山信仰的碑刻资料为中心》，《北京师范大学学报》2003年第2期。

张金光：《有关东汉侍廷里父老僤的几个问题》，《史学月刊》2003年第10期。

李雪梅：《碑刻史料中的宗法族规》，《中西法律传统》第3卷，中国政法大学出版社2003年版，第81—113页。

南玉泉：《论〈曶鼎〉中的诉讼主体》，《中国古代法律文献研究》第2辑，中国政法大学出版社2004年版，第1—16页。

李雪梅：《明清碑刻中的制定法与习惯法》，《中国古代法律文献研究》第2辑，中国政法大学出版社2004年版，第265—292页。

赵世瑜：《分水之争：公共资源与乡土社会的权力和象征——以明清山西汾水流域的若干案例为中心》，《中国社会科学》2005年第2期。

冯卓慧：《中国古代关于慎刑的两篇稀有法律文献——〈劝慎刑文〉（并序）及〈慎刑箴〉碑铭注译》，《法律科学》2005年第3期。

李雪梅：《明清碑刻中的"乡约"》，《法律史论集》第5卷，法律出版社2004年版，第334—371页。

邱澎生：《由苏州经商冲突事件看清代前期的官商关系》，梁庚尧、刘淑芬主编：《台湾学者中国史研究论丛：城市与乡村》，中国大百科出版社2005年版，第359—399页。

邱澎生：《公产与法人——综论会馆、公所与商会的制度变迁》，《商会与近代中国》，华中师范大学出版社2005年版，第54—82页。

邱澎生：《由公产到法人——清代苏州、上海商人团体的制度变迁》，台湾《法制史研究》第10期，2006年。

赵晓军：《从考古材料看战国时期度量衡的检校制度》，《四川文物》2006年第6期。

温慧辉：《近二十多年西周法制研究综述》，《中国史研究动态》2006年第7期。

田东奎：《水利碑刻与中国近代水权纠纷解决》，《宝鸡文理学院学报》（社会科学版）第26卷第3期，2006年6月。

林兴龙：《东汉〈汉侍廷里父老僤买田约束石券〉相关问题研究》，《云南师范大学学报》2007年第4期。

张小军：《复合产权：一个实质论和资本体系的视角——山西介休洪山泉的历史水权个案研究》，《社会学研究》2007年第4期。

李学勤：《琱生诸器铭文联读研究》，《文物》2007年第8期。

辛怡华、刘栋：《五年琱生尊铭文考释》，《文物》2007年第8期。

李雪梅：《清代台湾碑刻法律史料初析》，《出土文献研究》第8辑，上海古籍社2007年11月版，第318—348页。

唐仕春：《清朝基层社会法秩序的构建：会馆禀请与衙门给示》，《中国社会科学院近代史研究所青年学术论坛》2007年卷，社会科学文献出版社2009年1月版，第1—23页。

南玉泉：《〈琱生簋〉与〈曶鼎〉中的诉讼资料》，《中国古代法律文献研究》第3辑，中国政法大学出版社2007年12月版，第1—21页。

李力：《秦铜器铭文所见"隶臣"及"鬼薪"、"城旦"身份考》，《中国古代法律文献研究》第3辑,中国政法大学出版社2007年12月版,第22—82页。

刘蓬春:《东山客家宗族组织与清朝地方政府的关系——以成都洛带刘氏宗族示谕碑为例》,《西南民族大学学报》2008年第12期。

邱澎生:《法学专家、苏州商人团体与清代中国的"习惯法"问题》,《北大法律评论》第10卷第1辑,2009年。

马小红:《法律的表达与实践》,《政法论丛》2009年第3期。

李雪梅:《试析碑刻中的水利纠纷》,陈金全、汪世荣主编:《中国司法传统与传统司法国际学术讨论会论文集》下册,陕西师范大学出版社2009年版,第554—564页。

李雪梅:《明末清初工商禁碑与地方法律秩序——以江南地区"禁当行碑"为中心》,台湾《法制史研究》第15期,2009年12月。

李雪梅:《古代中国"铭金纪法"传统初探》,《天津师范大学学报》2010年第1期。

李雪梅:《学田碑与宋元学田制度化构建之努力》,韩国《中国史研究》第69辑,2010年12月。

张俊峰:《"泉域社会"的纷争与秩序——基于洪洞广胜寺的个案考察》,《中国古代法律文献研究》第4辑,法律出版社2010年12月版,第310—339页。

郑牧民:《中国古代诉讼证明标准的表达与实践》,《文史博览》2011年第4期。

李雪梅:《明清地方词讼禁令初议——以碑禁体系为中心》,杨一凡主编:《中国古代法律形式研究》(《法律史论丛》)第11辑,社会科学文献出版社2011年9月版,第487—519页。

李雪梅:《古代中国"刻石纪法"传统初探》,《法律文化研究》第6辑,中国人民大学出版社2011年10月版,第43—72页。

李雪梅:《社会转型期的"刻石纪法"——以清季民初碑刻史料为例》,《中国古代法律文献研究》第5辑,社会科学文献出版社2011年12月版,第408—431页。

邱澎生:《18世纪苏松棉布业的管理架构与法律文化》,《江海学刊》2012第2期。

李雪梅:《明清禁碑体系及其特征》,《南京大学法律评论》2012年秋季号。

杨玉明:《由"阎罗王审断图"及其所附冥律看唐初的佛教政策》,《青海社会科学》2013年第4期。

附录二　近五年访碑博物之旅时地记

2010年

01–01　北京民族文化宫"台湾少数民族历史文化展"

01–31　上海博物馆

02–01　福建厦门南普陀寺

02–02　福建厦门鼓浪屿日光岩寺、郑成功纪念馆

02–03　福建泉州博物馆，泉州关帝庙、开元寺、闽台缘博物馆、清净寺、天后宫、文庙

02–04　福建莆田湄州妈祖庙

02–05　福建泉州灵山圣墓、中外交通博物馆

02–12　北京首都博物馆

02–15　天津博物馆

02–17　台湾台北故宫博物院

02–18　台湾南投中台禅寺、中台山博物馆

02–19　台湾高雄打狗英国领事馆官邸旧址

02–22　台湾台北故宫博物院、龙山寺

02–23　台北台湾博物馆

03–15　北京故宫博物院

04–09　北京首都博物馆

04–20　河南安阳殷墟宗庙、王陵

04–21 河南汤阴羑里、岳飞庙, 安阳中国文字博物馆

05–18 河北邯郸博物馆、赵王城丛台

05–19 河北大名石刻博物馆、邯郸北响堂山石窟、南响堂山石窟

05–22 北京通州三教庙、燃灯塔

07–12 江西庐山白鹿洞书院

08–19 北京首都博物馆

09–10 韩国大邱庆北大学碑刻古物

09–12 韩国庆州石刻古物

09–13 韩国首尔景福宫、国立民俗博物馆

09–14 韩国首尔西大门监狱、韩国国立博物馆

09–17 北京首都博物馆

09–23 北京房山云居寺

10–12 上海博物馆

11–04 浙江建德梅州城

11–05 浙江建德新叶村、兰溪诸葛八卦村

11–07 浙江省博物馆

11–08 浙江杭州章太炎纪念馆、张苍水先生祠、钱王祠、西泠印社、中国印
　　　学博物馆、中山公园

11–09 浙江杭州南宋官窑博物馆

11–19 山西太原晋祠、祁县乔家大院

11–20 山西晋中市平遥古城、常家庄园

11–21 山西应县木塔, 大同九龙壁、善化寺

11–22 山西大同华严寺、云冈石窟

11–27 北京房山云居寺、琉璃河西周燕都遗址博物馆

2011年

02–05 山东省博物馆

02–06 山东嘉祥武侯祠博物馆、曾庙, 济宁市博物馆

02–07 山东泰安岱庙

02–08 山东济南市博物馆、长清孝堂山祠堂、长清归德双乳山汉墓

02-17　北京丰台大堡台汉墓

04-05　天津蓟县独乐寺、文庙、鲁班庙、公输子庙

04-08　安徽合肥李鸿章故居、明教寺、包公祠、包公墓

04-09　安徽省博物馆、桐城文庙（桐城博物馆）

04-10　安徽合肥城隍庙

04-23　北京平谷丫髻山碑刻

04-24　北京中国国家博物馆

04-28　北京中国国家博物馆

05-16　北京中国国家博物馆

05-29　天津蓟县盘山碑刻

06-10　湖北十堰市武当山博物馆及碑刻群

06-11　湖北十堰市五龙宫

06-16　北京中国国家博物馆

08-20　河北保定直隶总督府博物馆、大慈阁

08-21　河北保定市博物馆、陆军军官学校

08-27　北京丰台辽金城垣博物馆

08-28　北京首都博物馆

09-05　天津蓟县黄崖关长城

09-12　江苏南京市博物馆、南京总督府

09-30　江西上饶三清山碑刻群

10-02　浙江江山廿二八都古镇、东岳宫、江山博物馆

10-03　浙江杭州孔庙

10-14　云南省博物馆

10-15　云南民族博物馆

10-16　云南民族博物馆

10-18　云南腾冲和顺博物馆群、李根源故居、国殇墓园

11-05　北京海淀五塔寺石刻艺术博物馆

11-06　北京东城松堂斋民间雕刻博物馆、北京孔庙和国子监博物馆

11-09　北京孔庙和国子监博物馆、海淀五塔寺石刻艺术博物馆

11-15　山西省博物院

11-16　山西霍州州署博物馆,洪洞大槐树寻根祭祖园、苏三监狱、广胜寺水神庙

11-17　山西临汾尧庙

11-18　山西临汾河东博物馆,运城常平关帝祖祠、解州关帝庙、运城池神庙

11-19　河南三门峡虢国博物馆

11-20　河南郑州碧沙岗公园、河南省博物院

11-25　北京海淀香山古迹

12-04　北京石景山法海寺、田义墓(官宦博物馆)

12-07　江苏南京市博物馆、静海寺

12-08　江苏镇江博物馆、镇江焦山碑林

12-09　江苏无锡博物院、吴锡碑刻陈列馆、薛福成故居

12-10　江苏吴锡中国民族工商业博物馆、东林书院,苏州博物馆、苏州太平天国忠王府

12-11　江苏苏州警察博物馆、苏州文庙碑刻博物馆,江苏常熟碑刻博物馆

12-13　上海公安博物馆

12-13　江苏南通博物苑、南通城市博物馆、中国审计博物馆

12-14　南京博物院、南京江南贡院历史陈列馆、瞻园太平天国历史博物馆

12-30　北京延庆县博物馆

2012年

01-03　北京首都博物馆

01-05　山东青岛市博物馆

01-06　山东青岛德国监狱旧址博物馆、天后宫、崂山太清宫

01-07　山东平度市博物馆、潍坊市博物馆

01-08　山东青州市博物馆、淄博市博物馆

01-18　北京警察博物馆

01-24　北京中国国家博物馆

01-26　四川省博物院

01-27　四川省博物院、成都金沙遗址博物馆

01-28　四川成都武侯祠、杜甫草堂

01-29 四川达州博物馆、渠县汉阙

01-30 四川阆中贡院博物馆、华光楼、张飞庙、中天楼

01-31 四川阆中保宁醋博物馆、福音堂、山陕会馆

02-01 四川绵阳博物馆、成都青羊宫

02-22 北京昌平博物馆

02-28 北京首都博物馆

03-08 湖北省博物馆、武汉市博物馆

03-09 湖南省博物馆、长沙简牍博物馆

03-10 湖北武汉红楼（鄂军都督府）、辛亥革命博物馆

03-11 湖北武汉革命博物馆

03-30 浙江宁波天一阁博物馆、宁波中山公园及宁波商会旧址、张苍水纪
　　　念馆、宁波博物馆

03-31 福建省博物馆、福州三坊七巷

04-01 福建武夷山朱熹书院、武夷山宫

04-02 福建武夷山下梅古村

04-03 江西龙虎山道教博物馆、上清宫、天师府、天师祖庙、正一观

04-04 江西省博物馆、八一起义纪念馆、贺龙指挥部旧址

04-05 南京博物院

04-15 北京中国国家博物馆

04-29 河北定兴义慈惠石柱、望都所药村汉墓

04-30 河北定州清真寺、定州贡院博物馆、北庄子汉墓石刻, 曲阳北岳庙

05-01 河北定州南城门

05-10 山东曲阜孔庙、孔府、孔林, 汉魏碑刻博物馆、曲阜状元博物馆、颜
　　　庙、周公庙

05-11 山东邹城孟府、孟庙、画像石刻陈列馆、双碑亭, 滕州博物馆、滕州
　　　汉画像石馆

05-12 江苏徐州汉画像石艺术馆、徐州博物馆、龟山汉墓、圣旨博物馆、点
　　　石园

05-13 江苏徐州狮子山汉墓

05-26 辽宁沈阳北陵（清昭陵）、北塔碑林、辽宁省博物馆

05-27 辽宁省博物馆、沈阳金融博物馆、大帅府、实胜寺、满洲省委旧址

06-23 陕西历史博物馆、西安碑林

06-24 陕西华山摩崖、西岳庙

06-25 河南洛阳龙门石窟

07-11 香港赛马博物馆

07-12 香港黄大仙祠、香港历史博物馆、香港文化博物馆

08-26 北京法源寺（中国佛教图书文物馆）、先农坛（北京古代建筑博物馆）

08-29 北京宣南文化博物馆

11-11 海南省博物馆

11-12 海南海口市博物馆、五公祠、琼台书院、琼台福地、三圣宫、黄忠义
　　　公祠、海瑞墓、海瑞故居、丘浚故居、丘浚墓

11-13 广东广州西汉南越王博物馆、广州市博物馆

11-14 广东广州陈家祠、广东省博物馆

11-15 广东广州越秀公园伍廷芳墓、锦伦会馆、石室大教堂、三元古庙、广
　　　州先贤清真寺和先贤古墓（回教坟场）

11-16 广东广州近代史博物馆、东平大押博物馆、都城隍庙、番禺学宫、万
　　　木草堂

11-17 广东广州佛山祖庙碑林

11-25 台湾台北淡水古镇古迹

11-27 台湾新北市（台北县）清水祖师庙、三峡区历史文物馆、三峡镇公
　　　所、福安宫、兴隆宫、新北市莺歌陶瓷博物馆、头寮慈湖（大溪陵
　　　寝）

11-28 台湾中研院傅斯年纪念馆、明清档案工作室、历史文物陈列馆、胡
　　　适公园

11-30 台湾台北保安宫、台北市孔庙、新台北市黄金博物馆

12-01 台湾台北故宫博物院、台湾博物馆、228和平公园、台湾土地银行博
　　　物馆、台湾大学校史馆、台湾大学人类学博物馆

12-02 台湾台北行天宫、台北府城北门

2013年

02–10　河北省博物馆、石家庄市博物馆

02–11　河北保定古莲花池碑林

02–14　安徽省博物馆

02–15　江苏常州市博物馆

02–16　江苏扬州市博物馆、扬州雕版印刷博物馆、普哈丁园

02–17　江苏南京江宁博物馆、东晋博物馆，江宁织造博物馆

03–20　北京故宫博物院

03–22　北京中国国家博物馆

04–19　北京故宫博物院

05–11　北京东岳庙民俗博物馆

06–11　河北安国药王庙

06–28　北京保利艺术博物馆

07–31　山西五台山诸寺庙碑刻

08–01　山西五台山诸寺庙碑刻

08–02　山西介休后土庙、洪山源神庙，平遥双林寺、平遥县衙博物馆、城隍庙、文庙

08–03　山西省博物院

08–07　北京历代帝王庙博物馆、广济寺

08–18　北京永定河文化博物馆

09–11　河北张家口大镜门

09–12　河北万全县洗马林玉皇阁

09–13　河北怀安县渡口堡村、昭化寺

09–25　天津博物馆

10–03　河北沧州清真北大寺、沧州铁狮子、旧城遗址、单桥，献县汉墓群（献王陵）、献县张庄天主教堂

10–04　河北河间府署

10–05　河北沧州郭村乡毛苌墓

10–09　浙江省博物馆、杭州岳飞庙碑廊、文澜阁

10-11 浙江良渚博物馆

10-16 河北蔚县博物馆、玉皇阁碑廊、真武庙、南安寺塔、暖泉西古堡、蔚州署

10-17 山西广灵县水神堂、极乐寺，浑源永安寺、栗毓美墓、律吕神祠、悬空寺

10-18 山西浑源文庙

10-18 山西应县木塔、大同云冈石窟及北魏博物馆

10-19 山西大同鼓楼碑群、善化寺

10-23 北京永定河文化博物馆

10-25 上海博物馆

11-05 北京湖广会馆、阅微草堂

11-30 北京自来水博物馆、中国铁道博物馆、杨椒山祠、沈家本故居

12-01 北京门头沟三家店

12-19 河南省博物馆

12-20 河南郑州黄河博物馆、开封博物馆

12-21 河南开封河南大学校园碑刻、科举文化展，山陕甘会馆、延庆观

12-29 北京昌平公园碑林

2014年

01-05 河北固安柳泉乡南房上村于家坟（清代于成龙之父于国安墓）、牛驼镇王龙村（访辽代陀罗尼经幢，被盗，未见）

02-02 浙江绍兴安昌绍兴师爷博物馆、石雕馆

02-03 浙江绍兴博物馆

02-04 浙江绍兴富盛跳山"大吉碑"、大禹陵、黄酒博物馆

02-05 浙江上虞博物馆、上虞曹娥庙

02-06 浙江宁波保国寺、慈城孔庙

02-07 浙江宁波庆安会馆（海事民俗博物馆）、天封塔禁碑、钱业会馆

02-08 南京博物院

03-08 北京首都博物馆

04-11 河南商丘阏伯台、三陵台

04-12 安徽亳州博物馆, 亳州曹腾墓、花戏楼

04-13 河南永城汉王陵

06-17 河北正定隆兴寺、开元寺、广惠寺、天宁寺、县文庙、府文庙

06-18 河北省博物馆

07-06 青海省博物馆

07-07 青海西宁东关清真寺、馨庐

07-08 青海西宁塔尔寺

07-09 青海乐都瞿昙寺、柳湾遗址, 甘肃兰州西关清真寺

07-10 甘肃省博物馆

07-11 甘肃兰州碑林、白云观、钱币博物馆

08-13 甘肃武威文庙、西夏博物馆、雷台汉墓、大云寺

08-16 青海贵德玉皇阁、文庙、城隍庙、贵德县博物馆

08-17 宁夏回族自治区博物馆、银川西塔

09-27 北京国家典籍博物馆

11-08 河南登封城隍庙（登封市博物馆）、嵩阳书院

11-09 河南登封少林寺、塔林、少室阙、会善寺、启母阙、启母石、中岳庙

11-10 河南洛阳龙门博物馆、关林、天子驾六博物馆

11-11 河南洛阳新街清真寺、潞泽会馆、洛阳匾额博物馆、山陕会馆、洛阳博物馆

11-12 河南新安铁门镇千唐志斋、张钫故居, 洛阳古墓博物馆

12-20 北京中国国家博物馆

12-27 河北涿州永济桥、华阳公园、南北塔、涿州博物馆、清真寺、药王庙

12-29 河北涿州清行宫及碑廊

专辞索引

人名索引

青铜器索引

碑石索引

后 记

本书是对我近5年碑刻法律史料研究的一个总结, 然而与金石的不解之缘已经历了不算短的年头。

25年前我曾陆续收藏了些古代铜镜和青铜器, 但对有"黑老虎"之称的历代碑拓尚敬而远之。本科、硕士的法学背景, 令我对中国古代的法律颇为关注。博士阶段对收藏文化尤其是藏书文化的研究, 加之客串《中国国家地理》"考古与发现"栏目主持人的经历, 使自己的研究视野得到扩展, 而中国古代法律文化的多样化载体, 也为自己的研究提供了选择途径。自1998年调入中国政法大学法律古籍整理研究所, 很快就确定以碑刻法律史料为自己的研究方向。此后专注于碑石, 心无旁骛。

本书附录二"近五年访碑博物之旅时地记"记录了这五年的访碑历程。它们看起来只是简略的时间和地点, 但对我而言, 却是一个个内容丰富的文件夹的链接, 里面有真实饱满的细节, 可以让过往重现。

因课题研究之故, 近两年来, 沉寂于内心的"金石"收藏热情被再度点燃。"金"专注于少有人问津的历代铜权, "石"致力于法律史料碑、公文碑之原石旧拓, 目标是可以形成一个小型的金石法律史料展。

本书前两章所配金石图片, 多摄自博物馆、碑林等公共收藏机构, 拍摄时间以近10年为主。随着收藏渐丰, 也期待着在下一阶段的研究中, 私藏能发挥应有的作用, 期待着自藏自拓的金石铭刻能与更多同行分享。

随着对石刻法律文献整理研究的深入, 手中积累的资料逐渐厚重, 搜集碑石资料的方式也由拍摄照片扩展到丈量尺寸、绘制图示、追踪身世。这数以千万计的资料来之不易，充分体现其价值已非一人之力能够完成。因此通过研读班相聚同好，培养有志者，是扩展石刻法律文献影响力、揭示其价值的有效方式。

与金石结缘已20余年，未来仍将与金石相伴。对于喜好者和研究者而言，无论时间多久，所经历的都是难忘的快乐时光。

感谢在研究历程中众多师友对我的帮助。特别感谢我所在的单位——中国政法大学法律古籍整理研究所，让我逐渐有了安身立命的归属感。所长徐世虹教授对我做事为人的原则影响颇大，杨育棠、沈厚铎、南玉泉等诸位老师也一直对我多有关照。在我看来，古籍所是最和谐友善的集体，当然也将是我的终老所在。

中国法律史是中国政法大学的国家级重点学科，各位师友、同行的关爱让我受益匪浅。在我考察经费紧缺时，朱勇老师拨出自己的课题经费给予支援；林乾老师外出回来，总会告诉我有关碑石的各种信息……更让我难以忘怀的是同学间的真挚情谊。硕士同学范忠信、陈景良、张中秋教授，博士同窗杜勇、侯旭东教授，已是所在学科的知名学者，他们对学术发展迟滞之师妹、同学，始终给予真诚的关爱和扶持。想着同窗以来的点点滴滴，都是温情暖意。

在此也要真诚感谢学界的同行师友。杨一凡老师善于提携后进。我以碑刻法律史料为研究方向，即起步于1999年参加杨老师主持的《中国法制史考证续编》项目。在研究过程中，杨才玉、马小红、李力、侯欣一、岳纯之、艾永明、钱大群、张仁善、谢晖、曹书杰、[法]陆康、[韩]任大熙、黄源盛、邱澎生、陈俊强、吴景山、谭勇、周郢等师友，均为我的学术前行提供了直接帮助。还有与收藏好友王钧、安久亮、李绪杰等的相互切磋，也令我获益良多。

感谢为本书初稿提出宝贵修改建议的匿名评审专家，感谢为本书的出版而费心尽力的罗华彤老师和高天编辑。由于本书使用了一些新词语，使英文书名和目录的翻译颇费周折。承蒙社科规划办的专家、杨宇冠教授、邱澎生教授、[美]步德茂教授、马凯先生、研究生安洋的相助，在此一并致谢。

最后感谢我的父母。他们的健康平安，他们的理解支持，让我能有更多的时间与精力沉浸于碑石。祈愿他们健康长寿！

2015年3月于京城

图书在版编目(CIP)数据

法制"镂之金石"传统与明清碑禁体系/李雪梅著. —北京：
中华书局,2015.4
(国家哲学社会科学成果文库)
ISBN 978-7-101-10777-7

Ⅰ.法… Ⅱ.李… Ⅲ.法制史-中国-古代 Ⅳ.D929.2

中国版本图书馆 CIP 数据核字(2015)第 039607 号

书　　名	法制"镂之金石"传统与明清碑禁体系
著　　者	李雪梅
丛 书 名	国家哲学社会科学成果文库
责任编辑	高　天
出版发行	中华书局
	(北京市丰台区太平桥西里 38 号　100073)
	http://www.zhbc.com.cn
	E-mail:zhbc@zhbc.com.cn
印　　刷	北京瑞古冠中印刷厂
版　　次	2015 年 4 月北京第 1 版
	2015 年 4 月北京第 1 次印刷
规　　格	开本/710×1000 毫米　1/16
	印张 27　插页 3　字数 420 千字
国际书号	ISBN 978-7-101-10777-7
定　　价	79.00 元